教育学新编

主　编　袁仕勋　吴永忠
副主编　杨　鑫　李浩泉　陈　元

西南交通大学出版社
·成都·

图书在版编目（CIP）数据

教育学新编 / 袁仕勋，吴永忠编. —成都：西南交通大学出版社，2015.1
ISBN 978-7-5643-3533-5

Ⅰ.①教… Ⅱ.①袁…②吴… Ⅲ.①教育学–高等学校–教材 Ⅳ.①G40

中国版本图书馆 CIP 数据核字（2014）第 256024 号

教育学新编

袁仕勋
吴永忠　编

责任编辑　罗爱林
特邀编辑　郭鸿玲
封面设计　墨创文化

印张　17.25　　字数　431千	出版 发行　西南交通大学出版社
成品尺寸　185 mm × 260 mm	网址　http://www.xnjdcbs.com
版本　2015年1月第1版	地址　四川省成都市金牛区交大路146号
印次　2015年1月第1次	邮政编码　610031
印刷　四川煤田地质制图印刷厂	发行部电话　028-87600564　028-87600533
书号：ISBN 978-7-5643-3533-5	定价：32.00元

课件咨询电话：028-87600533
图书如有印装质量问题　本社负责退换
版权所有　盗版必究　举报电话：028-87600562

凯里学院规划教材编委会

主　任　张雪梅
副主任　郑茂刚　廖　雨　龙文明
委　员（按姓氏笔画排名）
　　　　丁光军　刘玉林　李丽红
　　　　李　斌　肖育军　吴永忠
　　　　张锦华　陈洪波　范连生
　　　　罗永常　岳　莉　赵　萍
　　　　唐文华　黄平波　粟　燕
　　　　曾梦宇　谢贵华
办公室主任　廖　雨
办公室成员　吴　华　吴　芳

总 序

  教材建设是高校教学内涵建设的一项重要工作，是体现教学内容和教学方法的知识载体，是提高人才培养质量的重要条件。凯里学院 2006 年升本以来，十分重视教材建设工作，在教材选用上明确要求"本科教材必须使用国家规划教材、教育部推荐教材和面向 21 世纪课程教材"，从而保证了教材质量，为提高教学质量、规范教学管理奠定了良好基础。但在使用的过程中逐渐发现，这类适用于研究型本科院校使用的系列教材，多数内容较深、难度较大，不一定适合我校的学生使用，与应用型人才培养目标也不完全切合，从而制约了应用型人才的培养质量。因此，探索和建设适合应用型人才培养体系的校本教材、特色教材成为我校教材建设的迫切任务。自 2008 年起，学校开始了校本特色教材开发的探索与尝试，首批资助出版了 11 本原生态民族文化特色课程丛书，主要有《黔东南州情》、《苗侗文化概论》、《苗族法制史》、《苗族民间诗歌》、《黔东南民族民间体育》、《黔东南民族民间音乐概论》、《黔东南方言学导论》、《苗侗民间工艺美术》、《苗侗服饰及蜡染艺术》等。该校本特色教材丛书的出版，弥补了我校在校本教材建设上的空白，为深入开展校本教材建设积累了经验，并对探索保护、传承、弘扬与开发利用原生态民族文化，推进民族民间文化进课堂做出了积极贡献，对我校教学、科研和人才培养起到了积极的推动作用，并荣获贵州省高等教育教学成果一等奖。

  当前，随着高等教育大众化、国际化的迅猛发展和地方本科院校转型发展的深入推进，越来越多的地方本科高校在明确应用型人才培养目标、办学特色、教学内容和课程体系的框架下，积极探索和建设适用于应用型人才培养的系列教材。在此背景下，根据我校人才培养方案和"十二五"教材建设规划，结合服务地方社会经济发展、民族文化传承需要，我们又启动了第二批校本教材的立项研究工作，通过申报、论证、评审、立项等环节确定了教材建设的选题范围，第二套校本教材建设项目分为基础课类、应用技术类、素质课类、教材教法等四类，在凯里学院教材建设专家委员会的组织、指导和教材编著者们的辛勤编撰下，目前，15 本教材的编撰工作已基本完成，即将正式出版。这套教材丛书既是近年来我校教学内容和课程体系改革的最新成果，反映了学校教学改革的基本方向，也是学校由"重视规模发展"转向"内涵式发展"的一项重大举措。

凯里学院校本规划教材丛书的编辑出版，集中体现了学校探索应用型人才培养的教学建设努力，倾注了编著教师团队成员的大量心血，将有助于推动地方院校提高应用型人才培养质量。然而，由于编写时间紧，加之编著者理论和实践能力水平有限，书中难免存在一些不足和错漏。我们期待在教材使用过程中获得批评意见、改进建议和专家指导，以使之日臻完善。

凯里学院规划教材编委会
二〇一四年十二月

前　言

教育学一直是教师教育的必修课程和核心课程，在很大程度上影响着未来教师的教育观念、知识素养、能力素养以及执教的行为方式。因而它在教师专业发展中的重要性不言而喻，在教师教育课程体系中是必不可少的。教材是教育学课程的重要载体，编写一本体系完整、内容创新、深受师生喜爱的教材，是达成课程目标、完成教师教育任务的重要基础。

教育学是我院的精品课程，经过三年建设已取得初步的成果。教师队伍的整体素质得到提升，教学能力、教学质量、科研素养不断提高。经过几年的探索，对教材编写有了较多的思考，明确了编写的目的和思路，积累了大量的经验，这为我们编写教材打下了较为扎实的基础。

本书的特色如下：

（1）依据《教师教育课程标准》，尤其是"教师教育课程目标与课程设置"中"小学职前教师教育课程目标与课程设置""中学职前教师教育课程目标与课程设置"的具体要求编写本教材。

（2）依据《中小学和幼儿园教师资格考试标准（试行）》中小学教师资格考试笔试的《综合素质》《教育教学知识与能力》和初级中学、普通高级中学教师教师资格考试笔试的《综合素质》《教育知识与能力》的考试标准，以及《中小学和幼儿园教师资格考试面试大纲（试行）》编写本教材。

（3）围绕提高学生的"教学设计""教学实施"以及"教学评价"等核心能力的培养目标编写本教材。教材增加了案例教学、模拟教学、教育见习等多样化的实践教学方式，以增加学生学习教育学的兴趣、提高从事教育教学工作的师德修养、训练基本技能和实践能力，从而发挥教育学在培养造就高素质中小学专业化教师中的积极作用。

（4）围绕塑造学生的"职业理念"、形成学生良好的"职业规范"的培养目标编写本教材。

我们力求编写一本能体现当代教育发展要求的、符合教师专业发展需要的、简明的、易操作的、适应性广的教育学教材。

本书不仅适用于我校教师教育所有专业的学生，也可以推介到兄弟院校；同时对在职的中小学幼儿教师、参加教师资格考试的人员，有较好的适用性，我们相信教材的出版发行会取得良好的社会效益。

本书的编写与出版，得到了凯里学院领导和教育科学学院的大力支持和帮助。在本教材的编写过程中，我们参考了许多研究者的成果，西南交通大学出版社的编辑黄淑文同志，就本书的体例、内容等提出了许多宝贵意见，并为本书的出版付出了大量的劳动。对此，谨致以诚挚的感谢。

本书由袁仕勋、吴永忠任主编，杨鑫、李浩泉、陈元任副主编。参加编写的人员及具体分工（以章节先后为序）如下：第一章，陈元；第二章，邵忠祥；第三章，杨建忠；第四章，李浩泉、潘年顶；第五章，蔡萍；第六章，周兰芳、吴芳；第七章，杨晶晶、刘莎、林宜玉、李浩泉；第八章，杨鑫、粟远荣。

因编写人员水平有限，加之时间仓促，书中难免存在不足之处，敬请专家和学者予以批评指正。

编　者

2014 年 10 月于凯里学院

目 录

第一章 教育与教育学概述 ·· 1
    第一节 教育概述 ··· 1
    第二节 教育学概述 ··· 11

第二章 教育目的 ·· 21
    第一节 教育目的的认识 ··· 21
    第二节 我国的教育目的 ··· 24

第三章 教育功能 ·· 32
    第一节 教育与个体发展 ··· 32
    第二节 教育与社会发展 ··· 38

第四章 教育制度与法规 ·· 43
    第一节 教育制度 ··· 43
    第二节 我国的教育立法 ··· 58

第五章 教师与学生 ·· 80
    第一节 教师 ··· 80
    第二节 学生 ··· 94
    第三节 教师和学生的关系 ··· 98

第六章 课程理论 ·· 105
    第一节 课程的含义及分类 ··· 105
    第二节 课程的表现形式 ··· 110
    第三节 基础教育课程改革 ··· 113

第七章　教学理论 ··· 128
　　第一节　教学概述 ··· 128
　　第二节　教学原则和教学方法 ··· 138
　　第三节　教学组织形式与基本环节 ······································· 148
　　第四节　教学设计 ··· 167
　　第五节　课堂教学技能 ··· 175
　　第六节　教学评价 ··· 217

第八章　德育与班级管理 ·· 227
　　第一节　德育 ·· 227
　　第二节　班级管理 ··· 238
　　第三节　班主任工作 ·· 242

参考文献 ··· 265

第一章 教育与教育学概述

本章提要：教育的概念有广义和狭义之分。广义的教育指社会教育、学校教育和家庭教育。狭义的教育通常指学校教育。构成教育活动的三个基本要素是教育者、受教育者和教育影响。教育起源问题有本能起源说、模仿起源说、劳动起源说等理论。教育的发展大致经历了原始教育、古代教育、近代教育和现代教育四个阶段。

教育学是一门研究教育现象和教育问题，揭示教育规律的科学。教育学的产生与发展历经了萌芽时期、独立形态时期、发展时期和理论深化时期四个阶段。教育学已由一门学科逐渐形成一个庞大的学科体系。学习和研究教育学有其重要意义和必要的方法。

第一节 教育概述

一、教育的概念

（一）教育的词源

教育是人类特有的社会现象。在人类社会发展的不同历史阶段，由于教育存在的形式和社会对教育发展的要求不同，人们对教育的理解也不相同。然而，对于教育本质的理解，又决定了人们对教育目的、功能、价值、课程与教学等诸多教育学问题的理解。因此，有必要将古今中外人们对教育一词的理解作一番梳理。

据科学考证，"教"和"育"二字最早出现在我国的甲骨文中。"教"字意含有人在执鞭示范演卜，督促着站在旁边的孩子学习；"育"字则如妇女养育孩子之形。可见，我国古代象形字就赋予了"教育"一词"示范""培育"之义。一般认为，最早将"教""育"二字合起来使用的是孟子。"教育"一词最早见于《孟子·尽心上》："得天下英才而教育之，三乐也。"

我国古代学者对教育之义有诸多不同的解释。例如，《中庸》上记载："天命之谓性，率性之谓道，修道之谓教。"《荀子·修身》中说："以善先人者谓之教。"《礼记·学记》中认为："教也者，长善而救其失也。"东汉许慎在《说文解字》中解释说，"教，上所施，下所效也""育，养子使作善也"。可见，我国古代学者赋予"教"字之意是教育者的教诲和受教育者的仿效，"育"字之意是受教育者在教育者的引导下向好的方面发展。

在西方，"教育"一词源于拉丁文"educare"，其本义为"引出"或"导出"，因而，"教育"有"引发""导出"之意。在英语中，"education"通常作为教育的概念；在法语中，教育是"eaucation"；在德语中，教育是"eziehung"。这些词皆是同源词，都由拉丁语"eduière"

演变而来。

西方近代教育家对教育之概念有诸多解释。法国自然主义教育家卢梭认为："教育赋予我们在出生时所缺乏的一切和我们作为人所需要的一切。"瑞士教育家裴斯泰洛齐认为："教育是人的一切知能和才性的自然的、循序的、和谐的发展。"即教育是依靠自然法则，发展儿童道德、智慧和身体各方面能力的活动。

可见，中西方对"教育"概念的理解大同小异，反映了教育的一些本质属性。

（二）教育的概念

教育本身是随着社会的发展而不断发展的，因而教育的含义也在不断发展。捷克教育家夸美纽斯在《大教学论》中指出，只有受过一种合适的教育之后，人才能成为一个人。在美国教育家杜威看来，教育不是把外面的东西强迫儿童或青年去吸收，而是要使人类生来具有的能力得以生长。因此，杜威提出了著名的"教育即生活，教育即生长，教育即经验的改造"的观点。德国教育家斯普朗格曾指出，教育绝非单纯的文化传递，教育之为教育，正在于它是一个人格心灵的"唤醒"过程。教育不但要把人隐藏的能力与自我的本质暴露出来，还要使之显现于人的有规则的社会生活之中，这是教育的核心所在。以上不同国家学者对教育的阐述各有其出发点和侧重点，但对教育本质的把握则体现出共性：教育是培养人的活动，是促进人身心健康发展的过程，教育活动是顺应人性、社会发展之需要的。尽管我们很难全面回答教育是什么，但从以上观点来看，我们至少可以概括出教育不是什么：教育不是灌输说教，教育不是规训、控制，教育更不是违反青少年发展的自然规律的活动，等等。

关于"教育"的定义，有很多不同的表述形式，我国教育学界普遍从广义和狭义两个层次来理解。

广义的教育泛指一切增进人的知识与技能，影响人的思想品德的活动，如对人的知识技能、思想品德、身体素质和审美素质等的培养，包括社会教育、学校教育和家庭教育。狭义的教育通常指学校教育，是指社会通过学校对受教育者所施加的一种有目的、有计划、有组织的影响，以使受教育者发生预期变化的活动。本教材主要研究狭义的教育。

无论是广义的教育还是狭义的教育，它们都是一种影响人、培养人的社会活动。事实上，教育的本质属性就是培养人的活动。所以，教育的概念应包括以下含义或特征：

第一，教育是人类特有的一种社会活动。动物界中类似于"教育"的现象与人类的教育有着本质的不同，前者是动物满足生理和生存需要的一种自发行为，而人类的教育则不是产生于生存的本能，而是产生于个体在社会中生存和社会延续、发展的需要，人的活动具有目的性和活动内容的社会性。

第二，教育是以影响人的身心发展为直接目标的活动。教育并不包揽影响人的发展的所有活动，只有有目的性培养人的活动，才能称之为教育活动。教育的活动直接指向人，以影响人的身心发展为直接目的。

第三，教育是使人的身心发展向着"积极"的方向发展。人的身心发展的内容有积极和消极之分，教育活动是促进人的身心向健康、积极的方向发展，而不是促使人的身心向消极方面发展，也不是阻碍人的身心向积极方面转变。

二、教育的构成要素

在对教育的概念进行阐述之后,我们可以对构成教育的几个基本要素做些认识。认识教育的基本要素是认识教育活动结构的基础,教育之所以成为教育,是因为它有特有的构成要素。构成教育活动的三个基本要素是:教育者、受教育者和教育影响。

(一)教育者

"教育者"是广义教育中的概念,即凡是对受教育者在知识、技能、品德等方面起到教育影响作用的人,都可称为教育者。如家庭教育中,家庭中的长辈是孩子主要的教育者;在社会教育中,在社会生产和生活中能起到教育作用的人,也是教育者;在学校教育中,教育者则主要是指与学校教育工作有关的教育管理人员和专职教师等。

教育者具有主体性、活动的目的性和社会性等基本特征。这些特征体现了教育者在教育过程中的地位和作用以及与其他教育要素之间的关系。

教育者的主体性指教育者是教育活动实施的主体,他把受教育者作为对象,以其自身的活动来引起并促进受教育者身心的发展变化。教育者表现了主体的一般特征,即自觉能动性、创造性和自主性。然而,教育者的主体性不能绝对化,如绝对意义上的"教师主体观"就会导致教师将"师道尊严"推向极致,过分强调"以教师为中心"。教育者的主体性并不否认受教育者的主体性。

教育者所从事的是一种以培养和教育人为目的的社会实践活动,这一活动的直接指向就是受教育者的身心素质,这是教育者的一个基本特征。在人的各种其他活动中,尽管人与人之间也会产生各种身心的相互作用,这些活动虽也具有教育上的意义,但这种影响却不是以培养和教育人作为活动主体的主要目的。只有在教育活动尤其是学校教育活动中,活动主体才以教育为主要的目的。教育者基本职能就是以其自身的活动来引起和促进受教育者的身心按照一定的方向去发展。离开了教育者及其有目的的活动,教育也就不存在了,因此教育的目的性是教育者的一个重要特征。

教育者的社会性,首先源于人的社会属性。但教育者的社会性是受社会的正式委托,并且视教育为专门的活动,这与教育者以外的其他社会成员在对他人身心发生作用时有所不同。教育者对受教育者所发生的作用,无论就性质、方向、范围还是水平等方面都较为集中地反映了一定的社会要求。一般说来,他们向受教育者所提出的要求,都是经过较高层次的概括、较为全面完整的社会要求。

(二)受教育者

受教育者即教育对象,是指在各种教育活动中从事学习的人,包括在各级各类学校中学习的学生、家庭教育中的子女、社会教育中的学习者。

但是,教育活动是一个受教育者将外在的教育影响内化为自身的知识、智慧、才能、思想品质等的"自主性"过程,这样的过程是极为艰巨、复杂而漫长的。在这样的过程中,没有受教育者的积极参与、有效能动性的发挥,教育难以为继。因此,从教育活动发生过程中"学"的层面来讲,受教育者不仅仅是被改造、被发展的对象,他也有个体主体性的特点和教育中的中心地位。作为参与教育、教学活动的人员，受教育者自主学习的主体性不容忽视。因此，在现代教育观中，受教育者也就是学习者，学习者接受教育的过程是一个自主建构、自主生成的过程。作为学习者的受教育者，他是指在各种教育活动中以学习为其基本职责的人，既包括以学习为主要社会义务的在校青少年儿童，也包括已步入社会但仍在接受各种形式教育的成人。

（三）教育影响

教育影响是联结教育者与受教育者的中介和桥梁，是教育领域内除教育者和受教育者之外的一切因素的总和。因此，有的教材将教育影响称为"教育中介""教育媒介""教育措施"等。它包括作用于受教育者的影响物以及运用这些影响物的活动方式和方法，如教育内容、教育媒体和手段、教育活动的场所与设施、教育方法等都属于教育影响。

教育内容是根据教育目的，经过选择和加工的受教育者所要学习的各种知识、技能、思想、行为等的总和。值得注意的是，人类社会经过长期的历史发展，积累了丰富的知识和经验，但只有经过精心选择和加工，符合教育目的、最有价值并适合受教育者发展水平的知识和经验才能够成为教育内容。教育内容是教师教和学生学的基本材料，不仅包括各种课程、教材、教学参考书等，也包括教育者自身拥有的知识、经验、思想品德和工作作风等。

教育媒体是教育活动中教育者向受教育者传递信息的工具，是教育内容的载体，如口头语言、录音磁带、录像带、光碟、计算机网络等。

教育方法是教育者和受教育者在教育活动中为了有效完成一定任务而采用的教与学的方式和方法的总称。它既包括教师的教法，如讲授法、谈话法、讨论法、练习法、参观法等，也包括学生的学法。

教育活动的场所与设备包括校舍、教室、操场、实验室、实践基地、桌椅、黑板、教具、学具、实验器材、教育技术设备等。

总而言之，教育的三个基本要素既相互独立又紧密相连，它们在教育活动中占有不同的位置。但是，教育绝非是上述三个要素的简单叠加，而是三者之间有机联系、共同发挥作用的整体。教育者、受教育者、教育影响三者的关系可以概述为：教育者根据一定的教育目的去影响受教育者，教育者与受教育者之间相互作用；教育者和受教育者之间的联系和相互作用通过一定的教育影响为桥梁来实现，而三者之间交互作用的结果便是受教育者发生合乎预期目的的变化。

三、教育的起源与发展

（一）教育的起源

人类的起源问题与教育的起源问题有着密切的联系。在关于教育起源问题的研究上，许多争论实际上都是围绕着对人类起源的不同认识而展开的。目前，关于教育起源问题主要有以下几种观点：

1. 教育的生物起源说

教育的生物起源说是从生物学角度提出的，其代表人物有法国社会学家利托尔诺和英国教育家沛西·能等。

法国社会学家利托尔诺（Charles Letourneua, 1837—1902）在《各人种的教育演化》一书中认为，教育是一种生物现象，教育源于一般的生物活动。他认为教育这种现象不仅存在于人类社会之中，而且超越于人类社会之外，甚至教育活动产生于人类社会之前。他把动物对小动物的养护说成是一种教育活动，如大猫教小猫捕鼠、大鸭子教小鸭子游水。利托尔诺断言，生存竞争的本能就是教育的基础。动物为了保存自己的种类，会利用自然赋予它们的固有本能而把自己的"知识"和"技巧"传授给幼小的动物。[①]

另外，英国教育家沛西·能（Thomas Percy Nunn, 1870—1944）也从生物学的角度论述了教育的起源问题。在《教育原理》一书中，他指出："教育从它的起源来说，是一个生物学的过程，不仅一切人类社会有教育，不管这个社会如何史前，甚至在高等动物中也有低级形式的教育。我之所以把教育称之为生物学的过程，意思就是说，教育是与种族需要相适应的种族生活，是天生的，而不是获得的表现形式；教育既无须周密的考虑使它产生，也无须科学予以指导，它是扎根于本能的不可避免的行为。"[②]

生物起源说的观点认为教育是一种自然现象、生物现象，把一种极为重要的社会现象的教育视为生物的本能行为，教育过程则成了按生物学规律完成的本能过程。按照这种观点，教育就成为一种无目的的活动，成为一种不能为人的意识所调节、控制和支配的活动。

2. 教育的心理起源说

教育的心理起源说是从心理学角度提出的，主要代表人物是美国的教育史学家孟禄（Paul Monroe, 1869—1947）。孟禄在1905年出版的《教育史教科书》中，从心理学的角度对人类教育的产生进行了说明。他认为，史前社会的教育是从无意识的模仿开始的，当模仿的过程变成了有意识的过程时，教育就真正出现了。整个史前社会的教育，无论是它的方法、目的、实践还是理论，都具有模仿的性质。[③]

另外，英国教育家沛西·能在1920年出版的《教育原理》一书的第十一章"模仿"中也论述了教育起源与模仿的关系。他认为，人的有意识的模仿是从无意识的"模仿趋势"发展而来的。"模仿趋势"不仅存在于早期的人类，也广泛地遍及动物界。[④]

从表面上看来，心理起源论不同于本能起源论，但仔细考虑就会发现两者实际上并没有本质的差别。这两种理论同样是把一种模仿的本能看作是教育的基础，这种"无意识"模仿肯定不是习得性的，是先天而不是后天的，即是本能的，这同样抹杀了教育的社会性和文化性。

3. 教育的劳动起源说

该学说是从哲学和社会学角度提出的，主要代表人物是苏联的教育学者。他们以恩格斯在《家庭、私有制和国家的起源》和《劳动在从猿到人的转变中的作用》等著作中所阐述的观点为基础，批判了前两种主张，提出了教育起源于劳动的观点。他们认为，只有当人认为在自己和自然界之间需要劳动工具和劳动手段时，只有当人学会使用工具时，只有当人面临制作劳动工具和选择劳动手段的任务时，才会在人类社会中产生老一辈向晚一辈传授劳动经验、知识和技巧的需要。为了使年轻一代在同大自然的可怕威力斗争中不至于牺牲，为了使

---

① ③ ④ 夏之莲. 外国教育发展史料选粹（上）[M]. 北京师范大学出版社，1999：3-4，5-15，16-18。
② 沛西·能. 教育原理[M]. 王承绪，译. 北京：人民教育出版社，1992：38。

人不变成野兽，便产生了进行教育的必要性。①苏联教育家米定斯基更是明确肯定了劳动和人类教育起源的关系，他指出："只有从恩格斯的'劳动创造人类本身'这个著名原则出发，才能了解教育的起源，教育也是在劳动过程中产生出来的。"②

从20世纪50年代初到80年代初，我国教育界全面接受了教育的劳动起源说。但随着思想的进一步解放和自然辩证法研究的突破，"劳动创造了人本身"原理不断受到挑战和质疑。关于教育是否起源于生产劳动，教育理论界对此也有了不同的声音，有人开始重新思考教育的劳动起源说。一般而言，劳动是教育产生的直接必要条件，但教育毕竟不能等同于劳动。

尽管不同学者从不同的角度提出了某些合理的见解，但是这些观点主要出于逻辑的分析和推理，缺乏人类学、考古学、民族学等相关学科所提供的科学依据做支撑。因为教育起源问题不是一个有统一标准答案的简单问题。对教育起源问题的认识，我们不能仅从单方面进行考察和描述，必须全面、综合地来认识它、解释它，还必须考虑到教育在产生过程中的复杂因素以及与多种活动之间的联系。因此，迄今为止，有关教育起源的问题还有待进一步的深入研究。

（二）教育的发展

教育自产生之日起，就随着人类社会的发展变化而不断发展变化。由于政治、经济、文化等因素的影响，教育具备与一定的社会历史发展阶段相适应的一些特点。

1. 原始教育

原始社会是人类历史上最初的社会形态，是指人类社会从原始人群到氏族公社的漫长历史时期。在原始社会里，生产力水平极低，人们只能通过简单协作来共同劳动，人的劳动只能维持最低限度的生活，没有剩余产品。生产资料是原始公社的公有制，人人劳动，共同享受，没有剥削，不分阶级。与原始社会的生产方式相适应，原始教育呈现出以下几个基本特征：

第一，教育同社会生产和社会生活紧密结合在一起，没有分化出专门的活动。

在原始社会里，人类还处于蒙昧和野蛮的时代，由于生产力水平极低，教育还没有从社会生产和生活中分化出来。此时的教育没有专门从事教育的教育人员和较为固定的教育对象，也没有专门用于教育的内容和场所。教育活动是在生产劳动过程和人们日常生活中进行的，是与生产劳动紧密结合在一起的，教育是渗透性的，在劳动中传授基本的知识和技能以及生活规范。

第二，由于生产力水平极低，没有文字和书籍，教育手段和内容都极为简单。

由于没有文字、书籍等记载和传递知识和经验的工具，主要是通过口耳相传和对动作的示范模仿来进行教育。主要是成年人向儿童传授狩猎、捕鱼、采集、工具制造等方面的生产劳动经验和祭祀、选举等方面的社会生活经验。农业和畜牧业分工之后，教育内容逐步增多，年长者还向年轻者传授畜牧饲养、庄稼种植、陶器制造、房屋建筑等方面的技术和经验，同时向他们进行礼仪、音乐、舞蹈、风俗习惯、宗教等方面的教育。由于部落之间经常发生冲突和战斗，因而也就开始了各部族向年轻人传授角斗、射箭、骑马等方面的经验与技术。

---

① 夏之莲. 外国教育发展史料选粹（上）[M]. 北京师范大学出版社，1999：4.
② 米定斯基. 世界教育史[M]. 叶文雄，译. 生活·读书·新知三联书店，1950：5.

第三，受教育的权利是平等的，所有儿童和青少年都接受同样的教育。

由于原始社会是公有制，没有阶级，人们的地位是平等的，所以人们的教育机会均等，具有平等的受教育权。儿童的照管和教养是公众的事情，社会同等地关怀一切儿童，所有儿童接受一样的教育，只是根据年龄与性别的不同进行不同的教育而已。

2. 古代教育

人类社会进入奴隶社会和封建社会的标志分别是使用青铜器和铁器进行劳动生产。随着生产力的提高，农业成为社会的主导型经济产业，剩余劳动产品越来越多，出现了私有制，产生了阶级，人与人之间的关系从原始社会的无差别的平等转向人身依附的关系。经济的发展促进了人类文化的进步，产生了文字并出现了脑力劳动和体力劳动的分工。这些都为古代教育形态的出现创造了条件。奴隶社会和封建社会的教育虽然在目的、制度、内容和组织规模等方面有所不同，但又存在许多相同之处，我们把它们统称为古代教育形态。

（1）古代中国教育。

在我国的夏、商时期（奴隶社会）已出现了教育机构。根据《学记》等书记载，在夏朝已有名叫"庠""序""校"的施教机构，到了商朝和西周，又有"学""瞽宗""辟雍""泮宫"等学校的设立，已经形成了组织较为完备的学制系统。

我国古代学校教育主要内容是"六艺"，即礼、乐、射、御、书、数。在我国漫长的封建社会里，儒家思想成为两千年来封建社会的统治思想，儒家的封建伦理道德是维系封建社会的精神支柱。儒家的经典"四书"（《论语》《孟子》《大学》《中庸》）和"五经"（《诗经》《尚书》《礼记》《易经》《春秋》）是我国封建社会教育的主要内容。此外，学校也传授一些算学、天文、医学等自然科学方面的知识。古代在教育方法上，崇尚知识的教条化灌输和死记硬背、强迫训练，强调严厉的教师管教和纪律束缚。教学组织形式采用个别教学。

（2）古代其他东方国家教育。

在古代的东方其他国家，如两河流域的巴比伦（幼发拉底河和底格里斯河）、古埃及、古印度、古希伯来等文明诞生地，古代学校教育也很发达。公元前2100年，在两河流域的上游玛里城，就已经出现作为世俗教育机构的学校。与其他古代国家相比，埃及的学校教育更为发达。早在公元前4000年左右，埃及就有了文字，大约在公元前2300年，埃及进入奴隶社会，先后出现了宫廷学校、职官学校、寺庙学校、书吏学校等。

（3）古代西方教育。

在古代西方（欧洲）奴隶社会中，以古希腊、古罗马的教育为代表。希腊半岛大约从公元前8世纪到公元前7世纪开始先后进入奴隶制社会。到公元前7世纪以后，古希腊就逐渐形成了两种不同的教育。一种是斯巴达的教育；另一种是雅典的教育，这是希腊两种有代表性的教育。斯巴达教育的突出特点是重视军事体育训练。教育的唯一目的就是要通过严格的军事体育操练把贵族子弟训练成为体格强壮的武士。儿童属于整个国家，男孩子从7岁起一直到20岁都在进行军事体操训练。其教育的基本内容是"五项竞技"，即赛跑、跳跃、角力、掷铁饼、投标枪。除此之外，还必须学习骑马、游泳、击剑、唱战歌等。雅典是一个商业比较发达的国家，生产力水平高于斯巴达，国家政治也更为民主。雅典教育的目的是把受教育者培养成为身心和谐发展的、能履行公民职责的人，也就是培养良好的公民。雅典的教育在体操和军事训练以外，更重视读、写、算、音乐、文学、政治和哲学等方面的教育，强调良好公民的道德、智慧、健康等品质的和谐发展。雅典男孩 7 岁开始上文法学校和琴弦学校，到 12、13 岁时，在继续这类学习的同时，要进入体操学校学习。文化知识主要学习文法、修辞和哲学三门。

古罗马也是在古代西方有重要影响的奴隶制国家。公元前 146 年罗马征服希腊之后，希腊的教育制度在罗马得到了继承与发展。罗马逐步形成了以希腊学校为模式的教育系统。在罗马的学校教育制度中，包含初级学校、文法学校和修辞学校。初级学校供 7~12 岁的儿童学习，主要学习简单的读、写、算知识。文法学校供 12~16 岁的少年学习，主要学习文法、作文、文学和罗马神学，文法学校的学生一般是贵族子弟。修辞学校供 16 岁以上贵族青年学习，以培养演说家、雄辩家为主要目的，开设的科目有修辞学、哲学、法律学、希腊语、数学、天文学和音乐。

（4）欧洲中世纪教育。

欧洲中世纪是指 5 世纪末至 14 世纪这段漫长的封建社会时期。这个时期，教育主要由教会控制。因此，西欧中世纪的教育与基督教发展的历史有着紧密的关系。欧洲封建社会形成了僧侣封建主阶层兴办的教会学校和世俗封建主兴办的骑士教育两种类型的教育。教会学校的教育内容主要是文法、修辞、辩论术和后来发展的算术、几何、天文、音乐，这就是通常意义上的"七艺"，各个科目都贯穿神学的精神。骑士教育的主要内容是骑马、游泳、投掷、击剑、打猎、下棋、吟诗等。骑士教育并无专门的教育机构，主要是在骑士生活中进行教育。到了欧洲中世纪后期，由于手工业和商业的发展，城市里出现了由手工业者联合会兴办的行会学校，新兴的市民教育开始出现，教会对教育的垄断局面被逐步打破。

东西方的古代教育虽然在学校形式与教学内容上存在差异，但还是具有一些相似的特点：第一，出现了专门教育机构——学校，学校教育逐渐成为教育的主要形式；第二，学校教育基本上是与生产劳动和社会生活相脱离的；第三，由于体力劳动和脑力劳动的对立，学校主要为统治阶级服务，成为统治阶级培养人才的场所，学校教育具有鲜明的阶级性；第四，学校教育的内容主要是古典人文科学和治人之术，教学的组织形式是个别教学，教育方法一般是强调死记硬背和强迫训练。

3. 近代教育

18 世纪蒸汽机的发明，带来了人类历史上的第一次工业革命，手工劳动、作坊生产被现代大工业取代，开始了蒸汽机时代的工业资本主义发展阶段。19 世纪末的第二次工业革命，使生产力的发展从蒸汽机时代跨入电气化时代，整个世界的面貌发生了巨大的变化，也引起了教育的巨大变化。这种变化特别表现在教育国家化、初等教育义务化、教育世俗化和法制化等方面。

（1）国家加强了对教育的重视和干预。

19 世纪以前，欧美国家的学校教育多由教会或行会主持，国家并不重视。19 世纪以后，随着经济的发展，对国民进行教育的呼声不断提高，要求国家重视教育，各国先后建立了公共教育系统。如在工业革命的发源地英国，历史上教育一直被教会垄断。19 世纪 30 年代以后，国家加强了对教育的干预，1833 年议会开始拨款资助教育，并加强了对教育的监督和管理。之后，建立了四个皇家委员会，分别对高等教育、初等教育、公学和文法学校进行调查、审议和制订改革方案，这逐渐成为英国教育行政管理的特点。1799 年拿破仑上台，建立了法兰西第一帝国。他认为教育的任务应当是用统一的思想培养为帝国服务的人,他于1806年建立"帝国大学",负责组织全国的教育。这种中央集权的教育领导体制,成为法国近现代教育的特点。

(2) 国家实施初等义务教育。

1619年德意志魏玛公国率先公布了"义务就学规定",规定父母应送6~12岁的男女儿童入学,否则政府强迫其履行义务,这就是义务就学法的开端。18世纪,机械化工业革命的基本完成和电气化工业革命的兴起,提出了普及初等教育的要求,并为初等教育的普及提供了物质条件。英国1880年实行5~10岁儿童的义务教育,1893年提高到11岁,1899年提高到12岁,1891年完全实行初等免费教育,19世纪80年代全国学龄儿童入学率达到90%。在美国,从1852年马萨诸塞州最先颁布义务教育法,到1918年密西西比州最后一个颁布义务教育法,义务教育在全国得到了法律保证。

(3) 新型大学纷纷建立,高等教育职能发生变化。

产业革命带来文化科学知识的勃兴,传统的被教会和贵族控制的古典大学,其教育内容与教学方法已不适应科学发展的需要,社会出现建立新型大学的思潮。1810年,德国新建立起柏林大学。新柏林大学创建者洪保倡导的学术自由、教学与科研相结合的办学方向,对改变高等教育职能,促进高等教育的发展产生了重大影响。19世纪初,英国兴起了"新大学运动",新型的地方大学与学院纷纷建立。18世纪末法国资产阶级大革命冲击了法国古老的大学,此后大学也开始新的变革。新型大学的发展是世界近代教育发展的重要特征。

(4) 学校教育朝着制度化、系统化方向发展。

在近代社会,由于初等义务教育、中等教育和新型大学的发展,制度化、系统化的学校教育体系逐步形成。学校教育成为一个完整的链条。这一链条由低到高的组合是:初等学校教育、中等学校教育和高等学校教育。不同层次的教育有不同的入学条件、教学内容与修业年限。不同层次的教育又继续分化,如有的国家初等学校教育分为初级小学教育和高级小学教育,中等学校教育则分为初级中学教育和高级中学教育,而高等学校教育本身又有不同层次不同类别的划分,学校教育不同层次不同阶段是相互连接的。制度化、系统化的学校教育在近代世界各国普遍确立。这样的学校教育制度对保障与促进教育的发展起到了十分重要的作用。

4. 现代教育

第二次世界大战后,世界政治、经济格局发生了很大变化,人类社会处在新的发展时期。学术界有一种流行的观点是将第二次世界大战后的社会称为现代社会。20世纪50年代之后,世界现代化浪潮滚滚向前,不可阻挡,形成一种你追我赶的壮阔景观。科学技术发展与世界现代化发展同步,"科学技术革命魔术般地改变着世界面貌"。正是科技革命的加剧,深刻地影响着现代化进程,也正是世界现代化的发展,不断将科技革命推向深入。

现代化发展中的科技竞争,本质上是人才的竞争、教育的竞争。教育成为现代化发展的重要基石。在向现代化行进的过程中,无论是发达国家还是发展中国家,都把教育的发展作为促进国家发展的关键方略。现代化既包含教育现代化,也依靠教育现代化。现代化的发展伴随着现代教育的大发展。20世纪中叶以来,世界教育在数量上、规模上均有空前的发展,教育制度、教育结构、教育内容、教育形式等发生了深刻的变化。世界现代教育发展呈现的基本特征可以概述如下：

（1）教育加快民主化进程。

在古代社会，教育是统治阶级的特权，为社会统治阶级所垄断。人类发展到资本主义社会后，随着社会民主化进程的推进，教育也渐渐打破了少数人主宰和垄断的专制局面，越来越多的人开始有机会接受教育。教育民主化主要体现在教育对象普及化范围的扩大。人人都有受教育的权利，在教育机会面前人人平等，这就是教育平等的基本内涵。正如《学会生存：教育世界的今天和明天》一书中所指出的："机会平等是要肯定每一个人都能受到适当的教育，而且这种教育的进度和方法是适合个人的特点的。"

（2）大力加强基础教育，不断延长义务教育年限。

基础教育包括学前教育和普通中、小学教育。大力加强基础教育是现代国家共同的教育行动。首先，学前教育受到各国政府的重视，学前教育机构广泛设立，很多国家将学前教育纳入国家教育系统，并重视学前教育与小学教育的有机衔接。其次，继续大力推进普及义务教育。世界大多数国家已实现普及小学教育，越来越多的国家将普及义务教育延伸到初中甚至高中阶段。"据联合国教科文组织统计，到20世纪90年代，在世界上186个国家中有98个国家规定了九年或九年以上的义务教育，有些国家更把义务教育年限延长到高中阶段。"最后，在大力推进普及义务教育的同时，世界各国都越来越重视改善基础教育的办学条件，努力提高基础教育质量。

（3）加强普通教育与职业教育的沟通和结合，精英化高等教育与大众化高等教育同时推进。

20世纪50年代之后，各国在同时发展普通教育与职业教育的过程中，不断加强普通教育与职业教育的沟通和结合。一方面，各国综合中学的比例逐渐增加，出现了在普通教育中渗入职业教育的因素，形成普通教育与职业教育相互沟通、相互结合的趋势。另一方面，职业教育也呈现出多层次的发展态势，不仅中等职业教育继续发展，高等职业教育也获得长足发展。

随着现代社会经济和文化的发展，高等教育不断向前发展。一方面，高等教育量的增长呈现明显加快的趋向，不少国家在推进高等教育大众化（高等教育适龄人口入学率为15%～50%），一些发达国家已实现高等教育普及化（高等教育适龄人口入学率为50%以上）。另一方面，精英化高等教育在继续发展，世界一流大学、研究型大学、综合型大学的影响力继续增强，高级专门人才尤其是研究型、创新型人才的培养更加受到重视。在现代教育中，高等学校具有培养人才、科学研究、服务社会三大职能。

（4）教育形式和手段发生重大变化。

在国际教育界，现代教育有三种形式，即正规教育（Formal Education，FE）、非正规教育（Non-Formal Education，NFE）、非正式教育（In-Formal Education，IFE）。正规教育主要指学校教育；非正规教育指社会、团体及其他非学校组织开展的主要面向成人的教育与培训；非正式教育则泛指一切非正式组织的影响人的教育活动。在现代教育中，尽管学校教育还在继续发展，但非正规教育也同样呈现不断发展的态势，使现代教育已交织成一个多样化、网络化的立体教育世界。

教育形式与手段的多样化是相伴相生的。从原始社会的口耳相传到古代社会的师傅带徒弟，再到科技发达的现代社会，教育手段经历了重大变革。图书、报刊、电影、电视、广播等媒介迅速发展，信息量的空前增多，以及以计算机为核心的多媒体教育手段的广泛应用，人类的教育活动也变得空前活跃，学校教育利用现代教育手段把教育的触角伸向了无限宽广的时空中。

（5）国际教育合作与交流日益频繁。

在国际范围内，现代教育已呈现明显的国际化趋向。20世纪中叶以来，人类逐渐进入一个一体化的世界，发达的交通、迅捷的通讯、共同的市场、共同问题的出现把不同地区、不同民族和不同意识形态下的人们的命运紧紧联系在一起，"全球化""地球村"的发展趋势逐渐明显。但是，由于文化传统、国家利益、意识形态等方面的差异，全球一体化的进程中充满着分歧和冲突。教育作为促进国际理解、交流与合作的重要途径，各国互派留学生、互派访问学者进行学术和教育交流，在传播和平理念、增进世界交流与合作的同时，也在培养学生具备国际视野、知识、情感和技能等方面发挥着极其重要的作用。

（6）终身教育体系在逐步构建。

20世纪60年代之后，终身教育理念成为一种重要教育思潮，对世界现代教育的发展产生了强烈的影响。终身教育不仅是一种教育理念，也在成为世界各国努力践行的教育行动。终身教育制度获得普遍的认可，并且也导引着世界教育制度的深入变革。在世界范围内，由于终身教育的推进，教育的时空有了新的拓展。从时间维度看，现代教育不仅指儿童教育、青少年教育，同时包含成人教育、老年教育；从空间维度看，现代教育不仅指学校教育，也包含家庭教育、社会教育以及在其他场所中发生的教育。从教育形式的维度看，现代教育不仅包括职前教育、在职教育，也包括服务于人类生活的其他教育，如闲暇教育。终身教育体系的建立，正在使人类的教育与人类生活形成多方面且更紧密的联系。终身教育的发展导引着人类社会向学习型社会迈进。

第二节 教育学概述

一、教育学的研究对象

任何一门学科都有自己特定的研究对象和研究范围，这是一门学科独立存在的根本。那么，教育学的研究对象是什么呢？关于教育学的研究对象在学术界有不同的看法，比较有影响的是以下三种。

第一种看法是将教育学的研究对象限定为教育现象。这种观点认为：教育学是人们关于教育这种社会现象的理论。什么是教育现象呢？教育现象的内容纷繁复杂，形态多种多样。有广义的教育现象，有狭义的教育现象；有宏观的教育现象，有微观的教育现象。概括起来，教育现象是指现实和历史上实际存在的各种各样的教育活动、教育事业和教育观念等。在20世纪80年代，这种观点在教育学界居于主流地位。

第二种看法是将教育学的研究对象限定为教育问题。关于这种观点，成有信先生曾有一个形象的比喻：把教育学看成是男人，把教育学的研究对象看成是女人，从男女找对象开始到结婚，男人所追求的对象就是追求的结果，而新的生活中的问题就成了新的"追求对象"。也就是说，不管是教育现象、教育事实还是教育规律，只有当它们成为需要解决的教育问题时，才有可能成为教育学的研究对象。

第三种看法是将教育学的研究对象限定为教育规律。这种观点认为，每一门学科都有它特定的研究对象，对于教育某一现象领域所特有的内在矛盾运动的规律就是教育学的研究对象。

目前，我国很多学者将以上三种观点结合起来确定教育学的研究对象，即把教育学界定为：教育学是一门研究教育现象和教育问题，揭示教育规律的科学。对这一定义有如下几点需要说明：

第一，教育现象是一种涉及人类物质、文化、生活等多方面的融于整个社会现象之中的客观存在，它是教育的外部表现形式，指的是一切培养人的活动的外部形态和表面特征。教育问题是人们对某些具体的教育现象所进行的思索。只有我们对教育现象的认识积累到一定的程度，并将其所具有的教育意义作为我们思考的对象被人们关注、评说时，才成为我们研究的教育问题，如人们有意识地提出"教育与人的关系是什么""教育与社会的关系是什么""教育要培养什么样的人""教育用什么方法去培养人"，等等。因此，教育问题才是教育学研究的起点和对象。

第二，"教育的事实具有广阔的含义。一方面，教育事实作为研究对象，说明教育学研究对象是存在于现实之中的客观存在物，而不是我们主观臆测的各种观念。教育事实是可感知、可认识的事物。另一方面，教育事实是正在从事着的教育实践。它包括各种形式、各种类型、各种模式的教育事实，还包括教与学过程中教育因素和教育行为。"[①]从这种对教育事实的解释来看，教育事实与教育现象几乎是同一意义。

第三，规律是不以人的意志为转移的客观事物内在的本质联系及其发展变化的必然趋势。教育的发展，同其他现象一样都是有规律可循的。教育规律指的是教育同其他社会现象之间以及教育内部诸因素之间的本质联系及其发展变化的必然趋势，它通常外显于教育现象之中。因此，我们对教育问题的研究并不是教育学研究之根本目的，教育学研究的根本目的是通过对教育问题的研究来揭示教育规律。由此可见，对教育规律的探求，离不开对教育问题的研究，但不能只是对教育现象与教育问题进行肤浅的表面描述，而要对多种教育问题进行分析和综合，将感性认识上升为理性认识，形成系统的理论。

二、教育学的产生和发展

任何一门学科都有它产生、发展和完善的过程。教育学的发展是随着人类社会的发展和人类教育实践经验的丰富而逐步形成和发展起来的一门学科，是人类社会生活和教育实践活动发展到一定历史阶段的产物。因此，教育学的产生，一方面反映了人类社会生产及生活的发展水平，另一方面也反映了生产和生活以及教育发展的需要。从教育的发展史上进行考察，教育学的发展具有悠久的历史和丰富的遗产，早在几千年前，我们的先哲就有不少对教育问题的专门论述和精辟见解。但是，教育学作为一门规范学科，却只有二百多年的历史。作为教育工作者，了解教育学发展的过程，研究它的遗产，对于学习教育学、丰富教育学和发展教育学并用教育学的理论指导自己的教育实践皆具有重要意义。

---

① 傅道春．教育学[M]．教育科学出版社，1999：3．

（一）教育学产生和发展的阶段

1. 教育学的萌芽时期

人类的早期阶段，教育就已存在，但作为研究总结教育经验的教育科学，教育学是社会发展到一定阶段的产物。在奴隶社会和封建社会里，由于历史条件的限制，科学文化发展水平不高，人们对教育实践中所积累的经验做出了一定的总结和概括，但主要仍停留在经验的水平上，没有形成对教育的系统理性认识，没有形成一门独立的学科，因此人们称这一时期为"教育学的萌芽时期"或"前教育学时期"。

这一时期所取得的教育认识成果主要体现在一些哲学家、思想家的言论和著作中，体现在研究和论述其他社会现象时，涉及教育现象和教育问题。如我国春秋战国时期的孔丘、墨翟、孟轲、荀况、韩非，汉代的董仲舒、王充、马融，魏晋南北朝的范缜、颜之推，唐代的韩愈、柳宗元，宋明理学家程颢、程颐、朱熹、王守仁，清朝的王夫之、颜元、戴震等，虽然他们不都是教育理论家和实践家，但有不少有关教育的论著和言论留传后世。

孔丘（公元前551年—公元前479年）的教育思想充分反映在《论语》中。《论语》是由孔子的弟子及再传弟子编写的古代儒家经典著作之一，记载了孔子关于哲学、政治、伦理和教育的言论和主张。孔丘从探讨人的本性入手，提出"性相近，习相远"的观点。认为人的先天本性相差不大，个性的差异主要是后天形成的，因而应注重后天的教育。为了使教育工作更有成效，教育必须因材施教，因材施教的方法是启发诱导。孔子提出了"学而不思则罔，思而不学则殆"和"温故知新""有教无类""因材施教""不愤不启，不悱不发"等教学思想。

《学记》是《礼记》中的一篇，成书于战国后期，相传是孟子的弟子乐正克所作。它集先秦时期儒家思想之大成，反映了我国两千多年前对教育的认识，是世界教育史上第一部教育著作。它比国外最早的教育著作——古罗马昆体良的《论演说家的教育》一书还早300多年。《学记》是对我国古代教育经验和儒家教育思想的高度概括。全书虽只有1229个字，却对教育的本质和作用、教育目的和制度、教学及道德教育的原则和方法、课内和课外的关系、教与学的关系等，都做了较全面而精辟的论述，如"道而弗牵，强而弗抑，开而弗达""不凌节而施""长善救失""禁于未发""及时施教""教学相长"，等等。

在西方，古希腊和古罗马的一些思想家、教育家如苏格拉底、柏拉图、亚里士多德、昆体良等也有很多关于教育思想的论述。

苏格拉底（公元前469年—公元前399年）注重启发式教学，提出"产婆术"。苏格拉底的母亲是一个接生婆，他从小跟着母亲到别人家去接生，帮助打下手，这一段生活经历在他的心中留下了深刻的印象。后来，他从助产中得到启迪，创立了一种教育方法，他称为"产婆术"，也称"问答式教学法"。"问答式教学法"分四个步骤。一是讥讽，即通过不断提问，使对方陷入自相矛盾之中，承认对这个问题一无所知。二是助产，就是帮助对方抛弃谬见，使他们找到正确、普遍的东西。换句话说，就是帮助真理产生。三是归纳，即从个别事物中找出共性，通过对个别善行的分析比较来寻找一般美德。四是定义，就是把单一的概念归纳为一般的具有普遍性的认识。

柏拉图（公元前427年—公元前347年）是苏格拉底的学生，在他自己建立的阿卡德米学院，执教四十年，积累了丰富的教育经验。柏拉图在他的著作《理想国》中，提出了比较完整的教育体系。他提出教育的目的第一是培养哲学家；第二是培养和训练保卫国家和维持国家秩序的军人；第三是劳动者（农民和手工业者）。依据这一目标，柏拉图吸收并发展了智者派的"三艺"（文法、修辞、雄辩术）和斯巴达的军事体育课程，并在教育史上第一次提出了"四艺"课程：算术、几何、天文和音乐。"四艺"构成了希腊完整的课程体系。

亚里士多德（公元前384年—公元前322年）师承柏拉图，是西方古代最伟大的哲学家、科学家和教育家之一，曾被马克思称为古希腊哲学家中最博学的人，被恩格斯称为古代的黑格尔。亚里士多德认为理性的发展是教育的最终目的，主张按照儿童心理发展的规律进行分阶段教育，重视学生德、智、体、美等全面发展。他在师生关系上，提出了"吾爱吾师，吾尤爱真理"的名言。古希腊哲学家的教育思想对西方教育理论的发展具有奠基作用。

昆体良（约公元35年—95年）是古罗马的教育家、演说家、兼职律师，著有《雄辩术原理》一书。这部著作集古希腊、古罗马教育思想之大成，是古代西方最早的一部专门论述教育的著作。他在雄辩术学校，耕耘了二十年，积累了丰富的雄辩术教学经验。在世界教育史上，昆体良是最早提出反对体罚的教育家，反映了他对儿童人格的尊重。他重视激发学生的学习兴趣和意愿，并强调让学生运用自己的智力去发现问题。

在教育学萌芽时期，对教育问题的研究虽然已经开始，但对于教育的思考还停留在对教育现象的描述、形象的比喻和简单形式的逻辑推理上，往往缺乏科学的依据，不免带有一定程度的主观性。另外，当时的教育思想只是散见于一些思想家、政治家、教育家的哲学著作、政治著作和语言记录中，还没有形成系统的教育理论体系，教育学还没有形成一门独立的学科。

2. 教育学的独立形态时期

到了近代，14世纪到16世纪的欧洲文艺复兴运动中，进步的思想家提倡反封建、反神学的人文主义文化，宣传以人为中心，要求个性解放，重视现实生活，崇尚理性和知识。反对封建教育对儿童本性的压抑，认为应该通过教育使人类天赋的身心能力得到和谐的发展。教育认识的逐步深化，推动着教育理论从哲学等学科中分化出来，形成一门独立学科。

在教育学独立的过程中，代表性的人物首推捷克著名教育家夸美纽斯（J. A. Comenius, 1592—1670）。他一生写下了大量的教育论著，其中最著名的是在1632年写成的《大教学论》，这也是近代最早的教育学著作。在这部著作中，夸美纽斯提出了泛智教育思想，探讨把一切事物教给一切人类的全部艺术，提出了每个人都有接受教育的可能与权利，主张建立适合学生年龄特征的学校教育制度，论证了班级授课制，规定了广泛的教学内容，提出了不同学科的教学方法及教学原则。这部著作开创了近代教育理论的先河，成为划时代的巨著。因此，夸美纽斯被称为近代的"教育巨匠"和"教育理论的始祖"。夸美纽斯的教育思想为近代西方教育理论的发展奠定了基础。

英国哲学家洛克提出了著名的"白板说"，认为人的心灵如同白板，观念和知识都来自后天，并且得出结论："人类之所以千差万别，便是由于教育之故。"1693年出版的《教育漫话》是洛克的教育学代表作，曾是英国最重要的一部教育哲学著作。《教育漫话》在西方教育史上第一次将教育分为体育、德育、智育三部分，并做了详细论述。全书的主题是论述"绅士教育"，他强调绅士应受体育、德育和智育方面的教育。洛克的教育思想对西方近代教育思想，特别是对18世纪的法国教育家影响很深。

卢梭是启蒙时期的法国思想家、教育家。1762年，卢梭出版了世界上第一本小说体的教育名著《爱弥儿》。卢梭提出："出自造物主之手的东西，都是好的，而一到了人的手里，就全变坏了。"[1]卢梭认为，人的本性是善良的，但被现存的环境和教育给破坏了，假如能为人造就新的、适合人性健康发展的社会环境和教育，人类就能在更高阶段回归自然。因此，人为的、根据社会要求强加给儿童的教育是坏的教育，让儿童顺其自然地发展的教育才是好的教育，甚至越是远离社会影响的教育才越是好的教育。卢梭强调教育活动必须注重感性、直观，必须遵循儿童的自然本性，培养"完全是为他自己而生活"的"自然人"。[2]卢梭的这种教育思想后来被人们总结为自然主义教育思想，对后来的教育思想产生了很大影响。

在这一时期，将教育理论提高到独立学科的水平，并为后世所公认的是在19世纪产生重要影响的德国教育家赫尔巴特（J. F. Herbart，1776—1841）。他在1806年出版的《普通教育学》是教育史上公认的第一部具有科学形态的教育学著作。这本书构建了教育学的逻辑体系，形成了一系列教育学的基本概念，"普通教育学必须把论述基本概念放在一切论述之前"，[3]只有这样才能获得科学的统一性。赫尔巴特还非常明确地提出了教育学的学科基础是心理学和哲学，他说："教育者的第一门科学，虽然远非科学的全部，也许就是心理学。"[4]在赫尔巴特看来，教育学作为一门科学，是以实践哲学和心理学为基础的。前者说明教育的目的，后者说明教育的途径、手段。赫尔巴特从主智主义心理学出发，提出教育性教学的主张，反对"无教育的教学"，从而深刻阐明了教学的含义，论述了教学与教育的关系。赫尔巴特还根据他的心理学理论，将教学分为"明了""联想""系统""方法"四个步骤，后来进一步发展为"五段教学法"。

在教育学的独立问题上，德国哲学家康德（I. Kant，1724—1804）做出了不可磨灭的贡献。1776年，康德在哥尼斯堡大学开设教育学讲座，首次将教育学列入大学课程。瑞士的教育家裴斯泰洛齐（J. H. Pestalozzi，1746—1827）的著作《林哈德与葛笃德》在欧洲也曾风靡一时。在该书中，他将教育目的的规定为全面、和谐地发展人的一切天赋力量和能力。为了达到这个目的，教育必须与生产劳动结合，必须从最简单的要素入手直到最复杂的事物。另外，德国福禄贝尔（F. W. Frobel，1782—1852）的《人的教育》、法国爱尔维修（A. H. Helvetius，1715—1771）的《论人及其智力和教育》等，都可以算作教育学独立形成时期的重要著作。

在这一时期，教育学开始有了专门的研究领域，形成了专门的概念和范畴体系，教育学的研究方法也日趋科学化。

3. 教育学的发展时期

新学科的日益兴起，对教育学的发展产生了深远的影响。一方面，教育学从新兴学科中吸收有关的研究成果，更新和丰富自己的内容；另一方面，教育学也逐步利用和借鉴这些学科的研究方法，使教育学的研究走向深入。由于不同的研究主体借用其他学科的不同方法对教育进行研究，因而使人们对教育的认识各不相同。自19世纪50年代以来，世界上出现了各种不同的教育学流派和重要的教育学著作。我们称这一时期为"教育学的发展时期"或"教育学的多样化时期"。

19世纪末20世纪初，在欧美一些国家出现了一种以自然科学的实验法研究儿童发展及其与教育关系的理论，即实验教育学。"实验教育学"这个名称是1901年由德国的梅伊曼（E. Meuman，1862—1915）首先提出的。他认为过去的教育学是概念化的，往往与实际相抵触，为了防止仅仅根据理论和偶然经验下结论，必须采用实验的方法研究儿童的生活和学习。另

---

[1] [2] 卢梭. 爱弥儿（上卷）[M]. 李平沤，译. 商务印书馆，1996：5、9.
[3] [4] 康德. 康德教育论[M]. 瞿菊农，译. 商务印书馆，1930：192.

一名德国教育家拉伊（W. A. Lay，1862—1926）于 1903 年出版了《实验教育学》，完成了对实验教育学的系统论述。实验教育学的主要观点是：反对强调概念思辨的教育学，提倡将实验心理学的研究成果和方法运用于教育研究，使教育研究达到"科学化"，认为教育实验与心理实验的差别在于前者是在真正的学校环境中进行，而后者在实验室中进行，主张用实验、统计的方法探索儿童心理发展过程的特点及其智力发展水平。实验教育学确立的定量研究方法成为 20 世纪教育学研究的一个基本范式。

19 世纪末在德国出现了文化教育学流派，代表人物主要有狄尔泰（W. Dilthey，1833—1911）、斯普朗格（E. Spranger，1882—1963）。主要代表作有狄尔泰的《关于普遍妥当的教育学的可能》、斯普朗格的《教育与文化》。这一流派的基本观点是：认为教育的过程是一种历史文化过程；对教育的研究必须采用精神科学或文化科学的方法进行；教育的目的就是要促进社会历史的客观文化向个体的主观文化转变，将个体的主观世界引向博大的客观文化世界，培养完整的人格；通过"陶冶"与"唤醒"来建构和谐对话的师生关系。文化教育学深刻地影响了德国乃至整个世界 20 世纪的教育学发展，在教育的本质、目的、师生关系等诸方面都给人许多新的启发。

实用教育学是在 19 世纪末 20 世纪初在美国出现的一种教育思潮，代表人物为美国的杜威（J. Dewey，1859—1952）、克伯屈（W. H. Kilpatrick，1871—1965），代表性著作是杜威的《民主主义与教育》。实用主义教育学是以美国实用主义文化为基础，以赫尔巴特理性主义教育理念为批判对象的一种教育学流派。从 20 世纪初至 20 世纪 40 年代，在世界各国广为流传，并被一些资产阶级学者标榜为"新教育""现代教育"。从此，西方教育学出现了以赫尔巴特为代表的传统教育学派和以杜威为代表的现代教育学派对立的局面。

随着 19 世纪中期马克思主义的诞生，在 20 世纪上半叶的教育理论发展中，出现了试图以马克思主义的观点和方法阐明社会主义教育规律的教育学，其代表作当推 1939 年出版的前苏联教育家凯洛夫主编的《教育学》，以及我国第一本试图用马克思主义论述教育的著作——杨贤江于 1930 年以李浩吾的化名出版的《新教育大纲》。这些标志着马克思主义教育学的形成，这一理论基本观点包括：教育是一种社会历史现象，在阶级社会中教育具有阶级性；教育起源于社会生产劳动；现代教育的根本目的是促进人的全面发展；教育与生产劳动相结合是培养全面发展的人的唯一方法；教育与政治、经济、文化是一种相互作用的关系等。

4. 教育学的理论深化时期

20 世纪 50 年代以来，科学技术的发展呈现出了前所未有的新局面：一方面，科学的发现与大规模应用之间的时间正在缩短；另一方面，新的发明和创造越来越快地淘汰了许多旧技术。因此，各国都不约而同地将改革集中在了能使生产效率提高和科学技术发展的智力开发这一主要因素上，引发了一场在世界范围内的教育改革，促进了教育学的发展。同时，科学的高度分化和综合的趋势日益加强，教育学也开始迅速分化和发展，具体表现在教育学学科门类迅速增加，内容更加丰富，与其他学科的渗透逐渐深化等方面。再加上"新三论"与"旧三论"的发展，为教育学的研究提供了新的研究思路和方法。因此，各个国家在不同思想体系的指导下推进教育学的发展，半个世纪以来，出现了以下一些较为有影响的教育理论。

苏联心理学家、教育家赞科夫（Л. В. Занков，1901—1977）于 1975 年出版了《教学与发展》一书，书中详细阐述了他的实验教学论体系，系统叙述了学生的发展进程，介绍了学生学习过程的状况。通过对教学与学生发展之间的关系进行深入讨论，强调教学应走在学生发展的前面，促进学生的发展。他还批评了苏联传统教学理论对发展学生智力的忽视，提出了"高速度、高难度、理论知识起指导作用，使学生理解学习过程，使学生都得到发展"的五个教学改革原则。

1956年以来，美国心理学家布卢姆（B. S. Bloom）制定了"教育目标的分类系统"，提出了"掌握学习"理论。他将教育目标分为认知目标、情感目标、动作技能目标三类，每类目标又由低到高排列为不同的层次。他又提出，教育者要创设适当的教学条件，全面最大限度地拓展和促进每个学生的发展潜力，让每个学生努力学习，以掌握所教的内容，最终达到教育目的。

1963年，美国教育心理学家和教育改革家布鲁纳（J. S. Bruner）出版了《教育过程》一书，书中作者提出"学科基本结构"的观点，强调对学科基本结构学习的重要性。他认为，不论我们选择教什么样的学科，务必使学生理解该学科的基本结构。他还特别重视对学生能力的培养，主张让学生尽早尽快地学习基本学科的重要知识，并且提倡发现学习，主张启发学生用自己的头脑亲自获得知识。他的教育思想对于编选教材，发展学生能力，提高教学质量具有积极意义。

瑞士教育家皮亚杰提出的认知发展理论，被公认为20世纪发展心理学上最权威的理论。在他的著作《教育科学与儿童心理学》中，认为教学的主要目的是发展学生的智力，并把认知发展分为感知运动、前运算、具体运算、形式运算四个阶段。

巴班斯基于1972年出版了《教学过程最优化》一书，提出了"教学过程最优化"的思想。该思想认为，应当把系统方法的基本原则，即整体性原则、相互联系原则、有序化原则、动态原则，创造性地在教学过程最优化的研究中加以具体化。他主张将教学看作一个系统，从系统的整体与部分之间、系统的部分与部分之间、部分与环境之间的相互联系、相互作用中去考察教学，从而达到最优处理教学问题的目的。他将现代系统论的方法引入对教学论的研究，是对教学论科学化的新探索。

这一阶段教育理论领域新成果的不断涌现，开创了人们对教育理论深入探究的新局面。从动态的发展来看，新时期教育学具有如下特点：

第一，教育学与其他学科高度融合。教育是一种复杂的社会活动，要想深入地了解教育的基本规律，就需要使教育学朝综合化的趋势发展。这种趋势致使教育学与政治学、社会学、脑科学等多学科的高度渗透、相互结合。

第二，教育学的问题领域在不断扩大。现在教育学的研究对象已由微观的学校教育方面扩展到了宏观的教育决策规划，从教育的内部关系扩展到教育的外部关系，从基础教育扩展到高等教育，等等。这些都足以表明一个巨大的教育问题领域已经形成。

第三，教育学研究与教育实践的关系更加密切。传统的教育学研究将自己定位于一种形而上的研究，注重从某种哲学或伦理学的观点出发提一些有关教育方面的要求，而对教育实践活动中的问题关注不够。时至今日，人们在进行教育研究时所关心的是教育实践中存在哪些问题、问题产生的原因以及如何解决问题等。同时，教育实践的发展也向教育理论伸出求援之手，为教育学的发展提供了社会动力。

第四，教育学开始了对自身的反思，形成了元教育学。教育学的发展与对其自身的反思是分不开的，当代教育学发展的一个重要特征就是出现了自觉的教育学反思。教育学反思不同于对教育实践的研究，而是对教育研究的研究，即对教育的元研究，其目的在于检讨教育研究活动本身的目的、性质、价值等，形成教育学观。这种对教育研究的反思研究的结果就形成了元教育学。

三、教育学的学科体系

近代社会以来，由于科学的进步、文化的发展、学科的分化，特别是当代社会横断学科、交叉学科和边缘学科的出现以及教育学的多元化，促使教育学由一门学科逐渐形成一个庞大的科学体系。原教育学科体系的"四大块"已经发展成为教育科学体系中的主要分支学科，而且又表现出进一步分化的趋势。值得注意的一点是，教育学在发生分化的同时又发生了高度综合，它指的是在分化出来的子学科与子学科之间、子学科与边缘学科之间又出现了新的教育知识增长点，例如教学哲学、教学技术学等。

不同的学者依据不同的分类标准对教育学的学科体系做了不同的划分。回顾教育学的发展历程，目前已形成了一个以教育学为中心、科目门类多样、内容涵盖丰富、较为完整并具有独特组织结构的学科体系，具体来说包括以下四个层次：

第一，在传统教育学（即教育学教材）的知识体系下分化出来的不同学科，如教育学原理（或称教育概论、教育原理、教育通论）、教学论、课程论、德育论（德育原理）等。这类学科代表了教育学在20世纪上半叶开始发展的一个趋势——内部分化，由原来笼统的一门学科分化为各门具体的学科。

第二，教育学与其他学科相结合而产生的交叉学科，旨在探讨教育领域中某一专门问题，如教育哲学、教育社会学、教育心理学、教育伦理学、教育卫生学、教育生物学、教育行政学、教育统计学、教育生态学等。这类学科代表了教育学在20世纪上半叶开始发展的另一个趋势——融合，初步实现了教育学与其他学科门类的沟通与互补，丰富和扩大了教育学在中国发展的知识领域和认识深度，反映了教育学在20世纪上半叶已在逐步走向成熟。

第三，根据教育实践的发展，对教育实践中的某个专门问题或领域进行研究而形成的学科，如家庭教育学、社会教育学、特殊教育学、成人教育学、农村教育学、职业教育学、师范教育学、创造教育学、科学教育学、生活教育学、小学教育学、中学教育学、高等教育学等。这类学科反映了教育学在中国20世纪上半叶开始的具体化和专门化，开始由传统的理论教育学向实践教育学渗透，这无疑拓宽了教育学在我国的研究领域，有助于教育学研究实践价值的提高。

第四，对教育学自身发展研究形成的学科，如教育科学纲要、教育研究概论、教育研究方法、教育测验学等。

四、学习和研究教育学的意义和方法

（一）学习和研究教育学的意义

学习和研究教育学对于任何一个教育工作者来说，都是从事工作的必要前提。对于师范生而言，要使自己从一个不具备教育经验的大学生成为一个德才兼备的人民教师，更是如此。

1. 学习和研究教育学，有助于形成正确的教育观

教育观是人们对教育的根本看法，是教育思想、教育观念的体系。任何一个人都具有不同的教育观。教育观的正确与否将决定教育的发展方向，而正确教育观的形成，又离不开对教育规律的正确认识。学习和研究教育学有助于教师或师范生正确认识教育现象及其基本规律，增强识别能力。在正确的教育理论的指导下，自觉能动地做好教育工作，从而提高实际工作的科学性、自觉性和预见性，减少工作的盲目性。

2. 学习和研究教育学，有助于正确地进行教育实践，提高教育质量

教育工作是一项十分复杂细致的工作，要做好它并取得良好的效果，离不开正确教育理论的指导。教育学是专门研究教育的基础理论学科，又是指导教育实践的实用学科。从根本上说，学习和研究教育学是为了指导教育实践。要想做好教育工作，提高教育质量，就必须重视教育理论的学习，充分发挥教育理论的指导作用。现实生活中，有一部分人没学过教育学也能从事教育工作，但他们进行的是盲目性较大的摸索性工作，有可能使教育工作取得成功，同时在更大程度上存在着失败的危险。只有学习和研究教育学后，才能明确教育目的和任务，掌握教育规律，运用正确的教育原则和方法，减少工作中不必要的盲目探索。

3. 学习和研究教育学，可为教育科研提供理论基础并有助于发展教育理论

教学是一种创造性的劳动，本身具有研究性，如果没有对教育中的新问题进行研究的能力，就只能固守旧经验和照搬老方法，难以解决新问题，灵活运用教学方法，提高教学效果。在新课程实施过程中，也出现了各种各样的新问题，利用过去的经验和理论都难以解释和应付。为此，教师既要承担教学任务，又要搞教育研究。为了承担起教学和研究的双重任务，教师既要掌握教育的基础理论，又要学习教育科研的知识、方法、技术，通过科学研究，解决教育教学过程中出现的新问题，发现教育过程中的新规律，发展新的教育理念，丰富教育学理论，这是推进新课程和实行教学改革的现实要求和紧迫任务。

（二）学习和研究教育学的方法

1. 处理好理论与实际的关系

处理好理论与实际的关系、贯彻理论联系实际的原则，这是学习任何一门学科所必须运用的基本方法。贯彻理论联系实际的原则，应当着重于理论方面的提高，把书本知识的学习放在首位。为此，学习教育学，应当把主要精力放在认真钻研教育理论上，要深入领会本门课程的基本知识，为从事教育实践提供科学的理论指导。在学习教育学的同时，师范生也要广泛阅读古今中外的各类教育经典文献。各类教育经典文献中一切行之有效的教育经验和反映教育规律的科学理论，也是我们形成教育思想的重要来源。对于各类教育经典文献，我们要做到，古为今用，洋为中用，取其精华，去其糟粕，以其中蕴涵的科学的教育理论来发展教育学理论，丰富我们的教育思想。

2. 教育实践是教育理论的源泉

在认真学习教育理论知识的同时，还应当组织学生参加一定的教育实践活动，如教育见

习、模拟教学、教育调查、访问等活动。在教育实践活动中,学生要联系有关的教育理论,加深对教育理论知识的理解,并学习如何在实际的教育工作中运用教育理论,提高教育能力。

3. 处理好学习教育学和其他学科的关系

教育学与其他学科,尤其是社会科学有着密切的联系。教育学的理论是在吸收其他学科有关理论的基础上发展起来的。如教育理论研究要遵循科学的世界观和方法论,并借以解释教育上的某些问题。要了解教育理论和实践的关系、教育理论和教育现象的关系等,就要学习哲学。要了解教育和政治、经济的关系,就要学习政治经济学、教育政治学、教育经济学等。理解教育的阶段、原则、方法等,要以心理学为基础。各科教学法也为教育理论的丰富提供了理论基础。因此,教育学和其他各学科之间是密切相关、相互渗透的,要学好教育学,就必须处理好教育学和其他有关学科的关系,了解其他学科的基本知识,从而帮助学生深刻领会教育学的理论。

思考题:

1. 简述"教育"的概念。
2. 简述有影响的教育概念及其内容。
3. 简述现代教育的发展趋势。
4. 简述教育学的研究对象。
5. 简述教育学产生和发展的阶段划分,以及在每一发展阶段的代表性人物和代表性著作。

第二章 教育目的

本章提要：人的活动是有目的性的，在教育活动之前，对教育活动提出或设定要达到的预期目标。教育目的是教育工作的出发点和归宿，它指导和制约着教育的全过程。教育目的是教育的基本问题之一，深刻理解教育目的对确立科学的教育观有着重要的意义。

第一节 教育目的的认识

一、教育目的的含义

关于教育目的，有许多不同的理解。《中国教育大百科全书·教育》认为，教育目的是把"受教育者培养成为一定社会需要的人的总和"。《教育大词典》（增订合编本）中对教育目的定义是"培养人的总目标，关系到把受教育者培养成为什么样的社会角色和具有什么样素质的根本性问题"。王道俊、王汉澜主编的《教育学》（新编本）中对教育目的定义是"指社会对教育所要造就的社会个体的质量规格的总的设想或规定"。扈中平等在总结前人研究的基础上，提出"教育目的是一种预期的要求、设想或规定，是需要通过活动去达到的价值追求"。

总的来说，教育目的是指人们对受教育者的期望，即人们希望受教育者通过受到教育在身心诸方面发生什么样的变化，或者产生怎样的结果。狭义来讲，就是指国家对培养什么样的人才的总要求。[1]

二、教育目的的理论

（一）人的全面发展理论

所谓人的全面发展，就是指人的各方面的素质多层次和多样化的发展。我们所指的全面发展，主要指以下四个方面：[2]

1. 体能、智能

体能，主要指人的速度、灵敏度、力量、耐力等人体机能，是人身体素质的综合表现。智能，包括知识和以思维尤其是抽象思维能力为核心的诸如观察力、记忆力、想象力等智慧

---

[1] 袁振国．当代教育学（修定版）[M]．教育科学出版社，2004：57．
[2] 扈中平．现代教育学[M]．高等教育出版社，2010．

机能，是一个人智慧的综合表现。

体能和智能是构成人的素质的基础性要素，是人从事一切活动的素质基础。

2. 活动能力

这里说的活动能力，主要是指主体与客体发生对象性关系时所需要运用的实际能力，或者说，是人运用体能和智能完成某一具体活动的实际能力。活动能力在人的各种活动中居于核心地位。因为活动是人存在的基本形式，人总是从事着活动，人只有在实际活动中才能改造外部世界和改变人自身。

3. 道德品质

人与外部世界的关系，不仅包括人与自然的关系，也包括人与人的社会关系。社会关系是人生存、发展以及从事各种社会性活动的必要条件。在社会生活和社会交往中，人们必然经常面临这样一些问题：怎样才能恰当地维系和调节人与人的社会关系？在长期的社会活动中，人们不仅建立起了各种政治、法律制度，也建立起了一系列的道德原则和行为规范，以保障社会活动的正常进行。在人类共同体内部，道德是调节人与人关系的最基本和最普遍的要素。因此，作为社会的个人，在其自身素质方面，就必须具备与一定社会关系相适应的道德品质。

4. 情感、意志与性格

人的生活和人的活动并不仅仅凭借理性因素，还要受到非理性因素的影响。情感、意志和性格是个人生活和发展中不可缺少的非理性因素，对人的活动和发展起积极或消极的调节作用。情感、意志和性格是人的主观能动性的重要组成部分，是人的主体性的重要表现，是人的素质中的动力因素，影响主体活动的动机和目的，调节主体活动的方式和强度，是主体充满激情、排除内外干扰、战胜困难、达到目的的心理源泉。在其他主客观条件相近的情况下，情感、意志和性格方面的品质往往会对个人的生活、工作和前途产生举足轻重，乃至决定性的影响。

在上述四个方面的基本素质中，体能和智能是人的素质结构中的生理、心理基础，是人的潜在力量；活动能力是人的素质结构中的核心，是人的实际能力；道德品质是人的素质结构中的社会关系方面的品质，调节人的活动的社会方向和行为规范；情感、意志和性格是人的素质结构中的能量基础，控制人的活动的发动和停止，调节活动的强度、速度与节奏。这四个基本要素相互依存、有机结合，大致构成了人的完整素质的框架。当然，这四个方面的基本素质还可做若干层次的分解，每一个方面和每一个层次还有多方面发展的问题。

（二）教育个人本位论和社会本位论

1. 教育个人本位论

教育个人本位论主张教育目标应以个人价值为中心，应主要根据个人自身完善和发展的精神性需要来制定教育目标和建构教育活动，其目的在于促进个人个性的发展。十八、十九世纪是这一理论广为流行的时期。重视人的价值、个性的发展及其需要，把人的个性发展及需要的满足视为教育的价值所在，主张应当按照人的本性和发展的需要来确定教育目标是其基本的特点。这一理论的价值取向主要反映在自然主义和人文主义的教育思想中，主要的代表人物是法国思想家卢梭、英国的洛克、美国的罗杰斯、瑞士的裴斯泰洛齐、德国的康德等。

2. 社会本位论

社会本位论者强调要从社会的需要出发制定教育目的，使受教育者社会化，保证社会生活的稳定与延续是教育目的所在。在社会本位论者看来，社会价值高于个人价值，个人的存在与发展依赖并从属于社会，社会效益的高低是教育的价值所在。这一理论的代表人物是法国社会学家迪尔凯姆、德国教育家凯兴斯泰纳和哲学家纳托尔普等。

三、教育目的的功能

从教育目的的定义及相关理论中，我们可以总结出教育目的主要具有以下功能：

1. 导向功能

教育目的是关系着教育全局性的问题，是社会在人才培养方面的总要求。教育目的一经确立就成为人们行动的方向，它不仅为受教育者规定了发展方向，预定了发展结果，也为教育工作者指明了工作方向和奋斗目标。因此，教育目的无论是对教育者还是对受教育者都具有目标导向作用。

2. 激励功能

教育目的的激励功能指教育目的一经确定，并被人们接受之后，就会对整个教育实践活动过程起指导作用，激励人们为实现共同的教育目标而努力奋斗。"目标就是价值，假如目标有价值，并且人愿意获得它（实现它），那么，它便能使学习者付出为达到该目标所需要的力量。"

3. 评价功能

教育目的的评价功能指教育目的是衡量和评价教育实施效果的根本依据和标准。学校的办学方向、办学水平和办学效益，教育教学工作的质量，教师的教学质量和工作效果，学生的学习质量和发展程度等都必须以教育目的为根本的标准和依据进行。长期以来，我国现实的教育状况由于受应试教育的长期影响，教育目的在发挥评价功能方面体现得并不全面，但随着我国教育均衡水平的不断提高，这一状况将会逐渐得到改善，教育目的的评价功能将在教育实践过程中得到体现。

四、教育目的的影响因素

教育目的的确立受各种因素相互影响，既有主观因素又有客观因素。如果从教育目的提出的主体来看，教育目的制定的主体是人，体现了人的主观意志。但就其确立的最终依据来看，教育目的必须以客观存在为依据，即必须受社会发展的客观需要、受教育者身心发展的客观规律、社会生产力水平等影响。其中，生产力和生产关系结成的生产方式是社会存在和发展的物质基础，也是教育目的的产生、变化和确立的现实基础。

（一）教育目的的制定受社会经济发展的影响

在社会发展中，生产力的发展起最终的决定作用，也是制约教育的最终决定因素。在生产力水平低下的古代社会，对于直接从事生产的劳动者来说，一般不需要经过学校的专门培养与训练，也就是不需要像今天这样培养专门的知识与技能，那时学校教育的目的主要是为统治阶层培养统治人才。因此，培养有文化的统治者就成为古代社会教育目的的特征。在进入资本主义社会之后，大工业机器生产需要具有一定文化知识和专门技能的工人，资产阶级一方面，要让自己的子女系统地学习科学、文化、技术知识，以便能够管理现代生产；另一方面，为了提高劳动者的劳动技能，不得不让底层劳动人民的子女接受一定的基础教育和职业技术教育。因此，从发展的角度来看，教育目的的提出，是受生产力发展水平和社会发展的需要所制约的。随着现代科学技术的迅猛发展及其在生产中的广泛应用，生产力的发展水平对制定教育目的的要求更为明显地表现出来。

（二）教育目的的制定受社会政治经济需要的影响

教育目的的性质和方向直接受社会政治经济制度的影响。在阶级社会，教育目的取决于统治阶级的政治利益与经济利益。在阶级社会中，教育目的的阶级性是教育的主要特点，是阶级意志的集中表现，没有所谓超阶级的教育目的。例如，封建社会的教育目的是为统治阶级培养维护封建统治的官吏；到了资本主义社会，则要求教育必须培养管理现代国家及企事业的各类专业人才，同时还必须培养具有一定知识技术的工人，以适应现代工业生产的需要；社会主义社会的教育目的是为工人阶级和广大人民服务的，以全民为对象，教育目的是培养为社会主义服务的劳动者和各种专门人才。

（三）教育目的的制定必须依据受教育者的身心发展规律

不管社会经济发展的水平如何，统治阶级的需求如何不同，一个必须遵守的原则是，教育目的制定必须建立在受教育者身心发展规律的正确认识上。对受教育者身心发展规律的认识是确定教育目的的重要前提。首先，教育的目的是希望引起受教育者的身心发生预期变化，使其成长为具有一定个性的社会个体，离开了受教育者这一对象，既不能构成也无从实现教育目的。受教育者在身心发展过程中存在着顺序性、阶段性、差异性等特点，教育必须充分考虑这些特点，根据受教育者身心发展的规律因材施教，才能尽快实现教育目的。

第二节　我国的教育目的

一、我国教育目的的历史演变

1. 中国奴隶社会、封建社会的教育目的

随着社会的发展，教育目的也在不断的演变。在原始社会，由于受生产力水平低下的影

响，教育只能寓于平时的生产劳动和生活实践之中，教育还没有成为一项专门的、独立的社会活动。教育目的也只能寓于平时的生产劳动与实践之中，并不存在现代国家层面的正式的教育目的。奴隶社会，教育是为奴隶主阶级的统治服务的。出现了早期雏形的学校，《孟子》记载："夏曰校，殷曰序，周曰庠，学则三代共之，皆所以明人伦也。"表明教育开始从社会生活中独立出来，且有了较为明确的教育目的——"明人伦"。在我国长期的封建社会中，儒家的教育思想由于有利于巩固封建制度，其教育目的长期成为中国封建社会的教育目的。

2. 中国近代社会中教育目的的变革

1906年清政府学部正式规定"忠君、尊孔、尚公、尚武、尚实"为教育宗旨，这一教育目的反映了当时"中学为体，西学为用"的文教方针。辛亥革命后，在蔡元培的影响下，1912年临时政府教育部公布了"注重道德教育，以实利教育、军国民教育辅之，更以美感教育完成其道德"的教育宗旨，体现了近代中国资产阶级民主主义的教育思想。1929年，国民党政府则颁布了"三民主义"的教育宗旨。

3. 新中国成立以后中国教育目的的演变

新中国成立后，百废待兴，教育亦是如此。1949年第一次全国教育工作会议强调：新中国教育以老解放区新教育经验为基础，吸收旧教育的有用经验，借鉴苏联经验，即在普及的基础上提高，在提高的指导下普及。这个方针是符合新中国教育变革的历史要求的，它推动了旧教育的改造和新教育的建设与发展。随着我国社会主义改造基本完成，从此中国进入了社会主义建设时期。1957年，毛泽东同志在《关于正确处理人民内部矛盾的问题》中指出："我们的教育方针，应该使受教育者在德育、智育、体育几方面都得到发展，成为有社会主义觉悟的、有文化的劳动者。"这是新中国成立以来第一次正式阐述的社会主义教育方针，是对培养全面发展的社会主义新人的第一次概括性的表述，标志着我党教育方针的初步确定。1958年，毛泽东同志又提出"两个必须"的思想，即"教育必须为无产阶级政治服务，必须与生产劳动相结合"。同年《中共中央国务院关于教育工作的指示》再次强调："党的教育工作方针是教育为无产阶级政治服务，教育与生产劳动相结合；为了实现这个方针，教育工作必须由党来领导。"这是中共中央以文件形式明确规定的教育方针，是党和国家在新中国成立后对教育目的的第一次明确表述。

"文化大革命"爆发后，我国教育方针受到严重扭曲。1976年后，我国开始进入社会主义建设的新时期。1978年，五届人大一次会议通过的《中华人民共和国宪法》规定："国家大力发展教育事业，提高全国人民的文化科学水平。教育必须为无产阶级政治服务，同生产劳动相结合，使受教育者在德育、智育、体育几方面都得到发展，成为有社会主义觉悟的有文化的劳动者。"这是对我党教育方针的拨乱反正，具有恢复性质。

1981年，《关于建国以来党的若干历史问题的决议》对教育方针的表述是："要加强和改善思想政治工作，用马克思主义世界观和共产主义道德教育人民和青年，坚持德智体全面发展，又红又专，知识分子与工人农民相结合，脑力劳动与体力劳动相结合的教育方针。"这个方针是从我国实际出发而作出的一个符合新时期教育发展规律的历史性结论。

1985年5月，《中共中央关于教育体制改革的决定》提出："教育必须为社会主义建设服务，社会主义建设必须依靠教育。"这是我国教育改革的一个转折点，它改变了以往教育为政治服务的表述方式，明确地描述了教育为社会主义建设服务的方向。1986年《中华人民共和国义务教育法》规定："义务教育必须贯彻国家的教育方针，努力提高教育质量，使儿童青少年在品德、智力、体质等方面全面发展，为提高全民族的素质，培养有理想、有道德、有文化、有纪律的社会主义人才奠定基础。"1995年《中华人民共和国教育法》规定的教育方针是："教育必须为社会主义现代化建设服务，必须与生产劳动相结合，培养德智体等方面全面发展的社会主义事业的建设者和接班人。"这个规定标志着我国教育方针的日趋完善。

二、中国教育目的的理论基础

（一）马克思主义关于人的全面发展学说

1. 人的发展同社会生产的发展相一致

马克思主义关于人的全面发展学说认为，"人的发展是与社会生产发展相一致的。旧式劳动分工造成了人的片面发展，大工业机器生产要求人的全面发展，并为人的全面发展提供了物质基础，实现人的全面发展的根本途径是教育同生产劳动相结合"。在对人的本质的认识上，马克思、恩格斯指出："人的本质并不是单个人所固有的抽象物。在其现实性上，它是一切社会关系的总和。"而这种社会关系，在马克思看来是指人们实践活动的产物。对人的这种理解，"说明教育不可能脱离社会的要求而独自存在，教育是根据一定社会要求，在一定的社会物质生产所规定的可能性前提下对新生一代施加影响，传授经验，将他们塑造成社会需要的人的一种特殊活动"。[①]不存在抽象的离开任何社会关系、任何社会实践的"人的发展"，也不存在离开任何社会和任何社会实践的教育。

旧的社会分工环境，决定了人的发展只能是片面的发展。一方面是广大劳动人民只从事体力劳动，而没有文化，在政治、法律、科学、艺术等智力活动方面得不到发展；另一方面是统治阶级垄断了政治、文化活动，而少从事体力劳动，从而也造成统治阶级发展的片面性。马克思、恩格斯指出，社会分工与人的片面发展是齐头并进的。恩格斯在《反杜林论》中这样说："由于劳动被分成几部分，人自己也随着被分成几部分，为着训练某种单一的活动，其他一切肉体的和精神的能力都成了牺牲品。"马克思在《资本论》中也指出："工场手工业把工人变成畸形物，它压抑工人全面的生产志趣和才能，人为地培植工人片面的技巧。"在资本主义手工工场里，由于工人整天从事某道工序的局部操作，严重地摧残了工人的智力和体力的全面发展。

2. 现代工业要求人的全面发展

分工是人类社会的一大进步。由于分工而造成的人的片面发展是必然的，而大工业的现代化生产，则要求人的全面发展。马克思说："大工业的本性决定了劳动的变换、职能的更动和工人的全面流动性。"这样，现代生产就要求"用那种把不同社会职能当作相互交替的活动方式的全面发展的个人来代替只是承担一种社会局部职能的局部个人"，即代替片面发展的人。随着自然科学和工艺学的迅速发展，为劳动者通晓整个生产系统的基本原理和基本技能创造了条件。同时，随着大工业生产的发展，劳动生产率的提高，使劳动者可以缩短劳动时

[①] 黄济，王策三. 现代教育论[M]. 人民教育出版社，1996：230.

间，有充分的闲暇去学习文化科学技术知识和从事体育、文艺、交际等各种活动，全面地发展自己的智力和体力。

3. 教育是人的发展的重要条件

现代工业为人的全面发展提供了必要条件与可能，教育是使人的全面发展由可能性变为现实性的必不可少的途径。马克思和恩格斯在《共产党宣言》中指出："把教育同物质生产结合起来。"马克思在《资本论》中也指出："未来教育对所有已满一定年龄的儿童来说，就是生产劳动同智育和体育相结合，它不仅是提高社会生产的一种方法，而且是造就全面发展的人的唯一方法。"马克思的这一科学预见，抓住了未来教育的基本特征，即教育与生产劳动相结合，揭示了这种新教育在社会发展和新人形成过程中的深远意义。

（二）中国特色社会主义理论

1. 邓小平理论的指导意义

第一，邓小平同志关于教育事业必须同国民经济发展的要求相适应的论述。[1]

邓小平同志关于"整个教育事业必须同国民经济发展的要求相适应"的思想，是我国教育发展的指导方针，其内涵极为丰富和深刻，对我国教育事业和社会主义现代化建设具有重大指导意义。党的十一届三中全会以来，在教育领域逐步肃清"以阶级斗争为纲"的流毒。"整个教育事业必须同国民经济发展的要求相适应"，正是从以"以阶级斗争为纲"到"以经济建设为中心"的转变，从"教育必须为无产阶级政治服务"到"教育必须为社会主义现代化建设服务"的转变，这是我国教育事业发展指导方针、指导思想的最根本的转变。它不仅剔除了"左"的思想对教育指导方针的影响，而且明确和肯定了教育必须服从、服务于国家建设与发展这一根本指导方针。邓小平同志的这一思想突出了发展国民经济的重要地位，充分体现了以经济建设为中心的思想，同时也预示着教育事业迅速发展的春天的到来。

第二，邓小平同志关于培养"四有新人"的思想丰富了当代中国教育目的的内涵。

1985年，邓小平同志说："现在我们国内形势很好。有一点要提醒大家，就是我们在建设具有中国特色的社会主义社会时，一定要坚持发展物质文明和精神文明，坚持五讲四美三热爱，教育全国人民做到有理想、有道德、有文化、有纪律。这四条里面，理想和纪律特别重要。我们一定要经常教育我们的人民，尤其是我们的青年，要有理想。为什么我们过去能在非常困难的情况下奋斗出来，战胜千难万险使革命胜利呢？就是因为我们有理想，有马克思主义信念，有共产主义信念。我们干的是社会主义事业，最终目的是实现共产主义。"[2]

有理想、有道德、有文化、有纪律，是对全体公民素质提出的综合要求，是"全面发展的人"在社会主义建设新时期的具体规定。其中，有理想、有道德、有纪律，是对公民思想道德素质方面的要求；有文化，是对公民科学文化素质的要求。"四有"是有机统一的，不可偏废。造就"四有"公民，是我国社会主义现代化事业获得成功必不可少的条件。我们要按照"四有"公民的要求，努力搞好思想道德建设和科学教育文化建设。

第三，邓小平关于"三个面向"的思想开启了我国当代教育方针与教育目标的新境界。

---

[1] 李进才. 整个教育事业必须同国民经济发展的要求相适应[J]. 武汉大学学报（哲学社会科学版），1994（5）：95-122.
[2] 邓小平文选（第3卷）[M]. 人民出版社，1993：110.

1983年国庆节，邓小平同志为北京景山学校题词，提出"三个面向"，即教育要面向现代化、面向世界、面向未来。教育要面向现代化，强调的是教育与经济建设和社会发展的关系。要求大力改革和发展教育事业，努力提高全民族的思想道德和科学文化水平，提高劳动者素质，培养大批人才，建立适应社会主义现代化建设需要的教育体系，更好地为社会主义现代化建设服务。教育要面向世界，强调的是教育改革、发展不仅要着眼于中国，而且要放眼世界。即必须坚持教育的改革开放，不断解放思想，改革一切不适应现代化建设需要的观念和体制，结合我国国情，大胆吸收和借鉴人类社会的一切先进文明成果，推进我国的教育现代化。教育要面向未来，强调教育不仅要考虑当前，而且要着眼于未来。即必须从长远打算，以长远的战略眼光办好当前的教育，无论教育事业的发展还是各项改革，都要有超前性和预见性。邓小平同志关于教育"三个面向"的题词，既是他关于教育问题一系列重要论述的集中概括，又是在新形势下对教育工作提出的指导方针，具有鲜明的时代特色和战略指导意义。

2. "三个代表"重要思想的指导意义

　　第一，教育为促进中国先进生产力发展服务。

　　江泽民同志"三个代表"的重要思想，不仅是新的历史时期全面加强党的建设的伟大纲领，而且为我国社会主义现代化教育事业的建设和发展指明了方向。"三个代表"思想的三个方面都与发展生产力紧密联系。代表中国先进生产力的发展要求，居于"三个代表"的首位，是"三个代表"的基础。生产力不仅是生产中最活跃、最革命的因素，而且是社会进步和发展的最终决定因素。社会主义的根本任务是发展生产力，增强社会主义国家的综合国力，使人民的生活日益改善。人是生产力中具有决定性的力量，人才是科技进步和经济社会发展最重要的资源。学校是培养人才的摇篮，现代教育具有生产力性质，特别是基础教育，是实施科教兴国战略的奠基工程，对提高中华民族素质，培养各级各类人才，促进社会主义现代化建设，繁荣先进文化，满足广大人民群众的根本利益，具有全局性、基础性和先导性的作用。因此，要代表先进生产力的发展方向，就要重视人才的培养，尊重知识，尊重科学；就要保持教育的适度发展，把基础教育摆在优先发展的地位，把它作为基础设施建设和教育事业发展的重点领域，切实予以保障。[①]

　　第二，教育为中国先进文化建设服务。

　　江泽民同志把文化作为"三个代表"的重要内容之一，表明文化问题直接与党的先进性相关，是关系到党的性质、宗旨、历史地位和历史作用的大问题。要充分利用教育的文化传递功能、文化选择功能、文化更新与创造等功能，充分发挥教育在社会主义的先进文化建设中的积极作用。

　　第三，教育为满足广大人民的根本利益服务。

　　教育不仅可以促进先进生产力的发展，促进先进文化建设，而且教育在发展的过程中，要把人的全面发展放在首位，促进学生全面、健康和谐的发展。

3. 科学发展观的指导意义[②]

　　科学发展观是党在社会主义建设新时期提出来的关于发展的指导思想，对教育的指导意

---

① 余强基. 基础教育的改革与发展要体现先进生产力的发展要求[J]. 天津教育，2001（11）：1.
② 喻梦林. 科学发展观对教育的指导作用[J]. 武汉市教育科学研究院报，2007，5（1）：10-13.

义主要表现在：

第一，理论性指导作用。

人们的教育实践、教育行为都受到一定思想认识的指导，而思想认识有层次之分、正误之别，对教育实践会产生不同或相反的作用。教育需要科学的理论指导。科学发展观适应时代发展需要，揭示了社会发展规律，是基于改革开放和现代化建设实践的理论创新，是我国三代领导人关于社会主义事业思想的继承和发展，具有重大的理论价值、认识价值和指导意义，是认识教育的地位作用、培养目标、教育发展根本问题的思想武器，一旦为教育主体掌握，与教育实践相结合，就能指引教育沿着正确的方向顺利发展。

第二，主导性指导作用。

指导和影响教育实践的思想理论，大体有三个层次：一是基本指导理论，科学发展观是基本指导理论体系的重要内容，对教育全局具有指导作用；二是专业理论，即教育科学理论，包括教育学、心理学、教学论、管理学等多学科理论，对教育实践的不同领域、方面、环节分别具有指导作用；三是主体思想理论，即教育者以个体知识、经验为基础，在学习和实践中形成的个性化的思想观点。科学发展观在多层次、多学科的指导结构中，居于主导地位，统领教育全局，是国家级的基本的指导思想。科学发展观不能取代各种教育思想理论，但各种教育思想理论必须在科学发展观的指导下创造性地运用。

第三，方针性指导作用。

科学发展观既是认识性的指导思想，又是工作性的行动方针。中国经济和社会发展"十一五"规划纲要明确了"以科学发展观统领经济社会发展全局"的指导地位，提出了"全面贯彻落实科学发展观"的指导方针和要求，并经全国人民代表大会通过，成为国家的意志，具有行政性属性和必须落实的约束力。一般教育理论的作用，有赖于教育主体的理解，取决于主体的接受性、选择性；个体独特的教育思想、观点的作用，有赖于自身在教育实践中的体验、感受；科学发展观对教育发展方向、发展目标、发展模式、发展质量等方面的指导，具有规范性和指令性，不以个人意志为转移。

第四，评价性指导作用。

教育评价是教育工作的价值判断，是调节教育工作与教育目标的距离，促进教育事业和主体发展的重要方法。教育理论及个体思想对教育评价的作用具有专门性和局限性，在理论观点的相应领域具有指导作用。科学发展观对教育评价的指导作用具有必然性和普遍性，是实施教育的发展性评价和其他不同类型、层次、功能评价的基本依据，也是衡量教育评价工作的根本标准。在教育评价中，对教育工作过程、结果的检查、评价，以及对评价者的评价活动的评价，都必须以科学发展观为根本指导，反映科学发展观的基本要求。

三、当代中国教育目的的实施

（一）对当代中国教育目的的正确理解和认识

1. 关于"教育必须为社会主义现代化建设服务"

《中华人民共和国教育法》规定："教育必须为社会主义现代化建设服务，必须与生产劳动相结合，培养德、智、体等方面全面发展的社会主义事业的建设者和接班人。"这是我国教育史上首次以立法的形式规定的教育方针，对于指导教育工作有十分重要的意义。"教育必须为社会主义现代化建设服务"，遵循了教育与科技、生产力之间内部联系的规律，体现了教育在现代化建设中的巨大作用。"教育必须为社会主义现代化建设服务"指明了当前我国教育发展的方向。要求教育要为社会主义现代化建设服务，现代化建设要依靠教育提供服务，同时教育为现代化建设服务是一种多方面的、全方位的服务。

2. 关于"教育必须与生产劳动相结合"

"教育必须与生产劳动相结合"是根本途径。一方面，生产劳动是现代生产劳动；另一方面，教育是现代教育与现代生产劳动有机结合的教育。

3. 关于"培养德、智、体等方面全面发展的社会主义事业的建设者和接班人"

"培养德、智、体等方面全面发展的社会主义事业的建设者和接班人"是根本目的。一方面，教育要着眼于人的全面发展；另一方面，教育要着眼于社会主义事业的建设者和接班人的统一。

（二）素质教育的实施

1993年《中国教育改革和发展纲要》提出："中小学要由'应试教育'转向全面提高国民素质的轨道，面向全体学生，全面提高学生的思想道德、文化科学、劳动技能和身体、心理素质，促进学生生动活泼地发展，办出各自的特色。"这一号召提出以来，"应试教育"向"素质教育"的转轨已多次写进了教育的政策文件，成为广大教育工作者的自觉语言。1999年中共中央国务院作出的"关于深化教育改革全面推进素质教育的决定"，使"素质教育"进一步被确定为我国教育改革和发展的长远方针。

1. 素质教育的内涵

素质，是指"人们与生俱来的自然特点与后天获得的一系列稳定的社会特点的有机结合"。[①] 人的素质可以根据不同标准分类。按素质内容分类，可以分为思想道德素质、科学文化素质、身体素质、审美素质、劳动技术素质。按素质发展层次则可分为自然生理素质、心理素质和社会文化素质三个层次。所谓素质教育，顾名思义就是培养、提高学生素质的教育。

2. 素质教育实施的策略

全面提高学生素质，变"应试教育"为素质教育，要从以下几方面着手：

第一，要端正教育思想，转变教育观念。

"只能选择适合学生的教育，不能选择适合教育的学生"；转变学生观，认识到学生是教育的主体。把传授知识、培养能力与教育学生做人、做事相结合。

第二，要从注重"双基"向注重"四基"转变。[②]

长期以来，我国的中小学教育逐渐形成了两个基本目标：使学生获得基本知识和基本技能。1992年国家教委颁发的《九年义务教育全日制小学、初级中学课程计划（试行）》提出，

---

① 燕国材著. 素质教育论[M]. 江苏教育出版社, 1997: 156.
② 史宁中, 柳海民. 教育研究[J]. 教育研究, 2007 (8): 10-57.

小学阶段的目标是:"具有阅读、书写、表达、计算的基本知识和基本技能";初中阶段的目标是:"掌握必要的文化科学技术知识和基本技能"。这两点目标长期以来被中小学教师简称为"双基"。从人的发展的角度考虑,特别是从培养创新型人才、提高人才的国际竞争力的角度考虑,仅有"双基"已经不足以让我国的基础教育领先于世界,也不足以满足我国经济与社会发展的新要求。应将我国中小学教育的基本目标在"双基"的基础上再加"两基",即基本知识、基本技能、基本思想与基本活动经验。基本思想主要指一门学科教学的主线或一门学科内容的诠释架构和逻辑架构。基本活动经验是指学生亲自或间接经历了活动过程而获得的经验,通过活动,让学生亲身感悟解决问题、应对困难的思想和方法,就可以逐渐形成正确思考与实践的经验。

第三,要改革考试制度,实现教育评价体系的科学化。

一是全面评价;二是使用多方面评价标准和多种评价方法,构建科学的教育质量评价指标体系,以促进全体学生的全面发展。

第四,要提高校长、教师素质。

素质教育的最终目标是提高全体学生的素质,但学生素质的提高,必须以校长、教师素质的提高为前提。一所学校没有一个高素质的校长,素质教育将难以实现,没有高素质的教师,素质教育无从谈起。

思考题:

1. 什么是教育目的?确定教育目的的依据是什么?
2. 理解马克思关于人的全面发展的基本内涵。
3. 什么是素质教育?实现素质教育的途径有哪些?

第三章 教育功能

本章提要： 教育功能是教育对个体发展和社会发展发挥的作用，通过培养人而实现个体功能和社会功能。遗传素质、环境、教育是影响个体身心发展的基本因素，遗传素质是个体发展的物质前提，但只有在环境、教育的影响下，身心发展才能实现。教育对个体发展起着主导作用，具有促进个体社会化和促进个体个性化的功能。教育是人类所特有的培养人的社会实践活动，受到社会发展过程中的经济、政治、文化等条件的制约，在与社会的经济、政治、文化的有机联系中发挥其独特的功能。

教育是一种培养人的社会活动，它通过培养人，促进人的发展，并与其他社会现象相互影响，相互作用，从而形成多方面的功能。教育功能即教育对个体发展和社会发展所发挥的作用。

教育功能往往表现为教育活动所引起的人的成长变化，并通过培养人而对社会的延续和发展所产生的作用。前者称为个体功能，表现为教育影响人的身心发展，对个体人的生存和发展发挥作用，即教育的个体发展功能；后者称为社会功能，表现为教育影响社会的发展，对维系人类社会的运行，促进社会变革和发展具有重要作用。个体功能是教育系统自身所固有的、基本的功能，而教育的社会功能是通过培养人来实现的，是派生的、从属的功能。所以，前者又称为教育的本体功能，后者又称为教育的派生功能或教育功能的释放。

教育是一种社会现象，社会总是不断发展变化的，教育也随着人类社会的发展变化而发展变化。在不同的历史发展阶段，由于生产力发展水平、生产关系和社会政治制度的不同，教育也就呈现出不同的性质和特点，形成各具特色的教育历史形态，而不同的教育形态自然也就产生不同历史时代的、变化的教育功能。不同的时代、不同的国家，社会与个体对教育的需求也不断地变化、发展，这影响着教育的历史演进，也使教育的具体性质和功能的范围各异。

第一节 教育与个体发展

一、个体发展的含义

教育的目标是培养人，形成人，促进人的发展。教育的对象是人，这里的"人"确切地说是指受教育者个体。个体发展是指个体从出生到死亡的整个过程中在身心方面所发生的积极变化。

个体发展，包括身体发展和心理发展两个方面。身体发展是有机体的组织器官的发育及其机能的完善；心理发展是个体有规律的心理变化，包括认知的发展（感觉、知觉、记忆、思维、想象等）和意向的发展（需要、兴趣、情感、意志等）以及性格、能力等个性心理特征的形成。个体的身体发展和心理发展是密切相关的，是相互影响、相互制约的。身体的发展，特别是大脑和神经系统的发展是心理发展的物质基础，制约和影响心理的发展；而心理的发展也离不开身体的发展，强烈地影响身体的发展。

二、影响个体发展的基本因素及其作用

（一）遗传素质是个体发展的物质前提

遗传是指人们从父母先代继承下来的生理解剖上的特点，如机体的结构、形态、感官和神经系统的特点（肤色、身高、体重）等。人的这些先天的解剖生理特点，主要是感觉器官和神经系统的特点，也叫遗传素质，是个体发展的物质前提。

1. 遗传素质提供了个体发展的可能性

遗传素质是个体身心发展的物质前提，为人的发展提供了可能性。个体发展总是要以遗传所获得的生理组织和一定的生命力为其发展前提的，如果没有这些前提条件，人的发展就无法实现，任何发展都是不可能的。一个人生下来无大脑，也就不会有思维机制，无法学习科学文化知识。一个先天失明的孩子，不可能发展他的视觉能力，无法把他培养成为一名画家。一个天生失聪的孩子，不可能发展他的听觉，不能成为一名音乐家。如果遗传素质有缺陷，人的身心则难以正常发展。只有具备正常遗传素质的儿童，才具有正常发展的可能性。

但是，遗传素质不是现成的知识、才能、思想、观点、性格、爱好、道德品质等，它不能决定人的发展。如果离开了后天的社会生活和教育，遗传素质所给予人的发展的可能性便不能变为现实。人们在职业上的不同，在思想意识和道德品质方面的不同，是由于社会分工的不同、社会生活和所受教育的不同以及个人努力的不同而产生的。在不同的社会生活和教育影响下，人的遗传素质可以向着肯定或否定的方向发展。一个天赋智力素质比较好的儿童未必会成为一个科学家，一个音乐素质比较好的儿童也未必会成为一个音乐家，除了遗传给他们的可能性外，还要看他们所处的社会条件、所受的教育和个人努力。

2. 遗传素质的成熟制约个体发展的过程及阶段

个体身心随着遗传素质的成熟而发展。从生理学来讲，人的身体各个器官及其机能，在初生时是很不完备的。人类个体在遗传提供的物质前提下，经过成长过程，各个器官及整个人体系统的构造、机能逐渐成熟。"成熟"是指个体的器官由于生长发育到一定程度，其机能达到可以发挥某种功用的程度。人的身心发展和年龄特征都受制于遗传素质的成熟程度，即在不同年龄阶段人身体的各种器官的构造及其机能不断发展变化，人的发展呈现出不同的生理和心理特征。遗传素质的成熟程度，为一定年龄阶段的身心特点的出现提供了可能和限制，制约着个体身心发展的年龄特点。这些年龄特点也为某个年龄阶段施行的教育影响提供了可能和限制。教育上，常将年龄和学制结合并与人毕生的发展相联系，把人的一生划分为不同

发展阶段：婴儿期（1岁前）、婴儿晚期（1~3岁）、幼儿期（3~6、7岁）、童年期（6、7岁~11、12岁）、少年期（11、12岁~14、15岁）、青年初期（14、15岁~17、18岁）、青年期、中年期和老年期，这种划分主要以遗传素质的成熟情况为依据。

3. 遗传素质的差异对个体发展具有一定的影响作用

个体遗传素质的差异是客观存在的，它对人的个性成长和能力发展有一定影响。遗传素质的差异不仅表现在体态、感觉器官方面，也表现在神经活动的类型上。如出生几天后的婴儿，就有不同的表现，有的比较安静，有的则手脚乱动，大哭大叫。遗传素质的差异，对于个体发展是有影响作用的。个体从出生到青年初期，身心发展逐步成熟，逐渐成为一个有知识、有道德、有个性的社会人。在这一过程中，年龄差异导致的发展差距的显著性在逐步减少，而个体差异的显著程度在明显增加。个别差异的存在，虽然是环境和教育的直接结果，但不可否认还是受到了遗传素质的明显影响。遗传素质的差异性，是造成人的个别差异的原因之一。

4. 遗传素质对个体发展不起决定作用

遗传素质是个体发展的物质前提，为个体发展提供了可能性，但这种可能性不等于现实。人能否发展、发展质量的优劣和水平的高低，不仅取决于遗传，还要取决于环境和教育的影响，加上个人的主观努力。人的遗传素质只有在一定社会环境和教育条件下，通过个体主动积极的努力，才能转化为现实。如狼孩的事例就充分说明了这一点。1920年，人们在印度发现了两个"狼孩"，虽然他们都具有人的遗传素质，但由于缺少人的社会环境和教育，长期与动物生活在一起，回到人类社会后，最终也难以成长为社会人。

个体遗传素质的成熟和人身心发展阶段的划分也不是绝对的，遗传素质上的缺陷还可以通过教育和个人努力得到抑制、补偿。因此，遗传素质对人的发展的影响是有限的。如美国斯坦福大学教授推孟对智商在130以上的1 529名超常儿童进行了历时50年（1921—1972年）之久的追踪后发现，早年的智力水平与晚年的工作成就并无极大关系，有成就的人并不都是家长和教师认为很聪明的学生，而是那些做事认真、勤奋且努力奋斗的人们。总之，遗传素质是个体发展的物质前提（生理前提），可以起一定的作用，但不能起决定作用。

（二）环境是个体发展的外部条件

环境，是指个体生活于其中，能影响人的发展的一切外部条件的总和，包括自然环境和社会环境两大部分。

个体的发展无时无刻不受到环境的制约和影响。自然环境是人出生后直接或间接影响人生存与发展的自然条件、地理位置，如阳光、空气、水土、饮食营养等。自然环境是人生存的基本条件，它不仅会影响人的身体发展，还会影响人的心理发展水平。社会环境是在自然环境基础上人类创造和积累的物质文化、精神文化和社会关系的总和，如经济条件、政治制度、文化传统、科技水平等。对人的发展影响较大的是社会环境，个体所处的生活圈中经济、政治、文化等社会因素以及各种性质的社会关系对人的身心发展起决定性作用，直接制约人发展的内容和水平。

人们早已认识到环境对人的身心发展的影响。我国古代教育家荀子说："蓬生麻中，不扶自直；白沙在涅，与之俱黑。……故君子居必择乡，游必就士，所以防邪僻而近中正也。"再如古代就有"孟母三迁"的故事。地球的自然环境，对人类的产生、繁衍、种族文化、习俗的形成和个体的发展都有重大影响。另外，人们生活在其中的复杂的社会关系也给人的思想和行为打上烙印。人与人之间在相互交往中互相影响，发生各种联系。无论是社会、家庭、学校，还是父母、老师、亲友、邻里、伙伴及其他联系无一不在复杂的社会关系下建立起来，发挥着社会环境对人的影响作用。

当然，人类接受环境的影响是能动的过程。人是在社会实践的过程中，接受环境的影响，改造环境，并在改造环境的过程中改造自己。离开人的实践，单纯的客观环境条件不能决定一个人的发展和成就。人的社会实践对人的发展起决定性的作用，因而"环境决定论"是错误的。

（三）教育对个体发展起主导作用

教育是一种特殊的环境，是人们为了促进人的发展而专门组织的、有目的、有计划地影响人的独特环境。教育是影响人的发展的自觉因素，是可以控制的特殊因素，与那些产生自发影响的环境因素相比，教育在人的发展中起主导作用。

1. 教育是一种有目的的培养人的活动，它引导着个体的发展方向

教育是按照一定社会的要求，在最有组织的场所——学校这一特殊环境中进行的。教育不管是有组织的或无组织的、系统的或零碎的、家庭的或学校的、社会的，都是有目的的培养人的活动，是以教育人为主要目的的活动。教育，特别是学校教育，它总是根据一定的社会需要，按照一定的培养目标来进行，指引着人发展的方向，尽量排除和控制一些不良因素的影响，给人以更多的正面教育，使人按照一定的思想政治方向发展，更有利于思想品德的培养，使年轻一代健康成长。

2. 学校教育是精心设计、人为调控的社会活动，它对个体发展的影响比较全面、系统和深刻

学校教育不仅要为个体发展营造适宜的环境，更要组织大量的教育活动。同时，对其他各种环境因素加以控制，选择有利于青少年发展的因素，克服和排除那些有害于青少年发展的因素。能够根据社会的要求，协调影响人的发展的诸因素，使遗传素质和环境的影响向有利于受教育者的方向健康发展。同时，可将学校、社会、家庭的影响有效组织起来，形成合力，共同对受教育者产生深远而持久的影响。

3. 教育是在受过专门培训的和有经验的教师的指导下进行的活动，对学生的作用力比较强

学校有专门从事教育工作的教师，学校教育由教师来培养学生。教师是受一定社会的委托，履行教育教学职责的专业人员，受过专门训练，有明确的教育目的，能够选择合适的教育内容，运用恰当的教育方法，并按照学生自身的发展规律培养学生、管教学生，因材施教。正是经过教师多年在德、智、体、美诸方面的系统地、持续地教育，从而大大加速了个体的身心发展，使年轻一代成长为社会所需要的有用人才。

三、教育的个体发展功能

(一) 教育促进个体社会化的功能

教育是培养人的一种社会活动,包含着教育者对受教育者施加影响的过程,它意味着对儿童身心发展进行引导、促进和形成,本质上就是个体社会化的过程。社会化是指个体由"自然人"转化为"社会人"的过程。个体从婴幼儿开始,受家庭、学校、同伴、社会文化等的影响和塑造,逐步习得所在社会的语言、生活习惯、行为规范、价值观、习俗,掌握有效参与社会生活必需的知识、技能以及行为规范,并且具备适应社会生活的规范行为和品质,积极扮演一定的社会角色,承担起一定的社会责任,成为合格的社会成员。学校教育在青少年成长中发挥个体社会化的功能是特别重要的,主要表现在以下方面:

1. 促进个体思想观念的社会化

人的思想观念是人对周围世界的看法和在社会生活中所形成的思想。个体的思想观念不可能是自发的,而是人脑对周围事物及社会活动的反映,是社会的产物。个体由"自然人"发展成为"社会人",就是人生活于社会中并接受周围环境的影响,学习和掌握将社会文化内化的过程。教育根据一定的社会要求,教育者主要传播社会主流文化和价值观念,培养受教育者形成与社会主流文化和价值观念相一致的思想观念,形成符合这一社会规范和要求的思想意识,从而使其认可和自觉维护现存的社会关系。教育对人的思想观念的社会化起着特别重要的作用,人的思想观念的形成离不开教育。人在社会中所获得和形成的思想观念往往与其所接受的教育相关,不同的思想观念是所受的不同教育的结果。教育促进个体思想观念的社会化,特别表现为个体的政治化。

2. 促进个体智力和能力的社会化

个体要从"自然人"发展成为"社会人",必须掌握知识、形成技能,发展智力、培养能力,这样才能够积极参与社会生活,才能够生存和发展,从而适应社会发展的需要。人的各种能力和智力就是在遗传素质的基础上,通过后天的教育、生活和社会实践逐渐形成和发展起来的。教育的根本任务是培养人,教学是学校教育的中心工作,也是促进个体全面发展的基本途径。对学校教育来说,其教学过程就是一个传授和掌握知识,形成技能,培养智力与能力,不断促进个体的智力和能力在较短时间内达到人类发展的一般水平以便为其迅速适应社会发展奠定基础。教育在发展个体智力,培养各种能力的过程中,其作用主要表现在以下两个方面:一是以其专门的培养目标、内容和特有的方式起着指导或规范个体智力和能力的社会化发展的作用;二是促进个体能在较短时间内掌握人类历史经验的精华,大大提高个体认识的起点,有力地加速和推动个体智力、能力发展的社会化。

3. 促进个体职业、身份的社会化

人在社会中要扮演一定的社会角色,主要通过个体从事某一职业或处于社会结构中的某个等级体现出来的。角色是个体在社会中的地位及相应的行为方式,反映了社会赋予个人的身份和责任。职业是社会化的集中体现。在现代社会中,人要在社会中生存需要从事一定的职业，这就使个体为了就业和生活而接受教育，促进个体的职业化。社会身份是人通过教育而不断社会化的结果和反映，不同的社会地位也隐藏着不同的教育需求。个体的社会身份往往和个体所从事的职业相一致，个体谋求某种社会职业，或居于何种社会地位，或具有什么样的社会身份，往往是与其所接受的教育与训练紧密相关的。教育常在很大程度上对个人所从事的职业产生重要影响，是促进个体职业社会化的重要手段。同时，个体的社会身份也常常与教育分不开，个体受教育的程度和水平往往会对其社会地位产生明显影响，教育对促进人的身份的社会化起着至关重要的作用。

（二）教育促进个体个性化的功能

个性是个体稳定性的心理品质，体现了个体与其他人之间的独特性和差异性，它是个体个性化的结果。个性化是个体在社会实践活动中形成自主性、独特性和创造性的过程。人的个性化的形成和实现依赖于教育的作用。

1. 教育能唤起人的主体意识，促进主体能力的发展

人的主体性是个体面对客观世界的主观能动性，主体意识和主体能力是人的主体性的表现。主体意识是人作为认识和实践活动的主体的自觉意识，包括主体的自我意识和对象意识。主体能力是主体认识、改造外部世界的能力。主体意识是主体性的观念表现，主体能力是主体性的外在表征。无论是主体意识的形成还是主体能力的获得都要通过教育。教育通过对人的道德、智力、能力的培养而唤起人将自己视为自然界主体的意识，提高人对自我的认识，形成道德观念，增长知识，发展能力，从而达到能动地适应且不断变革客观世界的目的。同时，教育的过程是一种不断提升自我、完善自我的过程，是激发和形成个体主体性的过程，通过教育使个体素质不断得到提高，自我能力不断增强。

2. 教育促进个体差异的充分发展，形成人的独特性

个体的独特性是人的个性心理的表现，包括兴趣、爱好、理想、信念、世界观等个性倾向性和能力、气质、性格等个性心理特征。人的遗传素质具有差异性，如神经过程的强度、平衡性、灵活性等，这是造成个性心理差异的生理基础。个体的遗传素质不同，后天的生活环境、教育影响不同，生活的经历不同，会形成不同的发展结果。教育作为有目的的活动，要在培养学生良好的个性心理方面发挥主导作用，根据学生的不同特征因材施教，帮助不同的学生充分开发其内在潜力，形成自己的优势和特长，以使其成为高质量的、专业化的人才。

3. 教育能够开发人的创造性，促进个体价值的实现

个体人生价值的大小，归根结底是通过他在社会生活中发挥作用的大小来衡量。人在通过谋生保证自己能够生存的前提下，应该使自己成为对他人、对社会有益的人，实现其个体价值。通过教育，有助于使个体意识到生命的存在价值，产生创造生命价值的信心与力量，并努力追求生命的价值与意义。创造性是个体在创造活动中所表现出的自主、独特、与众不同的心理倾向，是个性的自主性、独特性的综合体现，是人的个性的核心品质。具有创造性的个体，能够通过创造活动生产出新颖、独特、有社会价值的创造物，如生产和生活的工具、文学艺术作品等。通过教育，可以唤醒个体的创造意识，掌握创造的方法和技巧，培养人的创造精神和创造能力，并促进个体发挥创造性更好地服务社会，实现个体的生命价值和社会

价值。教育使人意识到生命的存在并努力追求生命的价值与意义，教育赋予人创造生命价值的信心与力量。

第二节 教育与社会发展

社会是人类特有的存在方式和活动形式，是以物质生产活动为基础而形成的人们之间的各种关系和联系的有机整体。教育作为存在于社会生活中的一种现象，是人类特有的有意识的培养人的活动，是社会整体的一部分，和其他社会子系统有着密切的联系，必然会受到社会发展过程中经济、政治、文化等条件的制约。同时，教育作为人类社会所特有的传递经验的形式，是培养人的特殊的社会实践活动，能够为社会发展培养所需要的各级各类人才，对社会发展具有反作用，是促进社会发展的极其重要的因素和推动力量。

一、教育的经济功能

经济是人类社会生活的基础，随着社会的发展，人们的物质生活水平大大提高，教育与经济的关系也越来越密切和复杂。一方面，经济是教育发展的基础，任何教育活动的进行都是以在一定的时间里所投入一定的人力、物力、财力等条件为基础的，经济的发展为教育发展提供了越来越雄厚的物质条件，同时对教育的要求也越来越高；另一方面，教育对经济发展的能动作用也更加强大，教育作为影响人类社会经济生活的特别重要因素，人才及知识正日益成为影响经济增长的重要源泉，教育通过再生产劳动力，提高劳动者生产能力，发展、创造新的科学技术以及提高生产管理水平而推动经济的发展。

1. 教育是实现劳动力再生产、提高劳动者生产能力的主要手段

劳动力的数量和质量是经济发展的重要条件，教育承担了再生产劳动力、提高劳动者生产能力的重任。人是经济活动中最重要的因素，但人若要成为生产的要素，参加生产劳动，成为真正的劳动力，必须具有一定的文化知识、经验和劳动技能。人不可能生下来就具有劳动能力，生产经验和知识的获得，生产技能的掌握，需要通过教育来实现，只有通过教育，接受了一定的文化知识和技能，提高了受教育者素质，培养了劳动能力，才能由可能的劳动力变为现实的劳动力。现代生产的发展主要通过提高劳动生产率来实现，而要提高劳动生产率，就必须提高劳动者的科学知识和生产技术水平。联合国一项调查表明，在提高劳动生产率方面，小学生为43%，中学生为108%，大学生为300%。特别是在知识经济时代，知识成为生产要素中一个极其重要的因素，凝聚了知识、技能的人力资本成了经济增长的关键。教育是形成人力资本的重要因素，通过教育提高人力资本，提高劳动者素质和生产劳动能力，能够为经济发展提供人力的支持。

2. 教育是科学知识再生产的手段

人们对自然界的认识是有限的，需要逐步地积累与继承，进而形成比较系统的科学认识。

教育通过传递和积累科学文化知识,从而发挥再生产科学知识的功能。教育把已有的科学知识不断地传授给受教育者,使一代又一代人掌握并继承下去,并为新的认识的发展做好了知识上的储备。教育正是以此实现了科学知识的再生产。一方面,学校教育可以使少数人掌握的科学知识被更多的人所掌握,并通过教育的普及,不断地扩大传播范围。另一方面,学校教育是有目的、有组织、有计划的,教育者以系统、概括的形式,对已有的科学知识进行加工,使之成为简约化的科学知识和科学方法,并在较短的时间里把人类社会几千年积累下来的科学知识同时传授给众多的受教育者,大大缩短了科学知识再生产的必要劳动时间。

3. 教育是发展、创造新的科学技术知识的重要阵地

教育并不是简单地传授科学知识,而是进行科学知识的再生产,同时也生产新的科学知识。学校,尤其是高等学校,科研人员比较集中,学科领域较为齐全,科研设备比较完备,后备力量充足,有利于开展综合性的课题和边缘学科研究。因此,学校也是新的科学知识的生产基地,担负着通过科学研究生产新的科学知识的任务。如果说在古代社会,学校的这一特点没有明显的表现,那么,从19世纪德国柏林大学将"教学研究合一"作为办学理念开始,大学已经成为科学研究的一支重要力量,世界上许多著名的学府都是生产新的科学知识的重要基地。截止到2013年,851名诺贝尔奖金获得者中,大部分都在大学工作,获奖研究成果基本上都是在大学里取得。高等学校在发展、创造、发明新的科学技术以及开拓新的科学领域方面作出了重大贡献。

4. 教育是提高生产管理水平的手段

管理活动是人类活动的特殊形式。现代化的大生产在供、产、销、原材料、人员素质、技术、市场等管理经营方面,面临的问题日益复杂,管理成了生产经营中的重要问题。管理主要涉及对人、财、物等资源进行严密而精确地计划、预测和控制,从而激励生产积极性,提高生产效率。生产经营单位的兴衰,取决于生产管理的成功与否,这个道理已经被无数企业、公司的管理经历所证实。制约着管理质量和水平提高的首要因素是人的素质,也就是说,为促进现代化生产的顺利、高效进行,必须通过教育培养管理人员,丰富生产管理者、组织者的管理知识,提高管理水平,培养高素质的管理人才队伍;还要通过教育培养被管理者的职业精神、团体意识、纪律观念、敬业态度,挖掘他们的发展潜力,充分发挥出劳动者的积极性、主动精神和创造意识,使管理工作产生最佳的效果。从这个意义上说,教育是提高生产管理水平的重要手段。

二、教育的政治功能

政治是在阶级社会里随着国家的出现而产生的一种社会现象,属于上层建筑范畴。政治既反映了不同权力主体之间的利益冲突关系,也是权力主体维护自身利益的方式,主要包括政治思想和政治制度两个方面。政权是政治的核心,在阶级社会里,统治阶级总是要利用其统治上的特权、利用国家政权来控制教育。一定社会的教育都隶属于特定的社会、阶级和国家,教育会对一定的社会政治产生反作用。

1. 教育培养各种政治人才和合格公民为政治服务

人是一切社会关系的总和，而且总是作为一定的社会中的人而存在。教育通过培养为一定社会所需要的人才，为社会提供服务，维护统治阶级利益。这主要表现在两方面：一是通过传播社会主流意识形态，进行思想教育，促进人们接受主流社会的价值观，成为社会所需的合格公民；二是培养各种政治人才，以补充政治管理层的人才需求，成为统治阶级的利益代表者和接班人，直接为统治阶级服务。从教育的历史发展来看，任何阶级社会的教育总是要向受教育者灌输一定的政治、哲学、道德等方面的思想，形成一定的阶级意识和行为品质，成为统治阶级所需的人才，以维护和巩固其政治制度。在奴隶社会和封建社会，学校实际上就是官吏的养成所。统治阶级向受教育者灌输"劳心者治人，劳力者治于人"的思想及其他道德观念，鼓吹"学而优则仕"，目的就是把受教育者培养成为政治上的统治人才，直接作用于当时的政治、经济制度。早期资本主义社会更是重视通过学校教育培养具有较高文化水平和资产阶级思想意识的统治人才；同时还注重通过学校教育向劳动人民灌输资本主义的所有制和政治制度是神圣、永恒的观念，以使资产阶级所需要的大批熟练技术工人和农业生产者服从资本主义的秩序和纪律，维护资本主义的政治、经济制度。社会主义社会的教育是通过学校向受教育者灌输共产主义的道德观念，培养具有较高文化水平和思想素养的社会主义建设的各方面人才。

2. 教育通过传播思想、形成舆论作用于一定的社会政治制度

学校是一个宣传和传播思想、文化的场所。在阶级社会，学校是集中了需要得到教育指导的年轻一代，并把一定阶级思想意识系统化、理论化，采取各种有效的方法，使受教育者充分地、深刻地、完整地接受和掌握社会的政治思想，形成比较完整和坚定的主流价值观，并能够在实际社会生活中接受和服从社会主流政治思想和价值观、遵循这些政治要求，成为一个阶级的坚定成员。学校还是制造和形成社会舆论的场所，是知识分子和年轻学子较为集中的地方，他们关注社会，具有强烈的责任感；他们喜欢学习优秀文化，崇尚新知，追求自由，思想活跃，对社会发展和变动最为敏感，并及时做出自己的思考，发表意见；他们知识比较丰富，批判意识强，一般都较为忧国忧民且思想有时也比较激进。因此，往往在政治变革时期，学校常成为社会舆论的兴起点，是形成各种社会思潮以及新思想、新舆论的策源地，对社会政治稳定的影响是显而易见的。总的来说，学校往往会对一个社会的风尚、道德水平以及政治思潮等产生极其明显的影响，它是宣传思想、影响群众的重要阵地。教育正是通过向受教育者灌输国家、政党意识与观念，通过传递主流社会道德、文明"化民成俗"，维护社会政治稳定。

3. 教育能够促进社会政治变革

教育公平是人类的基本理念之一，是衡量社会公平的重要指标。教育的普及化与大众化使社会的每一个人都获得了越来越多的受教育机会，个人的教育自由也得到了更多的尊重的满足，表明了社会政治的平等、民主与开放，是社会政治变革的重要标志，同时也是推进社会政治变革的重要力量。教育的大众化可以为更多的人提供各种发展机会，进而促进经济和社会的平等，推进整个社会民主政治的发展。广大群众的教育水平和文化水平的提高，是民主政治建设的重要条件。历史已经表明，文化和教育的落后，往往是产生和盛行政治上偏激、

盲从、专制主义的原因之一；而教育的兴旺发达，则是政治民主与进步的基础性条件。同时，学校通过在教育中开展民主教育，启迪了受教育者的公民意识、民主意识，不仅提高了受教育者的政治参与意识和能力，也激发了他们积极参与政治和社会民主进程的热情，把民主、自由、进步、科学的观念深深地扎根于学生心灵，使他们成为具有强烈的社会责任感和政治变革意识的民主政治参与者，成为推动社会政治变革的生力军。

三、教育的文化功能

文化是人类后天获得的并为一定群体所共有的物质财富和精神财富的总和，它包括物质文化、制度文化和精神文化。文化是在人们的社会历史实践中形成的，而一种已经形成的文化又反作用于在这种文化背景中的人们的实践。教育是一种特殊的文化现象，是人类文化的重要组成部分，教育与构成文化的各部分都发生直接联系，任何文化都需要通过教育进行传承、传播、交流和汇通才可能得到保存、深化和发展，教育就是文化化的过程。从教育与文化的关系来说，一方面教育的发展要受文化的制约，另一方面教育影响文化的发展。教育主要通过对文化的传递与保存、选择与整理、交流与融合、更新与创造发挥促进文化延续和发展的功能。

1. 教育能够传递、保存文化

文化既是人类社会活动的产物，又是年轻一代生存和发展的基础和条件。人类文化中，不管是物质文化、制度文化，还是精神文化，文化在代际之间的纵向传承或在空间上的横向传播以及得到保存都离不开教育，教育是文化保存的有效手段，借助于人类社会在实践中积累下来的宗教、艺术、文学、自然科学知识等来培养年轻一代。在培养下一代的过程中，文化便借教育活动一代代地传递下去，绵延不绝。通过传递文化，教育以独特的方式影响着文化的发展。文化是教育的内容，教育是传递、保存文化的工具。我国自夏、商、周三代开始，便形成了重视教育的传统。汉、唐以后，各朝各代无不视教育为治国安邦之首务，正是因为有了重视教育的传统，建立了完备的教育制度，才得以使中国传统文化延续不绝，并且影响遍及东亚、南亚乃至世界，意义深远而巨大。没有不间断的教育的传递，文化的不间断的发展就失去了依托。正因为教育的文化传递和保存功能，才使人类积累的丰富文化得以代代相传，不断地得以传承，从而得到延续和发展。

2. 教育能够选择、整理文化

教育在传递文化的过程中，不是无选择、无区别地传递，而是要经过教育者的选择、组织之后再传递，由此教育便通过教育者对文化的选择、组织来影响文化的发展，那些被选择的文化成果便可能传递给下一代，而那些被排斥在选择视野之外的文化成果，便可能逐步从文化中退隐。同时，人类的文化选择还要根据需要进行不断地整理、变革和充实，使之更加符合发展的需要。我国在春秋战国时期，文化的发展呈现百家争鸣的局面，儒、墨、道、法、兵、阴阳等诸家并存。但自汉代采取董仲舒"罢黜百家，独尊儒术"的政策以后，儒家思想成为教育的主要内容，从而深深地影响了中国文化的发展，使儒家成为中国文化的主流，而其他各家的思想或退为潜流，或以新的形式对之进行整理而融合到儒家文化之中。

3. 教育促进文化交流、融合

当代社会是多元文化各具特色、交相辉映、相互影响的世界，各种文化要素在交流中相互接触、相互吸收、共同发展。教育是不同文化之间进行交流的重要中介，文化交流往往借助于教育的发展而得以达成。比如留学，是一种国家间的教育交流方式，更是促进文化交流的纽带和桥梁，它促进了外来文化与本土文化之间的相互影响、相互借鉴，不仅带来了外来文化的影响，也极大地丰富了本土文化。文化融合是指将不同质、不同源的文化综合起来，从而形成新的文化，是文化发展的法则之一。文化的融合有多种途径，各地流动的商人、移民，从事创作的文学家、艺术家，从事科研的研究者，都可以以自身的实践促进文化的融合。教育在传递、选择文化的过程中，也有文化融合的功能，教育对文化的选择不是简单地采取传递此文化成果而不传递彼文化成果的方式进行，大多数情况下是采取综合、加工等方式，从而融合文化的不同方面以及不同质的文化。如孔子删《诗》《书》，定《礼》《乐》，修《春秋》，实际上是将当时中原及其他非中原文化加以综合、融合，从而形成华夏文明和中国文化传统的雏形。鸦片战争以后的近代中国，面临新旧、中西文化的激烈冲突，教育便取"中体西用"的策略，一方面坚守传统的经史之学；另一方面吸收西方的自然科学知识，经过这样一番融合，便形成了中国近代社会"亦新亦旧"的文化特色。可见，教育可以深刻地影响文化的融合和发展。

4. 教育促进文化的更新、创造

文化总是处在不断发展和变化之中，文化要得到丰富、发展，就需要持续地更新、创造。没有文化的更新和创造，就没有真正意义上的文化发展，而文化的更新、创造离不开教育。教育对于文化的更新和创造功能主要表现在两个方面：一是通过培养具有创新精神和创造能力的人来发挥其文化更新与创造的价值。人既是文化的产物又是文化的创造者，但只有那些掌握大量文化知识又具有创新精神、创造能力的人才有可能对文化的发展有所贡献。二是教育要创造和生产一种新的文化，直接参与文化创新。新的文化包括新的作品、新的思想和新的科学技术等。当代，学校往往成为新思想、新文化的发源地，在文化的更新和创造中发挥着越来越重要的作用。现代社会，教师即是研究者，不仅承担着传授知识，大量培养创新人才的任务，他们还在自己的教育教学岗位上通过科学研究，不断创造新知识、新技术，成为创造新文化的重要力量。

以上从教育的个体发展功能和教育的社会发展功能两个方面对教育功能进行了分析。但是在实践中，教育的个体功能与社会功能并不是彼此分离，而是相互依存、相互影响和相互作用。教育促进个体发展的功能与促进社会发展的功能是统一的，教育的社会功能的实现是以个体功能的实现为前提的，教育的个体功能是以社会功能的发挥为目标的，任何割裂个体功能与社会功能的做法都是不可取的。

思考题：

1. 影响个体发展的基本因素有哪些？
2. 为什么教育在个体的身心发展中起主导作用？
3. 教育促进个体发展的功能有哪些具体表现？
4. 理解教育经济、政治、文化功能的表现。

第四章 教育制度与法规

本章提要： 本章主要包括教育制度与教育法律法规两部分。教育制度主要包括教育制度的概述、我国现行的学校教育制度以及义务教育等内容。教育法律法规主要包括教育立法的概念与意义、我国教育立法的主要进展、我国教育立法的展望以及我国主要教育法律法规解读等。

第一节 教育制度

在现代社会，一个国家要有效地发展教育事业，培养所需的各种人才，就必须设立相应的教育机构，建立能够充分发挥这些教育机构整体功能的教育制度。而且，一个国家总是通过建立和不断改进教育制度的方式来实现教育目的，使教育培养的人才在类型、数量和质量上满足社会多方面的需要，促进社会稳定和发展。因此，教育制度是事关教育发展的重要问题，而学校教育制度则是教育制度的核心。

一、学校教育制度概述

有了人类就有了教育，而学校的产生则经过一定的历史演变。这一过程首先是学校的孕育、萌芽，然后才是学校的产生与发展。学校的萌芽始于原始社会末期。不过古代学校之间并没有明确的分工，没有相互的隶属和衔接关系，它们之间是相互独立的，是不成体系的。到了近代社会，特别是公共教育制度形成以后，学校迅速发展，数量增多，学校办学目的各异，遂形成分工，就有不同性质、不同类别的学校组成为学校系统，共同完成社会对学校的要求。此时，具有现代意义的学校教育制度才真正形成。

（一）学校教育制度的概念

教育制度是指一个国家各级各类教育机构与组织的体系及其管理规则。现代教育制度的核心部分是学校教育制度。学校教育制度简称学制，是指一个国家各级各类学校的系统及其管理规则，它规定着各级各类学校的性质、任务、入学条件、修业年限以及它们之间的关系。在教育学中主要探讨各级各类学校的系统，对于管理规则主要在教育管理学中探讨。

不同的历史时期和不同的国家有不同的学校教育制度，如今世界上的学校教育已经形成一个复杂的系统。按教育程度划分，有幼儿教育、初等教育、中等教育和高等教育；按教育类型划分，有普通教育和专业教育；按受教育的时间划分，有全日制教育、半日制教育和业余教育；按教育对象的年龄划分，有学龄前教育、学龄期教育和成人教育；按性质划分，有公立教育和私立教育。各种类型与形式的教育组成了一个纵横交叉的复杂系统。

（二）影响现代学校教育制度确立的因素

西方现代学校教育制度酝酿于18世纪，确立于19世纪，发展于20世纪。现代学校教育制度是机器化大生产与现代科学技术发展的产物。具体来讲，现代学校教育制度的确立主要受到下列因素的影响：

1. 对古代学制的合理继承和发展

例如，斯巴达国家对教育的控制与管理、平民和富裕家庭子女接受不同教育的双轨制雏形、男女都能接受教育等，这些古代学制都对现代学制产生很大的影响。

2. 资本主义国家生产力和生产关系的发展

古代学制是政治和阶级斗争的工具，是为维护统治阶级利益服务的。随着资本主义生产力的发展和生产方式的变革，要求劳动者接受更多的、系统的、实用的学校教育，以满足大生产的需要。

3. 劳动人民自觉斗争的结果

劳动人民逐渐认识到，要取得斗争的胜利，保障自身利益，就必须接受教育，学习科学文化知识。劳动人民为争取教育权而进行的斗争，推动了现代学制的建立。

4. 现代科学技术的发展

科技的发展要求普及科技知识，从而使科技知识逐渐成为学校课程的核心。

（三）现代学校教育制度的类型

19世纪末20世纪初，西方发达国家通过"自上而下"和"自下而上"两条途径形成了三种基本的现代学制：单轨制、双轨制和分支型学制（见图4.1）。"自上而下"是指中世纪大学和现代大学的预科阶段向下延伸，形成中等教育系统，与初等教育形成一个完整的学校系统。"自下而上"是指原来的平民子弟的初等教育系统向上延伸，与中等教育连接起来。

1. 双轨制

双轨制是西方现代学制类型之一，它于18~19世纪在西欧特定的历史文化背景下产生，主要存在于20世纪中叶之前的欧洲国家，如英国、法国、德国等。这种学制将学制系统分为两个互不相通的轨道：一是从小学、中学直至大学，主要为社会上层人士的子女设立，他们受到比较高深的、完备的教育，目的是培养生产管理、商业经营、科学研究及从事其他社会活动的人才，具有精英教育的性质；二是读完小学后，不能进入普通中学，而是进入高等小学或初等、中等职业学校，主要是为社会下层民众的子女设立，目的是培养适合生产需要的工人。

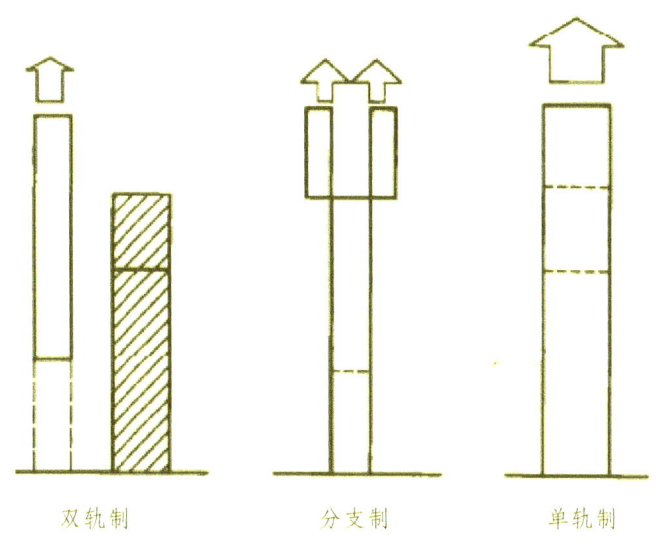

图 4.1　法国现行学校教育制度

2. 单轨制

单轨制是一种从小学、中学，到大学的一以贯之体制。19 世纪末 20 世纪初最早在美国出现。该学制的典型特征是所有学生在同样的学校系统里学习，可以由小学升入中学、大学，各级各类学校相互衔接。不过，由于美国的教育由州负责，各州又将具体责任委托于地方学区，所以，虽然全国都实行了单轨的学校制度，但在修业年限的规定上，各州相差较大，除了"六、三、三制""六、六制""八、四制"外，还有"四、四、四制""五、三、四制"等。美国中小学教育期限一般为 12 年，属义务教育阶段，儿童从 6 岁开始上学，18 岁左右毕业。"六、三、三制"是美国当前最重要的学制，在美国占主导地位，城市和经济较发达的农村地区以及规模较大的学区普遍实行这种学制；"六、六制"主要在规模较小的学区中实施；"八、四制"多设在农村，特别是经济较落后的偏僻农村地区，目前，它仍是美国普通教育学制很重要的形式。20 世纪 60 年代以后在"六、三、三制"基础上出现的"四、四、四制"或"五、三、四制"，由于更加符合学生身心发展的特点，所以备受人们的青睐，许多州纷纷创办，据统计，到目前为止这种学制几乎占美国学校的一半。美国现行学校教育制度见图 4.2。

3. 分支型学制

分支型学制于 20 世纪上半叶在苏联产生。该学制的特征是"上通（高等学校）下达（初等学校），左右（中等专业学校和中等职业学校）畅达"，是一种既有单轨型学制特色又有双轨型学制特色的新型学校教育制度。前段（小学、初中）学制是单轨，后段学制是双轨。

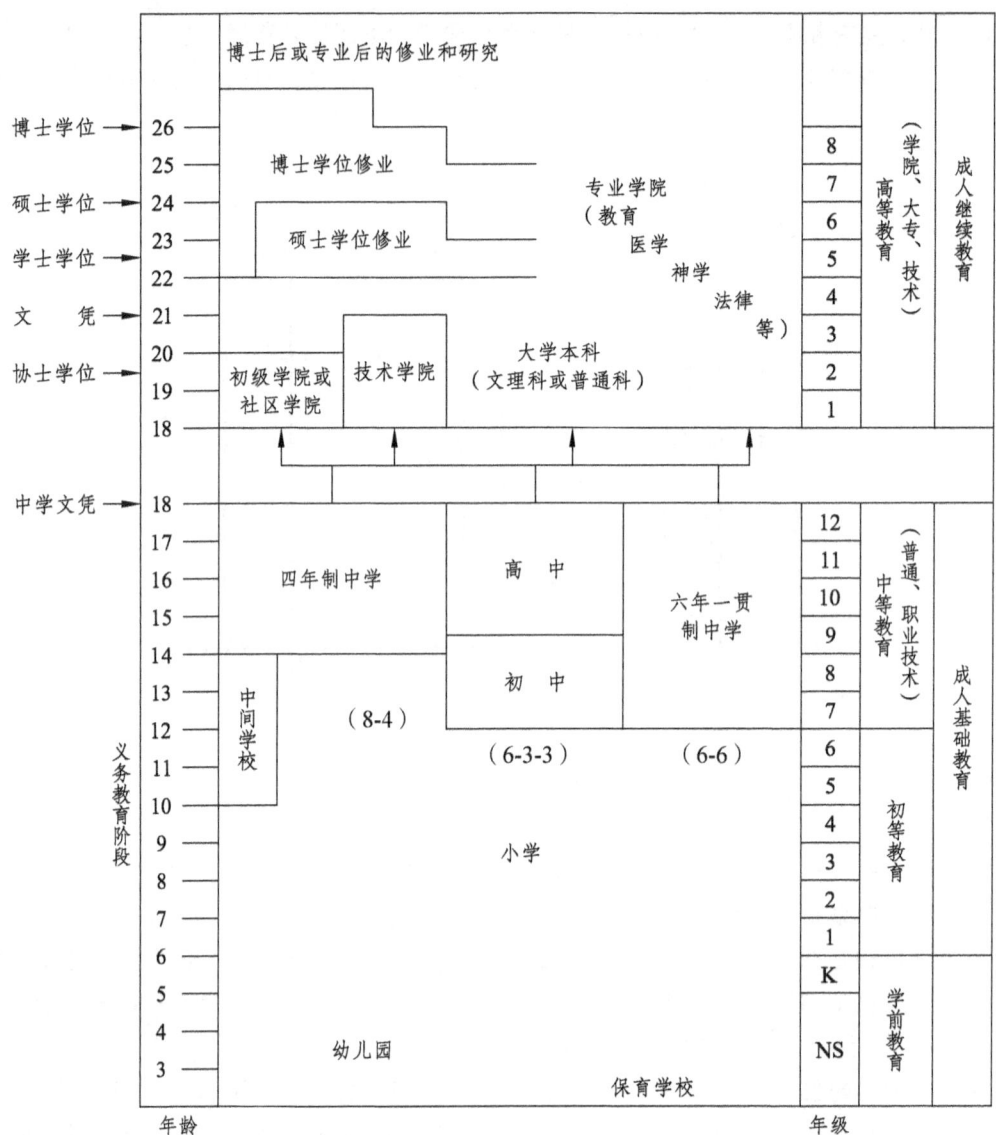

图 4.2 美国现行学校教育制度

（四）发达国家学制改革发展趋势

现代学制在形成后的近百年来，不论从纵向学校系统，还是从横向学校阶段来分析，都发生了重大的变化。

1. 从纵向学校系统分析，双轨制在向分支制和单轨制方向发展

直到 20 世纪初，西欧双轨学制，一轨只有小学，一轨则只有中学和大学。几十年来，随着义务教育的上延，教育机会均等原则的实施，双轨学制从小学开始向上逐步并轨。

20 世纪初，初等教育是专为劳动人民子女设立的。那时，社会中上层人士的子女在家庭中或在中学预备班里接受初等教育。经过两次世界大战，通过劳动人民及其政党、进步人士的努力和争取,德、法、英等国终于先后实行了统一的初等教育,初等教育终于并轨了。

第二次世界大战后,西欧各国普及教育逐步延长到了十年左右,已到了中学的第一阶段。过去,欧洲的中学本来是不分段的。同是接受义务教育,学生有的在高学术水平的完全中学的第一阶段进行,有的则在新发展起来的低学术水平的初级中学里进行,机会很不均等。于是,英、法、德等国采用了综合中学的形式把初中的两轨并在一起。英国发展最快,20世纪80年代初,综合中学的学生数已超过学生总数的90%以上。这样,西欧双轨学制事实上已变成分支型学制,即小学、初中单轨,其后多轨。英国的高中也通过综合中学实行并轨。英国的综合中学不但为实行双轨学制国家的初中并轨作出了贡献,而且还为其他国家高中的并轨创造了经验。要实行教育机会均等的原则,教育普及到哪一级学校,双轨并轨就必然要实行到哪一级学校。要普及高中,双轨并轨就必然要并到高中阶段。

由此我们可以得出如下两点结论:义务教育延长到哪里,双轨学制并轨就要并到哪里。事实证明,综合中学是双轨学制并轨的一种理想形式,因而综合中学化就成了现代中等教育发展的一种趋势。

2. 从横向学校阶段来看,每个阶段都发生了重大变化

(1) 重视学前教育,入学年龄提前。

美国心理学家布卢姆的研究表明,人的智力发展尽管是多种多样的,但5岁前是儿童智力发展最为迅速的时期。智力发展的一般方式是:与17岁所达到的普遍智力水平相比较,4岁就达到50%的智力,30%智力的获得在4~8岁,最后20%的智力在8~17岁获得。他甚至认为,幼儿期被剥夺了智力刺激的儿童,将永远也达不到原来应该达到的水平。这个结论也许未必完全正确,但实践证明对儿童进行早期教育是必要的,也是可能的。英国规定三至五岁儿童接受学前教育,日、美是三至六岁,法国规定从两岁开始,瑞典全日制学校理论上是六个月至七岁。二十世纪末,四至五岁儿童入园率,法国为90%,日本为100%。就一个国家幼儿教育的发展来说也是很快的,如日本,1947年,三至六岁儿童入园率为7.5%,1960年为26.9%,1976年是63.5%。苏联还为父母们开办了社会大学和教育辅导站,市内每个区都有这种大学和辅导站。随着幼儿教育的发展,到20世纪80年代各国儿童小学入学年龄有所提前。一般都是六岁(约80个国家,如美、日、法、罗等)、七岁(约34个国家),有的是五岁(约19个国家,如北欧国家)。

(2) 延长义务教育年限。

科学技术与经济的发展,社会的文明与进步,需要全民族整体素质的提高和高学历、高素质的专门人才。逐渐延长义务教育年限,是社会发展的普遍要求。美国和加拿大规定义务教育的年限为十二年,即普及到高中阶段,普及率达90%以上。日本20世纪60年代为九年,70年代初为十二年,入学率达99.8%。法国是九到十年。苏联是八到九年,现在也是十年以上。延长义务教育,一方面要考虑经济发展的需要,另一方面也要考虑经济发展所提供的可能性。

(3) 职业技术教育向综合化、高移化、终身化、法制化以及协同化发展。

职业教育与普通教育的综合化是当今世界教育发展的一般趋势,是教育适应现代社会需要的一种反应。职业技术教育不能仅让学生熟练地掌握某种职业的知识和技能,而应使学生掌握从事某一类职业所需要的基础知识和技能,以便他们将来能根据科技发展的需要改变职业。这样，就形成了普通教育与职业教育综合发展的趋势。进入 20 世纪以来，随着普及义务教育的更进一步发展，受教育机会普遍扩大，层次越来越高，职业技术教育也日益呈现出向上推进之势，即显示出中等教育后的职业技术教育更为重要的意义。日本的专修学校、高等专科学校、短期大学就是职业教育高移化的表现；美国为了满足青年人升入中学后的职业教育，大面积开办"社会大学"，它既是高等教育的一种形式，又是中等职业教育向高等教育化发展的一种模式。职业教育的终身化认为职业教育不能在人生的早期终结，因为人的职业要通过青年期到成年期较长时间的探索才能确定下来。美国的"生计教育"就是一种终身意义的职业教育。德国职业培训条例明确规定，职业教育是一种就业教育；转职培训是为在业人员转换新的职业岗位而进行的一种补充教育；职业进修是为从业人员在某一领域进一步深化而开展的职业继续教育，三者均属职业教育范畴。职业教育的另一个趋势是各国对职业技术教育的立法都很重视。通过制定法规保证政策的连续性，使职业教育有法可依，有章可循，有利于教育事业的发展，这已是职业技术教育发展的大趋势。职业技术教育的协同化主要体现在职业教育的管理方面。在职业技术教育的管理上，教育部门与就业部门、工业部门、雇主组织等通力合作，教育不再是教育管理部门独有的领地，就业部门、经济部门、雇主组织等越来越多地参与教育的管理和决策。这些部门或组织之间的密切合作成为职业教育改革和发展的重要保证。如法国政府正在扩大由国民教育部领导的职业教育咨询委员会的作用；在意大利、西班牙、葡萄牙和瑞典，教育部门与就业部门和工业部门一起来制定职业资格。

（4）高等教育发展迅速，类型日趋多样化。

高等教育内部结构层次增多；出现了快速发展的短期大学；开放招生与严格选拔相结合；密切了高校与企业的关系，注意产、学、研相结合；继续教育迅速发展。如 20 世纪 70 年代初，英国开创了"开放大学"（Open University），它是"为那些失去机会的人们提供本科或研究生水平的高等教育而设立的高等教育机构"。在开始时，招收比大学生年龄大的学员，通过函授、电视、广播进行教学，在地方上进行小组讨论，开办短期寄宿学习及暑假学校学习，入学不要求具备正规学历。开放大学的学位是通过积累学分而获得的，一般每年可得一学分，取得六学分可得一般学士学位；取得八学分时，可得荣誉学士学位。另外，英国罗宾斯委员会关于高等教育问题的报告，把英格兰和威尔士的继续教育院校说成是"所有提供中学以上教育的学院"，包括艺术学院、技术学院、商学院、农学院，共七百所院校。它们占公立中等以上学校的大部分，其中大多数受地方行政机构领导，主要提供部分时间制的次于大学的教育，但在这些院校中读高级课程的入学者人数增加得很快。美国和苏联的成人教育都很发达。

3. 现代学制已由学校教育的施教机构系统变为终身教育的施教机构系统

现代生产和现代科学技术的迅速发展，使青少年时代所接受的学校教育作为终身享用资源的时代已成为过去。不论受过多高水平教育的人，都必须适时补充和更新自己的知识。为此，甚至还需要重新回到教育过程中来再次接受教育，于是"回归教育""终身教育""成人教育"就被提了出来，从而函授教育、业余教育、广播电视教育、企业内岗位培训、夜大学、老年人大学、开放大学等教育机构得到了广泛的发展。这些教育机构就成了对过去从小学到大学、从普通教育到职业教育的传统学制的补充。这些教育机构具有开放性、不脱产性以及与生产和生活密切联系的特点。事实上，在当代，现代学制已是包括幼儿教育机构、学校教育机构和成人教育机构在内的全部施教机构系统的总和。

二、我国现行学校教育制度

(一) 我国现代学制的形成与发展

1. 新中国成立前的学制

（1）壬寅癸卯学制。

"洋务运动"，特别是"维新运动"以后，新思想、新技术影响着我国的教育。以康有为、梁启超为代表的维新派，曾经提出过改革学制的建议。1902 年，清朝管学大臣张百熙模仿日本学制，拟定了《钦定学堂章程》，将整个学校教育分为三段七级，计二十二年。1903 年，清政府令张之洞、张百熙、荣庆等人共同重拟学堂章程，以 1902 年制定的学制为基础，史称"壬寅癸卯学制"。这是中国近代的第一个学制。这个学制分三段七级，第一段为初等教育（13 年），分三级：蒙养院四年，初等小学五年（七岁入学），高等小学四；第二阶段为中等教育，一级五年；第三阶段是高等教育（11～12 年），分三级高等学堂或大学预科三年，分科大学堂三至四年，通儒院五年，并设有师范、实业学堂以及进士馆、仕学馆等。

（2）壬子癸丑学制。

壬子癸丑学制是辛亥革命后，资产阶级革命民主派对学制的改革，新学制于 1912 年 9 月间公布，即壬子学制，以后陆续有所变动、补充，于次年基本完成，称为"壬子癸丑"学制。这个学制规定：初小四年，高小三年，中学四年，大学预科三年，大学三至四年，共计十七至十八年。其特点：修业年限较短，初小四年为义务教育；改学堂为学校，消除清末为贵族设立学校的特权；除高等师范外可私立，奖励私人办学；禁止读经，唱歌列为必修课；规定初等学校男女可同校，中学、师范、职业学校可为女子独立设学校。这个学制是中国教育史上第一个近代资产阶级的学制。

（4）壬戌学制。

这是当时留美派主持的全国教育联合会，以美国学制为蓝本提出的改革方案。1922 年 9 月国民党政府教育部在济南召开了学制会议，将全国教育联合会通过的学制系统草案加以修正，同年 11 月正式公布，这就是"壬戌学制"，也称"六、三、三"制。规定：小学六年（初小四年，高小二年），中学六年（初中三年，高中三年），大学四至六年。初中可设职业班，高中分普通、农、工、商、师范、家政科。其特点：小学年限缩短，中学年限延长；加强了职业、师范教育；受美国影响，不提教育宗旨，用选科制；大学设有预科，上课以分钟计算，中学采用学分制。这个学制经国民党政府不断改进一直沿用到全国解放初期。

2. 新中国教育制度

（1）新学制的萌芽。

我国的新学制萌发于老解放区的教育制度。在当时的特殊环境下，学校的类型、入学条件、学习年限等都是从实际出发，根据当时革命和生产的需要，因地制宜，依靠群众，多种形式办学。这时期学制的主要特点是：灵活机动，无统一完整的系统；干部教育先于普通教育，成人教育先于儿童教育；艰苦朴素，勤俭办学等。这为新学制的建立做了必要的准备。

（2）新学制的建立。

新中国成立以后，我国学制实际上存在两种系统。一是老解放区的教育制度；二是从旧中国继承下来的经过初步改造的旧教育制度。随着国民经济的恢复和发展，为使教育事业能够适应政治、经济的需要，改革学制势在必行。根据《中国人民政治协商会议共同纲领》中关于"人民政府应有计划有步骤地改革旧的教育制度、教育内容和教学方法"的政策精神，继承老解放区教育制度的优良传统，批判吸收旧学制中有用的合理的部分，并结合我国当时的实际情况，中央政务院于1951年10月1日颁布了《关于改革学制的决定》，宣布了中华人民共和国的新学制。

新学制的内容：幼儿教育（3~6岁）；初等教育（7~12岁），包括小学及成人初等学校；中等教育（13~18岁），包括普通中学、工农速成中学、业余中学、中等专业学校；高等教育，包括大学、专门学院和研究部以及各种政治学校等。此外，还有各级各类补习学校、函授学校及聋哑、盲人的特种学校。这个学制符合当时国家的具体情况和实际需要。

（3）新学制的发展和完善。

1951年的新学制在实施过程中，根据实际需要不断地进行了修改和补充。如工农速成中学在完成任务后就停办了，同时创办了业余高等学校。特别是在社会主义改造基本完成以后，为了适应社会主义建设事业的需要，中共中央、国务院于1958年9月发布了《关于教育工作的指示》，提出了"两条腿走路"的方针，具体是"三个结合"的原则和"六个并举"的方法。

"三个结合"：统一性和多样性相结合；普及和提高相结合；全面规划与地方分权相结合。

"六个并举"：国家办学与厂矿、企业、农业合作社办学并举；普通教育与职业教育并举；成人教育与儿童教育并举；全日制学校与半工半读、业余学校并举；学校教育与自学（包括函授、广播学校）并举；免费与不免费教育并举。

1958年以后，许多地区开展了学制改革试验。如提早入学年龄的试验（6岁入学）；为了缩短学制年限，进行了中小学十年一贯制试验（小学五年，初中三年，高中二年）。为了贯彻"两条腿走路"的方针，采取多种形式办学，出现了三类主要的学校：全日制、半日制和业余学校。1964年，中央正式提出了"两种教育制度"，这反映了国民经济发展对教育制度的客观要求。但是在"文化大革命"中，由于极左路线的影响，"两种教育制度"受到攻击。

（二）我国现行的教育制度

1. 学前教育（或启蒙教育）

学前教育包括托儿所和幼儿园两级。托儿所不仅仅是照料孩子的生活，还负责孩子的教育，启迪他们早期的智慧萌芽。尽管它主要是由企事业单位和居民区、点以及村镇代办，但也应属国家教育系统的一部分，不可忽视。托儿所主要招收一至三岁儿童。幼儿园主要是对学前儿童进行启蒙教育，使幼儿在德、智、体、美及个性方面都得到应有的发展，为小学教育打好基础。幼儿园主要招收三至六岁儿童。

2. 初等教育

初等教育是指小学教育。主要是招收年满六至七周岁儿童入学，城市一般是六周岁，农村一般是七周岁。目前在城市里有的也提前到五周岁或五周岁半，农村也有提前到六周岁入学的，而在较落后的农村地区还有八岁入学的。小学阶段主要是进行最基本的读、写、算的教育和人格教育，为在中学阶段进一步学习作好必要的准备。另外，还有相当于小学程度的成人初等业余补习教育，这主要是扫盲教育，它没有年龄大小和时间长短的限制。现在我国不仅从法律上保证了普及初等义务教育，而且已经普及了初等教育。现在主要的问题是提高质量。

3. 中等教育

我国中等教育分初中和高中，年限各为三年，其任务是为国家培养劳动后备力量和为高一级学校培养合格新生。我国已从法律上规定将初中教育列入普及义务教育的范围，也就是普及九年制的义务教育。目前我国初中毕业生有四个去向：一是升入中等专业学校，简称"中专"；二是升入普通高级中学；三是升入职业高级中学；四是直接流向社会，成为社会劳动者或待业青年。目前我国正努力普及高中教育，争取到2010年全国75%的地区，到2020年全国85%的地区普及高中教育。但目前面临的问题还不少，如普通高中与职业高中应如何协调发展。从办学形式看，还要大力发展中等的广播、电视、函授教育和厂矿、企业内部办的中等职业技术教育，并逐步完善其体制。另外，高考制度还有待完善，片面追求升学率，忽视人的全面发展的现象仍然存在，等等。

4. 高等教育

我国高等教育可分为高等专科教育（2~3年）、本科教育（4~5年）和研究生教育（2~6年），可分为全日制、半日制和业余教育三种。全日制主要的是指正规的高等院校，招收高中毕业生或具有同等学力者。半日制和业余教育主要是指夜大、函大、电大、职大以及自学考试等，这些学校或通过考试择优录取，或志愿报名参加学习，无年龄限制。我国高等教育的基本任务是为实现我国社会主义现代化和全面实现小康社会培养和造就德才兼备的各类高级专门人才。为了发挥社会力量发展高等教育，目前我国高等教育采取了灵活多样的办学形式，积极支持企业、集体和个人（包括海外友人）出资发展高等教育事业。但目前我国高等教育存在的问题也不少，如内部结构不尽合理，农业高等院校太少，人事制度的现状制约毕业生就业问题，还有高等教育管理体制问题以及教育思想和理念问题等都有待进一步研讨和发展。

5. 继续教育或终身教育制度

随着科技的迅速发展和社会变革的日益加剧，人们要适应社会，就必须不断学习和接受教育，特别是20世纪70年代后，继续教育或终身教育制度（国外也叫回归教育）在各国逐渐建立。我国也是如此，在20世纪90年代开始建立终身教育制度。继续教育或终身教育可分为中等继续教育和高等继续教育两个层次。从形式上看，可分为在职平时学习和脱产集中学习两种。一般要求各行业的工作人员每工作五年左右应脱产集中学习一次，时间应根据不同行业的特点而定。就是离开工作岗位的离退休人员也应尽可能地接受继续教育，做到老有所学、老有所为、老有所乐。

我国现行学校系统见图4.3。

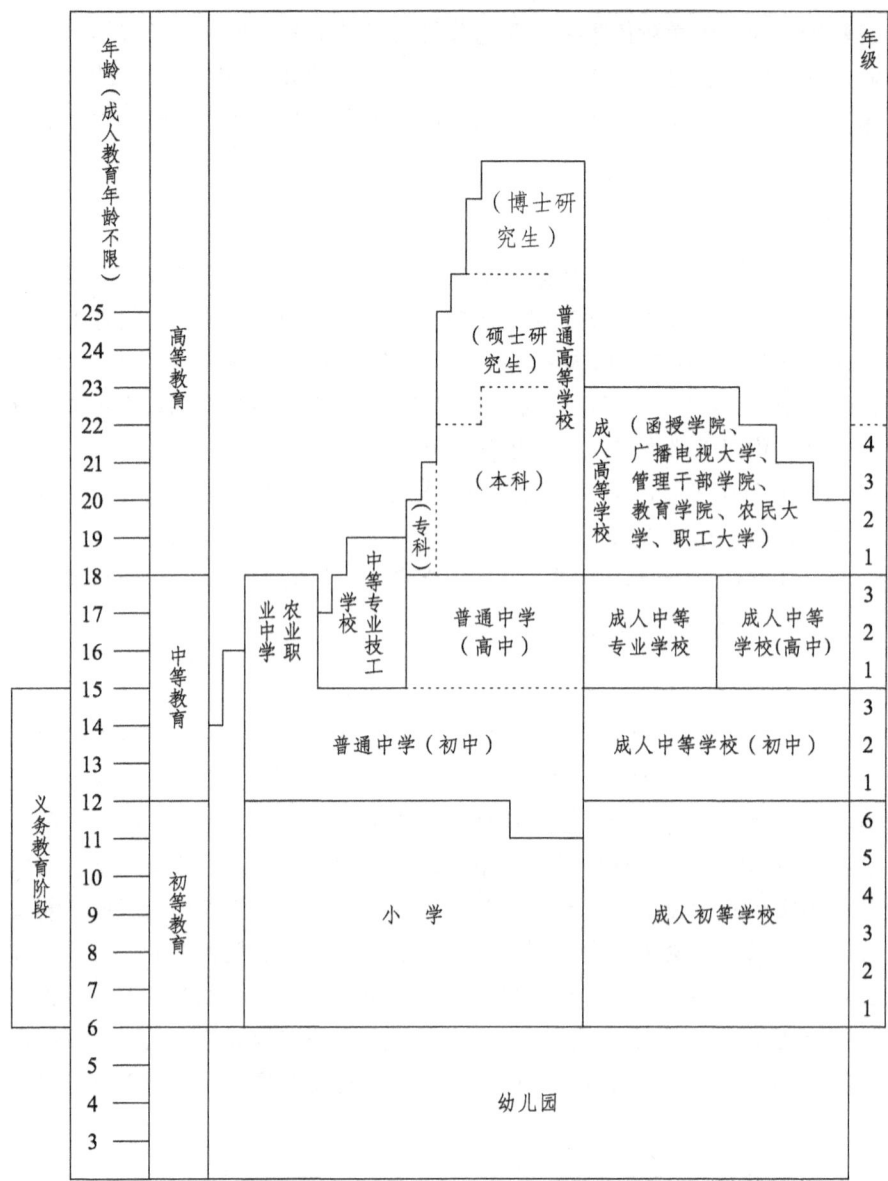

图 4.3 我国现行学校系统示意图

图片来源：吴文侃，杨汉清. 比较教育学（修订版）[J]. 人民教育出版社，1999：70.

（三）我国现行学校教育制度的改革

1. 进一步调整中等教育结构，大力发展职业教育

目前我国中等教育结构不合理的突出表现是普通中学比例过大，中等职业技术教育过于薄弱。温家宝同志于 2007 年在讨论职业教育的座谈会上指出，大力发展职业教育，要注意把职业教育、职业培训与就业准入以及解决就业问题结合起来，把职业资格认定、职业等级评定和技能型人才的选拔结合起来。要把学校学习与劳动实践结合起来，动脑和动手结合起来，

知识和技能结合起来，今天的学习和明天的就业结合起来。2007年4月18日，教育部关于做好2007年中等职业学校招生工作的通知中指出："自2007年起，中央财政和地方财政将进一步加大投入力度，扩大中等职业学校国家助学金的资助范围，提高资助强度，使家庭经济困难的学生都有机会接受中等职业教育。"

2. 高等教育迅速发展，层次结构将进一步优化

我国高等教育发展实现了历史性的跨越。2002年，我国高等教育毛入学率达到15%，进入大众化发展阶段。2009年，全国各类高等教育在校学生总规模2 979万人，是1998年的3.8倍，高等教育毛入学率达到24.2%，比1998年增长14.4个百分点。我国高等教育规模先后超过俄罗斯、印度、美国，成为世界第一。在高等教育阶段中，高等职业教育从1999年开始得到了迅速的发展，2009年，全国共有普通高等学校2 305所，其中，高职（专科）院校1 215所。

3. 大力发展成人教育和继续教育

我国在20世纪80年代以前的成人教育，主要目的在于扫除文盲和补习文化，以后更多的是职业教育。尤其是"终身教育"的概念提出以后，成人教育又有了新的内涵，发展也更为迅速。国务院于2007年5月转发的《国家教育事业发展"十一五"规划纲要》中指出，完善教育资源服务与应用系统，促进全社会学习资源的整合与共享，建设开放、灵活、方便的全民学习、终身学习平台。构建学习型机关、学习型企业、学习型社区和学习型乡镇，努力形成全民学习、终身学习的理念和良好社会风尚。充分发挥各级各类学校在终身学习中的作用。改革成人教育办学模式，大力发展多样化的继续教育和社区教育。加大投入，健全工作机制，巩固和扩大扫盲教育的成果。整合各类教育资源，建设城乡社区学习中心。办好老年大学，扩大覆盖面。

4. 大力发展幼儿教育

随着经济和社会的发展以及我国独生子女家庭的不断增加，父母对子女的学前教育越来越重视。与此同时，近几年，我国不断加大发展学前教育的力度，采取了一系列的措施，取得了明显的成效。在《国家中长期教育改革和发展规划纲要（2010—2020年）》中提出："到2020年，全面普及学前一年教育，基本普及学前两年教育，有条件的地区普及学前三年教育。重视0~3岁婴幼儿教育。"同时指出，要"把发展学前教育纳入城镇、新农村建设规划。建立政府主导、社会参与、公办民办并举的办园体制。积极发展公办幼儿园，大力扶持民办幼儿园。实行成本合理分担机制，对家庭经济困难幼儿入园给予财政补助"。在2011年至2013年，我国实行了"学前教育三年行动计划"，大力促进学前教育的发展。如从2001年开始，河北省就把"基本普及学前三年教育"列为全省基础教育事业发展的重点工作；南京从2011年开始实行幼儿教育"助学券"制度，针对每个适龄幼儿每月补贴200元，一年补贴2 000元。目前正在研究制订方案，从2014年开始，先实现学前一年免费教育，将来再逐步扩大学前教育免费的范围。

三、义务教育

(一) 义务教育的含义及特征

义务教育是根据法律规定,适龄儿童和青少年都必须接受,国家、社会、家庭必须予以保证的国民教育。其实质是国家依照法律的规定对适龄儿童和青少年实施的一定年限的强迫教育的制度。义务教育,又称强迫教育或免费义务教育。义务教育具有免费性、公共性和强制性的特点。

1. 免费性

免费性,就是明确规定"不收学费、杂费"。公益性和免费性是联系在一起的,对农村而言全部免除学费、杂费,但是对城市而言,这还需要一个过程。实际上,要免除义务教育阶段的杂费,就涉及财政问题。现在国家就是要下决心解决这个问题。如修订的《义务教育法》第二条规定,国家实行九年义务教育制度。义务教育是国家统一实施的所有适龄儿童、少年必须接受的教育,是国家必须予以保障的公益性事业。实施义务教育,不收学费、杂费,国家建立义务教育经费保障机制,保证义务教育制度实施。

2. 公共性

义务教育是一种社会公共事业,属于国民教育的范畴。它是面向本地区、本民族全体国民的教育,不应成为某一阶级、政党或宗教派别的工具而被垄断,这就是义务教育的公共性。这种公共性表现在四个方面:一是教育与宗教分离,使学校教育成为世俗性的公共事业;二是义务教育由国家设立或批准的学校来实施,体现了国民的意志;三是实施义务教育的学校和教师具有公共和公务性质,其工作对国家负责,对国民负责;四是国家对实施义务教育进行有效的监督和管理,而不是放任自流。我们强调全社会尊师重教,维护中小学教师的合法权益,其根本原因就在于义务教育的公共性。

3. 强制性

强制性又称义务性。让适龄儿童、少年接受义务教育是学校、家长和社会的义务。谁违反这个义务,谁就要受到法律的规范。家长不送学生上学,家长要承担责任;学校不接受适龄儿童、少年上学,学校要承担责任;学校不提供相应的条件,也要受到法律的规范。如修订的《义务教育法》第七条规定,义务教育实行国务院领导,省、自治区、直辖市人民政府统筹规划实施,县级人民政府为主管理的体制。

(二) 义务教育的起源与发展

义务的含义包括父母与家庭有使学龄儿童就学的义务,国家有设校兴学以使国民享受教育的义务,以及全社会有排除阻碍学龄儿童身心健全发展的种种不良影响的义务。16世纪欧洲宗教改革运动中,新教国家为推行宗教教育,提倡广设教育。1619年,德意志的魏玛公国第一次把教育与履行法律义务联系起来,以国家强制力来推进和实现国民教育的普及。此后,许多国家都开始效仿。1870年英国颁布《初等教育法》,规定5岁至10岁儿童必须接受小学教育;1833年法国颁布的《基佐法案》与1881年的《费里法案》,对义务教育提出了法律规定；美国 1852 年马萨诸塞州最早颁布了义务教育法，到 1920 年，美国各州先后颁布了义务教育法；1872 年日本颁布《学校令》，1886 年颁布《小学法令》，规定儿童实行四年义务教育；苏联在十月革命胜利后就宣布实行义务教育。20 世纪 50 年代以来义务教育已成为世界性的潮流。20 世纪 70 年代至今，由于各国政府、国际组织的努力，形成了较为理想的国际政策环境，各国义务教育快速发展。发达国家将学前教育纳入义务教育体系，形成了学前和学龄教育一体化趋势。各国高度重视学生的道德教育，增强学生责任意识培养，并妥善处理义务教育规模和质量的关系、强化教育质量监控。

（三）我国义务教育的实施

1. 基本进程

在中国教育史上，1904 年，把小学教育规定为义务教育。1912 年辛亥革命，中华民国成立后，孙中山立即宣布要在全中国实行免费义务教育。同年，中华民国教育部规定："初小、师范、高等师范免收学费。"这在当时的中国成为很多家境贫穷的学生接受教育的唯一途径。

中华人民共和国建立后，《中国人民政治协商会议共同纲领》及以后正式颁行的国家宪法中，都明确规定公民有受教育的权利和义务。1982 年全国人大通过的《中华人民共和国宪法》，即规定中国内地实行义务教育。1985 年 5 月 27 日《中共中央关于教育体制改革的决定》指出，义务教育，即依法律规定适龄儿童和青少年都必须接受，国家、社会、家庭必须予以保证的国民教育，为现代生产发展和现代生活所必需，是现代文明的一个标志。随后在 1986 年 4 月 12 日第六届全国人民代表大会第四次会议通过的《义务教育法》中有九年义务教育的条款，是中国政府推行的教育政策，旨在使全民都有机会接收九年的免费教育，以利于提高国民素质。《义务教育法》第十条规定：国家对接受义务教育的学生免收学费。九年义务教育，一般是指小学六年、初级中学三年，或小学五年、初级中学四年，共计九年的教育。该法于 1986 年 7 月 1 日起施行，标志着中国已从法律上确立了义务教育制度。虽然明确规定政府承担该项公共义务的法律至少可以上溯至 1982 年，但在此后约二十年时间内实际上未能完全履行该项义务，中国内地入学的中小学生，均需在义务教育阶段缴纳学杂费等费用。

进入 21 世纪后，虽然一些地方开始对义务教育免收"学费"，但事实上九年义务教育学校仍要收取书本费、杂费、信息（微机）费等费用，为了防止学校乱收费，增加学生家长的经济负担，已经开始实施中小学义务教育收费"一费制"。

2005 年，国务院决定两年内在农村地区普及免收学杂费的九年义务教育。自 2007 年开始，农村地区开始免收学杂费（私立教育除外）。早在此前，发达地区、部分城市或城区开始免学杂费。现今，义务免费教育已经在中国基本实现。随着社会的发展，延长义务教育年限至十二年的呼声逐步增大。

2006 年 9 月 1 日起开始实施新的《义务教育法》。新修订的《义务教育法》中明确规定："国家将义务教育全面纳入财政保障范围，义务教育经费由国务院和地方各级人民政府依照本法规定予以保障"，完成了"人民教育人民办"到"义务教育政府办"的真正转变。

2.《中华人民共和国义务教育法》解读

义务教育的各种变化，都是在科学发展观的统领下，运用"加减乘除法"全方位加大对义务教育改革的结果。

（1）"加"即增加教育投入。

近些年来，由于经费不足，一些农村中小学不仅没有专门的实验室，甚至连做演示实验的条件都没有。义务教育，由于基层财政困难，一些农村学校的校长为了保证学校的正常运转，不得不四处筹钱，被形象地称为"化缘校长"。为了解决义务教育的经费保障问题，《义务教育法》专设"经费保障"一章，并从四个方面作出规定，以从制度上解决这一问题：明确义务教育经费总体需求，制定有关经费标准。草案要求国家制定并适时调整适应义务教育基本需求的教职工编制标准和工资标准、学校建设标准、学生人均公用经费标准，对义务教育经费保障提出明确目标。草案要求各级政府将义务教育经费纳入财政预算，按照标准拨付经费，确保义务教育经费的逐步增长；对在公办学校接受义务教育的适龄儿童、少年，不得收取学费，并逐步免收杂费；明确义务教育经费来源。草案规定，义务教育经费实行国务院和地方各级政府根据职责共同负担，省级政府统筹落实的体制。"由省级政府财政对本地区的义务教育全面负起责任，应该能够解决义务教育经费问题。"规范义务教育经费的使用和管理，提高经费使用效益。草案要求财政预算将义务教育经费单列，政府决算和学校收支情况应向社会公布，审计机关应当将有关义务教育经费的审计结果向社会公布。

（2）"减"即减轻学生课业负担。

为扭转当前"应试教育"风气盛行的状况，《义务教育法》在作出原则规定的同时，还提出了一系列操作性很强的措施：规范教学内容，防止教学过于偏重智力的倾向，为此草案规定，学校应把德育放在首位，形成德育教育体系；应保证学生的课外活动时间，组织学生开展社会实践、文化娱乐等课外活动；不得以任何名义编排重点班。严格课程管理，草案规定，学校和教师应当按照课程设置方案和课程标准开展教育教学活动，不得违反课程设置方案增加或者删减课程；应当按照课程设置方案和课程标准实施体育、艺术和综合实践的教学活动，提高学生素质。明确考核要求，草案规定，对学校和教师的考核，应当综合考察其完成教育教学任务和培养学生的情况，不得仅以升学率作为考核标准；对学生的考察，应当综合考察德、智、体、美等方面全面发展的情况，不得以考试成绩替代全面考察。

（3）"乘"即倍加重视教师工作。

针对日益突出的教师待遇和教学质量等问题，《义务教育法》作了专章规定：加强教师培训，草案规定，县级以上政府应当加强教师培养工作，采取措施发展教师教育。保障教师待遇，草案明确规定，各级政府应当采取措施改善教师工作和生活条件；公办学校教师的平均工资水平应当不低于或者高于当地公务员相应人员的平均工资。加强教师管理，草案明确规定，教师应当遵守宪法、法律和职业道德，为人师表，不断提高思想政治觉悟和教育教学业务水平；应当遵守学校规章制度，执行学校的教学计划，履行教师职责，完成教育教学任务。明确对教师的要求，草案规定，在教育教学中应当平等对待学生，尊重学生的人格，使每个学生都能得到充分的发展；不得以任何名义编排设置重点班，不得因个人特征歧视学生，不得对学生实施体罚或者其他侮辱人格尊严的行为；不得违反规定开除学生。

（4）"除"即剔除择校之风。

对许多中国城市家庭来说，孩子接受优质教育是头等大事，花多少钱都舍得。在不同学校硬件设施、师资力量、教学质量差别巨大的环境下，择校之风盛行自然就不难理解了。为解决义务教育资源配置不尽合理问题，《义务教育法修订草案》在多个方面作出了规定：在经费投入方面，草案要求县级政府教育主管部门编制本部门预算时要向农村学校和城市薄弱学校倾斜；国务院和县级以上地方政府设立专项资金，扶持农村等经济欠发达地区实施义务教育。在师资力量方面，草案要求县级政府教育主管部门采取措施，促进学校师资力量均衡配置；应组织公办学校骨干教师巡回授课，紧缺专业教师流动教学，公办学校校长和教师在学校之间流动。在管理和监督方面，草案要求各级政府部门应当促进学校均衡发展，不得以任何名义将学校分为重点和非重点；县级以上政府教育主管部门应当采取措施缩小差距，等等。

（5）"法"即令行禁止防止乱收费。

为解决教育乱收费问题，《义务教育法修订草案》针对不同情况，提出了许多很有针对性的措施：禁止利用补习和发教辅书进行乱收费，草案明确规定，在课程标准范围内开展教育教学活动，不得收费；向学生发放教科书以外的其他书籍、资料，不得收费。有关专家表示，依照这一规定，许多乱收费行为将再也找不到"合理"借口。禁止利用组织学生从事营利性活动，草案规定，学校不得自行或者与其他社会组织、个人联合向学生推销或者变相推销商品、服务。防止教科书成为牟利工具，草案提出，要减少教科书种类，降低教科书成本，并由国务院有关主管部门根据课程标准确定教科书的基准价和浮动幅度。

3. 最新动态

（1）巩固义务教育普及成果。

适应城乡发展需要，合理规划学校布局，办好必要的教学点，方便学生就近入学。坚持以流入地政府管理为主，以全日制公办中小学为主，确保进城务工人员随迁子女平等接受义务教育，制定进城务工人员随迁子女义务教育后在当地参加升学考试的办法。建立健全政府主导、社会共同参与的农村留守儿童关爱和服务体系，健全动态监测机制，加快农村寄宿学校建设，优先满足留守儿童住宿需求。采取必要措施，确保适龄儿童少年不因家庭经济困难、学习困难、就学困难等原因而失学，努力消除辍学现象。

（2）提高九年义务教育水平和质量。

义务教育是国家依法统一实施、所有适龄儿童少年必须接受的教育，具有强制性、免费性和普及性，是教育工作的重中之重。到2020年，全面提高普及水平，全面提高教育质量，基本实现区域内均衡发展，确保适龄儿童少年接受良好义务教育。如西藏在义务教育全部实行免费的基础上，2011年将"三包"政策（包吃、包住、包学习费用）扩大到所有农牧民家庭子女、城镇困难家庭和企业困难家庭子女。同时，还对高中阶段教育实行免费教育和适用"三包"政策。江苏2011年实现从学前教育到高中阶段教育的资助全覆盖，还要求有条件的地区开展一定年限的免费学前教育和对经济困难家庭实施免费学前教育，对高中阶段残疾学生实施免费教育。山西计划到2012年免除全部中职生的学费，让没能进入高中、大学的学生都能免费接受中等职业教育。

（3）推进义务教育均衡发展。

均衡发展是义务教育的战略性任务。影响我国义务教育均衡发展的问题是多方面的，我们要立足于社会主义初级阶段的基本国情，采取积极进取、实事求是的态度，循序渐进，逐步推行。目前国家正集中财力大力实施"西部地区'两基'攻坚计划""农村中小学现代远程教育工程"和资助家庭经济困难学生的"两免一补"政策，从整体上推进我国义务教育地区之间、城乡之间的均衡发展，这是目前在国家层面上推进义务教育均衡发展的重大举措。同时，还要根据"在国务院的统一领导下，由地方政府负责、分级管理、以县为主的"农村义务教育管理体制，进一步强化地方政府在推进义务教育均衡发展中的责任。

第二节 我国的教育立法

一、教育立法的概念与意义

（一）教育立法的概念

教育立法是指由特定立法主体依照一定的法定权限和程序所从事的制定教育法的活动。根据我国的立法实践，我国教育立法可以从广义和狭义两方面来理解。广义的教育立法，指国家机关按照特定职权和程序制定各种教育法律文件的专门活动。教育立法机关包括各级国家权力机关及其授权机关，如全国人民代表大会及其常务委员会、国务院、地方各级人民代表大会及其常委会和地方人民政府等。教育立法内容包括教育法律、教育法规和教育行政规章。狭义的教育立法，指全国人民代表大会及其常务委员会根据法定的程序，制定、修改或废止教育法规的专门活动。根据我国的教育立法实践，我国的教育立法是广义的教育立法。

（二）教育立法的意义

1. 教育立法是现代教育普及化的要求

现代教育的基本特点是普及化。普及教育不是自发进行的，而是在西方工业社会发展的要求下发展起来的。以英国、德国和法国为代表的欧洲资本主义国家，在普及义务教育之初，都借助了立法的手段。例如，1870年英国的《初等教育法》、1872年德国的《普通教育法》以及1882年法国的《费里法案》等都对本国义务教育的发展起到了保驾护航的作用。如果不通过法律，而是只凭社会的自觉自愿，义务教育的普及是不可能实现的。

2. 教育立法是现代教育公共化的要求

在农业社会，教育主要由家庭、社会团体来开展，教育是少数人的特权。但随着工业社会的发展，教育已成为人的一项基本权利，成为人们的一种普遍需要，成为社会发展的基础。随着教育需求的增加和教育规模的扩大，教育逐步成为社会公共事业的一部分。就世界各国教育发展的现状和趋势来看，国家对教育越来越重视，把教育看作是公共服务，强调教育的公益性质。教育作为一种重要的公共事业，其发展涉及国家、政府、教育者、受教育者、家庭等各方面的权利和义务，这就需要通过教育立法确保各方面的权利得到实现、义务得到履行。

3. 教育立法是现代教育法制化的要求

教育法制化是国家法制化的重要组成部分。法制与现代社会是紧密相连的。在现代社会，法律是人民意志的体现，是保证人民幸福和国家强盛的手段。教育作为一种国家或公共活动，必须法制化,而不能随意进行。

4. 教育立法是现代教育民主化的要求

教育民主化是现代教育的另一个显著特征,教育民主化主要表现为教育的平等、开放、自由等。教育的平等、开放和自由,需要通过法律来保障。

二、我国教育立法的主要进展

(一) 中国古代教育法制思想与法制实践

中国古代教育虽然强调人治而不重视法治,但还是存在一些教育法治思想和法治实践。如先秦时期的法家主张以法治国,商鞅主张"壹教"(即从法律制度上统一教育,废止其他私学,铲除儒家等其他学派,以杜绝"二心"),韩非进一步提出了"以法为教""以吏为师"。秦王朝实行"焚书坑儒"和"禁私学"成为强化教育法制的一部分。汉武帝采纳董仲舒提出的"罢黜百家,独尊儒术""兴太学以养士""选贤任能"三条建议,并以此作为三大文教政策进行贯彻。隋朝则开始建立科举考试制度,并在唐代得以完善。虽然历代王朝都用法律的形式对文化教育进行规定,但和现代的教育法制有本质的不同。这主要是因为古代的教育法制是以维护封建皇权为目的的,封建国家的意志也是法律的意志,所以法律是用来管制人民的。

(二) 中国近代教育立法的发展历程

中国近代教育立法始于 20 世纪初。伴随着中国传统教育体制向近代教育体制转型而开始的中国近代教育立法,在历史发展中走过了半个世纪的历程。从 1902 年中国第一部具有近代意义的教育法规——《钦定学堂章程》的出现,到清末教育立法活动的完结,是中国近代教育立法的初创阶段。从 1912 年中华民国初建时期具有真正资产阶级性质教育立法的出现,到北京政府时期教育立法的曲折运作,是中国近代教育立法的发展阶段。从 1927 年南京国民政府建立以后全面开始教育立法,到抗战爆发前夕,是中国近代教育立法走上规范化轨道阶段。从 1937 年至 1945 年的八年抗战中,回应战争的冲击,中国近代教育立法进入了应急和调整阶段。从 1945 年抗战胜利后到新中国建立前的几年里,中国近代教育立法尽管有强化、完善,却已进入尾声阶段。近 50 年的近代教育立法活动,形成了一套比较完整的近代教育立法体系,建立了一整套以法律规定的、比较完整与稳定的近代教育法律制度,一定程度上有效地规范了教育立法活动。近代教育立法有力地促进了中国传统教育体制向近代教育体制的转型,保障了近代教育制度的确立,推进了教育改革与发展。[①]

(三) 新中国成立以来的教育立法发展历程

新中国的教育立法是在废除旧教育法的前提下,在总结我国革命和建设的经验与教训的基础上逐步发展起来的,走过了一段曲折而漫长的道路。概括起来,新中国的教育立法大致可以分为四个阶段。

---

① 李露. 中国近代教育立法的历史启示[J]. 安阳师范学院学报, 2002, 2: 5-9.

1. 建设社会主义初期的教育立法（1949—1966 年）

这个时期为我国教育立法初步产生发展的时期。这个时期的教育立法可分为两个阶段，即过渡时期和建设社会主义时期。所谓过渡时期是指在新中国建立以后到 1956 年之间的教育立法过渡时期。1949 年 9 月，中国人民政治协商会议通过了《中国人民政治协商会议共同纲领》，其中第五章"文化教育政策"，明确了国家教育的性质、内容与任务，迅速开始了对旧学校的改造和新教育制度的重建。1950 至 1953 年间，中央人民政府政务院作出了《关于改革学制的决定》《关于 1953 年全国高等学校系统院系调整的计划》和《高等学校暂行规程》等一系列法规。随着新学制的建立，教育立法进入建设时期。1956 年中共中央与国务院作出的《关于扫除文盲的决定》可视为建国初期教育法规建设的一件大事。1957 至 1966 年，我国的教育战线经历了大跃进，然后经历了整顿与调整。调整的主要内容建立在三部重要的教育法规基础上，即《中华人民共和国教育部直属高等学校暂行工作条例》《全日制中学暂行工作条例》和《全日制小学暂行工作条例》，这三大条例是建国以来对高等学校和中小学工作作出的系统且科学的规范，对稳定各级各类学校的教学秩序，规范各级各类学校的办学行为以及提高各级各类学校的教学质量均产生了良好的影响与作用。①

总之，在这一时期新中国的教育立法开始产生并有了初步的方针，制定了各类教育法规和规章四百个，为新中国成立初期全面恢复教育事业提供了法律保障，推动了教育事业的发展，同时也为今后教育立法积累了经验，奠定了基础。但是，由于在新中国成立初期我们在很多方面学习苏联经验，照抄照搬现象很严重，也因此走了不少弯路，教育立法亦不例外。虽然在 1958 年为纠正学习苏联经验过程中出现的缺点、创立适合中国情况的社会主义教育制度，在全国开展了以勤工俭学、教育与生产劳动相结合为中心的教育革命，在一定程度上突破了苏联教育经验的局限性，为教育的发展开拓了新途径，然而同时也出现了"左"的错误，必要的法律法规遭到破坏，出现过无政府主义的盲目状态。这说明，在新中国成立初期，人们在认识上还存在着轻视、忽视法制的倾向，因而使教育立法也受到了较大的影响。②

2. "文化大革命"时期教育立法受到破坏（1966—1976 年）

这个时期为教育立法受破坏时期。1966 年，"文化大革命"开始了，社会主义民主和法制受到最严重的破坏，已有的教育法规制度被破坏殆尽，教育事业遭到严重摧残。在这一时期也有少量教育法规制度出台，多数因受到"文化大革命"影响而成为"左"倾错误的产物。

3. 改革开放时期的新时期教育立法（1977—2000 年）

这个时期为教育立法的大发展时期。1978 年中共十一届三中全会召开，标志着中国进入了新的历史时期。随着新时期教育的改革发展，教育立法得到恢复和加强。1977 年恢复高考，标志着教育战线拨乱反正的开始，与此同时国家也恢复了相关教育法规的沿用与执行。20 世纪 80 年代以来，教育立法工作真正进入了新的阶段：1980 年，全国人大常委会通过了《中华人民共和国学位条例》；1986 年，《义务教育法》颁布实施，此法对全面提高我国国民素质，促进教育事业适应社会主义现代化建设需要具有十分重大的意义；1995 年，我国颁布并实施《中华人民共和国教育法》，为进一步制定我国各种专项教育法规提供了法律依据与准绳。紧

---

① 周欢. 中国教育立法略论[J]. 社科纵横, 2013, 28: 109.
② 修志君. 我国教育立法的回顾与展望[J]. 青岛大学师范学院学报, 1999, 16（4）: 41.

随其后,《中华人民共和国职业教育法》《中华人民共和国高等教育法》的颁行,使得我国的教育事业已初步形成具有鲜明的中国特色社会主义教育法律的体系。与此同时,各省市也制定了一些地方性的教育法规、规章及条例。它们的颁行,同样是改革开放以来我国教育立法工作取得显著成效的反映与表现。

4. 21世纪以来的教育立法(2000年以后)

进入21世纪后,我国社会提出了新的发展目标,教育事业被进一步置于优先发展的战略地位。为保障与促进教育持续健康发展,教育法制建设进一步加强,教育立法工作有了新的进展,尤其是在民办教育和合作办学的规范化方面,出台了如《中华人民共和国民办教育促进法》《中华人民共和国中外合作办学条例》等法规。此时我国教育立法工作取得另一重大进展是《中华人民共和国义务教育法》的重新修订与颁布施行。新《义务教育法》进一步确立了义务教育经费保障机制,强调了保障所有儿童的受教育权益,保障并改善教师待遇,促进教师发展。它对于保障公民接受义务教育,提高全民素质,实现科教兴国战略和人才强国战略,对于实现社会主义和谐社会及全面建设小康社会的目标,具有重大的现实意义和深远的历史意义。

改革开放三十多年,我国教育立法取得了前所未有的成就,构建了以《教育法》为核心,各项教育法律、法规为框架的教育法律体系,标志着我国的教育事业走上了全面法制化的道路,为依法治教提供了有力的武器,保证了我国教育事业的健康、持续和稳定发展。

三、我国教育立法的展望

由于历史传统文化的影响,直到20世纪中叶,中国教育事业管理机制基本处于以人治为主的状态。尽管我国和西方发达国家几乎同时引入教育法律调整机制,却在发展的速度上存在着巨大落差。西方发达国家的教育法制化蓬勃发展时,我国的教育管理还处于萌芽阶段。但近二十年来,得益于社会转型步伐的加快和国家改革开放政策的实施,教育法制化建设取得了突飞猛进的进步。我国1995年制定并颁布了新中国成立以来的第一部《中华人民共和国教育法》,在总则中明确提出了我国的教育方针,同时规定了发展社会主义教育必须坚持的基本教育制度和一些原则,逐步形成了以《教育法》为主导的,《义务教育法》《高等教育法》《教师法》《职业教育法》以及《学位条例》《普通高校评估暂行规定》等法律法规为内容的教育法律体系。与此同时,由国务院及各部委、地方人大及其常务委员会、地方人民政府制定和颁行的各类教育行政法规规章也大量增加,教育领域的法律法规覆盖范围日渐扩大。纵观国际教育法制建设,我国在各方面仍与西方发达国家存在很大的差距。无论是立法的数量、规模、质量,还是立法的理论研究、立法人员的素质、立法方法,都还不能全面适应社会主义市场经济和新时期教育改革和发展的需要,尚待进一步的提高和完善。[1]这种差距对我国教育同世界接轨产生了巨大的限制和影响。在教育国际化大局下,作为教育法律建设的国际化,制度接轨在很大程度上决定着我国教育将如何走向世界。因此,加快我国教育制度改革步伐,加大教育制度改革力度迫在眉睫。

---

[1] 修志君.我国教育立法的回顾与展望[J].青岛大学师范学院学报,1999,16(4):41-45.

四、我国主要教育法律法规解读

（一）教育基本法——《中华人民共和国教育法》

《中华人民共和国教育法》（简称《教育法》）是我国教育的根本大法，是我国教育法制建设的里程碑。《教育法》于 1995 年 3 月由第八届全国人大第三次会议通过，并于同年 9 月 1 日起正式实施。

1.《教育法》的性质与地位

（1）性质。

《教育法》是我国教育法律法规体系中的基本法。《教育法》是依据宪法制定的调整教育内部、外部相关关系的基本法律准则，是教育法规体系中的母法，在教育法体系中具有最高的法律效力，规定我国教育的基本方针、基本任务、基本制度以及教育活动中各主体的权利义务。

（2）地位。

《教育法》是我国历史上颁布的第一部全面规范教育领域活动的大法，在我国教育法规体系中，处于国家基本法地位，对我国教育领域的活动进行了整体的规范，为我国教育法规体系的建设奠定了基础。

《教育法》作为我国的教育基本法，在教育法规各个层次中处于最高层次，具有最高效力。《教育法》作为有关教育的总法，主要对教育领域的全面性重大问题作出规定，并为制定其他层次的教育法规提供法律依据。

2.《教育法》的基本结构与内容

（1）基本结构。

《教育法》共十章，八十四条，包括总则、分则和附则三个组成部分。其中，总则是对我国教育活动的总体规定，分则是对我国教育活动各个领域的分别规定，附则是未尽表达事项的补充规定和说明。

（2）主体内容。

中华人民共和国教育法（节选）

（1995 年 3 月 18 日第八届全国人民代表大会第三次会议通过，1995 年 3 月 18 日中华人民共和国主席令第 45 号公布，自 1995 年 9 月 1 日起施行。）

第一章 总 则

第一条【立法目的】为了发展教育事业，提高全民族的素质，促进社会主义物质文明和精神文明建设，根据宪法，制定本法。

第二条【适用范围】在中华人民共和国境内的各级各类教育，适用本法。

第三条【指导思想】国家坚持以马克思列宁主义、毛泽东思想和建设有中国特色社会主义理论为指导，遵循宪法确定的基本原则，发展社会主义的教育事业。

第四条【教育的地位】教育是社会主义现代化建设的基础，国家保障教育事业优先发展。全社会应当关心和支持教育事业的发展。全社会应当尊重教师。

第五条【教育的任务】教育必须为社会主义现代化建设服务，必须与生产劳动相结合，培养德、智、体等方面全面发展的社会主义事业的建设者和接班人。

第六条【教育基本内容】国家在受教育者中进行爱国主义、集体主义、社会主义的教育，进行理想、道德、纪律、法制、国防和民族团结的教育。

第八条【教育与国家利益】教育活动必须符合国家和社会公共利益。国家实行教育与宗教相分离。任何组织和个人不得利用宗教进行妨碍国家教育制度的活动。

第九条【公民的教育权利和义务】中华人民共和国公民有受教育的权利和义务。公民不分民族、种族、性别、职业、财产状况、宗教信仰等，依法享有平等的受教育机会。

第十四条【管理体制】国务院和地方各级人民政府根据分级管理、分工负责的原则，领导和管理教育工作。中等及中等以下教育在国务院领导下，由地方人民政府管理。高等教育由国务院和省、自治区、直辖市人民政府管理。

第十五条【教育行政部门】国务院教育行政部门主管全国教育工作，统筹规划、协调管理全国的教育事业。县级以上地方各级人民政府教育行政部门主管本行政区域内的教育工作。县级以上各级人民政府其他有关部门在各自的职责范围内，负责有关的教育工作。

第二章 教育基本制度

第十七条【学校教育制度】国家实行学前教育、初等教育、中等教育、高等教育的学校教育制度。国家建立科学的学制系统。学制系统内的学校和其他教育机构的设置、教育形式、修业年限、招生对象、培养目标等，由国务院或者由国务院授权教育行政部门规定。

第十八条【义务教育】国家实行九年制义务教育制度。各级人民政府采取各种措施保障适龄儿童、少年就学。适龄儿童、少年的父母或者其他监护人以及有关社会组织和个人有义务使适龄儿童、少年接受并完成规定年限的义务教育。

第二十条【考试制度】国家实行国家教育考试制度。国家教育考试由国务院教育行政部门确定种类，并由国家批准的实施教育考试的机构承办。

第三章 学校及其他教育机构

第二十六条【办学条件】设立学校及其他教育机构，必须具备下列基本条件：

（一）有组织机构和章程；

（二）有合格的教师；

（三）有符合规定标准的教学场所及设施、设备等；

（四）有必备的办学资金和稳定的经费来源。

第二十九条【教育机构的义务】学校及其他教育机构应当履行下列义务：

（一）遵守法律、法规；

（二）贯彻国家的教育方针，执行国家教育教学标准，保证教育教学质量；

（三）维护受教育者、教师及其他职工的合法权益；

（四）以适当方式为受教育者及其监护人了解受教育者的学业成绩及其他有关情况提供便利；

（五）遵照国家有关规定收取费用并公开收费项目；

（六）依法接受监督。

第四章 教师和其他教育工作者

第三十二条【教师的权利和义务】教师享有法律规定的权利，履行法律规定的义务，忠诚于人民的教育事业。

第三十四条【教师队伍建设】国家实行教师资格、职务、聘任制度，通过考核、奖励、培养和培训，提高教师素质，加强教师队伍建设。

第三十五条【员工制度】学校及其他教育机构中的管理人员，实行教育职员制度。学校及其他教育机构中的教学辅助人员和其他专业技术人员，实行专业技术职务聘任制度。

第五章 受教育者

第三十六条【受教育者的平等权】受教育者在入学、升学、就业等方面依法享有平等权利。学校和有关行政部门应当按照国家有关规定，保障女子在入学、升学、就业、授予学位、派出留学等方面享有同男子平等的权利。

第四十二条【受教育者的权利】受教育者享有下列权利：

（一）参加教育教学计划安排的各种活动，使用教育教学设施、设备、图书资料；

（二）按照国家有关规定获得奖学金、贷学金、助学金；

（三）在学业成绩和品行上获得公正评价，完成规定的学业后获得相应的学业证书、学位证书；

（四）对学校给予的处分不服向有关部门提出申诉，对学校、教师侵犯其人身权、财产权等合法权益，提出申诉或者依法提起诉讼；

（五）法律、法规规定的其他权利。

第四十三条【受教育者的义务】受教育者应当履行下列义务：

（一）遵守法律、法规；

（二）遵守学生行为规范，尊敬师长，养成良好的思想品德和行为习惯；

（三）努力学习，完成规定的学习任务；

（四）遵守所在学校或者其他教育机构的管理制度。

第六章 教育与社会

第四十八条【社会公益活动】学校及其他教育机构在不影响正常教育教学活动的前提下，应当积极参加当地的社会公益活动。

第四十九条【家庭教育】未成年人的父母或者其他监护人应当为其未成年子女或者其他被监护人受教育提供必要条件。未成年人的父母或者其他监护人应当配合学校及其他教育机构，对其未成年子女或者其他被监护人进行教育。学校、教师可以对学生家长提供家庭教育指导。

第五十条【文化机构的教育】图书馆、博物馆、科技馆、文化馆、美术馆、体育馆（场）等社会公共文化体育设施，以及历史文化古迹和革命纪念馆（地），应当对教师、学生实行优待，为受教育者接受教育提供便利。广播、电视台（站）应当开设教育节目，促进受教育者思想品德、文化和科学技术素质的提高。

第七章 教育投入与条件保障

第五十六条【专项资金】国务院及县级以上地方各级人民政府应当设立教育专项资金，重点扶持边远贫困地区、少数民族地区实施义务教育。

第五十九条【集资办学】经县级人民政府批准，乡、民族乡、镇的人民政府根据自愿、量力的原则，可以在本行政区域内集资办学，用于实施义务教育学校的危房改造和修缮、新建校舍，不得挪作他用。

第六十一条【经费使用】国家财政性教育经费、社会组织和个人对教育的捐赠，必须用于教育，不得挪用、克扣。

第八章 教育对外交流与合作

第六十七条【合作原则】国家鼓励开展教育对外交流与合作。教育对外交流与合作坚持独立自主、平等互利、相互尊重的原则，不得违反中国法律，不得损害国家主权、安全和社会公共利益。

第九章 法律责任

第七十一条【经费的法律责任】违反国家有关规定，不按照预算核拨教育经费的，由同级人民政府限期核拨；情节严重的，对直接负责的主管人员和其他直接责任人员，依法给予行政处分。违反国家财政制度、财务制度，挪用、克扣教育经费的，由上级机关责令限期归还被挪用、克扣的经费，并对直接负责的主管人员和其他直接责任人员，依法给予行政处分；构成犯罪的，依法追究刑事责任。

第七十二条【刑事、民事责任】结伙斗殴、寻衅滋事，扰乱学校及其他教育机构教育教学秩序或者破坏校舍、场地及其他财产的，由公安机关给予治安管理处罚；构成犯罪的，依法追究刑事责任。侵占学校及其他教育机构的校舍、场地及其他财产的，依法承担民事责任。

第七十三条【刑事法律责任】明知校舍或者教育教学设施有危险，而不采取措施，造成人员伤亡或者重大财产损失的，对直接负责的主管人员和其他直接责任人员，依法追究刑事责任。

第七十四条【行政法律责任】违反国家有关规定，向学校或者其他教育机构收取费用的，由政府责令退还所收费用；对直接负责的主管人员和其他直接责任人员，依法给予行政处分。

第七十五条【行政法律责任】违反国家有关规定，举办学校或者其他教育机构的，由教育行政部门予以撤销；有违法所得的，没收违法所得；对直接负责的主管人员和其他直接责任人员，依法给予行政处分。

第七十六条【行政法律责任】违反国家有关规定招收学员的，由教育行政部门责令退回招收的学员，退还所收费用；对直接负责的主管人员和其他直接责任人员，依法给予行政处分。

第七十七条【行政、刑事责任】在招收学生工作中徇私舞弊的，由教育行政部门责令退回招收的人员；对直接负责的主管人员和其他直接责任人员，依法给予行政处分；构成犯罪的，依法追究刑事责任。

第七十八条【行政法律责任】学校及其他教育机构违反国家有关规定向受教育者收取费用的，由教育行政部门责令退还所收费用；对直接负责的主管人员和其他直接责任人员，依法给予行政处分。

第七十九条【行政法律责任】在国家教育考试中作弊的，由教育行政部门宣布考试无效，对直接负责的主管人员和其他直接责任人员，依法给予行政处分。

第八十条【追究制度】违反本法规定，颁发学位证书、学历证书或者其他学业证书的，由教育行政部门宣布证书无效，责令收回或者予以没收；有违法所得的，没收违法所得；情节严重的，取消其颁发证书的资格。

第八十一条【民事责任】违反本法规定，侵犯教师、受教育者、学校或者其他教育机构的合法权益，造成损失、损害的，应当依法承担民事责任。

第十章 附 则

第八十四条 本法自1995年9月1日起施行。

（3）内容详解。

①总则：总则对涉及我国教育全局的问题进行了规定，包括立法目的、适用范围、指导

思想、教育的地位、教育的任务、教育的基本内容等。

② 分则：分则对教育基本制度、学校和其他教育机构、教师和其他教育工作者、受教育者、教育与社会、教育投入与条件保障、教育对外交流与合作、法律责任作出了规定。

教育基本制度：《教育法》明确了我国教育制度的基本框架，包括学校教育制度、义务教育制度、职业教育制度、成人教育制度、教育考试制度、学业证书制度、学位制度、扫除文盲制度、教育督导制度和教育评估制度。十大教育基本制度，涵盖了全民教育（从学前到成人，乃至终身）；涵盖了不同类型的教育（普通教育和职业教育）；涵盖了教育过程的重要环节（考试制度、学业证书制度、学位制度、教育督导和教育评估制度）。

办学机构：《教育法》确立了我国的办学体制，明确了学校和其他教育机构的办学条件，设立、变更、终止的程序和应当办理的手续，规定了学校和其他教育机构享有的基本权利及应当履行的基本义务。《教育法》同时确立了学校及其他教育机构的内部管理体制，并对学校及其他教育机构的法人资格、财产权归属及同其校办产业的关系作了规定。

教育者权利与义务：《教育法》对于教育者的权利、义务作了原则性的规定，为深入规范教育者的权利义务提供了依据。这些规定涵盖教师的地位、待遇，建立国家教师资格制度，教师职务聘任、考核、奖励培养和培训制度等。

受教育者的权利与义务：《教育法》规定了受教育者享有的基本权利，并规定了受教育者应履行的义务。在受教育者权利与义务规定方面，特别强调了国家要保证受教育者在入学、升学、就业等方面依法享有平等的权利。

社会教育主体：在教育法律关系的社会教育主体方面，拥有相应的教育权利，也负有相应的教育义务。学校教育必须同社会教育相结合，社会的教育力量必须纳入教育体系中来。将学校、家庭和社会教育结合，纳入到教育的法律关系中，是国家教育发展的必然要求。

政府进行教育投入和提供条件保障：在教育投入与条件保障方面，规定国家建立以财政拨款为主、其他多种渠道筹措教育经费为辅的体制，逐步增加对教育的投入，保证国家举办的学校教育经费来源稳定。同时规定国家财政性教育经费支出占国民生产总值的比例应当随着国民经济的发展和财政收入的增长逐步提高；全国各级财政支出总额中教育经费所占比例应当随着国民经济的发展逐步提高。

《教育法》还保障了教育投入的三个增长：各级人民政府教育财政拨款的增长应当高于财政经常性收入的增长；按在校学生人数平均的教育费用逐步增长；保证教师工资和学生人均公用经费逐步增长。

教育对外交流与合作的规定：《教育法》赋予教育主体在中国法律范围内开展教育对外交流与合作的权利。

有关法律责任：《教育法》明确了与主体义务相关的三大方面的法律责任：行政责任、刑事责任和民事责任。

【案例 4.1】

教师有权私改学生志愿吗？[①]

2005 年 7 月 9 日，陕西大荔县朝邑中学在考生填报高职（专科）院校志愿时，由于主管此项工作的教务干事张某出于个人之见，建议在场的 3 名学生更改了自己的志愿，随后他又

---

① http://www.xinhuanet.com, 2005 年 7 月 27 日 10: 14: 14。

自作主张将24名考生志愿让他人代改。由于当时志愿卡数量有限，更改时没有办法改动学校的汉字名称，只对学校的代码涂点做了改动。从更改后考生填报志愿的情况看，有13名学生被更改为陕西省广播电视大学校本部，14名学生被更改为9个不同的专科院校，有1名学生改报民办院校，其中有一名学生是自己重新填报了志愿。

联合调查组经调查后认为，张某在招生工作中违规操作，私自让人代改考生志愿，给招生工作造成了极坏的影响，负有不可推卸的责任。经大荔县人民政府研究，参照《中华人民共和国行政监察法》第二十四条，并依据《国家教育考试违规处理办法》第十四条第四款之规定，责成县教育局给予张某行政开除留用一年处分，开除留用期间发放50%工资，并调离朝邑中学。另为维护考生利益，大邑县人民政府向省考试管理中心建议，恢复24名被更改考生的志愿。

案例思考题：

1. 张某的这一做法侵犯了学生的什么权利？
2. 根据《教育法》，应如何追究相关责任？

（二）教育单行法

单行法是和一般法相对应的称谓。一般法规定的是比较综合的法律问题，而单行法是对一般法中规定的某个特别法律事项进行的特别规定。教育单行法，是指根据宪法和教育基本法原则制定的调整某类教育或教育的某一具体部分关系的教育法律。

1.《中华人民共和国义务教育法》

（1）《中华人民共和国义务教育法》（简称《义务教育法》）的性质与地位。

《义务教育法》是教育单行法，依据《宪法》和《教育法》制定。《义务教育法》对《教育法》规定的"国家实行九年义务教育制度"中的义务教育制度进行法律规范。

（2）《义务教育法》的基本结构与内容。

① 基本结构：《义务教育法》共有三部分（总则、分则、附则），八章，六十三条。其中，总则是对义务教育活动的总体规定，分则是对义务教育活动各个方面的分别规定，附则是未尽表达事项的补充规定和说明。

② 主体内容：

中华人民共和国义务教育法（修订）（节选）

（1986年4月12日第六届全国人民代表大会第四次会议通过，自1986年7月1日起施行。2006年6月29日第十届全国人民代表大会常务委员会第二十二次会议修订；2006年6月29日中华人民共和国主席令第五十二号公布，自2006年9月1日起施行。）

第一章 总 则

第一条【立法宗旨】为了保障适龄儿童、少年接受义务教育的权利，保证义务教育的实施，提高全民族素质，根据宪法和教育法，制定本法。

第二条【制度概况】国家实行九年义务教育制度。义务教育是国家统一实施的所有适龄儿童、少年必须接受的教育，是国家必须予以保障的公益性事业。

实施义务教育，不收学费、杂费。国家建立义务教育经费保障机制，保证义务教育制度实施。

第三条【实施目标】义务教育必须贯彻国家的教育方针，实施素质教育，提高教育质量，使适龄儿童、少年在品德、智力、体质等方面全面发展，为培养有理想、有道德、有文化、有纪律的社会主义建设者和接班人奠定基础。

第四条【适用对象】凡具有中华人民共和国国籍的适龄儿童、少年，不分性别、民族、种族、家庭财产状况、宗教信仰等，依法享有平等接受义务教育的权利，并履行接受义务教育的义务。

第五条【政府、家长、学校、社会的义务】各级人民政府及其有关部门应当履行本法规定的各项职责，保障适龄儿童、少年接受义务教育的权利。适龄儿童、少年的父母或者其他法定监护人应当依法保证其按时入学接受并完成义务教育。依法实施义务教育的学校应当按照规定标准完成教育教学任务，保证教育教学质量。社会组织和个人应当为适龄儿童、少年接受义务教育创造良好的环境。

第六条【保障措施】国务院和县级以上地方人民政府应当合理配置教育资源，促进义务教育均衡发展，改善薄弱学校的办学条件，并采取措施，保障农村地区、民族地区实施义务教育，保障家庭经济困难的和残疾的适龄儿童、少年接受义务教育。国家组织和鼓励经济发达地区支援经济欠发达地区实施义务教育。

第七条【管理体制】义务教育实行国务院领导，省、自治区、直辖市人民政府统筹规划实施，县级人民政府为主管理的体制。县级以上人民政府教育行政部门具体负责义务教育实施工作；县级以上人民政府其他有关部门在各自的职责范围内负责义务教育实施工作。

第二章 学 生

第十一条【入学年龄】凡年满六周岁的儿童，其父母或者其他法定监护人应当送其入学接受并完成义务教育；条件不具备的地区的儿童，可以推迟到七周岁。适龄儿童、少年因身体状况需要延缓入学或者休学的，其父母或者其他法定监护人应当提出申请，由当地乡镇人民政府或者县级人民政府教育行政部门批准。

第十二条【免试入学】适龄儿童、少年免试入学。地方各级人民政府应当保障适龄儿童、少年在户籍所在地学校就近入学。父母或者其他法定监护人在非户籍所在地工作或者居住的适龄儿童、少年，在其父母或者其他法定监护人工作或者居住地接受义务教育的，当地人民政府应当为其提供平等接受义务教育的条件。具体办法由省、自治区、直辖市规定。

县级人民政府教育行政部门对本行政区域内的军人子女接受义务教育予以保障。

第十三条【保障入学】县级人民政府教育行政部门和乡镇人民政府组织和督促适龄儿童、少年入学，帮助解决适龄儿童、少年接受义务教育的困难，采取措施防止适龄儿童、少年辍学。居民委员会和村民委员会协助政府做好工作，督促适龄儿童、少年入学。

第十四条【社会的义务】禁止用人单位招用应当接受义务教育的适龄儿童、少年。

第三章 学 校

第二十二条【均衡发展宗旨】县级以上人民政府及其教育行政部门应当促进学校均衡发展，缩小学校之间办学条件的差距，不得将学校分为重点学校和非重点学校。学校不得分设重点班和非重点班。

县级以上人民政府及其教育行政部门不得以任何名义改变或者变相改变公办学校的性质。

第二十五条【违法获利】学校不得违反国家规定收取费用，不得以向学生推销或者变相推销商品、服务等方式谋取利益。

第二十六条【学校内部管理体制】学校实行校长负责制。校长应当符合国家规定的任职条件。校长由县级人民政府教育行政部门依法聘任。

第二十七条【批评教育】对违反学校管理制度的学生，学校应当予以批评教育，不得开除。

第四章 教师

第二十九条【教师行为】教师在教育教学中应当平等对待学生，关注学生的个体差异，因材施教，促进学生的充分发展。教师应当尊重学生的人格，不得歧视学生，不得对学生实施体罚、变相体罚或者其他侮辱人格尊严的行为，不得侵犯学生合法权益。

第三十条【教师资格及职称】教师应当取得国家规定的教师资格。国家建立统一的义务教育教师职务制度。教师职务分为初级职务、中级职务和高级职务。

第五章 教育教学

第三十四条【教育目标】教育教学工作应当符合教育规律和学生身心发展特点，面向全体学生，教书育人，将德育、智育、体育、美育等有机统一在教育教学活动中，注重培养学生独立思考能力、创新能力和实践能力，促进学生全面发展。

第三十五条【素质教育】国务院教育行政部门根据适龄儿童、少年身心发展的状况和实际情况，确定教学制度、教育教学内容和课程设置，改革考试制度，并改进高级中等学校招生办法，推进实施素质教育。学校和教师按照确定的教育教学内容和课程设置开展教育教学活动，保证达到国家规定的基本质量要求。国家鼓励学校和教师采用启发式教育等教育教学方法，提高教育教学质量。

第三十六条【德育为先】学校应当把德育放在首位，寓德育于教育教学之中，开展与学生年龄相适应的社会实践活动，形成学校、家庭、社会相互配合的思想道德教育体系，促进学生养成良好的思想品德和行为习惯。

第三十七条【课外活动】学校应当保证学生的课外活动时间，组织开展文化娱乐等课外活动。社会公共文化体育设施应当为学校开展课外活动提供便利。

第六章 经费保障

第四十四条【经费的责任主体】义务教育经费投入实行国务院和地方各级人民政府根据职责共同负担，省、自治区、直辖市人民政府负责统筹落实的体制。农村义务教育所需经费，由各级人民政府根据国务院的规定分项目、按比例分担。各级人民政府对家庭经济困难的适龄儿童、少年免费提供教科书并补助寄宿生生活费。义务教育经费保障的具体办法由国务院规定。

第四十九条【经费的使用】义务教育经费严格按照预算规定用于义务教育；任何组织和个人不得侵占、挪用义务教育经费，不得向学校非法收取或者摊派费用。

第七章 法律责任

第五十一条【未履行经费保障职责的法律责任】国务院有关部门和地方各级人民政府违反本法第六章的规定，未履行对义务教育经费保障职责的，由国务院或者上级地方人民政府责令限期改正；情节严重的，对直接负责的主管人员和其他直接责任人员依法给予行政处分。

第五十二条【地方政府的法律责任】县级以上地方人民政府有下列情形之一的，由上级人民政府责令限期改正；情节严重的，对直接负责的主管人员和其他直接责任人员依法给予行政处分：

（一）未按照国家有关规定制定、调整学校的设置规划的；

（二）学校建设不符合国家规定的办学标准、选址要求和建设标准的；

（三）未定期对学校校舍安全进行检查，并及时维修、改造的；

（四）未依照本法规定均衡安排义务教育经费的。

第五十三条【教育行政部门的法律责任】县级以上人民政府或者其教育行政部门有下列情形之一的，由上级人民政府或者其教育行政部门责令限期改正、通报批评；情节严重的，对直接负责的主管人员和其他直接责任人员依法给予行政处分：

（一）将学校分为重点学校和非重点学校的；

（二）改变或者变相改变公办学校性质的。

县级人民政府教育行政部门或者乡镇人民政府未采取措施组织适龄儿童、少年入学或者防止辍学的，依照前款规定追究法律责任。

第五十四条【侵占、挪用义务教育经费等行为的法律责任】有下列情形之一的，由上级人民政府或者上级人民政府教育行政部门、财政部门、价格行政部门和审计机关根据职责分工责令限期改正；情节严重的，对直接负责的主管人员和其他直接责任人员依法给予处分：

（一）侵占、挪用义务教育经费的；

（二）向学校非法收取或者摊派费用的。

第五十六条【非法获利的法律责任】学校违反国家规定收取费用的，由县级人民政府教育行政部门责令退还所收费用；对直接负责的主管人员和其他直接责任人员依法给予处分。

学校以向学生推销或者变相推销商品、服务等方式谋取利益的，由县级人民政府教育行政部门给予通报批评；有违法所得的，没收违法所得；对直接负责的主管人员和其他直接责任人员依法给予处分。国家机关工作人员和教科书审查人员参与或者变相参与教科书编写的，由县级以上人民政府或者教育行政部门根据职责权限责令限期改正，依法给予行政处分；有违法所得的，没收违法所得。

第五十七条【行政法律责任】学校有下列情形之一的，由县级人民政府教育行政部门责令限期改正；情节严重的，对直接负责的主管人员和其他直接责任人员依法给予处分：

（一）拒绝接收具有接受普通教育能力的残疾适龄儿童、少年随班就读的；

（二）分设重点班和非重点班的；

（三）违反本法规定开除学生的；

（四）选用未经审定的教科书的。

第五十八条【家长的法律责任】适龄儿童、少年的父母或者其他法定监护人无正当理由未依照本法规定送适龄儿童、少年入学接受义务教育的，由当地乡镇人民政府或者县级人民政府教育行政部门给予批评教育，责令限期改正。

第五十九条【行政法律责任】有下列情形之一的，依照有关法律、行政法规的规定予以处罚：

（一）胁迫或者诱骗应当接受义务教育的适龄儿童、少年失学、辍学的；

（二）非法招用应当接受义务教育的适龄儿童、少年的；

（三）出版未经依法审定的教科书的。

第六十条【刑事责任】违反本法规定，构成犯罪的，依法追究刑事责任。

第八章 附 则

第六十一条【不收杂费】对接受义务教育的适龄儿童、少年不收杂费的实施步骤，由国务院规定。

第六十二条【民办学校的补充说明】社会组织或者个人依法举办的民办学校实施义务教育的，依照民办教育促进法有关规定执行；民办教育促进法未作规定的，适用本法。

第六十三条【实施日期】本法自2006年9月1日起施行。

（3）内容详解。

① 总则：总则对于《义务教育法》的贯彻实施和涉及的各种教育关系的调整，具有根本性的指导作用和规范作用。总则规定了《义务教育法》的立法宗旨、立法依据；高度概括了我国义务教育的基本内涵和特点；明确了适龄儿童和少年接受义务教育的权利，以及政府及其有关部门、适龄儿童少年的父母或者其他法定监护人、依法实施义务教育的学校、其他社会组织和个人的义务。

② 分则：《义务教育法》分则对义务教育阶段的学生、学校、教师、教育教学、经费保障及法律责任进行了规定。

学生：本章对适龄儿童的入学年龄、入学资格进行了规定。并对地方各级人民政府保障适龄儿童、少年接受义务教育的义务进行了规定。

学校：《义务教育法》强调了促进义务教育学校均衡发展，不得分重点学校，学校不得分重点班，不得改变或变相改变公办学校性质。在义务教育学校管理行为方面也作了相关规定，包括学校要建立、健全安全制度和应急机制；不得违规收费；实行校长负责制；对违反学校管理制度的学生，应当予以批评教育，但不得开除。

教师：在教师义务方面，规定了教师在教育教学中应当平等对待学生、尊重学生人格等；教师从教必须取得教师资格。在教师的权利方面，规定了教师职务制度方面权利；教师享有工资福利和社会保险待遇，教师的平均工资水平应当不低于当地公务员的平均工资水平；特殊教育教师享有特殊岗位津贴，特殊地区教师享有特别补贴。同时，也规定了政府在教师培养、培训方面的责任或义务。

教育教学：义务教育教学活动中的主体包括国务院教育行政部门、学校、教师。规定所有施教主体必须在教育教学活动中实施素质教育。在义务教育课程教材方面，对国家教育行政部门及地方政府在教材编写、审查、出版、发行和使用上所承担的义务进行了规定。

经费保障：《义务教育法》对义务教育经费的行政保障、经费的责任主体及经费的使用等进行了规定。

法律责任：《义务教育法》明确了义务教育施教主体未履行本法所规定的义务应承担的法律责任：行政责任、刑事责任和民事责任。

【案例4.2】

乡政府占用教学楼办公，小学生身处危房上课[1]

安徽颍上县YH乡最近发生了一起乡政府占用城南希望小学教学楼作办公室，而该乡新庄小学学生却在危房中上课事件，在当地引起了群众的强烈不满。

据了解，YH乡城南希望小学原有一栋4层16个教室的教学楼，建筑面积1 377平方米。按照2001年初颍上县中小学布局调整方案，YH乡新庄小学、桑元小学、杨圩小学三所学校并入城南希望小学，由于学校场地较小，该校迁址新建。2001年3月，YH乡新征土地15.2

---

[1] 周剑虹：《乡政府占有教学办公楼，小学生身处危房中上课》，http://www.xinhuanet.com，2003年8月14日10：48：38。

亩作为新校园用地，投入危改项目专款 30 万元（中央专款 15 万元、省级专款 15 万元），于 2001 年 12 月 20 日动工新建 2 层教学楼一栋，面积 643 平方米，共 8 个教室，并于 2002 年 4 月竣工投入使用。由于新建校舍面积有限，无法容纳新庄、桑元、杨圩和城南 4 所小学学生，于是 YH 乡将城南希望小学本部学生从原 4 层教学楼中迁入新教室，而新庄小学学生仍在 D 级危房中上课。2002 年 7 月，YH 乡政府将城南希望小学原校区的 4 层教学楼粉刷维修后，作为乡政府办公楼，于今年 1 月入驻办公。

案例思考题：

1. 该乡政府有权占用学校教学楼吗？
2. 根据《义务教育法》和相关实施细则，本案应如何处理？

2.《中华人民共和国教师法》

（1）《中华人民共和国教师法》（简称《教师法》）的性质与地位。

《教师法》是教育单行法，《教师法》对教师培养、教师职业活动和教师管理等方面的法律关系进行了规范，是集教师的行业管理和教师的权益保护为一体的综合性的专门法律。

（2）《教师法》的基本结构与内容。

① 基本结构：《教师法》共有三部分（总则、分则、附则），九章，四十三条。其中，总则对立法目的、适用对象等作出了总体规定，分则是对教师权利和义务、教师队伍建设等的规定。

② 主体内容：

中华人民共和国教师法（节选）

（1993 年 10 月 31 日第八届全国人民代表大会常务委员会第四次会议通过，1993 年 10 月 31 日中华人民共和国主席令第 15 号公布，自 1994 年 1 月 1 日起施行。）

第一章 总 则

第一条【立法目的】为了保障教师的合法权益，建设具有良好思想品德修养和业务素质的教师队伍，促进社会主义教育事业的发展，制定本法。

第三条【教师职责】教师是履行教育教学职责的专业人员，承担教书育人，培养社会主义事业建设者和接班人、提高民族素质的使命。教师应当忠诚于人民的教育事业。

第五条【管理体制】国务院教育行政部门主管全国的教师工作。国务院有关部门在各自职权范围内负责有关的教师工作。学校和其他教育机构根据国家规定，自主进行教师管理工作。

第二章 权利和义务

第七条【教师权利】教师享有下列权利：

（一）进行教育教学活动，开展教育教学改革和实验；

（二）从事科学研究、学术交流，参加专业的学术团体，在学术活动中充分发表意见；

（三）指导学生的学习和发展，评定学生的品行和学业成绩；

（四）按时获取工资报酬，享受国家规定的福利待遇以及寒暑假期的带薪休假；

（五）对学校教育教学、管理工作和教育行政部门的工作提出意见和建议，通过教职工代表大会或者其他形式，参与学校的民主管理；

（六）参加进修或者其他方式的培训。

第八条【教师义务】教师应当履行下列义务：

（一）遵守宪法、法律和职业道德，为人师表；

（二）贯彻国家的教育方针，遵守规章制度，执行学校的教学计划，履行教师聘约，完成教育教学工作任务；

（三）对学生进行宪法所确定的基本原则的教育和爱国主义、民族团结的教育，法制教育以及思想品德、文化、科学技术教育，组织、带领学生开展有益的社会活动；

（四）关心、爱护全体学生，尊重学生人格，促进学生在品德、智力、体质等方面全面发展；

（五）制止有害于学生的行为或者其他侵犯学生合法权益的行为，批评和抵制有害于学生健康成长的现象；

（六）不断提高思想政治觉悟和教育教学业务水平。

第三章　资格和任用

第十条【教师资格制度】国家实行教师资格制度。中国公民凡遵守宪法和法律，热爱教育事业，具有良好的思想品德，具备本法规定的学历或者经国家教师资格考试合格，有教育教学能力，经认定合格的，可以取得教师资格。

第十一条【学历要求】取得教师资格应当具备的相应学历是：

（一）取得幼儿园教师资格，应当具备幼儿师范学校毕业及其以上学历；

（二）取得小学教师资格，应当具备中等师范学校毕业及其以上学历；

（三）取得初级中学教师、初级职业学校文化、专业课教师资格，应当具备高等师范专科学校或者其他大学专科毕业及其以上学历；

（四）取得高级中学教师资格和中等专业学校、技工学校、职业高中文化课、专业课教师资格，应当具备高等师范院校本科或者其他大学本科毕业及其以上学历；取得中等专业学校、技工学校和职业高中学生实习指导教师资格应当具备的学历，由国务院教育行政部门规定；

（五）取得高等学校教师资格，应当具备研究生或者大学本科毕业学历；

（六）取得成人教育教师资格，应当按照成人教育的层次、类别，分别具备高等、中等学校毕业及其以上学历。不具备本法规定的教师资格学历的公民，申请获取教师资格，必须通过国家教师资格考试。国家教师资格考试制度由国务院规定。

第十三条【资格认定】中小学教师资格由县级以上地方人民政府教育行政部门认定。中等专业学校、技工学校的教师资格由县级以上地方人民政府教育行政部门组织有关主管部门认定。普通高等学校的教师资格由国务院或者省、自治区、直辖市教育行政部门或者由其委托的学校认定。具备本法规定的学历或者经国家教师资格考试合格的公民，要求有关部门认定其教师资格的，有关部门应当依照本法规定的条件予以认定。取得教师资格的人员首次任教时，应当有试用期。

第十四条【资格限制】受到剥夺政治权利或者故意犯罪受到有期徒刑以上刑事处罚的，不能取得教师资格；已经取得教师资格的，丧失教师资格。

第十七条【教师聘任】学校和其他教育机构应当逐步实行教师聘任制。教师的聘任应当遵循双方地位平等的原则，由学校和教师签订聘任合同，明确规定双方的权利、义务和责任。

实施教师聘任制的步骤、办法由国务院教育行政部门规定。

第四章　培养和培训

第十八条【教师培养】各级人民政府和有关部门应当办好师范教育，并采取措施，鼓励优秀青年进入各级师范学校学习。各级教师进修学校承担培训中小学教师的任务。非师范学校应当承担培养和培训中小学教师的任务。各级师范学校学生享受专业奖学金。

第十九条【教师培训】各级人民政府教育行政部门、学校主管部门和学校应当制定教师培训规划，对教师进行多种形式的思想政治、业务培训。

第五章 考 核

第二十二条【考核内容】学校或者其他教育机构应当对教师的政治思想、业务水平、工作态度和工作成绩进行考核。教育行政部门对教师的考核工作进行指导、监督。

第二十四条【考核效用】教师考核结果是受聘任教、晋升工资、实施奖惩的依据。

第六章 待 遇

第二十五条【教师工资】教师的平均工资水平应当不低于或者高于国家公务员的平均工资水平，并逐步提高。建立正常晋级增薪制度，具体办法由国务院规定。

第二十九条【医疗保险】教师的医疗同当地国家公务员享受同等的待遇；定期对教师进行身体健康检查，并因地制宜安排教师进行休养。医疗机构应当对当地教师的医疗提供方针。

第七章 奖 励

第三十三条【奖励机制】教师在教育教学、培养人才、科学研究、教学改革、学校建设、社会服务、勤工俭学等方面成绩优异的，由所在学校予以表彰、奖励。国务院和地方各级人民政府及其有关部门对有突出贡献的教师，应当予以表彰、奖励。对有重大贡献的教师，依照国家有关规定授予荣誉称号。

第八章 法律责任

第三十五条【侮辱殴打教师行为的法律责任】侮辱、殴打教师的，根据不同情况，分别给予行政处分或者行政处罚；造成损害的，责令赔偿损失；情节严重，构成犯罪的，依法追究刑事责任。

第三十六条【打击报复教师行为的法律责任】对依法提出申诉、控告、检举的教师进行打击报复的，由其所在单位或者上级机关责令改正；情节严重的，可以根据具体情况给予行政处分。国家工作人员对教师打击报复构成犯罪的，依照刑法第一百四十六条的规定追究刑事责任。

第三十七条【教师不当行为的处理】教师有下列情形之一的，由所在学校、其他教育机构或者教育行政部门给予行政处分或者解聘。

（一）故意不完成教育教学任务给教育教学工作造成损失的；

（二）体罚学生，经教育不改的；

（三）品行不良、侮辱学生，影响恶劣的。

教师有前款第（二）项、第（三）项所列情形之一，情节严重，构成犯罪的，依法追究刑事责任。

第三十八条【拖欠工资的法律责任】地方人民政府对违反本法规定，拖欠教师工资或者侵犯教师其他合法权益的，应当责令其限期改正。违反国家财政制度、财务制度，挪用国家财政用于教育的经费，严重妨碍教育教学工作，拖欠教师工资，损害教师合法权益的，由上级机关责令限期归还被挪用的经费，并对直接责任人员给予行政处分；情节严重，构成犯罪的，依法追究刑事责任。

(3) 内容详解。

① 总则：本章规定了《教师法》的宗旨和法律适用范围。明确了教师是"履行教育教学职责的专业人员"及"承担教书育人，培养社会主义事业建设者和接班人、提高民族素质的使命"的专业职责。同时规定了各级人民政府及整个社会对保障教师合法权益和社会地位的义务。

② 分则。

权利和义务：本章规定了教师享有的六大权利和六大义务。教师的权利和义务既有作为公民的一般权利和义务，也有教师作为专业人员应享有的权利和承担的义务。

资格和任用：本章核心是教师资格制度。明确规定了教师资格应当具备的学历条件、资格认定、资格限制等内容。

培养和培训：本章主要规范了教师职前培养和职后培训工作。在职前职后培养培训方面，对各级人民政府和有关部门应承担的培训任务作出了明确规定。

考核：本章是对教师专业工作质量保障环节——考核的规定。规定了考核主体、考核内容及考核结果对教师管理和教师本人权益的影响。

待遇：本章主要对教师权益待遇作出规定。这些权益包括"工资待遇""教龄津贴和其他津贴""少数民族地区和边远贫困地区从事教育教学工作的补贴""住房""医疗"及"工资支付"等。对教师权益承担义务的主体是中央及地方各级人民政府。

奖励：本章把表扬、奖励教师的贡献纳入法律规范，一方面对教师教育教学贡献的价值予以认定，另一方面也把表扬、奖励作为进行教师队伍建设的重要举措。把对教师的奖励纳入法律规范，既是教师法律认定的权利，也是政府的一项义务。

法律责任：本章包括两个方面的内容。对教师权利的保护，规定了侵犯教师权利的行为必须追究刑事责任、行政责任；教师违反法律规定应负相应的法律责任，包括行政责任和刑事责任。

【案例 4.3】

小学老师让全班学生自带木条以备体罚之用[1]

2005 年 9 月 15 日上午，兰化三小四（1）班学生小东（化名）因为没有完成作业，被非常严厉地打"手板"，班上好多学生都吓哭了。后来赵老师要求下午每人自带一根木条到校，并在木条上写上自己的名字，谁要是犯错误，就用写着自己名字的木条打手。经记者调查，该校四（1）班共有 50 多名学生，每名学生都带有写着自己姓名的木条上学，以备体罚之用。

每个学生谈到赵老师的做法都感到非常害怕，而家长对赵老师要求学生自带木板并且写上自己名字的做法感到非常愤慨。该校领导对此予以否认，解释说赵老师要求学生自带的木条是教鞭，因为四（1）班的教鞭不好使了，所以要求每人带一条教鞭供老师使用。可令人难以理解的是，四（1）班共有学生 50 多人，哪个老师教学需要 50 多根教鞭呢？

案例思考题：

根据《教师法》，分析该教师行为的性质，以及应如何处理。

3.《中华人民共和国未成年人保护法》

（1）《中华人民共和国未成年人保护法》（简称《未成年人保护法》）的性质与地位。

---

[1] http://www.xinhuanet.com，2005 年 9 月 16 日。

《未成年人保护法》一般作为教育单行法看待，未成年人的保护问题，不仅仅是教育活动领域中的问题，也是社会生活领域中的问题。《未成年人保护法》从未成年人的健康成长需要出发，制定了保护未成年人成长的法律规范，涉及学校、家庭、社会和司法部门。

（2）《未成年人保护法》的基本结构与内容。

① 基本结构：《未成年人保护法》共有七章，分别为：第一章总则、第二章家庭保护、第三章学校保护、第四章社会保护、第五章司法保护、第六章法律责任、第七章附则。

② 内容详解：《未成年人保护法》主要从家庭、学校、社会和司法四个方面规定了相关主体保护未成年人的义务，并规定了相关的法律责任。

在家庭保护方面，明确了父母或其他监护人作为义务主体对未成年人的保护的义务，包括监护和抚养的义务、保障其身心健康的责任、家庭指导责任、保障未成年人接受义务教育的责任等。

学校保护指教育保护，即学校保障"全面贯彻国家教育方针，实施素质教育"，并"促进未成年学生的全面发展"。

社会保护包括与社会相关的方方面面，社会保护的义务主体包括政府、企事业单位、个人等。对未成年人进行保护是全社会的责任。

司法保护主要有两大方面：一方面在未成年人的合法权益受到侵害时，司法部门应提供法律保护；另一方面是对违法犯罪的未成年人，以"教育为主、惩罚为辅"的司法保护措施。

《未成年人保护法》规定法律责任，也规定承担未成年人保护义务的主体，如果不能履行自己的义务，要根据相应的违法情况，承担行政责任、民事责任和刑事责任。

4.《中华人民共和国预防未成年人犯罪法》

（1）《中华人民共和国预防未成年人犯罪法》（简称《预防未成年人犯罪法》）的性质与地位。

《预防未成年人犯罪法》同《未成年人保护法》关系密切，两者实质上都着眼于未成年人的保护，是相互联系、相互补充的关系。《预防未成年人犯罪法》旨在预防未成年人犯罪，《预防未成年人犯罪法》的责任主体涉及学校、家庭、社会和司法部门。

（2）《预防未成年人犯罪法》的基本结构与内容。

① 基本结构：《预防未成年人犯罪法》共有八章，五十七条。包括预防未成年人犯罪教育、对未成年人不良行为的预防、对未成年人严重不良行为的矫正、未成年人对犯罪的自我防范、对未成年人重新犯罪的预防、法律责任。

② 内容详解：《预防未成年人犯罪法》从教育、预防、矫正、自我防范、重新犯罪预防和法律责任六个方面对预防未成年人犯罪作了规定。

教育是预防未成年人犯罪的根本。因而教育预防从根本来说，就是加强思想道德教育，特别是进行预防犯罪的教育。预防未成年人犯罪教育目的是让未成年人知法、懂法及知道违法的危害。

不良行为是导致未成年人违法犯罪的直接原因，因此制止未成年人的不良行为，便是阻断不良行为发展到违法犯罪行为。未成年人的不良行为包括：旷课、夜不归宿；携带管制刀具；打架斗殴、辱骂他人；强行向他人索要财物；偷窃、故意毁坏财物；参与赌博或者变相赌博；观看色情、淫秽的音像制品、读物等；进入法律、法规规定未成年人不宜进入的营业性歌舞厅等场所；其他严重违背社会公德的不良行为。承担对未成年人学生约束义务的主体是未成年人的父母或其他监护人、学校、教育行政部门和其他社会力量。

严重不良行为是指严重危害社会，尚不够刑事处罚的违法行为。对严重不良行为进行矫正，是要把已经走到违法犯罪边缘的未成年人拉回来。严重不良行为包括：纠集他人结伙滋事，扰乱治安；携带管制刀具，屡教不改；多次偷窃；参与赌博，屡教不改；吸食、注射毒品；其他严重危害社会的行为。

未成年人的自我防范包括两个方面：一方面是明辨是非，自觉抵制各种不良行为及违法犯罪行为的引诱；另一方面是防范不良行为和违法犯罪行为对自己的侵害。

对犯罪的未成年人重新犯罪的预防，最根本的原则就是"教育、感化、挽救""坚持教育为主、惩罚为辅"。从这一原则出发，负有预防未成年人犯罪的义务主体必须保障犯罪未成年人法律规定给予的权利。

预防未成年人犯罪义务主体的法律责任包括治安处理、行政处理和刑事处理的责任。

（三）教育行政规章

教育行政规章是根据宪法、法律和国家行政法规的授权，国家最高行政机关所属的各业务主管机构在法定职权范围内制定，并在一定范围内发挥法律效力的规范性文件，其内容通常为贯彻国家教育法律或行政法规的具体措施。

1.《学生伤害事故处理办法》

（1）《学生伤害事故处理办法》的性质与地位。

《学生伤害事故处理办法》是教育部制定颁发的，属于教育规章，为实施未成年人安全保护，提供了实际操作规则。该办法不仅与学生的权利保护有关，也与教育活动中学校权益、学校教育教学活动秩序相关。

（2）《学生伤害事故处理办法》的基本结构与内容。

① 基本结构：《学生伤害事故处理办法》共有三部分（总则、分则和附则）六章，四十条。总则规定了制定该规章的宗旨、依据、适用范围和事故处理原则等。分则从事故与责任、事故处理程序、事故损害的赔偿、事故责任者的处理四个方面对学生伤害事故的处理作了规定。附则明确了《办法》所涉及的责任主体等内容。

② 内容详解：《学生伤害事故处理办法》从事故与责任、事故处理程序、事故损害的赔偿、事故责任者的处理四大方面进行了规定。

事故与责任：事故责任认定基本原则是"应当根据相关当事人的行为与损害后果之间的因果关系依法确定"，并根据因果关系的主要原因和次要原因承担相应责任。

事故处理程序：

发生学生伤害事故时，学校有及时救助、告知和报告的责任；教育行政部门有指导责任；伤害事故处理有争议时，以协商、调解和诉讼的方式解决；规定了教育行政部门的调解受理及完成时间，调解的方法和调解不成的处理办法。

事故损害赔偿：规定了伤害事故的赔偿责任、赔偿范围与标准、赔偿的调解、争议问题的鉴定、序号当事人责任划分、救助措施以及办理责任保险等。

事故责任者的处理：规定了事故责任者的法律责任。这些责任包括行政责任，如行政处分等；刑事责任，如追究刑事责任；民事责任。

【案例 4.4】

校园血案——两名学生被同学用水果刀刺死[①]

2004 年 9 月 27 日 19 时 10 分许，某市某中学高二年级某班教室内发生一起伤害致死案件，两名学生被刀刺伤后，抢救无效身亡。

当天下午 16 时，该校高二学生刘某（女，17 岁）因怀疑同班同学擢某（男，17 岁）偷了她放在书包内的 500 元钱，二人遂发生纠纷。擢某因害怕刘某报复，到商店买来一把水果刀。之后，刘某找来本校同年级另外班级学生张某（男，17 岁）和王某（男，17 岁）在教室内与擢某厮打，在厮打中擢某用买来的水果刀将张、王二人刺伤。该市公安局和平分局接到报警后迅速到达现场，将张、王二人送至医院抢救，同时将擢某在现场抓获。王、张二人经抢救无效后死亡。

案发后，该市、区有关领导和该市公安局领导迅速赶到现场，组织开展案件侦查工作，同时就案件的性质、处置及善后工作进行了具体的研究和部署。经公安机关审查，擢某对自己的犯罪事实供认不讳。

案例思考题：

分析案件发生的原因，根据《未成年人保护法》和《预防未成年人犯罪法》提出预防措施。

【案例 4.5】

为求潇洒偷窃父母，刘某盗窃案[②]

16 岁的中学生刘某是某中学高二学生，家庭条件很好，刘某从小就娇生惯养，在学校不求上进，几乎每天都出入网吧并染上了赌博的恶习，花钱如流水，时间长了，父母知道他的恶习，便严格控制他的经济来源。由于找父母要钱这条路走不通，又实在渴望出去潇洒一下，一天，他趁父母外出之机，将家里的 5 000 元现金偷走。一个多月后，刘某的父母发现 5 000 元现金被盗，很快就怀疑到他，于是追问儿子有没有拿家里的钱。此时，5 000 元钱都快被他挥霍光了，刘某害怕家长责备，便一再说自己没有拿，其父亲便向公安机关报了案。公安机关经过缜密的侦查后将犯罪目标锁定在刘某身上。在大量事实面前刘某不得不承认钱是自己偷的，公安机关遂将其刑事拘留，后转为逮捕。父母知道窃贼是自家的儿子后，认为儿子偷拿父母的钱财不犯罪，他们也不想追究责任，要求公安机关释放刘某，但公安机关认为刘某已涉嫌犯罪，因此对于刘某父母的请求未予允许。

案例思考题：

从预防未成年人犯罪的角度出发，你认为公安机关对刘某的处理是否合法？

思考题：

1. 了解学校教育制度的概念。
2. 理解影响现代学校教育制度建立的依据。
3. 了解学校教育制度的类型。
4. 了解现代学制改革发展的趋势。

[①] http://www.nen.com.cn，2004 年 9 月 30 日。
[②] 宿州司法网，2012 年 4 月 27 日。

5. 了解义务教育的含义和特征。
6. 制约教育制度确定的因素有哪些?
7. 如何认识我国当代的教育制度?
8. 如何理解我国义务教育实施的最新动态?
9. 理解教育立法的含义。
10. 《教育法》的地位及与其他教育法律、法规有哪些关系?
11. 为什么要强调义务教育的均衡性?如何保证义务教育的均衡和优质发展?
12. 你对《教师法》规定的"教师对学生享有教育管理权"有哪些理解?结合教育惩罚来谈这一问题。
13. 如何有效预防未成年人犯罪?

第五章 教师与学生

本章提要： 教师与学生是构成教育活动的两个主要方面，是学校教育中最为活跃的因素。要研究教育现象、教育问题就必须研究教师与学生。本章分别从教师、学生、师生关系三个层面对教师和学生的基本理论进行阐述。

第一节 教 师

教师是教育活动的主要承担者，是教育活动的主体之一，其以学校为主要工作场所，以育人为主要任务，有不同于其他职业的性质和特点。教师能否承担起教书育人的职责，取决于教师的专业化水平。

一、教师职业的性质与特点

（一）教师职业的性质

1. 教师的概念

古今中外，许多学者对教师的概念都做过精辟的论述。

"能为师然后能为长，能为长然后能为君。教师也者，所以学为君也。"（《礼记·学记》）

"古之学者必有师。师者，所以传道、授业、解惑也。"（韩愈）

"师哉！师哉！桐（童）子命也；师者，人之模范也。"（杨雄）

"世界上最美好的职业就是做一个人民教师。"（高尔基）

"太阳底下再没有比教师这个职务更高尚的事了。"（夸美纽斯）

教师是伴随着专门培养人的机构——学校的产生而出现的。教师有广义和狭义之分。广义的教师是指一切增进他人的知识技能、影响他人思想品德形成的人。狭义的教师专指受过专门教育和训练，并在学校教育机构中担任教育、教学工作的人。以下内容中的教师主要是指狭义的教师。

2. 教师职业具有专业性

教师的职责是根据一定的社会要求向年轻一代传授人类长期积累的知识经验，规范他们的行为品格，塑造他们的价值观念，引导他们把外在的社会要求内化为个体的素质，实现个体的社会化。教师是从事教育教学工作的专业人员，教师职业属于专门职业，具有专业性。

做好任何一种专业性的工作，都需要提高人的专业化水平，教师工作也是如此。教师专业化是指教师职业具有自己独特的职业要求和职业条件，有专门的培养制度和管理制度。教师专业化的基本含义包括四方面内容：第一，教师专业化既包括学科专业性，也包括教育专业性，即具有双专业性。第二，国家有教师教育的专门机构，专门教育内容和措施。第三，国家有对教师资格和教师机构的认定制度和管理制度。第四，教师专业发展是一个持续不断的发展过程，教师专业化也是一个发展的概念，既是一种状态，又是一个不断深化的过程。[1]

（二）教师职业的特点

1. 教师职业的示范性

学生有"向师性"，喜欢模仿教师，教师职业有明显的示范性。教师承担着教书育人的任务，不仅要通过语言向学生传授知识，也要注意自己的一切言语和行为，给学生树立良好的榜样。教师要为人师表，对学生进行潜移默化地影响，做到语言文明，举止得当，并且在精神面貌方面具有积极的情感、坚强的意志和良好的性格等。

2. 教师职业的复杂性

教师劳动的对象、教育的任务、教育的影响都体现出教师职业的复杂性。从教师劳动的对象来说，学生在兴趣、能力、性格等方面存在个性差异，就是既要面向全体学生施教，又要对有个性差异的学生进行因材施教。从教育的任务来说，教师承担着教学、班级管理、教学研究等多项繁重的任务。从教育的影响方面来说，教师要协调来自家庭、社会等各方面的影响。

3. 教师职业的创造性

教师劳动的创造性首先体现在对不同学生的区别对待，即因材施教。教育对象是千差万别的，每一个儿童就是一个特殊的世界。教师既要按统一的目标来培养学生，又要注意个别差异，长善救失，根据学生身心发展的实际情况，有的放矢地进行差异教学，发展学生的个性，也就是要一把钥匙开一把锁。其次，教师职业的创造性，还表现在教学内容、形式、方法的不断创新上。

4. 教师职业的长效性

"十年树木，百年树人"，这体现了教师职业的长效性。一个人接受基础教育到高中毕业需要 12 年（小学 6 年，中学 6 年）；读大学，接受完专业教育，成为某个领域的专门人才又需要 4~5 年，读研究生成为高级专门人才需要 3~6 年。教师付出的劳动会影响学生的一生，成为学生一生发展的宝贵财富。

二、教师专业发展

（一）教师专业发展的内涵

1. 教师专业发展的概念

广义上，教师专业发展既包括社会个体从非教师到教师的专业准备与专业资格获取的过

---

[1] 袁贵仁. 加强和改革教师教育 大力提高我国教师专业化水平[J]. 人民教育, 2001（9）.

程,又包括从教学新手到专业型教师的专业成熟过程。狭义上,教师专业发展主要指作为教育职业的从业者——教师(已经就职的教师个体或由个体构成的群体)在教师职业专业化的背景下,在教师职业这个专业领域履行专业职责、完成专业任务、促进专业发展并不断借助外部支持和内部努力发展自己的专业素质的过程,是教师内在专业结构不断更新、演进和丰富的过程。

2. 教师专业发展的特点

(1)自主性。

教师专业发展的自主性,主要体现在专业发展的自主意识和自主能力两个方面。教师专业发展的自主意识包括自主发展的需要意识,对自己过去专业发展过程的意识,对自己现在专业发展状态和水平的意识,对自己未来专业发展的规划意识。教师专业发展的自主能力包括教学能力、反思能力、研究能力等。其中教学反思能力是一种较高层次的能力。而科学的教学反思,首先要求具有积极的情感素质,包括科学而坚定的教育信念、不断进取的时代精神、实事求是的工作作风、强烈的职业道德感和合作精神等;其次要具有教师应有的基本知识;最后要具有科学的反思方法,包括找准参照标准、反思日记、交流、行动研究和阅读教育期刊等。

(2)实践性。

教师专业发展的核心内容是发展教师的实践性知识,即增长实践智慧。教师专业发展的标准不是教师取得了多高的学历、发表了多少科研成果、获得了多少荣誉,教师成长和发展的关键在于实践智慧的不断提升。所谓实践智慧,是在教育实践活动中形成的有关教育教学整体的真理性的认识,它来源于实践,通过对具体的教育情境和教学事件的关注和反思,将感性的、表面化的经验提升,使其内化为教师的实践能力。实践智慧不等同于教育经验,也不等同于教育理论,而是两者在教育实践活动中的完美结合。

(3)阶段性。

教师成长是教师学会教学,不断习得与教师有关的角色期望和规范的社会化过程。教师的专业发展具有阶段性。根据一些学者总结的教师成长发展过程看,可以将教师专业发展划分为以下四个阶段:专业角色确认和适应的探索阶段,专业角色渐进成熟的迅速稳定阶段,专业角色趋于模糊和丧失的停滞阶段,角色不断调适和继续社会化的持续发展阶段。处于每一发展阶段的教师表现出不同的角色行为特征。能够不断超越自我知识和教学经验局限的教师,将保持动态、开放、持续发展的状态,成长为优秀教师。

(二)教师专业发展的内容

教师作为一个独立的个体以及专业人员的发展包括两方面的含义:一是"作为人的教师"的成长,强调教师个体身心的健康发展;二是"作为教师的人"的成长,强调教师的专业发展。

在一般情况下,教师成长主要是指教师作为专业人员,从专业思想到专业知识、专业能力、专业心理品质等方面由不成熟到比较成熟的发展过程,即由一个新手教师发展成为专家型教师或教育家型教师的过程。在这个过程中,又包含教师作为一个独特的生命体的存在和发展的过程。

教师专业发展主要包括以下内容:

1. 专业知识的发展

作为一名专业的教师，应该具备所教学科的专门知识、教育学科知识和普通文化知识三个大的方面，而且三个方面的知识应该是相互结合和交融的。[1]

（1）所教学科知识。

教师的劳动是一种复杂的、创造性的劳动，要成功地完成教学任务，首先要精通所教学科的知识，对自己所教学科的全部内容有深入透彻地了解。雷诺兹认为所教学科内容知识主要包括：

内容知识，即各学科有关的事实、概念、原理、理论等。

实质知识，即一个学科领域的主要诠释架构与概念架构。

章法知识，即一个学科领域里新知被引入的方式及研究者对知识的追求与探究的标准或思考方式等。

有关学科的发展——最新的发展、正在进行的研究以及最近取得的成果。

这样，"资之深，则取之左右逢其原"。因此，教师首先应是一个学者，是所教学科的专家，需要精通所教学科的知识。

（2）教育学科知识。

教学工作是一种培养人的专业工作，"仅通晓一门学科并非必然地使他成为该学科的好教师""学者未必是良师"。一个教师要成功地扮演好自己的角色，在所教学科知识够用的基础上，更重要的是具有教育科学方面的知识，教师的专业领域毕竟是教学而不是其任教的学科。虽然教学工作作为一种专业所依赖的教育学科知识体系还不完全具备"一种公开的、经得起公众考察和批判的方法，以便能够形成代表它这一专业的一系列独特的观念、步骤和概念，并能对它作出检验"。但目前确实已存在可以作为教学工作基础的"一个知识体系和一系列新颖的关于教学的概念"，在教学法知识方面新近也有"无数成就"，关于人的成长与发展的知识也"从容地发展起来"，这些知识在很大程度上可以确保教师有效地履行自己的专业工作。

（3）普通文化知识。

一方面，教学工作的对象是有待于进一步塑造的人，因此强调教学工作的"人文性"特点，强调教师对普通文化知识的掌握，因为普通文化知识本身具有陶冶人文精神、养成人文素质的内在价值。在拉丁文中，"文化"（culture）一词的本义就是"培养"（cultivation）。在今天，广义的文化也许已成为一个包罗万象的概念，反映在教师应具备的普通文化知识上，广博的要求也就顺理成章了。教师应具有哲学、社会科学、自然科学等方面的知识，不仅要"学识渊博"，而且要"饱学有识"并内化为个体的人文素质，从而成为一个具有崇高的精神境界、健全的人格特质的"人类灵魂的工程师"。

另一方面，教师的职责之一是传授知识，因此教师除了精通所教学科的知识外，还要有广博的知识储备，从而能够满足学生多方面的探究兴趣和多方面发展的需要；帮助学生了解丰富多彩的客观世界；帮助自己更好地理解所教学科知识；帮助自己更好地理解教育学科知识，如学习教育哲学就需要思维哲学、伦理学、社会哲学、认识论等学科的知识基础；提高在学生和家长中的威信，教师知识越多，他在家长及学生心目中的威信和信誉就越高。

---

[1] 教育部师范教育司组织编写.教师专业化的理论与实践[M].人民教育出版社，2003：57-61.

2. 专业技能的发展

教师的专业技能就是教师的教育教学能力，是教师在教育教学活动中形成的顺利完成某项任务的本领。教师的专业技能是教师综合素质最突出的外在表现，也是评价教师专业性的核心因素。

（1）国内外关于教师专业技能研究简况。

美国佛罗里达州在20世纪70年代开展了一项教师能力的研究，提出教师的1276项能力表现。主要包括：量度及评价学生行为的能力；进行教学设计的能力；教学演作的能力；负担行政职责的能力；沟通能力；发展个人技巧；使学生自我发展的能力。[①]

美国托莱多大学初等和学前教育教授吉比尼、教育研究和测量教授威尔玛用个人能力测验图分析评定实习教师的能力。评定条目共49条，分列在如下五个主题中：计划教学材料/设备和评估；教学策略、技巧方法；和学习者的交流；使学习者专注于学习、对学习者施行强化；职业准则。[②]

1992年9月，国家教委师范司印发了《高等师范学校学生的教师职业技能训练基本要求（试行稿）》，1994年又颁布了《高等师范学校学生的教师职业技能训练大纲（试行）》，要求师范生在教育学、心理学和学校教育理论指导下，以专业知识为基础，掌握从事学科教学的基本要求，形成独立从事学科教学工作的技能。这些技能包括五个方面：第一，教学设计技能；第二，应用教学媒体技能；第三，课堂教学技能；第四，组织、指导学科课外活动的技能；第五，教学研究技能。

（2）教师专业技能的构成。

对于教师的专业技能，可把它理解为教师的教学技巧和教育教学能力两个方面。

① 教师的教学技巧：教学技巧的功能在于引导学生的学习活动，并控制课堂气氛与学生的注意力，使教学活动能顺利进行。在教学过程中，教师经常需要的教学技巧可归纳为以下几个方面。

导入的技巧：唤起学生的注意力，刺激学生的学习兴趣。

强化的技巧：适时对学生正确的学习行为给予奖赏。

变化刺激的技巧：变换感觉的途径，变换交流的模式，变换语言的声调。

发问的技巧：训练、改善学生的反应，增强学生的参与程度。

分组活动的技巧：组织小型的学生小组，指导咨询，鼓励协作。

教学媒体运用技巧：板书的设计，教具的使用，现代化教学手段的掌握。

沟通与表达的技巧：书面语言的使用，口头语言的表达，体态语言的运用。

结束的技巧：总结学习的表现，提出问题的要点，复述学习的重点。

补救教学的技巧：学生的个别辅导，学生作业的指导。

② 教师的教学能力：教师的教学能力历来受到人们的广泛关注，优秀的教师必须具备良好的教学能力。我们认为良好的教学能力包括教学设计的能力、教学实施的能力和学业检查评价的能力。

教学设计的能力：教学设计能力指教师在具备基本的专业知识和教学技能的基础上，能

---

① 郑肇桢. 教师教育[M]. 香港中文大学出版社，1987：58-59.
② 沈剑平. 美国本科毕业生的实习教师能力评定条目[J]. 外国教育动态，1987（5）.

够综合运用这些知识和技能,根据课程标准的要求设计出适当的年度和单元教学计划的能力。具体来说,这方面的能力有:掌握和运用课程标准的能力,掌握和运用教材的能力,制订教学计划的能力,编写教案的能力等。

教学实施的能力:教学实施能力是教师在一般教学情况下有效地实施所设计的教学计划,并能根据实际情况控制教学情境的能力。教学实施能力也是多种具体能力的综合,如选择和运用教学方法的能力、因材施教的能力、课堂教学组织的能力、运用各种教学技巧的能力和教学机智等。

学业检查评价的能力:教学检查评价的能力是指教师在教学过程中收集资料,运用各种评价方法了解学生的学习状况,以判定教师是否完成了预定的教学目标,学生是否达到了预定的学习目标,从而根据反馈的信息来补救或改进教学工作的能力。如设定评价目标和评价标准的能力,收集评价资料的能力,选择和运用评价方法和评价工具的能力,分析和解释评价资料与结果的能力,以及反馈矫正的能力等。

3. 专业情意的发展

如果说专业知识、专业技能强调的是会不会、能不能的话,专业情意则是教师对教育教学的一种深厚的情感,教师专业化的成熟境界意味着专业情意的健全。

"感人心者,莫先乎情。"情感贯穿在人类的一切活动之中,没有情感,就没有教育。正如著名教育家夏丏尊所说:"教育不能没有情感。"情感是教育活动的一条主线,教师专业知识、专业能力与专业情意之间有内在联系,教师的专业情意贯穿于教师专业发展的始终,为教师专业知识的储备、专业能力的提升提供了内在动力。

教师的专业情意具体表现为专业理想、专业情操和专业性向。

(1)专业理想。

教师的专业理想是教师对成为一个成熟的教育教学专业工作者的向往与追求,它为教师提供了奋斗的目标,是推动教师专业发展的巨大动力。具有专业理想的教师对教学工作会产生强烈的认同感和投入感,愿意终生献身于教育事业。具有专业理想的教师对教学工作抱有强烈的热情,他们致力于改善教育素质以满足社会对教育专业的期望,努力提高专业才能及专业服务水准,努力维护专业的荣誉、团结、形象等。

(2)专业情操。

教师的专业情操是教师对教育教学工作带有理智性的价值评价的情感体验,它是构成教师价值观的基础,是构成优秀教师个性的重要因素,也是教师专业情意发展成熟的标志。教师的专业情操包括:理智的情操,即由对教育功能和作用的深刻认识而产生的光荣感和使命感;道德的情操,即由对教师职业道德规范的认同而产生的责任感和义务感;美的情操,即由对教育教学过程的情感体验而产生的审美感。

(3)专业性向。

教师的专业性向是教师成功从事教学工作所具备的人格特征。优秀的、创造力强的教师的专业性向应该是:富有见识,能够发现每一个学生的潜质和才能并给予指导;有敏锐的洞察力和综合分析力,能合理想象和正确判断学生的未来;自主独立,富有创造性,不囿于教学的刻板规矩,能够独立承担教学和研究任务,具有强有力的探索精神和教学自制力;拥有良好的人际关系,为人耿直、坦率、不拘小节,具有幽默感。

（三）教师专业发展的阶段

教师专业发展理论认为，教师作为教学专业人员要经历一个由不成熟到相对成熟的发展历程。这是一个持续社会化和个性化的过程，具有多阶段性特征。教师的专业发展空间是无限的，成熟只是相对的，而发展是绝对的。我国学者叶澜等人从"自我更新"角度对教师专业发展阶段进行了深入研究，把它分为以下五个阶段：[1]

1."非关注"阶段

"非关注"阶段可从一个人开始接受正式教师教育一直追溯到他的孩提时代。在这一阶段，"专业发展"的主体是有从教意向者。但他们只是有从教的潜在可能，还根本谈不上什么专业发展，更谈不上专业发展的意识，因此把这一阶段称为"非关注"阶段。

2."虚拟关注"阶段

"虚拟关注"阶段时限一般是职前接受教师教育阶段（包括实习期）。该阶段专业发展主体的身份是学生，至多是"准教师"。这使得他们所接触的中小学实际和教师生活带有某种虚拟性，他们会在虚拟的教学环境中获得某些经验，对教育理论及教师技能进行学习和训练，有了对自我专业发展反思的萌芽，从而为进入正式任职阶段打下了良好的基础。

3."生存关注"阶段

新任教师一般处于这一阶段。其特征表现为：在"现实的冲击"下，教师产生了强烈的自我专业发展的忧患意识，特别关注专业活动中的"生存"技能，专业发展集中在专业态度和动机方面。刚入职的新教师面临一个全新的阶段，会遇到很多实际问题。这一时期是教师专业发展的关键期。新教师不仅面临着由教育专业的学生向正式教师角色的转换，而且也是所学理论知识和具体教学实践的"磨合期"。新任教师由于刚从学校毕业，缺乏教育教学经验，对于自身的技能和专业知识的运用能力还很弱，很难把自身所学知识通过自我建构成特有的知识图式来传授给学生，而且处理教学事件的能力也还有待提高。总之，在处于"新任教师"期间，需要教师在教学实践过程中对理论、实践及其关系进行反思以克服对于教学实践的不适应。

4."任务关注"阶段

在度过了初任期之后，决定留任的教师逐渐步入"任务关注"阶段。这是教师专业结构各方面稳定、持续发展的时期。随着教师对教学基本"生存"知识、技能的掌握，教师自信心日益增强，由关注自我的生存转到更多地关注教学，由关注"我能行吗"转到关注"我怎样才能行"。但这些转向在很大程度上受到职业阶梯、他人评价等某些外在因素的制约，同时反映出自我专业发展意识的强度还较弱，发展尚不成熟。这一阶段的教师已经具备了一定的教育教学经验，技能和知识的建构已经到达一定程度，能够比较好地完成教育教学任务，所以，关注自身实践能力的提高成为"任务关注"阶段教师的重要目标。但是，这一阶段的教师在自我反思和有效发挥主观能动性、自主性等方面还是很欠缺的。

---

[1] 叶澜. 教师角色与教师发展新探[M]. 教育科学出版社，2001：276-321.

5."自我更新关注"阶段

处于该阶段的教师，其专业发展的动力转移到了专业发展本身，而不再受外部评价或职业升迁的制约，直接以专业发展为指向。同时教师已经可以自觉依照教师发展的一般路线和自己目前的发展条件，有意识地自我规划，以谋求最大限度的自我发展。"自我更新关注"阶段的教师能认识到学生是学习的主人，能从学生的角度来思考问题和安排教学，把教学看做教师帮助学生去理解、建构意义的过程，能够关注学生的整体发展。他们不但熟练掌握了大量的学科教学法，能得心应手地应用，而且积累了比较丰富的个人实践经验。他们习惯于反思，习惯于提升自我的价值，追求卓越和专业成熟。他们能够保持一种开放的心态，接纳新的教育思想和观念，为我所用。能够把自身丰富的实践知识转化为教育教学理念，形成自身的教育信仰和教育哲学理念，使教育教学变为一种具有创造性和研究性的活动，也有一些教师期望以自己专业发展的经验来影响其他教师。

（四）教师成长的途径

教师专业成长的途径主要有专业学习、专家引领、同伴互助、个人反思等。[1]

1. 专业学习

专业学习是教师成长的起点和基础，它建立在教师的专业特性之上，为培养教师专业人才服务。这里所说的专业学习主要是指正规的学校教育，包括教师在职前所接受的学科专业训练、师范训练和职后为了提升自我的价值重新"回炉"进行深造两个方面。一般来说，教师的职前教育主要是师范训练，职后学习主要是学历提升及教育研究能力的强化。

专业学习的主要目标是掌握作为一名教师所必需的专业知识、专业能力，并初步形成教师专业情意。一般来说，经过四年教师教育的专业准备和学习，师范生和综合大学教育专业的学生可以初步具备教师职业所需要的专业知识和能力。在职前专业学习的过程中，准教师必须把学术性、师范性和服务性结合起来；注重教育专业信念体系的形成和敬业精神的培养；建构反映教师专业所需要的知识和技能的课程体系；还要加强教育理论与实际的联系，建立有效的教育实习制度。职前师范教育主要是在受教学校进行，职前的受教学习是"准教师"扩充理论知识和学科专业知识的最重要时期，直接影响以后的教师职业生涯中知识理论体系和知识储存量，是教师教育教学的重要基础和知识保障，是教师专业素质的重要组成部分，是教师从事教学活动所必须具备的智力资源，而且，专业学习丰富程度和运作情况直接决定着教师专业水准的高低。一个拥有丰富知识的教师远远比一个学艺不精的人要受到学生、家长和社会尊重。

职后教师的专业学习由于其已经积累了一定的实践经验，所以在学习过程中能够懂得自主、独立地去搜索相关信息，针对教育实践，夯实理论基础，而且在弥补理论缺陷的基础上更要锤炼自己的教育教学研究能力和素养，从熟练型教师转向研究型教师。在教师职后的学习中，教师能够根据自身的教育教学特点和知识结构有针对性地学习，努力提高自身的教育理论知识和教育实践、研究能力，能够提高教师的职业素质。教师素质又是影响教育质量提高的最为重要的因素，是促进教师专业发展的重要条件。

---

[1] 张乐天. 教育学[M]. 2版. 高等教育出版社，2012：132-135.

2. 专家引领

专家引领强调专业研究人员以一种"局外人"的身份介入教师专业发展的进程当中来。专业研究人员主要包括骨干教师、教研人员、科研人员和大学教师，相比较于一线教师来说，专业研究人员长期处于系统的理论积累过程中，具有较高的理论素养，专家引领就其实质而言，是理论与实践之间的对话，是理论与实践关系的重建。

专家引领就其形式而言，主要有学术专题系列报告、理论学习辅导讲座、教学现场指导、教学专业咨询（座谈）、合作课题研究等，每一种形式都有其独特的价值和作用。在教育实践当中，教学现场指导是促进教师成长最有效的形式，也是最受教师欢迎的形式。实践证明，专业研究人员与教师共同备课（设计）、听课（观察）、评课（总结）等，对教师帮助最大。

3. 同伴互助

同伴互助是教师成长的基本途径，其实质是教师作为专业人员相互之间的对话、互动与合作。同伴互助有赖于一个教师专业团队的建立，强调教师个体借助教师团队的力量和智慧，实现教师之间信息交换、经验共享、深度反思、协同合作，创造一种富有凝聚力和创造力的团队文化，促进教师个体在专业能力、知识、态度等方面的发展。

在学校中，教研组是基层组织，是教师研究、成长的集体，它不仅具有重要的教学职能，而且具有重要的研究职能。这主要体现在教研组的教育研究活动中。借助这种力量，教师个体可以在成长过程中听到"不同意见""多种声音"，可以促使教师借助集体的智慧，不断矫正个人理解的偏颇，进行更深刻、更全面的反思。而另一种比较重要的同伴互助就是教师共同体，教师共同体是教师基于自身知识、经验而进行的交流与共享，是对教师知识和经验的加工、整合和创新。在教师专业共同体中，教师能够从同伴的经验和教训中促进自己能力的提高、理论体系的建构和完善，从而调动教师自主更新能力，提高教师专业理论素质和教育教学能力，进而促进教师专业发展。

在具体的学校教育实践中，同伴互助的形式多种多样。一般可以根据教学实践的需要采取"帮扶式""谈话式""研讨式""理论学习式"等多种形式，只要有利于教师自身能力提高的互动形式，只要有利于促进教师自身成长的形式，就是提高教师专业素质的有效形式。

4. 个人反思

反思是一种品质，也是一种能力。教师的自我反思是教师成长的根本性动力因素。有人把反思称为教师专业成长的"第三条路径"，即指在没有外在行政命令和群体意识的前提下，来自教师个体的、内在的发展意识和动力，通过自我反思、自我设计，以充实生活、丰富体验、拓宽文化底蕴、实现自我专业发展和更新的目的。

教师自我反思的内容包括以下几个方面：

（1）教育事件反思。

教育事件反思，是指对"专业知识场景中的教师个人实践知识"的激活、评判、再认识与更新。只有从教师个人的实践中进行反思，教师本人才能积淀有效的方法，形成一般的理论，发现隐藏的错误。

（2）教学过程反思。

教学过程反思，是指在一个教学阶段结束后，对教学质量进行全面的分析、评判。以怀疑、批判的态度对教学过程进行重新审视，以积极的心态分析过程与结果的教育意义与价值，反思自己的教学理念与教学行为。这种反思避免了教学过程的机械化和程式化，赋予教育过程以鲜活的生命力。教育过程从来都不是一成不变的僵化模式、机械的条件反射，而是根据学生已有的知识体系，结合学生需要吸收的新知识，采用一种有效、快速的方法来帮助学生达到建构新的知识体系的目的。

（3）教学风格反思。

拥有自己独特的教学风格是一名教师成熟的标志。在课堂教学中，当一名教师不再是一味模仿他人而有了自己的独创，当一名教师不再停留在纯粹经验的层面而有了理性的思考，当一名教师能够比较稳定自如地驾驭自身而不再手足无措……这时，他就开始具有了自己独特的教学个性，进而就会有自己独创的教学风格。教学风格的反思建立在自我认知和评判的基础之上。教学风格在每一个教师身上都是不一样的，教学风格基于教师不同的成长环境而形成。在同一个教师身上也会存在几种不一样的风格，然而，各种风格却又有共通之处。

【拓展阅读5.1】

教育部关于印发《中小学教师资格考试暂行办法》
《中小学教师资格定期注册暂行办法》的通知
教师〔2013〕9号

各省、自治区、直辖市教育厅（教委），新疆生产建设兵团教育局：

为确保中小学教师资格考试和定期注册改革扩大试点工作平稳顺利实施，现将《中小学教师资格考试暂行办法》《中小学教师资格定期注册暂行办法》印发给你们，请结合本地实际情况，认真执行。扩大改革试点实施过程中遇有重要情况，请及时报送我部教师工作司。

教育部
2013年8月15日

中小学教师资格考试暂行办法

第一章 总 则

第一条 为建立国家教师资格考试制度，严格教师职业准入，保障教师队伍质量，依据《教师法》《教师资格条例》和《国家中长期教育改革和发展规划纲要（2010-2020年）》，制定本办法。

第二条 中小学教师资格考试（以下简称教师资格考试）是评价申请教师资格人员（以下简称申请人）是否具备从事教师职业所必需的教育教学基本素质和能力的考试。

第三条 承担教师资格考试改革试点的省（区、市）组织实施教师资格考试，适用本办法。

第四条 参加教师资格考试合格是教师职业准入的前提条件。申请幼儿园、小学、初级中学、普通高级中学、中等职业学校教师和中等职业学校实习指导教师资格的人员须分别参加相应类别的教师资格考试。

第五条 教师资格考试实行全国统一考试。考试坚持育人导向、能力导向、实践导向和专业化导向，坚持科学、公平、安全、规范的原则。

第二章 报考条件

第六条 符合以下基本条件的人员，可以报名参加教师资格考试：

（一）具有中华人民共和国国籍；

（二）遵守宪法和法律，热爱教育事业，具有良好的思想品德；

（三）符合申请认定教师资格的体检标准；

（四）符合《教师法》规定的学历要求。

普通高等学校在校三年级以上学生，可凭学校出具的在籍学习证明报考。

第七条　申请人应在户籍或人事关系所在地报名参加教师资格考试。普通高等学校在校生可在就读学校所在地报名参加教师资格考试。

第八条　试点省份试点工作启动前已入学的全日制普通高校师范类专业学生，可以持毕业证书申请直接认定相应的教师资格。试点工作启动后入学的师范类专业学生，申请中小学教师资格应参加教师资格考试。

第九条　被撤销教师资格的，5年内不得报名参加考试；受到剥夺政治权利，或故意犯罪受到有期徒刑以上刑事处罚的，不得报名参加考试。曾参加教师资格考试有作弊行为的，按照《国家教育考试违规处理办法》的相关规定执行。

第三章　考试内容与形式

第十条　教师资格考试包括笔试和面试两部分。

第十一条　笔试主要考查申请人从事教师职业所应具备的教育理念、职业道德、法律法规知识、科学文化素养、阅读理解、语言表达、逻辑推理和信息处理等基本能力；教育教学、学生指导和班级管理的基本知识；拟任教学科领域的基本知识，教学设计实施评价的知识和方法，运用所学知识分析和解决教育教学实际问题的能力。

第十二条　笔试主要采用计算机考试和纸笔考试两种方式进行。采用计算机考试和纸笔考试的范围和规模，根据各省（区、市）实际情况和条件确定。

第十三条　幼儿园教师资格考试笔试科目为《综合素质》《保教知识与能力》2科；小学教师资格考试笔试科目为《综合素质》《教育教学知识与能力》2科；初级中学、普通高级中学教师和中等职业学校文化课教师资格考试笔试科目为《综合素质》《教育知识与能力》《学科知识与教学能力》3科；中等职业学校专业课教师和实习指导教师资格考试笔试科目为《综合素质》《教育知识与能力》《专业知识与教学能力》3科。

中等职业学校教师的《专业知识与教学能力》科目测试，暂由各省（区、市）自行命题和组织实施。

第十四条　面试主要考查申请人的职业认知、心理素质、仪表仪态、言语表达、思维品质等教师基本素养和教学设计、教学实施、教学评价等教学基本技能。

第十五条　面试采取结构化面试、情境模拟等方式，通过抽题、备课（活动设计）、回答规定问题、试讲（演示）、答辩（陈述）、评分等环节进行。

第十六条　国家确定笔试成绩合格线，省级教育行政部门确定面试成绩合格线。

第十七条　考生在笔试和面试成绩公布后，可通过教师资格考试网站查询本人的考试成绩。考生如对本人的考试成绩有异议，可在考试成绩公布后10个工作日内向本省（区、市）教师资格考试机构提出复核申请。

第十八条　笔试单科成绩有效期为2年。笔试和面试均合格者由教育部考试中心（教育部教师资格考试中心）颁发教师资格考试合格证明。教师资格考试合格证明有效期为3年。教师资格考试合格证明是考生申请认定教师资格的必备条件。

第四章　考试实施

第十九条　笔试一般在每年3月和11月各举行一次。面试一般在每年5月和12月各举行一次。

第二十条　省级教师资格考试机构按照《中小学教师资格考试考务工作规定》《中小学教师资格考试机考考务细则》组织实施笔试考务工作；按照《中小学教师资格考试面试工作规程》，制定面试实施细则，组织实施面试工作。

第二十一条　省级教师资格考试机构使用教师资格考试考务管理信息系统进行笔试和面试的报名受理、考点设置、考场编排等考务管理工作。

第二十二条　笔试和面试考生通过教师资格考试网站进行报名后，需携带省级教师资格考试机构规定的相关材料，到指定考点进行报名审核，并现场确认报考信息。

考生笔试各科成绩合格并在有效期内的，方可报名参加面试。

第二十三条　省级教师资格考试机构组织开展本省（区、市）考务相关人员的安全保密教育和考务流程培训工作。

第二十四条　笔试和面试机考软件系统的使用实行首席技术负责人制度，采取分级培训方式进行。

第二十五条　面试一般按学科分组进行。每个考评组由不少于3名考官组成，设主考官1名。

第二十六条　面试考官由高校专家、中小学和幼儿园优秀教师、教研机构专家等组成。面试考官须具备以下条件：

（一）熟悉教师资格考试相关政策；
（二）具有良好的职业道德，公道正派，身体健康；
（三）具有扎实的专业知识、较强的分析概括能力、判断能力和语言表达能力；
（四）从事相关专业教学或研究工作5年以上，一般应具有副高级以上专业技术职务（职称）；
（五）参加省级或国家级教师资格考试机构组织的培训并获得证书。

第二十七条　各级教育行政部门及教师资格考试机构不得组织教师资格考试培训。

第五章　考试安全与违规处罚

第二十八条　省级教师资格考试机构根据《中小学教师资格考试应急处置预案实施办法（试行）》处置和应对考试期间的突发事件。

第二十九条　对试题命制、考务管理、监考等考试相关人员发生的违规行为按照《保守国家秘密法》《国家教育考试违规处理办法》进行处罚。情节严重，构成犯罪的，由司法机关依法追究刑事责任。

第三十条　对考生违规行为按照《国家教育考试违规处理办法》认定和处理。

第六章　组织管理

第三十一条　教育部依据教师专业标准和教师教育课程标准，制订教师资格考试标准，组织审定教师资格考试大纲。教育部考试中心（教育部教师资格考试中心），负责教师资格考试的组织实施。主要职责是：

（一）依据考试标准拟定考试大纲；
（二）组织命制笔试和面试试题，建设试题库；
（三）制定考务管理规定，研发和维护考试管理系统；
（四）组织考务工作，培训技术人员；
（五）组织阅卷，负责考试成绩管理与评价；
（六）指导、监督、检查各省、自治区、直辖市考试实施工作。

第三十二条　省级教育行政部门全面负责本行政区域内教师资格考试工作。可成立教师资格考试领导小组，由省级教育行政部门的主要领导兼任领导小组组长。指定专业化教育（教师资格）考试机构，在省级教育行政部门领导下具体负责考务组织工作，主要职责是：

（一）制定本地区考务管理具体措施；

（二）组织本地区考务工作；

（三）组织面试考官及考务工作人员培训；

（四）管理、指导、监督本行政区域各考区工作；

（五）负责本行政区域教师资格考试安全保密工作。

第三十三条　教师资格考试以市（地、州、盟）为单位设立考区。各考区的教师资格考试的组织实施由市（地、州、盟）教育行政部门和教师资格考试机构负责。

第三十四条　教师资格考试费用按照财政部、国家发展改革委《关于同意收取教师资格考试考务费等有关问题的通知》（财综〔2012〕41号）规定收取。

第七章　附　则

第三十五条　省级教育行政部门可以依据本办法制定实施细则，并抄送教育部。

第三十六条　本办法自发布之日起实施。

中小学教师资格定期注册暂行办法

第一章　总　则

第一条　为完善教师资格制度，健全教师管理机制，建设高素质专业化教师队伍，根据《教师法》《教师资格条例》和《国家中长期教育改革和发展规划纲要（2010—2020年）》，制定本办法。

第二条　教师资格定期注册是对教师入职后从教资格的定期核查。中小学教师资格实行5年一周期的定期注册。定期注册不合格或逾期不注册的人员，不得从事教育教学工作。

第三条　承担中小学教师资格定期注册改革试点的省（区、市）组织实施教师资格定期注册工作，适用本办法。

第四条　中小学教师资格定期注册的对象为公办普通中小学、中等职业学校和幼儿园在编在岗教师（以下简称教师）。

省级教育行政部门可根据本地教师队伍建设的实际需要，将依法举办的民办普通中小学、中等职业学校和幼儿园教师纳入定期注册范围。

第五条　教师资格定期注册应与教师人事管理工作紧密结合，将严格教师考核和促进教师专业发展作为重要的工作目标。定期注册应坚持以人为本、科学规范和公开公平公正原则，客观体现教师职业道德、业务水平和工作业绩情况。

第六条　国务院教育行政部门主管教师资格定期注册工作。县级以上地方教育行政部门负责本地教师资格定期注册的组织、管理、监督和实施。

第二章　注册条件

第七条　申请首次注册的，应当具备下列条件：

（一）具有与任教岗位相应的教师资格；

（二）聘用为中小学在编在岗教师；

（三）省级教育行政部门规定的其他条件。

对于首次任教人员须试用期满且考核合格。

第八条 满足下列条件的,定期注册合格:

(一)遵守国家法律法规和《中小学教师职业道德规范》,达到省级教育行政部门规定的师德考核评价标准,有良好的师德表现;

(二)每年年度考核合格以上等次;

(三)每个注册有效期内完成不少于国家规定的360个培训学时或省级教育行政部门规定的等量学分;

(四)身心健康,胜任教育教学工作;

(五)省级教育行政部门规定的其他条件。

第九条 有下列情形之一的,应暂缓注册:

(一)注册有效期内未完成国家规定的教师培训学时或省级教育行政部门规定的等量学分;

(二)中止教育教学和教育管理工作一学期以上,但经所在学校或教育行政部门批准的进修、培训、学术交流、病休、产假等情形除外;

(三)一个注册周期内任何一年年度考核不合格。

暂缓注册者达到定期注册条件后,可重新申请定期注册。具体办法由省级教育行政部门根据实际情况制定。

第十条 有下列情形之一的,注册不合格:

(一)违反《中小学教师职业道德规范》和师德考核评价标准,影响恶劣;

(二)一个定期注册周期内连续两年以上(含两年)年度考核不合格;

(三)依法被撤销或丧失教师资格。

第三章 注册程序

第十一条 取得教师资格,初次聘用为教师的,试用期满考核合格之日起60日内,申请首次注册。经首次注册后,每5年应申请一次定期注册。

第十二条 教师资格定期注册须由本人申请,所在学校集体办理,按照人事隶属关系报县级以上教育行政部门审核注册。

第十三条 教师应当在定期注册有效期满前60日内,申请办理下一次教师资格定期注册。定期注册实行网上申请。

第十四条 申请教师资格定期注册,应当提交下列材料:

(一)《教师资格定期注册申请表》一式2份;

(二)《教师资格证书》;

(三)中小学或主管部门聘用合同;

(四)所在学校出具的师德表现证明;

(五)5年的各年度考核证明;

(六)省级教育行政部门认可的教师培训证明;

(七)省级以上教育行政部门根据当地实际要求提供的其他材料。

申请首次注册的,应当提交上述(一)(二)(四)(七)项材料,同时提交试用期考核合格证明。

第十五条 对于本办法实施之日前已获得教师资格证书的中小学在编在岗教师,首次注册的办法由省级教育行政部门规定。

第十六条　定期注册工作不收取教师和学校任何费用。

第十七条　县级以上教育行政部门在受理注册申请终止之日起90个工作日内，对申请人提交的材料进行审核并给出注册结论。注册结论应提前进行公示。

第十八条　县级教育行政部门负责申报材料的初审，提出注册结论的建议；地市级教育行政部门负责申报工作的复核；省级教育行政部门对注册申请进行终审，并在全国中小学教师资格定期注册管理信息系统中填报注册结论及有关信息。

第十九条　县级以上教育行政部门将申请人的《教师资格注册申请表》一份存入个人人事档案，一份归档保存。同时在申请人《教师资格证书》附页上标明注册结论。

第四章　罚　则

第二十条　申请人隐瞒有关情况或提供虚假材料申请教师资格注册的，视情况暂缓注册或注册不合格，并给予相应处罚；已经注册的，应当撤销注册。

第二十一条　所在学校未按期如实提供申请人定期注册证明材料的，上级教育行政部门应当责令改正，对直接负责的主管人员和其他直接责任人依法给予行政处分。

第二十二条　地方教育行政部门实施定期注册，有下列情形之一的，由其上级教育行政部门或者监察机关责令改正，对直接负责的主管人员或者其他直接责任人员依法给予行政处分：

（一）对不符合教师定期注册条件者准予定期注册的；

（二）对符合教师定期注册条件者不予定期注册的。

第二十三条　注册范围内的教师无故逾期不申请定期注册，按照注册不合格处理。

第五章　附　则

第二十四条　教师资格定期注册申请人对定期注册结果有异议的，可依法提出申诉或者行政复议。

第二十五条　省级教育行政部门可以依据本办法制定实施细则，并抄送教育部。

第二十六条　本办法自发布之日起施行。

第二节　学　生

一、学生的本质属性

教师工作的对象是学生，正确认识学生的本质属性，对做好教育教学工作至关重要。学生的本质属性主要体现在以下四个方面：①

（一）学生具有能动性

1. 学生是具有思想情感的能动体

与生产劳动的对象不同，教育的对象是活的能动体。所谓活的能动体，第一，意味着学生具有发展自身的动力机能。学生不仅与其他生物一样能够通过对外界的摄取活动，使自己

---

① 罗玉莲.教育学原理[M].教育科学出版社，2010.

的机体得以保存和发展,更为重要的是,这种动力机能还表现为学生能够以人所特有的能动性、创造和满足自己的物质需要与精神需要,并用以发展自己的身心。第二,作为一种实践对象,他不是消极被动地接受塑造和改造,而是能够意识到自己是被他人所塑造和改造的,从而有可能自觉地参与到教育过程中去,以一种与教师相重叠的目的活动,共同完成教育的过程。

学生是有血有肉的人,各具思想感情,这也是与作为物的劳动对象完全不同的。因此,教师对学生的心理反应不仅限于认知范围,这也就是说,与其他物的实践对象不同,在教师的心理上,不仅仅把学生作为一种认知对象,而且必然会与学生之间建立起其他心理系统,如情感、需要等的联系。学生是具有思想感情的个体,又意味着他具有自身独立的人格,他有自己的需要、愿望和尊严,这一切都应当得到正当的满足和尊重。

2. 学生具有独特的创造价值

人具有独特的价值。这是因为人有能动的创造力,人有智慧,能劳动,具有创造价值的积极作用,可以说,世间一切有价值的东西,都是由人所创造的。处于学习期的学生虽然尚未进入创造价值的过程,但是通过教育却可以使他们对社会、对人类做出积极的贡献,甚至创造出伟大不朽的价值。人的这种特性也是与物完全不同的。在教育过程中应当珍视学生作为人的价值,不能任意损伤他们。

(二) 学生具有发展性

1. 青少年学生具有与成人不同的身心特点

青少年儿童不是成人的雏形,他们具有自身的身心发展特点。当生理和心理等学科尚未充分发展起来时,在一个很长的时期里,人们把儿童看作是"小大人",并不认为他们与成人有什么质的差别,认识不到他们所特有的需要和发展的特点。因此,在教育工作中往往抹杀了他们的特殊性,向他们提出与成人同等的要求和行为标准。

2. 青少年学生具有发展的潜在可能

对于发展中的人来说,在青少年学生身上所展现的各种特征还处在趋向成熟的过程中。正如毛泽东同志所说的,他们是"早晨八九点钟的太阳",在他们身上潜藏着发展的极大可能性,他们的身心已经出现的某种发展不足之处,思想行为上的缺点错误,较之成人来说,一般也有较大的矫正的可能性。

3. 青少年学生需要获得成人的教育关怀

由于青少年儿童各方面发展不够成熟,取得成人的教育和关怀就成为他们发展中的必然需要。只有充分认识这点,才能以一种培养的观点去对待学生,积极发挥教育的作用。那种认为儿童的任何要求都是合理的,无需成人的帮助教育,听任他们自由发展的观点显然是错误的。

(三) 学生具有完整性

现实生活中的人都是一个完整的人,每个人都有自然属性和社会属性,都存在着身体和心理等各方面的发展。但就以人为对象的某些社会实践领域来看,他们所面对的往往只是人的某一方面,如医师所面对的是人的生理方面,艺术家所面对的是人的精神方面。然而,教育工作所面对的人——学生,却是一个完整的人。教育不仅要变化人的认识、情感、行为习惯等精神因素,也要变化人的身体、生理等因素。

(四) 学生以学习为主要任务

学习是人类生活的普遍现象,凡是个体掌握人类社会历史经验的过程都是学习。人一生中几乎都在学习。但是,学生的学习是学习的一种特殊形式,它的特殊性表现为:

1. 学生以学习为主要任务

以学习为主,这是学生质的规定性。学生的主要职能是学习,这就决定了学生在社会结构中所占据的地位,决定了他们参加社会生活的方式。具体地说,也就是赋予了他们认真接受教育的社会义务,以及不断促进自身发展的意愿和责任感。

2. 学生在教师指导下学习

学生的学习是在教师指导下进行的。这是学生与从事活动的其他社会成员的区别之一。教师指导不仅使学习更具有成效,也是在特定情况下(如特定的年龄阶段中,特定的学习内容等)学习活动得以产生的前提条件。在当代,科学技术日趋复杂化,离开教师的指导,有很多学习几乎不能进行。

3. 学生所参加的是一种规范化的学习

学生的学习是有目的、有计划、有组织地进行的,它是由一定的教育制度以及学校的各项规章制度所规定了的,因此,学生的一系列行为模式和规范不仅要受到社会传统观念、文化习俗等影响,而且还要为确定的制度所规范。

二、学生的地位

(一) 学生的权利

由于中小学生是尚未成熟的青少年儿童,他们的独立人格和独立地位经常被忽视,他们经常处于从属和依附的地位。还有许多成人出于"为了孩子、关心孩子"的目的,而把自己的价值观念、主观愿望强加给学生,并不研究和重视学生自身的需要。这是因为对青少年在社会中的主体地位和合法权利尚缺乏正确的认识。

1. 青少年是权利的主体

从道义上讲,青少年是社会的未来,是国家的希望;从法制的角度讲,青少年是独立的社会个体,他们不仅享受一般公民的绝大多数权利,而且受到社会的特别保护。1989年11月20日联合国大会通过的《儿童权利公约》的核心精神,便是维护青少年儿童的社会权利主体地位。这一精神的基本原则是:儿童利益最佳原则;尊重儿童尊严原则;尊重儿童观点与意见原则;无歧视原则。

2. 青少年儿童的合法权利

青少年儿童是社会权利的主体,享有法律规定的各项社会权利。我国宪法与法律规定青少年儿童合法权利有：生存的权利；受教育的权利；受尊重的权利；安全的权利。

生存的权利。《中华人民共和国宪法》规定："父母有抚养未成年子女的义务。"《中华人民共和国未成年人保护法》第八条更具体规定："父母或其他监护人应当履行对未成年人的监护职责和抚养义务，不得虐待、遗弃未成年人；不得歧视女性未成年人或者有残疾的未成年人；禁止溺婴、弃婴。"

受教育的权利。《中华人民共和国宪法》第四十六条规定："国家培养青年、少年、儿童在品德、智力、体质等方面全面发展。"《中华人民共和国未成年人保护法》第九条规定："父母或者其他监护人应当尊重未成年人接受教育的权利，必须使适龄未成年人按照规定接受义务教育，不得使在校接受义务教育的未成年人辍学。"第十四条规定："父母或者其他监护人应当根据未成年人的年龄和智力发展状况，在做出与未成年人权益有关的决定时告知其本人，并听取他们的意见。"

受尊重的权利。《中华人民共和国未成年人保护法》第二十一条规定："学校、幼儿园、托儿所的教职工应当尊重未成年人的人格尊严，不得对未成年人实施体罚、变相体罚或者其他侮辱人格尊严的行为。违者最高可追究刑事责任。"第三十条规定："任何组织和个人不得披露未成年人的个人隐私。"

安全的权利。《中华人民共和国未成年人保护法》第十六条规定："未成年人的合法权益受到侵害的，被侵害人或者其监护人有权要求有关主管部门处理，或者依法向人民法院提起诉讼。"第二十五条规定："严禁任何组织和个人向未成年人出售、出租或者以其他方式传播淫秽、暴力、凶杀、恐怖等毒害未成年人的图书、报刊、音像制品。"第二十七条规定："任何人不得在中小学、幼儿园、托儿所的教室、寝室、活动室和其他未成年人集中活动的室内吸烟。"

对一些老师、家长而言，尊重儿童的权利只是挂在口头上的一句口号，在日常生活和教学常规活动中根本没有尊重儿童的意识。教师随便讽刺和挖苦学生的事件比比皆是，轻易就给学生的品行作判断性的评价。而家庭教育中以经验和"成人文化霸权"为特点的养育方式最明显的就是不尊重儿童的隐私权。依法施教是教育现代化的要求，教育现代化的要求就是要打破教育中有法不依、违法不究的无法教育，把教育纳入法制化的轨道。

（二）学生的义务

中小学生作为法律的主体，在享有法律规定的各项权利的同时，也必须履行法律规定的各项义务。权利和义务是统一的，没有对义务的履行，就不能很好地享受权利。《中华人民共和国教育法》第四十三条规定，受教育者应当履行下列义务：

遵守法律、法规；

遵守学生行为规范，尊敬师长，养成良好的思想品德和行为习惯；

努力学习，完成规定的学习任务；

遵守所在学校或者其他教育机构的管理制度。

【拓展阅读5.2】

蹲下来重拾童心

有两个一年级的学生淘气地动了老师放在桌上的眼镜，被老师罚站，一个站前面，一个站后面。其中一个男孩罚站时冲另一个男孩笑，被老师看见了，认为他还没有认识到错，继而多站了一会。事后，我与他们聊天："为什么被罚站？""因为我们动了老师的眼镜。""有没有弄坏？""没有，只是看了一下。""为什么要拿着看呢？"其中一个男孩说："他说（指着另一个男孩）老花镜是放大镜，我想看看是不是真的？""那你怎么不跟老师解释一下呢？""没什么好解释的，老师让罚站就站呗。""那老师这么做，你们服气吗？""不太服。"这是上星期发生的一件小事，却引发了我深深地思考。在大谈以人为本的教育背景下，我们的教育者能否蹲下来去尝试：

一、尊重学生的个性

询问孩子："为什么不和老师解释？"学生回答："老师说罚就罚呗，有什么好解释的。"孩子本认为自己没有多大的错，却愿意接受惩罚，只因他们认为老师是"至高无上"的。这令人惊讶。正是这看似平常的教育，压抑了学生的个性，扼杀了他们的反抗意识。由此想到我们的教育禁锢太多，过多强调规矩纪律、整齐划一，忽视了学生的个性，而最终培养的是循规蹈矩，缺乏创新意识、创新精神的人才。"唯教师是上，唯教育是上。"教育是培养创新意识和创新精神的摇篮，面对世界科技飞速发展的挑战，我们必须把增强民族创新能力提到关系中华民族兴衰存亡的高度来认识。"教育在培养创新精神和培养创新型人才方面，肩负着特殊使命。一味压抑学生的个性，创新精神和创新人才将成为一句空话。"试想，如果没有大胆追求、敢于蔑视所谓真理的勇气，敢于坚持自己的原则，就不会有伽利略的铁球实验。因此，教师要尊重学生的个性，关注学生的个性发展，让学生在发展中培养个性、塑造个性。请多给孩子心灵的自由、精神的自由、生命的自由，少一些呵斥、约束吧，让每一个孩子成为一道"独特的风景"。

二、保护学生的好奇心

孩子拿眼镜的动机只是想看看是不是放大镜？能否放大？这是一种好奇心，对科学的好奇。可是这种好奇心没有得到激发而是被无情地扼杀了。如果这位老师能探求一下孩子拿眼镜的动机，了解他们的好奇，以此为教育的契机，向学生介绍一些凸透镜、凹透镜的知识，以及在生活中的运用。这不仅可以满足他们的好奇心，更重要的是能引发学生对科学的向往和追求。把全世界带入"工业时代"的瓦特，正是少年时代的好奇引起思考，使他产生了兴趣和理想，促使他努力学习，发明了蒸汽机。爱因斯坦说："我没有特别的天赋，我只有强烈的好奇心。"好奇心像一扇窗户，让它常开着，观察就不会停止，创造的源泉就不会枯竭。还是爱因斯坦说得好："谁要是不再有好奇心，也就不会再有惊讶的感觉，他就无异于行尸走肉，他的眼睛是模糊不清的。"教师要像园丁爱护花草一样，保护学生的好奇心。

资料来源：中国教师研修网，无锡市东亭实验小学，徐劳。

第三节 教师和学生的关系

一、师生关系的概念

师生关系是在教育过程中，为完成共同的教育任务教师与学生之间所形成一种特定的关系,它是社会关系的一个组成部分。师生关系既受教育活动规律的制约,又是一定历史阶段社会关系的反映,在不同的社会制度下有不同的性质。

封建社会的师生关系受封建等级制度的制约,并服从封建统治阶级的教育目的,强调师道尊严,是一种不平等的师生关系;学生只能绝对服从,不能反问质疑。这是以教师为中心、用棍棒维持学校纪律来压抑学生身心发展的封建社会的师生关系。随着封建社会向资本主义社会的过渡,新兴资产阶级的思想家提倡资产阶级的"自由""民主"和人的个性解放,提倡以儿童为中心,充分发展学生的潜能,继而产生了以学生为中心的师生关系。我国在社会主义条件下,人与人之间的关系是民主平等的关系,这是我国新型师生关系的社会基础,这种关系反映在教育上就是教师为培养全面发展的社会主义一代新人而努力,学生为实现四个现代化而奋发学习,教育活动建立在民主平等的基础之上。

良好的师生关系是教育教学活动顺利进行的重要条件。研究表明师生关系与学生成绩显著相关:教师与学生建立一种友谊关系,对于促进学生学习兴趣和完整人格的形成有着重要意义。[1]良好的师生关系使学生产生安全感,乐于接受教师的教学热情与责任感,激励教师专心致志地从事教育工作。相反,师生关系紧张,甚至互不信任、彼此戒备,将会干扰教育教学活动的顺利进行,降低学生的学习兴趣和教师的教学热情,影响教育教学质量。

二、理想师生关系的特质

理想师生关系的特质是:民主平等、尊师爱生和教学相长。

(一)民主平等

民主平等是良好师生关系建立的前提。教育中民主平等的根本在于人与人之间的平等。每一个体,都有权利要求得到人格的尊重,体现自身的价值与尊严,师生都不例外。在教育过程中,教师是教的主体,学生是学的主体。从教的角度来讲,教师要发挥更大的作用,就必须调动学生的主动性,就必须充分尊重学生的人格,发扬教学民主,以平等的方式对待学生。从学的角度来讲,学生是教育教学效果的最终体现,而学生只有在民主平等的氛围里才能更好地领悟教学内容,积极主动地探索求知,健康和谐发展。教育心理学的实验证明,只有在民主的氛围里,才能唤起学生强烈的求知欲,学生才能积极地投入到教育教学活动中。

(二)尊师爱生

学生对教师尊敬、依赖,教师对学生关心、爱护,这是新型师生关系的重要特征。教师热爱学生可以调节自身的行为,以愉快的情感和饱满的精力去从事繁重的教育、教学工作,为学生无私奉献。同时,这种高尚的情感作用于学生则是取得教育成效的催化剂。学生接受教育具有选择性,这种趋向和选择除了教育内容的因素外,很大程度上取决于施教者的情感和师生间的良好人际交往。教师对学生的积极情感,必将唤起学生更大的主动精神,使学生更加积极主动地投入到教育教学活动中来,提高教学质量。

---

[1] 李春苗,刘祖平.关于师生关系对中学生学习影响的研究[J].教育探索,1998(1).

学生尊敬教师同样起着双向推动作用。对学生来说，有了尊师的感情才会"亲其师，信其道"，才会更加主动地接受教育，即所谓的"向师性"，这种倾向于教师的情感有利于教育工作的顺利进行，促进学生发展提高。对教师来讲，学生的尊敬与信赖是对教师热爱学生情感的最佳回报，是对教师忘我工作的激励。在这里教师体验着教育工作者所独有的幸福和最大的愉快。这种情感必将推动师生关系的进一步发展，为教师工作与学生成长创造更加有利的条件。

（三）教学相长

在教育活动中，教师和学生是相互影响、相互促进的关系。我国最早的教育名篇《学记》就曾指出："学然后知不足，教然后知困，知不足，然后能自反也；知困，然后能自强也；故曰：教学相长也。"把教师对学生的教育看成单向的信息传递是不科学的。在教育教学活动中，一方面要求教师要向学生传授一定的知识技能；另一方面也要注意向自己的教育对象学习，使教师和学生都得到不断的发展。"弟子不必不如师，师不必贤于弟子。"教师尽管闻道在先，但也不是事事明了。尤其在网络时代，学生的网络知识不仅要优于教师，所获得的信息也往往是教师所没有的。所以，今天的教师更应以谦逊的态度对待学生，从学生中汲取智慧，使师生关系更加融洽，也给学生在处理人际关系方面以良好影响。

三、理想师生关系的建立

莱温等人曾对不同师生关系模式下学生的学习成绩进行研究，结果发现，师生关系模式不同，学生的学习成绩也不同。在专制型模式之下，当教师在场时学生的学习成绩要高于教师不在场时，说明他们是在教师的威力之下才努力学习的，似乎把学习当作是为了教师，而不是为了自己。在放任型模式之下，学生的学习成绩出乎意料，当教师不在场时，学生的学习反而更加努力，学习成绩更好。进一步研究发现，当教师离开之后，学生中有领袖才能者，自动出来引导大家并获得大家的支持，所以他们的学习更加努力，成绩比教师在场时更好。在民主型模式之下，学生的学习努力程度比较适中，教师在场与不在场并无区别。他们认识到学习是自己的责任，要努力完成自己的任务，并不因惧怕教师而敷衍了事。学习成绩较为稳定。民主型师生关系模式强调民主、平等与合作。

理想的师生关系是民主平等、密切合作的关系，是教育活动顺利进行和教育目标完成的基本保证。建立理想的师生关系，需要教师与学生双方的共同努力。

（一）教师应遵循的基本要求

1. 树立正确的学生观，尊重学生、理解学生

教师的学生观指的是教师对自己的教育对象的基本观点、看法和态度。它是教师在教育过程中对学生采取何种态度和采用何种教育方法的出发点和依据，影响乃至决定师生关系的性质和内涵。正确的学生观，主要应当包括对学生客观、公正、科学的认识和评价，并将其视为具有独立性、主动性和积极性的独特个体；能够发现学生的优点和长处，并从积极的方

面来评价学生；以发展的眼光看待学生的过去、现在和未来；允许学生在进步中出现反复；相信只要教育得法，每个学生都可以成为国家有用的人才；承认学生的个体差异，并为学生的个性发展创造条件，等等。

当代学校中师生关系的矛盾和冲突就集中反映在教师对学生的看法上，即社会评价标准上。不少教师眼中好学生的标准就是高分、听话、顺眼。然而，急剧变革的社会环境、价值观念和行为方式都在不断影响着青少年的社会评价标准，使他们不断扩大评价个性特征的价值范围和内涵取向。而一些教师一旦发现学生与自己的价值观念和思维方式不符时，往往运用自己的权威去同化和规范学生，对学生思想、行为打出不可接受的牌子，在师生交往的通道上设置障碍，从而导致师生关系的疏离、紧张乃至冲突。

可见，树立正确的学生观，就要求教师要尊重学生的人格和重视学生的需要，真正了解学生所想、所需，尊重学生的自主性、主动性和积极性，要热爱学生，全心全意为学生服务。了解不同年龄阶段学生的身心特点，有针对性地进行教育。尊重学生的个别差异，因材施教，对学生做出客观的评价并给予真正的帮助。教师必须经常与学生进行换位思考，设身处地为学生着想，理解学生的想法，耐心听取学生的意见，满足学生的正当要求，使学生感到教师对他们的支持与认可，从而也使教师得到学生的拥护和爱戴。尊重学生，善于理解学生，师生间经常进行心理互换，是发展良好师生关系的重要条件。只有这样教师才会对学生产生应有的情感，采取正确的教育态度，运用适当的教育方法。所以，正确的学生观是发展良好师生关系的基础。

2. 加强与学生的交往

良好的师生关系是在交往中形成的，没有深入到学生中间经常与学生交往，则无法产生师生之间亲密无间的情感和关系。师生交往的过程就是了解学生对各种事物感受的过程，教师对之表示同情并加以引导，就可以增进师生之间的感情联系，就会密切师生关系。师生交往的过程就是相互满足需要的过程，师生之间在交往中要使需要得到满足就必然增进师生的感情联系，逐步形成亲密无间的感情和关系。正常、健康、高尚的私人交往有利于师生感情的沟通和相互了解，能起到正式交往所起不到的独特作用。同时，教师也要注意和学生的心理交往，多和学生谈心、讨论问题，这样才能沟通思想，了解真实情况。

师生之间一般要经历"接触、亲近、共鸣、信赖"四个阶段，才能建立起较为亲密无间的关系。师生初次接触难免有生疏之感，学生难免有敬畏心理。经过多次良好地接触，学生感到教师平易近人，而产生愿意同老师亲近的感情。有了亲近的感情，在学习与生活中教师的诚挚关怀、耐心引导被学生理解，或在共同活动中激发起学生的浓厚兴趣，从而产生情感上的共鸣。再坚持师生之间的交往，把学生引上学习与进步的成功之路，学生必然信赖老师。

3. 在平等的基础上树立教师威信

教师是教育者，建立教师威信，对于形成正常的师生关系，建立正常的学校秩序，提高教育教学效果，都是十分必要的。但是，真正的教师威信不能单靠行政手段来建立，那样只能增加学生的心理反抗，真正教师威信的建立首先依靠教师素质和教育教学水平的提高。

建立教师威信还需要具有教师职业所要求的特殊性格，即具有童心、公正感和自制力。教师要建立自己的威信，首先要有童心，即在教师心灵中保留有儿童心灵和生活世界。只有这样，才能了解儿童，从生活到思想和儿童打成一片，从而获得教育儿童的条件。教师要建立自己的威信，特别要坚持公正、平等、无私。教师公正、平等、无私就是要求教师对于不同相貌、性别、智力、个性，对于不同家庭社会背景、不同籍贯、不同亲疏关系的学生，要一视同仁。"公正、平等、无私"是学生信赖教师的基础。教师对待学生公正、平等、无私，不仅给学生道德心灵上以极有益的影响，激励他们追求真善美，而且大大有益于提高教育工作的效果。教师要建立自己的威信，还要具有自制力。自制力要求教师懂得：教师是教育者，学生是受教育者，无论学生犯有多么明显的错误，又多么无理，也无论学生如何"顶撞"或"冒犯"，作为一个人民教师，始终不能忘记自己的身份，不允许也没有权利对学生发脾气，以致做出失去理智的行为。

4. 努力提高自我修养，健全人格

教师的师德修养、学识水平和教学能力，尤其是教育水平和能力是形成良好师生关系的基础条件。学生的向师心、尊师情都是由这些基础条件而引发的。学生随着年龄的增长，自我独立需要的增强，他们反感教师的"管"和教师"保姆式"的情感，他们希望教师能够理解和认可其独立观察、认识社会人生的观点和能力，但是事实上，青少年仍然需要教师的指导、关心甚至必要的"管"，这就对教师的教育方法和技巧提出了更高的要求。所以，对于每个教育工作者来说，不断提高自己的业务修养、理论修养和品德修养是改善师生关系的途径。

然而，我们的教师如果不了解学生身心发展的规律和特点，就无法理解学生的所想所需，更不能在恰当的时候对学生的情绪或感情上的波动予以排解，甚至对学生提出指责和批判。这势必会遭到学生的厌恶和反感，引起师生关系的对立。为此，教师必须：要有创新精神，教师要摒除自满意识，先做学生，勤奋学习，积极进取，加快自身知识结构更新的速度，增强教育教学的创新能力；要具有健康的心理状态、心理素质；教师要学会自我控制，培养耐心、豁达、宽容、理解等个性品质，建立平等和谐的师生关系，经常进行自我反思，正确评价自己，克服个人偏见和定势，从而能够适应未来社会中"快节奏、高竞争、高风险和高压力"环境的需要；要树立终身学习思想，教师要拓宽学习领域，扩大知识层面，提高自身综合素质，使自己成为一个开放型的教师。不断地接受"继续教育"，加强学习，紧跟时代步伐。

5. 妥善处理学生的问题行为

学生所处的发展阶段是良好道德观念形成和行为习惯养成的时期，学生此时道德观念和行为习惯处在非成熟的发展阶段，因此，出现这样或那样的问题行为是不可避免的。教师对待学生问题行为的态度和处理方式是至关重要的，它是影响师生关系的重要因素。对于学生问题行为的处理不当，不仅会伤害学生的感情和自尊心，还很容易破坏已建立起来的良好的师生关系，甚至会导致师生关系的紧张和对立。

这就要求教师在处理学生的问题行为时要小心谨慎，妥善处理：要尊重学生的人格和保护学生的自尊心，这是处理此类问题的基本原则和态度；要持公正和平等的态度，针对实际情况，具体问题具体分析解决，要对事不对人；对事实的处理要建立在对事情充分了解的基础之上，结论的得出应基于事情的整个发展和全部事实，而不是表面现象和局部事实；对事实性质的判断既应考虑行为动机，同时也不能忽视感情因素，更应重视和考虑环境的影响和客观的原因；对待事实的态度应实事求是，不可武断推论，更不能以曾经的错误来推测当前

事件的性质；对问题不能凭个人感情和主观判断提出处理意见，更不可投射个人情绪，因心情的好坏对事情的处理有不同的方式，等等。

（二）学生应遵循的原则

1. 尊敬教师

尊敬师长，是中华民族的优良传统，是每个人都应该具备的道德品质。对于学生来说，教师既是长辈，又是知识的传授者、学生能力的培养者、学生学习的引导者和促进者、学生心灵的导师、教学活动的组织者和领导者。因此，学生应当尊敬教师。

2. 理解教师

平常我们往往只强调教师要理解学生。其实，学生也应该理解教师。理解教师对学生的期望、要求及种种有关的行动，尤其是在教师出现某种过错或教师与学生之间发生不愉快的事情时，学生更要理解教师，切不可对教师求全责备，因为教师是人而不是神，有过错是在所难免的。

3. 努力学习

学习是学生的主要任务，学生应尽自己所能努力达到教师提出的各方面的要求。我们不能保证学生在学习过程中遇到的每一个教师都是高素质的。"最重要的是保持一种积极的态度，即使是魔鬼本人充当你的老师。你认为自暴自弃就能够惩罚一个不称职的老师，这种想法大错特错。"[1] 当遇到一个不称意的教师时，应仍然保持对学习的热情，以自身的学习成功来激发教师的热情，而不是与之对抗。

【拓展阅读 5.3】

尊师 ≠ 送礼　不要让教师节成了"教师结"

今天是第 30 个教师节，早在之前，不少家长就开始为教师节送礼而纠结。而对于家长送来的礼物，老师们也有自己的苦恼：收与不收，已经成为了一种负担。真希望教师节不要变成老师和家长们的"教师结"。

——家长：教师节送礼很纠结

家住达城老车坝附近的魏女士这几天很烦恼。不是担心孩子的学习，而是烦恼教师节到了，该不该给孩子的老师送点礼物。虽然家中长辈认为没必要，但她还是坚持自己的想法。通过四处向亲朋好友以及同事征求意见，经过一周时间终于列出礼物清单：购物卡、月饼票、电影券、旅游景点门票、化妆品……花样还真是不少。

"别人都送你不送，就怕老师有意见。"魏女士表示，向同事们征询是否给老师送礼时，总会听到"送比不送好"的声音。因此，为了让孩子不受委屈，接下来几天，她一直考虑教师节到底送什么礼物。便宜了，没诚意；贵了，难以承受，还可能被老师认为"庸俗"。同时又担心送礼会让孩子看见，影响孩子的价值观，进而造成不好的后果。

——老师：收不收礼成了心结

"收与不收，已经成为了一种负担。"提起教师节收礼，在某小学任教的张老师直摇头。

---

[1] James M. Banner, Jr, Harold C. Cannon. 现代教师与学生必备的素质[M]. 中国轻工业出版社，2000：169.

她表示，自己一直觉得老师最大的职业荣誉感就是学生的喜欢和尊重。然而，就算明确拒绝收礼，家长也要硬塞给你，怕你不收就是不喜欢他家孩子。"令人更懊恼的是，有的家长送了礼，好像就有了某种特权，会不断地提出各种要求。"张老师告诉记者，去年教师节，有家长在孩子的作业本上给老师留了很长的话，孩子也学着父母的样，给老师写了心里话，"老师，你是最美丽的天使，我一定要用出色的成绩，报答你"。这让张老师很感动，只要是发自内心的，比任何礼物都贵重。

——专家：不送礼但不能无礼

"教师节不送礼但不能无礼。"四川文理学院陈教授在采访中说，中国自古就是礼仪之邦，教师节到了，给学校和教师送去尊重，送去关爱，送去感恩，送去温馨，这样的礼貌应该而且是必须要提倡的。但是家长之间相互攀比，总想通过金钱"买"特殊待遇，这不仅亵渎教师职业的神圣，对学生人生观、价值观的形成同样有弊无利。

陈教授认为，学生可以采用自己独特的方式，给教师送上节日的祝贺，或者是一只千纸鹤，或是一张写下自己心语的祝贺卡片，或是一束有象征意义的鲜花等；家长应该尽可能在孩子面前，表现出对老师在精神层面的尊重，加强与老师沟通，共同教育孩子。

资料来源：http://www.dzxw.net/gbdsb/ms，达州新闻网，谢述建。

思考题：

1. 简述教师专业发展的内涵。
2. 当代教师应该具备哪些基本素质？
3. 简析教师专业发展的途径。
4. 根据当今中小学生的实际状况，分析学生的本质属性。
5. 如何建立和发展良好的师生关系？

第六章 课程理论

本章提要：课程是实现教育目的的主要手段和媒介，是教育教学活动的基本依据，是教育理论中最重要、最核心的内容之一。本章主要探讨课程的含义、类型、表现形式和我国基础教育课程改革等相关内容，以期形成科学的课程观。

第一节 课程的含义及分类

一、课程的概念

（一）课程词源分析

"课程"一词在我国始见于唐朝孔颖达在《五经正义》里为《诗经·小雅·巧言》中"奕奕寝庙，君子作之"一句注疏："教护课程，必君子监之，乃得依法制也。"孔颖达"课程"一词意指"寝庙"，喻指"伟业"，含义超出学校教育的范围，表达宽泛。宋代朱熹在《朱子全书·论学》中曾多次提及课程，如"宽着期限，紧着课程""小立课程，大作工夫"等。虽然他在此处对"课程"没有明确界定，但表述清晰，意指功课及其进程。换言之，此处"课程"仅指学习内容的安排顺次和所作的相关规定，并没涉及教学方面的要求，因此将其称为"学程"更准确。步入近代，由于班级授课制的施行，赫尔巴特学派"五段教学法"的引入，教学的程序及设计开始引人关注，渐而课程的含义从"学程"变成了"教程"。新中国成立后，由于我国深受苏联的影响，直至20世纪80年代中期之前，"课程"一词鲜见。

在西方，课程（curriculum）一词最早出现于英国斯宾塞的《什么知识最有价值》（1859年）一文中。该词由拉丁语"currere"派生而来，其意为"跑道"（race-course）。根据这个词源，最常见的课程定义是"学习的进程"（course of study），简称"学程"，这一解释在各种英文词典中很普遍。但这种解释在当今的课程文献中受到越来越多的质疑，许多学者对课程的拉丁文词源有了新的理解。"currere"一词的名词形式意为"跑道"，由此课程就是为不同学生设计的不同轨道，从而引出了一种传统的课程体系；而"currere"的动词形式是指"奔跑"，这样理解课程的着眼点就会放在个体认识的独特性和经验的自我建构上，就会得出一种完全不同的课程理论和实践。

（二）课程概念的界定

我国学者张华将课程定义大致归纳为三类：[1]

---

[1] 张华. 课程与教学论[M]. 上海教育出版社，2000：67.

1. 课程作为学科

这是一种被普遍认同的课程定义。广义的课程是指学校为实现培养目标而选择的教育内容及其教学进程的总和，它包括学校所教的各门学科和有目的、有计划的教育活动；狭义的课程指从学术（学问）中教育教学需求提取的知识。此课程定义最大弊端在于，将课程内容与课程过程分离，只见静态学习内容，忽略学习主体（学习者）的经验。

2. 课程作为目标或计划

该定义将课程视为教学欲意实现的目标，也即教学的预先计划。例如，课程专家塔巴将课程视为"学习计划"，奥利沃认为课程是"一组行为目标"，等等。由于该定义将课程视为教学过程之前或教育情境之外的内容，将过程目标与实现过程或手段分裂，忽略了学生的现实经验。

3. 课程作为学习者的经验或体验

该定义将课程视为学生在教师指导下所获取的经验，及学生自发获得的经验或体验。该观念秉承了杜威将课程视为学生在教师指导下获得的经验的观念，特点是将学生直接经验置于课程的中心位置，消除课程中"见物不见人"的倾向，消除内容与课程、目标与手段之间的二元对立。但是，该定义忽略了系统学科知识在儿童成长发展中的意义。

二、课程的类型

课程类型主要依据教育过程中的主客体统一的课程编制原理赋予课程形态及其分类的一种概念。[1]换言之，一方面，不同研究者或实践者因持有不同的人生观和价值观，这必然导致对课程资源的研发或课程设计上存有差异；另一方面，课程正如一个三维"立方体"，从不同的角度可揭示对立或不同的内容。根据不同划分标准，大致呈现以下四种类型。

（一）按不同课程形态划分

1. 学科课程

学科课程又称科目课程或分科课程，它是以各门文化科学知识的系统逻辑性组织起来的课程形态总称。例如，这种课程最早可追溯至古希腊罗马时代的"七艺"（文法、修辞、辩证法、算术、几何、天文学和音乐）。学科课程在学校课程体系中占据着绝对的权威地位，它能系统地向学生传授大量的知识。当然，学科课程是依据不同层级教育目标、教学规律和学生不同阶段年龄特征来设置的，量上和程度上是螺旋式上升的，具有一定教学顺序、教学时数和期限。

可以说，因为学科课程是每门学科知识体系的科学安排，所以它易于使各级学校的相同或相近学科领域的知识连接起来，使之成为一个体系。例如，从初中的物理和化学，到高中的物理和化学，直至大学的物理和化学，实际上是一个循序渐进的连续系列。由此，学科课

---

[1] 钟启泉. 现代课程论（新版）[M]. 上海教育出版社，2003：236.

程的第一个优点是，学科课程有助于保证所传授知识的系统性、连续性和完整性。第二，作为接受过系统而专业的知识训练的教师，课程教学对他们而言较易掌握。第三，学科课程有利于几千年来文化遗产的传承。

但是，学科课程也存在许多不足：第一，科目繁多的学科课程不仅导致课程体系臃肿不堪，而且支离着学生的认知结构。第二，学科课程固有的知识逻辑性易于导致教学重记忆轻理解。第三，独立成科的课程与日常生活和学生的经验缺乏联系，有时甚至发生冲突。

2. 经验课程

经验课程又称活动课程、儿童中心课程，它源于杜威进步主义教育思潮，主张以儿童的主体活动经验为中心组织课程。经验课程秉承了杜威的"教育即生活""学校即社会"和"在做中学"的教育理念，要求以儿童为中心组织课程，使课程满足儿童当前的需要和兴趣。

显而易见，活动课程与学科课程相对，是以儿童从事某种活动的动机为中心组织的课程。它打破了学科逻辑组织的界限，以学生的兴趣、需要和能力为基础，通过学生自己组织的一系列活动而实施的课程。因而，它的具体选材范围围绕着儿童的动机展开。由此，活动课程主要是帮助学习者解决他们当前认为重要的问题，设法扩大和加深他们已有的兴趣和生活经验，充分体现儿童的主体性。

但是，活动课程不能给学习者以系统的文化科学知识，不利于传递人类文化遗产，甚至连读、写、算的基本工具也不能有条不紊地帮助儿童掌握。由此，经验课程在片面强调学生主体性的同时，却忽略了学科知识的系统逻辑性，在课程设置和教学效益上都远不如学科课程，所以缺乏推广性。

3. 核心课程

核心课程实质上是活动课程的进一步发展，要求以人类基本活动为主题而编制课程系统，在实质上是活动课程的发展。核心课程论者认为，课程设置不仅要兼顾儿童的不同发展阶段所需，而且要反映人类的基本活动。换言之，它主要围绕人类基本活动来确定不同年级学习的核心主题。可以说，核心课程既可避免学科课程距离生活过远，能对儿童的兴趣和动机给予必要的引导，又可避免活动课程内容过分零散的缺点。

核心课程的设置遵循了由此及彼、由里及外的过程。例如，在开展"环境保护"的活动中，针对不同年龄阶段和学校所授课程，教师可以引导小学生重拾学校、附近公园、街道等处垃圾做起；教师可启发中学生运用所学物理、化学等学科知识对附近水资源、空气等进行化验，探明环境污染因素等。概言之，核心课程要求有全面的课程纲要，按照学生程度规定学习单元。

然而，虽然核心课程兼顾儿童和社会的需要，但是仍然难以给学习者以系统的知识。核心课程在高年级的推广价值不大，因为仍然很难使学生掌握系统的、巩固的基础知识。

4. 综合课程

综合课程又称统整课程，指将诸多相邻且相关学科内容加以筛选、充实后按照新的体系合多为一的课程形态。也就是说，综合课程有意识地运用两种或两种以上学科的知识观和方法论去考察和探究一个中心主题或问题。由此可见，综合课程是针对分科课程的过度细化而出现的，试图打破传统学科的界限，以满足科学技术发展日益综合化的需要。

虽然把若干有关学科合并起来编订课程，但是综合课程仍属学科课程（学科）的一种。为了改正学科课程分科过细的缺点，教育工作者采用合并相关学科来编订课程，使每一门学科包括的科学领域范围较广，从而该课程减少了分科的数目，便于联系学习者的生活实际来教学。依据综合课程的要求编写的教科书，要把有关学科的知识联系起来，综合编排。综合课程在基础教育阶段都可采用，再以"环境保护"问题为例，在小学阶段的语文学科中将社会常识和自然常识综合起来，而且语文学科本身也是识字、阅读、说话、写字和作文的综合。

综合课程的确可让学生尽量形成一个完整的认知和思维。但是，在实际操作过程中绝非易事。第一，综合课程的编制对教师要求很高，但是随着高等教师分科细化，教师的专业不断细化，这导致教师很难胜任该工作。第二，在一个教师流动性很强的学校，该课程施行起来很困难。第三，该课程耗时耗材，而且是否能让学生掌握系统学科知识也是个问题。

（二）根据存在方式划分

1. 显性课程

显性课程，顾名思义，指的是看得见、摸得着，也就是直接为教育教学活动所用的课程资源。例如，上课用的黑板、教材、多媒体等，当然也包括一些自然资源中的实物。值得注意的是，显性课程具有特殊目的性，是为达到规定的教育目标而设置。可以说，作为实物存在的显性课程资源已成为教育教学的便捷手段或内容，无时无刻不是在被开发利用。

2. 隐性课程

隐性课程与显性课程相对，其概念在20世纪60年代被正式提出，是以潜在的方式对教育教学活动施加影响的课程资源。在学校里，主要存在三类隐性课程：一类是物质性隐形课程，包括学校建筑、体育设施及校园自然环境；二类是制度性隐蔽课程，包括学校领导、教师与教师、教师与学生等之间的人际关系；三类是心理性隐蔽课程，包括师生特有的心理及行为方式。为此，与显性课程资源不同，隐性课程资源的作用方式具有间接性和隐蔽性的特点，它们不能构成教育教学的直接内容，但是它们对教育教学活动的质量起着持久的潜移默化的影响。所以，隐性课程资源的开发与利用更需要付出艰辛的努力。

（三）按课程设置形式划分

1. 必修课程

从本意上来讲，必修课程是同一学年的所有学生必须学习的课程，对学生掌握一门专业或知识的普及而言非常重要。例如，大学中社会工作专业的本科生必须学习社会工作概论、青少年社会工作、团体社会工作、普通心理学、社会心理学、管理学、伦理学等课程。除此外，对一些公共科目如英语、政治，则是大一、大二必修必考的科目。

2. 选修课程

选修课程是指一个教育系统或教育机构法定的，学生可以按照一定规则自由地选择学习的课程种类。选修课程是为了适应学生的兴趣、爱好及劳动就业的需要而开设的，可供学生在一定程度上自由选择的课程。大约在19世纪后半叶，美国开始尝试在中学开设选修课。

选修课程是致力于"个性发展"的课程，具有一定实施的弹性，具有基础性、新颖性、实用性和独创性的特征。选修课程与必修课程之间是对等关系，不存在主次的关系，主要为满足学生学习兴趣和求职需要而产生，也存在一定考核标准。

（四）按课程开发过程划分

美国课程学家古德莱德（Goodlad J.I.）曾把课程从专家设计到学生接受，划分为五种不同层次：[1]

理想的课程（ideal curriculum），是研究机构和课程专家依据一定的教育思想设计出来的课程。

正式的课程（formal curriculum），指国家或地方教育委员会认可颁布的课程计划、课程标准和教材，是在学校课程计划中所列出的官方课程。

领悟的课程（perceived curriculum），指教师按照自己的领悟和理解而努力去实施的课程。

观察的课程（observed curriculum），指教师根据以上领悟课程在课堂教学中展开的课程，所以他或她会对学生反映做出即时应变和调整。

体验的课程（experiential curriculum），指学生实际领悟到并做出反映的课程。

由此可见，从课程内容的决策设计到实施，再到学生的接受，整个过程会因不同的人、不同的认知及期间发生的事件而发生增益或删减，最终学生接受与研究机构、学术团体和课程专家的设计初衷会产生偏差。这是一种独特而每个课程都需经历的过程。也就是说，课程不仅停留在制度和文本上，还包括从教师领悟到学生体验的系列过程。由此，实际生活中任何课程改革若要顺利进行，只有加强课程专家、学科专家与一线教师之间的对话和协商，激发教师课程实施的创造性，否则再美好的课程设计蓝图都是纸上谈兵。而且，课程在不同的一线教师解读和领悟的过程中也会产生差异，这反映了个人的基本观点和价值取向。

三、课程与教学的关系

（一）大教学小课程

持"大教学小课程"观念的学者认为，教学是上位概念，课程包含于其中，仅是教学的一个组成部分而已。这种看法的突出表现于苏联的一些教育学著作中，我国当今的一些教育学、教学论著作也持此观点。具体而言，课程成为教学内容的代名词，课程被具体化为教学计划、课程标准和教科书。

（二）大课程小教学

与前者相反，"大课程小教学"观念普遍流行于北美，它认为课程涵盖面宽于教学，教学是课程的一个组成部分。美国现代课程论的奠基人泰勒（Tyler R. W.）在其《课程与教学的基本原理》一书中，就课程原理提出四个问题：学校应该试图达到哪些教育目标？学校要实现这些目标应该具备哪些教育经验？如何有效地组织这些教育经验？如何确定这些目标正在得

---

[1] Goodlad J I. The scope of curriculum field[M]//J I Goodlad, associates. Curriculum inquiry: The study of curriculum practice. McGraw-Hill, 1979: 17~41.

到实现?显然,教学被囊括于课程之中。

除了以上两种关系外,西方一些学者认为两者是目的与手段的关系,即课程是学校预期达到的目标,教学是实现目标的手段。

第二节 课程的表现形式

一、课程计划

课程计划是应资本主义发展中生产的需要和知识日益复杂化而产生的。随着教育的普及化,学生入学人数增多和学校类型、规模的扩大,教学内容也日渐得到完善,而这就要求学校教育要具计划性,教学工作要更加合理化。早在17世纪,夸美纽斯在《大教学论》中就提出"把一切有关的部分按照它们的数目大小和重要的程度安排起来"。课程计划就在这一客观环境中产生。

在我国,课程计划产生于清末1902年颁布的《钦定学堂章程》。但是,由于深受苏联的影响,新中国成立后我国一直采用"教学计划"这一名称,即教师在每学期或每学年的教学目标、内容和教学进度的安排。直至1992年,国家教委在《义务教育全日制小学、初级中学课程计划(试行)》中,由于考虑到新的课程计划的核心是课程设置和结构,而课程结构与以前的教学计划相比有了一定的突破(如将活动课纳入课程,增设选修课),于是将"教学计划"恢复为"课程计划"。

由此,课程计划也称为教学计划,是依据国家教育主管部门制订的有关学校教育教学工作的指导性文件,根据教育目的和学校培养目标对课程设置与编排的总体规划,对学校的教学和各种教育活动做出的全面安排,包括学校应设置的学科门类及活动,以及它们的开设顺序及课时分配,并对学期、学年、假期进行划分。课程计划体现了国家对学校的统一要求,是办学的基本纲领和主要依据,是编制课程标准和编写教科书的依据,也是督导、评估学校教育教学工作的依据。目前,我国全日制中小学的课程计划由以下内容组成:

1. 指导思想

课程计划的制订要贯彻国家的教育方针,遵循教育"面向现代化、面向世界、面向未来"的战略思想,坚持教育为社会主义建设服务,对学生进行德、智、体、美、劳的全面教育,进而提高教育质量。

2. 培养目标

培养目标应体现与时俱进的精神。第一,成才首先成人,课程首先帮助学生树立正确的世界观、人生观、价值观;第二,要培养学生于人于己的责任观,唯有如此才能担当社会之大任;第三,要培养学生懂理、明理的是非判断精神,遵守国家法律和社会公德;第四,初步培养起批判实践创新能力,具有科学人文素养和环境节能意识;第五,具有终身教育意识,在人生长河中不断参与正式与非正式教育的学习。

3. 课程设置

依据学校培养目标和青少年身心发展规律，不同阶段的课程各具特色。小学分为两个阶段：低年级开设语文、数学、体育、艺术（或音乐、美术）、品德与生活等课程；中高年级则开设语文、数学、科学、外语、综合实践活动、体育、艺术（或音乐、美术）、品德与社会等课程。初中主要开设思想品德、语文、数学、外语、科学（或物理、化学、生物）、历史与社会（或历史、地理）、体育与健康、艺术（或音乐、美术）以及综合实践活动。如果小学阶段以综合课程为主，初中阶段是综合与分科相结合，高中则是分科课程为主。但是，高中课程在开设必修课的同时，也适时的开展选修课。课程虽由国家统一规定，但是各省、自治区、直辖市教育厅（局）根据本地实际情况和需要适当调整。

此外，社区实践、信息技术的学习和探究式学习贯穿于整个学习过程中，培养学生综合知识的实践能力，增加学校与社区的联系。

4. 考试考查

根据时间间隔的长短，考试考查可分为学期、学年和毕业三种，分别对不同阶段学生对知识的掌握程度进行考核。考试一般每学期一次，考查则可根据平日需要进行，以开卷或闭卷、笔试或口试等方式进行。考试命题以学科课程为依据，体现教学目标和要求。成绩采取百分制形式，给学生排名定级，再结合学生平时表现给予评语，以促进学生进步与提高。

不同阶段对学生考试考查方式不一。在小学阶段，语文、数学为考试学科，其余为考查科目。换言之，只要语文、数学考试合格，思想品德考查过关及小学生体育合格，即可毕业。而且，小学毕业考试只要在县级教育部门的指导下，由学校命题，农村也可由乡、镇教育相关管理机构组织命题。然而，初中毕业考试则在国家统一规定的学科范围内确定考试学科，其余科目则采取结业考试或考查。考试学科命题权由各省、自治区、直辖市教育委员会、教育厅（局）拟定。

5. 课程实施

国家课程统一规定了课程门类、教学内容、教学要求和课时分配，体现了对全国义务教育的基本要求，成为各级教育相关部门和不同教育阶段组织安排教学活动的根据，也成为督导、评估学校教学工作的依据。当然，在国家课程指导下，各级教育部门可结合本地区的实际情况进行适当调整。

二、课程标准

课程标准规定了某门学科的课程性质、课程目标、内容目标、实施建议，是教学指导性文件。具体而言，它对学生通过某一阶段学习后应该掌握什么进行了界定和表达，反映了国家对学生的要求和期望。国家课程标准对不同阶段学生在知识与技能、过程与方法、情感态度与价值观等方面有基本要求。

自2001年启动新一轮基础教育课程改革后，我国将沿用多年的"教学大纲"改作"课程标准"，其框架包括：一是前言，即阐明该课程改革的背景、课程性质、课程理念与本门课程标准的设计思路；二是课程目标，即从知识与技能、过程与方法、情感态度与价值观三方面说明该课程的总目标与学段目标；三是内容标准，即按国家教育方针及素质教育行事；四是实施建议，即包括教学建议、课程资源拓展、评价等方面的建议；五是术语解释，即对标准中出现的重要术语进行阐释。

首先，值得强调的是，由于义务教育的重点在于落实教育的普及，也即学生通过努力达到国家对公民素质的基本要求，进而教育重点旨在培养学生具备终身学习的愿望和能力。由此，国家课程标准体现的是对学生的统一普遍要求，而非最高要求。其次，课程标准打破以往偏重知识方面的要求，涉及对一个完整个体发展的重视，过程与方法、情感态度与价值观的培养受到重视。换言之，力图实现学生全面发展之目标，注重学生经验、学科知识和社会发展三方面的整合。最后，课程标准仅是对学生完成某阶段学习后，其结果的行为描述，并非对教师教学做了严格时间或成效的规定，所以教师可激发思想灵感的火花用好教科书。

三、课程资源

（一）课程资源的含义及分类

1. 课程资源的含义

课程资源是从课程设计到编制再到实施及评价的整个过程中可用的一切人力、物力以及自然资源的总和。课程资源的概念有广义与狭义之分。广义的课程资源是指用于实现课程和教学目标的各种因素；狭义的课程资源仅指形成课程与教学的直接因素来源。而此处所要探讨的是广义的课程资源，即课程实施所需要的一切资源。

2. 课程资源的分类

根据不同的划分标准，课程被划分为不同类型。

（1）按照课程资源的功能特点，将其分为素材性资源和条件性资源。

素材性资源的特点是作用于课程，且能够成为课程的素材或来源，是学生学习、获取或内化的对象，如知识、技能、经验、活动方式与方法、情感态度和价值观以及培养目标等方面的因素。条件性资源的特点是作用于课程却并不是形成课程本身的直接来源，并不是学生学习的直接对象，但它在很大程度上决定着课程的实施范围和水平，如直接决定课程实施范围和水平的人力、物力、财力、时间和环境等因素。

（2）按照课程资源的来源，将其划分为校内资源、校外资源和网络化资源。

校内资源包括本校教师、学生、专用教室、学校图书馆、实验室、动植物标本、教学挂图、录像片、幻灯片、电影片、录音带、电脑软件及其他各类教学设施和实践基地等；校外资源主要指社区、图书馆、博物馆、校外学科专家、上级教研部门、研究机构等广泛的社会资源及丰富的自然资源；网络化资源主要指多媒体化、网络化、交互化的以网络技术为载体开发的校内外资源。

此外，根据性质，课程资源分为自然课程资源和社会课程资源；根据物理特性和呈现方式，分为文字资源、实物资源、活动资源和信息化资源；根据存在方式，分为显形课程资源和隐形课程资源。这些划分充分说明了课程资源具有丰富多样性。

（二）课程资源开发与利用的基本理念

1. 课程标准和教科书是基本而特殊的课程资源

课程标准是教材编写的依据，而教材编写是对课程标准的一次再创造、再组织以及验证。不管课程标准和教材之间存在一种怎样的根据和发展的关系，它们都是基本而特殊的课程资源。可以说，课程标准中规定的基本素质要求是教材、教学和评价的灵魂，也是整个基础教育课程的灵魂。特别是教材是基本而特殊的课程资源，它在很大程度上反映了国家意志，反映国家对基础教育的基本要求，为基础教育树立了一个落实课程标准的参照性标杆和尺度，是政策性很强的课程资源。目前教材的主要形式还是教科书，其他的教材类型还有教学指导书、自学指导书、实验指导书、补充读物、工具书、各种直观教具和各种类型的音像材料。随着科技的不断发展和教学手段的不断开发，教材的范围还将扩大。

2. 教师是最重要的课程资源

教师兼具条件性与素材性课程资源两种特质，尤其在素材性课程资源的开发和利用中起着主导和决定性的作用。教师作为教育的主体，因主观因素（知识阅历、个人素养等问题）影响，直接导致课程从设计到实施，再到评估整个过程各异。随着课程教材改革和学校内部教育教学改革的深化，教师是教育改革关键性因素的观点，越来越引起人们的关注。因此，在课程资源建设的过程中，要始终把教师队伍建设放在首位，通过这一最重要的课程资源的突破来带动其他课程资源的优化发展。学生的发展必须依靠训练有素的专业教师，教师必须做好准备以便能给在能力、需要、经验和学习方法等方面各有不同的学生提供优质的教学，应该为教师提供专业发展机会，提高教师进行有效的、科学的教学所需的能力。

3. 教学是师生运用课程资源共建知识结构的过程

教师作为重要的课程资源不仅体现在主体性的参与上，关键在教学过程中用自己的智慧发掘课程资源。这首先需要教师用发展眼光来审视课堂，因为很多课程资源不像课程标准、教材、教具等是预设的。这一点突出体现在学生身上，正是在师生互动中生成课程资源。其实，此观念就是强调学生的积极主动性，他们不是被动地接受知识，而是一个知情意完整的人，拥有自己的想法。因此，如果用动态生成的观点来分析，教学过程就不再是一个按图索骥的过程。学生的困惑、问题和感受成为教学的新增长点，促进教师指导和创新课堂教学，让那些有意义的内容走进课堂。

第三节　基础教育课程改革

新中国成立后，特别是改革开放以来，我国基础教育取得了辉煌成就，基础教育课程建设取得了显著成绩。但是，我国基础教育总体水平还不高，原有的基础教育课程已不能完全适应时代发展的需要。为贯彻《中共中央国务院关于深化教育改革全面推进素质教育的决定》（1999年）和《国务院关于基础教育改革与发展的决定》（2001年）提出的重要任务。教育部于2001年6月颁布了《基础教育课程改革纲要（试行）》，决定大力推进基础教育课程改革，调整和改革基础教育的课程体系、结构、内容，构建符合素质教育要求的新的基础教育课程体系。

为了让大家了解新课程改革的基本情况，本节从分析本次改革的国内外背景入手，简明扼要地介绍了新课程改革的理念、目标及主要内容。

一、课程改革的背景[①]

21世纪是以知识的创新和应用为重要特征的知识经济时代，知识是决定经济增长的关键因素。当前科学技术迅猛发展，知识更新的速度日益加快，国际竞争日趋激烈，国力的强弱越来越取决于劳动者的素质。社会的信息化、经济的全球化使创新精神与实践能力成为影响整个民族生存的基本因素。自改革开放以来，我国社会主义市场经济体制正在逐步形成，对外开放不断扩大，经济结构调整不断深入，这一切都对我国教育的改革和人才培养，特别是基础教育提出了前所未有的新要求和新挑战。

课程是基础教育的核心，中外教育改革，无不是把课程改革作为提高人才培养质量的核心。我国在世纪之交进行的这场新一轮课程改革，必将使基础教育从教育思想到教学内容、教学方法都坚持与时俱进，反映鲜明的时代特征。通过课程改革，培养学生具有良好的思想品德，具有创新精神和实践能力，具有健康的身体和心理素质，是全面推进素质教育的关键环节。这对落实科教兴国战略，提高中华民族整体素质，增强我国的综合国力，实现中华民族的伟大复兴，都具有十分重大而深远的意义。新一轮基础教育课程改革要以邓小平同志关于"教育要面向现代化，面向世界，面向未来"、江泽民"三个代表"重要思想、胡锦涛"科学发展观"为指导，全面贯彻党的教育方针，全面推进素质教育。

2001年，教育部颁布了《基础教育课程改革纲要（试行）》，发布了义务教育阶段18科课程标准（实验稿），开发了20个学科、上百种小学新课程实验教材，制定了《义务教育课程设置实验方案》和课程改革的有关配套文件，启动了国家级基础教育课程改革实验区工作，新课程在27个省（自治区、直辖市）38个国家实验区的小学开始实验。2002年秋季开始在省级实验区进行实验，覆盖500余个县（区、市）级单位，约占全国县、区总数的17%，新课程进入由点向面过渡的关键阶段。[②]

我国新一轮基础教育课程改革，是在全球化潮流中进行的一次巨大的变革，是在大量的调查研究、经验研究与比较研究的基础上产生的，是先进的国际化的课程理念和优秀的本土实践成功的融合。

（一）世界各国的课程改革状况

随着社会政治经济的发展向教育领域的全面渗透，教育面临新的要求与挑战，世界各国都认识到基础教育对社会经济发展的作用，纷纷开展了大规模的教育改革。在这些改革中许多国家将课程作为教育改革的重要组成部分。

我国的这次课程改革是在世纪之交的特殊时代背景下进行的，也是在世界课程改革大潮

---

① 钟启泉. 为了中华民族的复兴 为了每位学生的发展《基础教育课程改革纲要（试行）》解读[M]. 华东师范大学出版社，2001：3-5.
② 薛彦华. 教育学[M]. 科学出版社，2009：174-175.

中展开的。这次改革充分研究了主要发达国家的课程改革经验，如英国、美国、加拿大、澳大利亚、日本、法国、德国、韩国、俄罗斯等国家吸取了 20 世纪 80 年代以来的教育与课程改革经验，特别注重在国际视野中进行新课程的规划和设计，并组织专家重点地考察了美国、英国、法国、德国、澳大利亚、日本、泰国的教育行政机构、教育研究与评估机构、中小学，以寻求国际背景与中国特色的最佳结合。

在英国，由于英国是地方分权制国家，中小学课程设置崇尚的是"多元、多轨"，过去也从未有过全国统一的课程标准。针对地方自行设置课程，由于国家没有统一的规定，而导致教育质量总体水平不高。进入 20 世纪 80 年代以后，英国颁布了《教育改革法》，提出在全国推行统一的课程。1987 年，英国政府发表了《国家课程》的报告，具体陈述了国家课程的目标、内容、评定的实施安排。1988 年，《教育改革法》的出台，更是标志着战后英国教育制度特别是中小学课程开始趋于中央集中控制。这些课程的主体部分包括数学、英语和科学 3 门核心科目，以及历史、地理、技术、音乐、美术、体育、外国语等 7 门（中等教育阶段）基础科目。1999 年颁布的课程改革方案以提高学力为基本方针，新国家课程包括英语、数学、科学、设计和技术、信息和交流技术、历史、地理、现代外语、艺术和设计、音乐、体育、公民 12 门学科。在 12 门必修学科之外，学校还有义务对学生进行宗教教育、性教育、升学与就业、人格修养、社会性的形成及健康教育，作为横跨各门学科的学习主题。新课程特别强调要加强对本国语和数学的学习指导。在小学，英国政府推行了"国家读写战略"和"国家计算战略"，统称为"国家基础学力战略"，从 1999 年 9 月开始实施，该战略确定的学力目标是，读写方面，到 2002 年，80%的 11 岁儿童的语文水平达到该年龄阶段儿童应达到的标准；计算方面，到 2002 年，75%的 11 岁儿童的计算水平达到该年龄阶段儿童应达到的标准。

美国有 15 000 多个学区，原则上都有独立的学校管理权限。面对全球经济、科技、文化和社会的根本变化对教育产生的巨大冲击，美国国家教育优异委员会于 1983 年发表《国家处在危急之中：教育改革势在必行》的报告书，美国进行了大规模的教育改革，教育革新似乎已经汇成了举国一致的洪流。这份报告书也被称为"教育危机宣言"。它指出在过去 20 年间，美国中小学问题丛生，教学质量下降了，提出要把全面提高教育质量作为改革的目标。综合中学在课程设置上分成，为升学做准备的学术轨、为就业做准备的职业轨和为适应生活做准备的普通轨。在报告书所提的五条建议中，第一条就是有关课程改革的建议，它强调英语、数学、自然科学、社会科学、计算机科学作为"五种新的基础训练"，并对每一门课都提出了具体的要求。另外，对学生的学习时间和师资水平都提出了不同的建议。1999 年，美国教师联盟指出，各州课程标准必须包括四门核心学术科目，即英语、数学、科学和社会科学。由于美国是一个典型的地方分权的国家，目前没有全国统一的国家课程标准，但各州都有自己的课程标准和相应的课程设置。

进入 20 世纪 90 年代以后，法国的课程改革成为教育革新的热点。改革的重点是小学恢复了合科教学，高中推迟了分科的时间。由于法国的公立学校并未带来令人满意的效果，法国国家教学大纲委员会的主席 L. 费里（L. Ferry）认为："在历史上，我们的共和国学校提出了可以想象的任何可能的问题，但是在实际上从来没有提出过向学生传递的内容的合理性问题，——这是令人惊讶的！"该委员会认为，学校的职能在于向所有人传递一种深思熟虑的共同文化，保证学生们掌握"知识和能力的共同基石"。"共同基石"的概念主要针对义务教育阶段，面对所有的学生，因此学校的教学内容应该尽可能地集中于各个学科的最基本的方面，确保它们之间的最大限度的和谐。为此，提出了围绕"学科极"的概念。所谓的学科极，是指将几门学科组合在一起，指向某一主题。委员会将学校的各个学科分配成三个学科极，即表达、关于人的知识和关于世界的知识。表达是基本的工具，旨在使学生获得基本的语言能力，以达到表达与理解上的自治，这一学科极包括法语、艺术实践、外语、数学。关于人的知识，旨在使学生了解从人类生活到社会的多种体验，这一学科涉及广义的历史，包括纯粹的历史学科以及文学史、人文地理、艺术、技术和科学的历史。关于世界的知识，这一学科极以科学和技术教育为中心，旨在使学生们熟悉实验和技术的步骤，掌握自然和生命科学使用的基本方法，了解当今社会技术和科学的成果，这一学科极包括物理、化学、生物和技术（包括计算机）。此外，委员会认为，公民教育和体育是横向性学科，应该横跨以上三个学科极。

在日本，面对"学校繁荣、教育衰败"的"教育荒废"现象，1985—1987年，临时教育审议会一连提出了四次审议报告，为20世纪日本的最后一次课程改革鸣锣开道。这次改革课程标准的方针，一是培养具有丰富情操、坚韧不拔的人；二是注意培养自学态度和主动适应社会变化的应变能力；三是注重作为一个国民所需的基础的教育内容，充分发挥个性；四是加深国际理解，注重培养尊重日本文化与传统的态度。所以，日本的小学和初中进一步加强了基础教育学科，初中高年级开始分化，逐步扩大了选修课程的比例。近年来，日本提出了"生存能力"的概念。"生存能力"主要包括三个方面：第一，能够独立发现问题、独立学习与独立思考，能独立判断和独立解决问题。第二，能自律，并能与他人很好地协调和合作，能从他人角度思考问题，具有丰富的同情心。第三，具有旺盛的生命力所必备的健壮的身体。发展学生的生存能力已经成为日本教育改革的基本方向。1998年12月，日本文部省颁布了新的《学习指导要领》，由此展开了新一轮的基础教育课程改革。在这次课程改革中，最引人注目的就是在以往的"学科""道德""特别活动"三个课程板块基础上增加了"综合学习时间"。小学和初中从2002年开始，高中从2003年开始，"综合学习时间"进入正式实施阶段。目前，日本的中小学，无论是国立、公立还是私立，都开设了"综合学习时间"。之所以在新课程体系中专设"综合学习时间"是为追求跨学科的、综合性的学习，并确认这种学习对培养儿童的生存能力，让他们更好地适应以国际化、信息化等标志的社会变化是十分必需的。其主要内容包括：第一，国际理解教育、信息教育、环境教育和健康教育。第二，儿童感兴趣和关心的课题。"综合学习时间"是一门跨学科的课程，它不以一门具体学科的形式出现，强调孩子的兴趣，凡是孩子感兴趣和关心的话题，都可以作为课堂的教学内容，因而每所学校都有所不同。第三，具有地方特色和学校特色的课程。尽管这是文部省规定的必修课程，但各地、各校可根据自身特色设置内容，实施校本开发，甚至在课程名称上各校也不尽相同，因此各具特色，由此涌现出一大批特色学校。

归纳起来，世界主要发达国家现代课程改革的基本特点包括以下几个方面：

1. 为培养现代公民而加强人文、道德课程

文明的进步要求世界公民素质的普遍提升，但科技的发展给人类带来进步的同时，也带来了负面的影响，物质生活的充实并不能代表精神世界的充实，经济的发展并不能避免价值观的失落与道德的沦丧。因此，各国课程改革也都普遍注重教育的道德文化层面，强调儿童价值观的培养和道德教育。

1994年由各国教育部长参加的第44届国际教育大会的《宣言》明确提出："特别注意改

进课程、教科书内容和包括新技术在内的其他教育材料,以便教育有爱心和责任感的公民,使他们面对其他的文化能够欣赏自由的价值、尊重人的尊严和差异,并能防止冲突或通过非暴力手段解决冲突。"人类从未这样高度重视过人文、道德教育。尽管各国的社会制度、意识形态以及价值观念上存在着巨大差异,但对加强青少年进行人文、道德教育的认识却是高度一致的,并且都强调从每个国家的国情出发,设置道德教育或宗教课程,强化所有课程中的道德教育因素。现代人文、社会课程,如语言、文学、公民、社会、政治、宗教等,是进行爱国主义教育,发扬民族精神,培养合格公民的重要课程。各国为培养年轻一代成为拥护本国政府、维护民族统一、维护社会秩序的公民,普遍强调儿童价值观、态度和道德教育,强调通过人文和社会课程进行公民基本素养的教育。例如,日本小学、初中设有道德课程;法国小学设有道德课,中学开设公民课;美国和瑞士开设公民课;英国、德国、瑞典、挪威、丹麦则开设宗教课。

2. 为了孩子的终身发展而强调基本学力训练

为适应学习化社会的需要,提高儿童的基础学力仍是各国课程改革首要的关注点,读、写、算能力和信息素养等是未来公民不可或缺的,基础学力是儿童适应未来生活及社会发展的前提,是开展终身学习、促进自身的完善与发展的基础。西方一些国家中小学学生的基础知识掌握多不扎实,这种状况在终身教育思潮的冲击之下正在得到改变。终身发展的理想也正在日益广阔的社会实践中逐步成为现实,尤其是一些分权制国家纷纷通过立法和其他手段,逐步确立了每个学生必须掌握的核心课程和基础课程,强调基本学力训练。例如,美国在《2000年目标:美国教育法》中提出了到 2000 年要实现的"八项教育目标",其中有四项直接与学生的基本知识和认知素质有关。法国国家教育大纲委员会明确提出,教育改革的主旨就在于让学生掌握"知识和能力的共同基石"。而英国政府则积极编制国家课程标准,并把推行的读写、计算训练称为"国家基础学力战略"。日本则提出了"生存能力"的概念,把培养"生存能力"作为今后教育改革的基本方向。

3. 为发展孩子的信息素养而强调信息教育

这是各国为迎接信息时代的挑战,适应信息化社会所做出的反应。从浩瀚的信息海洋中获取信息,儿童必须具备相应的信息素养能力。因此,信息素养的养成,成为世界各国课程改革的另一个热点领域,世界各国从 20 世纪 90 年代开始日益强调信息教育。1996 年 1 月,美国前总统克林顿在年度国情咨文中提出 2000 年以前所有中小学都与国际互联网连通,1997年 9 月联邦教育部在《1998—2002 年教育发展战略规划》中提出"到 2002 年为止所有教室都连上互联网,并完成网络技术的脱盲"的发展目标。2001 年 1 月,美国总统布什在《不让一个孩子掉队》的教育报告中再次重申,信息技术将成为学校提高学生学业成绩的一种有力工具。到目前为止,美国中小学信息化建设已经取得了重大进展,普通学校已经每个教室配置 4~5 台计算机,平均每 4~5 个学生拥有 1 台计算机,条件较好的学区及中小学,甚至能达到人均 1 台笔记本电脑。一些最先进的技术,如无线互联技术也在学校中广泛应用,新建校舍往往选择一次性建成无线校园网,基本实现了"有学生学习的地方就有计算机",学生可以在网上很方便地获得自己所需要的各类信息、包括图片和视频资源。

日本文部省于 1992 年首次提出将多媒体计算机应用于教育的问题,1994 年、1998 年、

2000年、2001年连续四次制订发展信息教育的目标和实施计划，卓有成效地推动了日本学校计算机的基础设施建设和互联网的迅速发展，到2005年，日本所有的中小学都实现了联网。目前，日本正在筹划编写中小学电子数字化教材，以改变目前中小学纸教材权重过大的现状，逐步增加无纸化教材的比例。针对小学、初中和高中三大学段的不同特点，日本小学阶段已明确信息教育的内容，初中阶段开设"信息基础"选修课，重点放在计算机设备操作和初级软件的利用上，高中阶段设置"信息技术"必修课和"信息处理"选修课，主要在数理学科开展计算机教学活动，目前正在向学校整体教育活动扩展。

而面对教育信息化的浪潮，韩国在20世纪90年代后期确立了"国家信息化促进基本计划"，确定信息技术教育总目标是培养学生的信息素质，并把它能动地、创造性地应用在自己的生活中，使教育信息化的开展更加具体化和系统化。到2000年年末，韩国已完成了对所有中小学计算机的普及、互联网的连接等物质设施建设以及教师培训等第一阶段的"教育信息化综合计划"。

4. 强调课程改革为培养个性和创新精神服务

教育同时承担人的社会化和个性化职能，两者不能偏废。20世纪80年代下半叶以来，一些发达国家的中小学课程改革以调整必修课和选修课的比例为主要任务之一，这是在激烈的国际竞争中培养人才的需要。有些国家，如英、美，增加必修课，减少选修课，反映了原来以分散为主的课程转向一定的集中；另一些国家，如日本、俄罗斯，减少必修课，增加选修课，反映了原来以集中为主的课程转向一定程度的分散。欧美国家一直注重开发弹性化课程，如微型课程、学期课程、自由课程等。据悉美国60%~75%的高中实施微型课程（6~9周）和学期课程（15周）。法国从1973年起，在中等学校实施10%的自由支配课程。另外，活动课程、核心课程也为青少年的个性和创新精神提供了广阔的发展空间。

但由于各国历史发展不平衡，实行课程改革所采用的方式也有很大区别。概括起来，主要有四种类型：

（1）嬗变型。

在最早确立现代课程框架的欧美国家，从近代课程到现代课程的演变，走的就是"嬗变型"的道路。例如，美国就是由近代课程向现代课程"嬗变"的典型。美国小学从1826—1935年"3R"（Reading, Writing, Arithmetic）的设置占到总课时的50%以上，最多时达到90%以上。这种课程编制的目的就是为了着重培养"读、写、算"的能力，这是近代课程的特征。但当现代课程确立之后，"3R"的课时比重大量下降，理科和社会比重上升，而课外活动类课程由"次要学科"嬗变为与主要学科并列的课程。

（2）输入型。

采用这种途径的主要是殖民地国家。例如，原来英、法、葡萄牙、西班牙统治的非洲和拉美殖民地国家，大都通过"输入"的途径引进西方的课程体系。宗主国虽然把现代课程体系搬到落后的殖民地，却抹杀了殖民地国家的历史文化传统，甚至一些殖民地国家的教学话语都用英语、法语等宗主国的话语。这种课程的"欧洲中心论"，抹杀了这些殖民地民族自己的历史。直到这些国家独立以后，情况才有所好转。

（3）改良型。

这是较落后的主权国家主动地、有选择地引进西方国家教育课程的一种方式，但这种引进往往不是单纯地引进，而是伴随着对本国落后社会制度的改良。例如，日本就是采用这种途径的典型。"明治维新"时期，日本就全部引进了西方的课程体系；第一次世界大战时，日本又从德国引进了劳动教育和乡土学科；第二次世界大战之后，则引进了美国的教育课程。

（4）借鉴型。

第二次世界大战后，随着国际交往的加强和殖民地国家的独立，缩小了各国文化教育的差距，多数国家确立了独立的教育体系。20世纪后半期，世界范围内现代课程的演进方式，大部分是"借鉴"型的。所谓"借鉴"型，就是在本国教育制度和课程体系的基础上，在某些方面学习其他国家。如20世纪60年代由美国"物理科学研究会"开发的"PSSC物理"曾经被翻译成14种文字，被某些国家用作教材。当代世界课程演进的显著特点就是各国相互学习、相互借鉴。

（二）新中国成立以后我国中小学课程改革的回顾与反思

从新中国成立到2000年，我国基础教育先后完成了七次课程改革。回顾我国中小学课程的发展历程，从总体来看，基本上适应我国社会主义现代化建设的需要，造就了大批的社会主义现代化的建设者，推动了我国的社会、经济及各项事业的迅速发展。

1. 1949—1952年的第一次课程改革

新中国成立后，收回了教育主权，对旧中国遗留下来的各类教育问题进行了彻底的改造。这一时期的课改呈现的特点是：强调中央集权，全国统一，致使课程结构单一，只设必修课，不设选修课；注意根据中小学培养目标来考虑学科设置；课程内容方面，注意科学性和思想性的有机结合；模仿苏联的痕迹明显，某些课程在一定程度上脱离了中国实际。

2. 1953—1956年的第二次课程改革

这一时期的课改存在的问题是：初步形成了比较全面的中小学课程体系，但模仿苏联的痕迹仍很深；课程变动过于频繁，教材又跟不上需要，致使教学工作不能完全按照教学计划执行；部分学科间的相互联系和配合不够紧密，课程设置不尽合理。

3. 1957—1963年的第三次课程改革

第一阶段：1957—1958年的调整。在新方针指导下，教育部于1957年6月调整了1957—1958学年度中学教学计划，于1958年3月颁发了1958—1959学年度中学教学计划，对中学课程做了调整和变动，加强知识教学与劳动教学相结合及完成中学肩负的"双基"任务。

第二阶段：课程改革大跃进。从1958年到1960年，中小学校贯彻党的教育与生产劳动相结合的方针，实行勤工俭学，兴起课程和教学改革的群众运动，其中课程改革的主题是：缩短学制、精简课程。

第三阶段：1961—1963年的调整和反思。面对1958年"教育大革命"给教育事业带来的危害，从1961年开始，以"调整、巩固、充实、提高"方针为指导对中小学课程进行改革。这一时期的课改出现了新的动向：重视学科与育人的作用；首次提出设置选修课；实行了国定制与审定制相结合的教科书制度；重视地方教材、乡土教材的编写。

4. 1964—1976年的第四次课程改革

1961—1963年的调整和反思虽然基本扭转了课程编写和实施中的混乱局面，但仍存在一些问题，如某些地区反映教材内容深、分量重、教材难等。根据毛泽东的指示，1964 年 7 月教育部发出了《关于调整和精简中小学课程的通知》，接着"文化大革命"爆发，使 1961 年调整以来取得的一些成果付之东流。

1966 年"文化大革命"爆发，全国进入混乱状态，全国没有了统一的教育方针，没有了统一的教学计划、教学大纲和教科书，有的只是各地自编的生活式教材，生活、社会、革命构成了全部的课程。

5. 1978—1980 年的第五次课程改革

1976 年粉碎"四人帮"后，1977 年教育战线开始拨乱反正，召开了科学教育工作会议，对课程改革进行了充分的酝酿，以 1978 年 1 月教育部颁发《全日制十年制中小学教学计划试行（草案）》为起点，开始了课程领域内的拨乱反正。

6. 1981—1985 年的第六次课程改革

1981 年教育部根据邓小平"要办重点小学、重点中学、重点大学"的指示精神，颁发了《全日制六年制重点中学教学计划（修订草案）》，并修订颁发了五年制小学和中学教学计划。根据新教学计划的要求，人教社立即组织编写了第六套教材。1984 年教育部颁发了六年制城市小学和农村小学教学计划，在数学、外语、自然常识、劳动课程分别提出了不同的要求，同时对教学大纲也进行重新修订，于 1986 年颁发了小学、初中各科教学大纲。

7. 1986—1996 年的第七次课程改革

经过第六次课程改革，基础教育取得了显著成就，但在个别问题上，如普及义务教育、教育体制僵化等仍需进一步改革。1985 年 5 月中共中央颁发的《中共中央关于教育体制改革的决定》和 1986 年 4 月全国人大通过的《中华人民共和国义务教育法》，拉开了第七次课程改革的序幕。

这一时期的课改最为突出的表现是：在课程行政管理体制上开始打破"集权制"的绝对支配地位，确立了"一纲多本"的课程改革方略；在课程目标、内容、组织、结构等方面大胆借鉴国际上的先进经验，敢于突破以往课程改革中的诸多禁区，如"个性发展""选修课程""活动课程"等内容在各地的课程计划、课程标准中都有重要地位。

8. 1996—2000 年第八次课程改革

20 世纪 90 年代以来我国提出并开始实施素质教育，素质教育要求有别于"应试教育"的课程。为了全面实施素质教育，为了更好地解决前七次课程改革遗留的课程问题，为了顺应世界课改的潮流，中国政府又开始了一场广泛、全面、深入持久的课程系统改革。

应该说，比较全面的课程改革是在《中华人民共和国义务教育法》颁布后实施。从 20 世纪 80 年代到 90 年代，经过近十年的改革，基础教育的课程建设在一些方面取得了重要的进展。例如，增加了"选修课""活动课"，初次改变了多年来只有"必修课"的模式；初步推动了在统一基本要求前提下的教材多样化，引入了地方课程，初步改变了国家对课程管理过于集中的状况；在教学实践中涌现出一批重视学生生动、活泼、主动地学习，重视学生成功与发展的好的教改典型。这些成绩为当前的课程改革积累了成功的经验，打下了良好的基础，并推动了我国课程理论研究的繁荣。

但是，伴随着迅速的社会变迁，社会和人的发展对基础教育的要求空前提高，与世界各国基础教育的发展步伐相比，我国基础教育的发展已经不能完全满足我国目前社会和经济高速发展对于人才的需求。1997年年底，教育部基础教育司组织的有关课程专家完成了《九年义务教育课程方案实施状况调查报告》，表明现行课程中确实存在着许多有悖于素质教育要求与教育规律的问题，如教育观念滞后，人才培养目标同时代发展的需求不能完全适应；思想品德教育的针对性、实效性不强，课程内容存在"繁、难、偏、旧"的状况；课程结构单一，学科体系相对封闭，难以反映现代科技、社会发展的新内容，脱离学生经验和社会实际；课程实施过程基本以教师、课堂、书本为中心，难以培养学生的创新精神和实践能力；学生苦于死记硬背，教师乐于题海训练的状况普遍存在；课程评价过于强调学业成绩和甄别、选拔的功能，忽视学生的全面发展；课程管理强调统一，致使课程难以适应当地经济、社会和学生多样化发展的需求。这些问题的存在，以及对实施素质教育的制约和不良影响，再次表明推进课程改革的必要性和紧迫性。

二、课程改革的理念与目标

21世纪，我国基础教育课程改革的总体目标是：以邓小平同志关于"教育要面向现代化、面向世界、面向未来"和江泽民同志"三个代表"的重要思想为指导，全面贯彻党的教育方针，全面推进素质教育，新课程的培养目标应体现时代要求，要使学生具有爱国主义、集体主义精神，热爱社会主义，继承和弘扬中华民族的优秀传统和革命传统；具有社会主义民主法制意识，遵守国家法律和社会公德；逐步形成正确的世界观、人生观、价值观；具有健壮的体魄和良好的心理素质，养成健康的审美情趣和生活方式。

（一）课程改革的理念[①]

第一，倡导以学生的发展为本。"为了每位学生的发展，为了中华民族的复兴"是新课程的核心理念。教育是儿童的教育，课程是儿童的课程，学习是儿童的学习。过去教育被视为知识的授受过程，学生被视为知识的容器，儿童只有遵循教育的预先安排，才能得到发展。本次课改深刻剖析了以往教育存在的问题，鲜明地提出：改变课程过于注重知识传授的倾向，把学生身心全面发展和潜能开发作为核心。这一重要的转变着眼于培养学生终身学习的愿望和能力，体现了以学生发展为本的理念。在这样的视角下，学校是有生命力的组织，课堂成为教师和学生经验的成长点，教学从灌输中心转化为对话中心，教师由孤独的熟练技术工人转化为伙伴式的实践团队。这种新的教育理念将在实践过程中逐渐改变当前学校的教育模式，进而改变师生的生活状态。

第二，倡导课程结构的均衡性、综合性和选择性。"课程结构"是"课程的组织结构"的简称，是把学生的在校学习时间分成各个部分，在不同的学习时间安排不同的课程类型，由此形成一个课程类型的组织体系。[②]传统的课程结构过分强调学科独立，以至于门类过多和缺

[①] 钟启泉. 为了中华民族的复兴为了每位学生的发展《基础教育课程改革纲要（试行）》解读[M]. 华东师范大学出版社，2001.
[②] 张华. 课程与教学论[M]. 上海教育出版社，2000：237.

乏整合。重建新的课程结构必须表现出课程的均衡性、综合性和选择性，妥善处理好分科与综合、持续与均衡、选修和必修的关系，通过设置九年义务教育课程，在当代社会科学高速发展的基础上，对教育内容进行更新，减少课程门类，强调学科综合，构建社会科学与自然科学的综合课程，如在普通高中阶段设置的语言与文学、数学、人文与社会、科学、技术、艺术、体育与健康和综合实践活动八个学习领域，使课程结构发生了重大变化。

第三，倡导课程内容的现代化。剧烈的社会变迁，迫切要求学生了解当代科学的前沿知识。因而，在课程内容的改革方面，必须改变课程内容"繁、难、偏、旧"和偏重书本知识的现状，加强课程内容与现代社会和科技发展的联系，重新确立每门学科的"双基"，精选对学生终身发展必备的基础知识和技能，处理好现代社会需求、学科发展需求与学生发展需求的关系。

第四，倡导学习方式的变革。20世纪90年代以来，世界各国开始不约而同地站在未来时代要求的高度，将寻找和创造新的学习方式作为教育改革的重点。但由于我国中小学过于注重知识传授，"以前更多关注的是学习的结果，而忽视了学生是通过什么样的学习方式和策略来学习的，死记硬背、题海训练得到的高分，掩盖了学生在学习方式上存在的问题，所以关注学生学习的过程与方式是引导学生学会学习的关键"。[1]这次课改将如何促进学生学习方式的变革作为改革的重点之一，强调学生获得基础知识与基本技能过程的同时要学会学习。将"双基"教学和"学会学习"置于同样的地位，这在历次改革中还是第一次。

第五，倡导发展性的课程评价。传统的评价过于强调评价的选拔与甄别功能，过于注重评价、排名。我们应该把"教师评价"改为"教学评价"，把"学生评价"改为"学习评价"，是评"事"，不是评"人"，并借助于"这件事情"的评价来促进"人"（如校长、教师与学生）的发展。因而，新课程应该建立评价项目多元、评价方式多样，既关注结果又重视过程的评价体系，强调评价对学生的发展价值、对教师的发展价值以及对课程本身的改善价值，倡导建立发展性的课程评价体系。

第六，促进课程的民主化。这一问题涉及"谁来决定儿童的课程"这一基本问题，既然儿童是国家的、社会的、学校的、教师的、家长的，而且也是他自己的，那么决定课程的主体就应该是一个共同体，而不是学科专家说了算，课程权力迫切需要更新分配。新课程十分强调对话与协商，尽可能创造各种机会，如教育家与科学家、专家与教师、社会人大代表共同参与对话，就课程标准、课程内容等革新因素的确立进行交流和协商，特别是通过对课程标准的解读，知道为什么学、为什么教，充分体现出课程的民主性，建立一种教师、学生、家长、社会人士之间共同合作的机制。

（二）课程改革的目标[2]

《基础教育课程改革纲要（试行）》明确规定，基础教育课程改革的目标包括：

第一，改变课程过于注重知识传授的倾向，强调形成积极主动的学习态度，使获得基础知识与基本技能的过程同时成为学会学习和形成正确价值观的过程。

---

[1] 王湛. 加大基础教育课程改革力度，扎实做好课程改革实验工作[J]. 课程·教材·教法，2001（9）.
[2] 钟启泉. 为了中华民族的复兴为了每位学生的发展《基础教育课程改革纲要（试行）》解读[M]. 华东师范大学出版社，2001.

第二，改变课程结构过于强调学科本位、科目过多和缺乏整合的现状，整体设置九年一贯的课程门类和课时比例，并设置综合课程，以适应不同地区和学生发展的需求，体现课程结构的均衡性、综合性和选择性。

第三，改变课程内容"难、繁、偏、旧"和过于注重书本知识的现状，加强课程内容与学生生活以及现代社会和科技发展的联系，关注学生的学习兴趣和经验，精选终身学习必备的基础知识和技能。

第四，改变课程实施过于强调接受学习、死记硬背、机械训练的现状，倡导学生主动参与、乐于探究、勤于动手，培养学生搜集和处理信息的能力、获取新知识的能力、分析和解决问题的能力以及交流与合作的能力。

第五，改变课程评价过分强调甄别与选拔的功能，发挥评价促进学生发展、教师提高和改进教学实践的功能。

第六，改变课程管理过于集中的状况，实行国家、地方、学校三级课程管理，增强课程对地方、学校及学生的适应性。

三、课程改革的主要内容

与以往的教学大纲相比，课程改革中主要关注的是课程目标、课程改革的基本理念和设计思路，关注的是学生的学习过程和方法，以及伴随这一过程而产生的积极情感体验和正确的价值观。基础教育课程改革主要包括以下内容：

（一）重建新的课程结构[①]

我国以前的课程计划在课程的分科性、统一性与持续性方面，在国家层面考虑的比较充分，而对综合性、选择性与均衡性方面关注不够。新一轮的基础教育课程改革必须依据国际课程发展趋势、课程现代化的要求以及我国的国情和教育传统，重建新的课程结构，需要特别关注基础教育阶段课程的综合性、选择性与均衡性。因此，本次课程改革十分注意处理好分科与综合、必修与选修的关系，改革课程结构过分强调学科独立性、门类过多和缺乏整合的现状，注重均衡性、综合性与选择性。

重建新的课程结构主要是通过三个方面的改革来实现的：

一是强调综合性，克服学科门类过多、相互独立的倾向。建立出分科课程、综合课程、综合实践活动课程构成的新课程结构。这次课程改革针对课程结构的问题做了重大调整，强调课程的综合性，也就是既注重根据学生的经验组织教育内容，也注重学科内在的逻辑。如在初中阶段设计了理科综合课程"科学"和文科综合课程"历史与社会"，在整个义务教育阶段设计一门艺术课等。将综合实践活动课设置为必修课，旨在加强学生创新精神和实践能力的培养，加强学校教育与社会发展的联系，改变封闭办学、脱离社会的不良倾向，培养学生的社会责任感。

二是加强课程的选择性，开设必修课和选修课，以适应地方、学校、学生发展的多样化

[①] 钟启泉. 为了中华民族的复兴为了每位学生的发展《基础教育课程改革纲要（试行）》解读[M]. 华东师范大学出版社，2001: 7-11.

需求。课程根据不同地区经济、文化发展的需求以及学生发展的需求，具有较大的选择性。国家以法规的形式规定国家课程，并确定其基本标准。地方和学校根据自身的特点和需要，在执行国家课程的同时，设置和开发地方课程和校本课程，并和国家课程融为一体，实现课程的多样化发展。选修课的开设主要基于学生的兴趣与需要，占用地方、校本课程时间。其中，高中的选修课是改革的重点，目的是使课程具有多样性和选择性。

三是加强课程结构的均衡性，确保学生全面、和谐发展。从小学起逐步按地区开设外语课，中小学增设信息技术教育课。加强普通教育与职业技术教育的联系，在农村的初中推行通过"绿色证书"教育及其他职业技术的培训让学生获得双证的模式，深化"农科教结合"和基础教育、职业教育、成人教育的"三教统筹"等改革。城市中学也开设了相适应的职业技术课程。

（二）制定新的国家课程标准

国家课程标准是国家对基础教育课程的基本规范和要求，《基础教育课程改革纲要（试行）》明确指出，课程标准是教材编写、教学、评估和考试命题的依据，是国家管理和评价课程的基础。它体现国家对不同阶段的学生在知识与技能、过程与方法、情感态度、价值观等方面的基本要求，规定各门课程的性质、目标、内容框架、提出教学和评价的建议。我国2001年颁布的国家课程标准是新课程的一个重要文件，也是我国基础教育课程发展史上一块极其重要的里程碑，它的颁布使我国中小学教育发生了极为深刻的变化。因为实施素质教育是一个系统工程，而课程标准的制定是这个系统工程中最为关键的一个环节。课程标准是素质教育在相应阶段的质量标准，它标志着全面推进与具体落实素质教育成为了现实。

以前我国一直沿用教学大纲的形式，而教学大纲不仅对教学目标和教学内容做出了明确的规定，而且用大量的篇幅具体规定了教学中可能涉及的知识点的要求以及具体的教学顺序，包括各部分内容所占的课时数，直接导致了教师对知识点以及学习效果的过分关注。这次课程改革力图通过制定标准的形式，从"知识与技能""过程与方法""情感态度价值观"三个维度全面阐述课程目标，注重学生经验、学科知识和社会发展三方面内容的整合，突出了课程为学生发展服务的理念。由于国家课程标准是面向全体学生的统一的基本要求，是人人都能达到、都能体验到成功的要求，因而它又是减轻学生过重学业负担的重要举措。学生再也不用按照最高要求或全班最高分来评价自己，只要达到了统一的要求，他就取得了成功。这样，每个学生都能找到自己成功、独特的一面，对减轻学生过重的心理负担和学习压力将起到良好的作用。

（三）改善课程实施的过程

教学是课程实施的主要途径，教学改革是课程改革系统工程中必不可少的一环。可以想象，没有教学改革的课程改革，充其量也只能局限于教科书的更替。

传统的教学观把教学视为单一的知识传递的过程，以知识为本，过分注重知识的系统传授，忽视对学生情感态度、价值观的培养，教学被窄化为知识积累和技能训练。新课程改革认为课堂教学不只是课程传递和执行的过程，而更是课程创新和开发的过程，是教师与学生交往、互动的对话过程。在这个过程中，师生双方相互交流，在对话中不断建构知识。同时，学生也不仅仅是知识的接受者，他们必须具备批判意识，敢于直面现实生活中的问题，并设法加以解决，形成一种发现问题、分析问题、解决问题的能力。总之，教学不再局限于传授知识，而是关注学生的生命体验，它是师生富有个性化的生命活动。

教师在教学过程中应与学生积极互动、共同发展，要处理好传授知识与培养能力的关系，注重培养学生的独立性和自主性，引导学生质疑、调查、探究，在实践中学习，促进学生在教师指导下主动地、富有个性地学习。教师应尊重学生的人格，关注个体差异，满足不同学生的学习需要，创设能引导学生主动参与的教育环境，激发学生的学习积极性，培养学生掌握和运用知识的态度和能力，使每个学生都能得到充分的发展。

面对蓬勃发展的信息技术，本次课程改革充分发挥信息技术的优势，大力推进信息技术在教学过程中的普遍应用，促进信息技术与学科课程的整合，逐步实现教学内容的呈现方式、学生的学习方式、教师的教学方式和师生互动方式的变革，为学生的学习和发展提供丰富多彩的教育环境和有力的学习工具。

（四）规范教材的开发与管理

教科书在很大程度上决定了教师的教和学生的学，对教学质量的提高起着关键作用。教材改革应有利于引导学生利用已有的知识与经验，主动探索知识的发生与发展，同时也应有利于教师创造性地进行教学。教材内容的选择应符合课程标准的要求，体现学生身心发展特点，反映社会、政治、经济、科技的发展需求；教材内容的组织应多样、生动，有利于学生探究，并提出观察、实验、操作、调查、讨论的建议。

在过去相当长的时期中，我国实施课程和教材的统一开发，中小学各科教科书由人民教育出版社统一编辑出版。从 20 世纪 80 年代中期开始，我国在教科书的管理体制和编审制度上进行改革，由"一纲一本"发展为"一纲多本"，由"编审合一"改为"编审分开"，鼓励编写不同风格、不同特点、不同层次的教材参与竞争。但编写的所有教材都要经过全国中小学教材审定委员会审查，择优推荐。中小学教材建设在探索中前行。

这次课程改革进一步完善了基础教育教材管理制度，实行国家基本要求指导下的教材多样化政策，坚持实行"一纲多本"，鼓励有关机构、出版部门等依据国家课程标准组织编写中小学教材。但教材编写者应根据教育部《关于中小学教材编写审定管理暂行办法》，向教育部申报。经资格核准通过后，方可编写。加强对教材使用的管理。教育行政部门定期向学校和社会公布经审查通过的中小学教材目录，并逐步建立教材评价制度和在教育行政部门及专家指导下的教材选用制度。改革用行政手段指定使用教材的做法，严禁以不正当竞争手段推销教材。

教材审查实行编审分离，完善教材审查制度，除经教育部授权省级教材审查委员会外，按照国家课程标准编写的教材及跨省使用的地方课程的教材须经全国中小学教材审查委员会审查，地方教材须经省级教材审查委员会审查。

基础教育新课程改革坚持"教材是范例"的观点，认为教材要由控制和规范逐步转向为人的全面发展服务，成为学会认知、学会做事、学会共同生活、学会生存的范例，成为不断获取知识、提升精神、完善自我的范例。教材不是学生必须完全接受的对象和内容，而是引导学生利用已有的知识和经验，主动探索知识的发生与发展，引起学生认知分析，理解文化，反思、批判和建构意义的中介，强调教材是学生发展的"中介"，是师生进行对话的"话题"，是进行交往的桥梁。①

过去，无论是课程理论，还是课程实践，很少提及"课程资源"这个概念，教学主要依靠教科书进行。新课程改革的一个显著变化，就是建立了"课程资源开发"的理念，教材是基本的课程资源，但并非唯一的课程资源，这就要求学校积极开发并合理利用校内外各种课程资源。学校应充分发挥图书馆、实验室、专用教室及各类教学设施和实践基地的作用，广泛利用校外的图书馆、博物馆、展览馆、科技馆、工厂、农村、部队和科研院所等各种社会资源以及丰富的自然资源，积极利用并开发信息化课程资源。课程资源开发理念的出现，带来的往往是新的课程实施方式，这对传统课堂教学将课程资源局限在教科书及其他教学辅助资料的思维定式和教学模式是一个极大的挑战。

（五）建立新的课程评价体系

在评价制度方面，新课程改革在素质教育思想的指导下，在课程评价观念上发生了很多根本性的变化。建立新的课程评价体系，首先，要促进学生的全面发展，不仅要关注学生的学业成绩，而且要发现和发展学生多方面的潜能，了解学生发展的需求，促进学生在原有水平上有所发展，帮助学生认识自我，建立自信。其次，要促进教师的不断提高，教师加强对自己教学行为的分析与反思，建立以教师自评为主，校长、教师、学生、家长共同参与的评价制度，使教师从多种渠道获得信息，不断提高教学水平。最后，要促进课程的不断发展，即通过周期性地对学校课程执行的情况、课程实施中的问题进行分析评估，来调整课程内容、改进教学管理，形成课程不断革新的机制。

新课程改革提出，要继续改革和完善考试制度。在已经普及九年义务教育的地区，实行小学毕业生免试就近升学的办法，完善初中升高中的考试管理制度，考试内容应加强与社会实际和学生生活经验的联系，重视考查学生分析问题、解决问题的能力，部分学科可实行开卷考试。考试命题要依据课程标准，杜绝设置偏题、怪题的现象。教师应对每位学生的考试情况做出具体的分析指导，不得公布学生考试成绩并按考试成绩排列名次。高中毕业会考改革方案由省级教育行政部门制定，继续实行会考的地方应突出水平考试的性质，减轻学生考试的负担。特别是要改革高等学校招生考试制度，使之与基础教育课程改革相衔接，要按照有助于高等学校选拔人才、有助于中学实施素质教育、有助于扩大高等学校办学自主权的原则，加强对学生能力和素质的考查，改革高等学校招生考试内容，探索提供多次机会、双向选择、综合评价的考试、选拔方式。

（六）实行三级课程管理

新中国成立以后，我国进行了课程管理制度改革的多种尝试。"文化大革命"前建立起来的课程管理制度是高度集中统一的，全国各地区和各学校实行一种教学计划、教学大纲和教科书，造成了"千校一面，万人一书"的局面。为了进一步简政放权，加大省级人民政府发展和管理本地区教育的权利以及统筹力度，20世纪90年代以后，在课程的开发与管理上，改

---

① 靳玉乐，张丽. 我国基础教育新课程改革的回顾与反思[J]. 课程·教材·教法，2004（10）.

变了过去国家管理过于集中的做法，实行有指导的、逐步的放权，以有效提高课程为当地社会经济发展服务的适应性。

本次课程改革为保障和促进课程对不同地区、学校、学生的要求，明确规定"实行国家、地方和学校三级课程管理"，并划分了三级管理的权限，明确了国家、地方、学校的课程管理职责。教育部负责总体规划基础教育课程，制定基础教育课程管理政策，确定国家课程门类和课时，制定国家课程标准，积极试行新的课程评价制度。省级教育行政部门依据国家课程管理政策和本地实际情况，制订本省（自治区、直辖市）实施国家课程的计划，规划地方课程，报教育部备案并组织实施。经教育部批准，省级教育行政部门可单独制订本省（自治区、直辖市）范围内使用的课程计划和课程标准。学校在执行国家课程和地方课程的同时，应视当地社会、经济发展的具体情况，结合本校的传统优势、学生的兴趣和需要，开发或选用适合本校的课程。

由此看来，随着新课程改革的展开，国家本位的管理体制已经被打破，学校正在逐步成为教育改革的中心，成为教育理论与教改实践的前沿，成为校本课程开发的主体，因而建立基于学校教学实际的"校本教研"制度就显得尤为迫切。校本教研就是要改变教师的生活方式，还专业灵魂于教师；改变对教学研究的看法，使教师研究基于现场的真实问题；改变对教学研究制度的看法，从约束人走向解放人。[1] "校本教研"对于创造性地实施新课程，促进教师的专业发展，提高学校课程建设能力，具有非常重要的意义。

作为我国基础教育改革的重要一环，课程改革已经取得了突破性进展，这次课程改革规模之大、进展之快超过了以往任何一次改革。但课程改革是一个不断发现和解决各种问题的过程，必须加强实验研究、理论研究和先进经验的总结，以尽快构建起具有中国特色的、现代化的素质教育课程体系。

总之，新的课程改革力图在"课程目标""内容标准"和"实施建议"等方面全面体现"知识与技能、过程与方法以及情感态度价值观"三位一体的课程功能，从而促进学校教育重心的转移，使素质教育的理念渗透到日常的教学工作当中。

思考题：

1. 结合实际谈谈你对课程定义的理解。
2. 课程种类有哪些？
3. 如何正确地理解课程与教学的关系？
4. 谈谈你对课程计划、课程标准、课程资源的认识。
5. 基础教育改革的具体目标是什么？
6. 基础教育课程改革秉承哪些新的课程理念？

---

[1] 崔允漷，汪贤泽. 基础教育课程改革的意义、进展及问题[J]. 全球教育展望，2006（1）.

第七章 教学理论

第一节 教学概述

一、教学的概念、意义与任务

(一) 教学的概念

在中国古代,早就把教学看作是根据特定的教育目的培养人才的主要形式或途径,重视教学的作用;同时对教学的实质进行了探究,获得了不少深刻的见解。王夫之提出,学是学教师所教的东西,教是教人学习;教者要就学者原有基础不断扩大他的知识领域,学者要根据教者的引导积极思考,独立探索事物的由来。[①]

在西方,资本主义兴起后,自然科学和技术知识进入学校成为教学内容,并要求提高培养人才的速度和效果,因而就特别重视教学,重视对传授和学习知识、技能、技巧的过程和方法的研究。至今已形成了四种比较有代表性的关于教学概念的看法:"教学就是传授知识或技能";"教学即成功";"教学是有意进行的活动";"教学是规范性行为"。[②]

目前在我国,人们对教学概念的看法由于角度不同,重点不同,有比较大的差异,从而存在多种定义,有代表性的是:第一,"所谓教学,乃是教师教、学生学的统一活动;在这个活动中,学生掌握一定的知识和技能,同时身心获得一定的发展,形成一定的思想品德"。[③]第二,"'教学'就是指教的人指导学的人进行学习的活动。进一步说,指的是教和学相结合或相统一的活动"。[④]第三,教学是"教师的教与学生的学的共同活动。学生在教师有目的有计划的指导下,积极主动地掌握系统的文化科学基础知识和基本技能,发展能力,增强体质,并形成一定的思想品德"。[⑤]

综上所述,教学是教育目的规范下的、教师的教与学生的学共同组成的一种教育活动。在我国,教学是以知识传授为基础的,通过教学,学生在教师有计划、有步骤的积极引导下,主动地掌握系统的科学文化知识和技能,发展智力、体力,陶冶品德、美感,形成全面发展的个性。所以,教学是学校实现教育目的的基本途径。具体而言,教学包含以下几个方面的含义:

---

① 中国大百科全书·教育[M]. 中国大百科全书出版社,1985:150.
② 中央教科所比较教育研究室. 简明国际教育百科全书·教学(下)[M]. 教育科学出版社,1990:233-240.
③ ⑤ 王策三. 教学论稿[M]. 人民教育出版社,1985:88~89,150.
④ 李秉德. 教学论[M]. 人民教育出版社,1991:2.

1. 教学以促进学生的全面发展为目的

教学是学校进行全面发展教育的基本途径。学校教学既要使学生掌握一定的基础知识和基本技能，同时在此过程中还要发展学生的智力，增强学生的体质，培养学生科学的世界观、良好的道德品质和健全的个性，即促进学生各方面的健康发展。

2. 教学是教师的教和学生的学相统一的活动

教学是师生双方的共同活动，教学双方在活动中相互作用，辩证统一。首先，教不同于学。在学校教学情境中，教主要是一种外化过程，学主要是一种内化过程；教主要是教师的行为，学主要是学生的行为。其次，教和学相互依存，相辅相成，是同一教学活动的两个方面。教学永远包括教和学，既不存在没有教的学，也不存在没有学的教，"教之于学就如同卖之于买"。但教学并不是教和学的简单相加，而是有机地结合或辩证地统一。只有教或只有学的片面活动，或者只有这两者的简单相加而没有真正"结合"或"统一"，都不是真正意义上的教学活动。

3. 教学活动是以课程内容为中介的师生双方教和学的共同活动

通过传授和学习课程内容把教与学连接起来，并成为教与学的依据及其成效的检验标准。教学对学生产生影响的最重要的特点，就是在教学中，学生德、智、体、美诸方面的发展变化。而这些发展变化都是紧密结合科学知识的传授和学习进行的，并在一个统一过程中实现的。

4. 教学具有多种形态，是共性与多样性的统一

教学作为学校进行全面发展教育的一个基本途径，具有课内、课外、班级、小组、个别化等多种形态。教师和学生共同进行的课前准备、上课、作业、练习、辅导、评定等都属于教学活动。随着社会的发展，教学既可以通过师生间、学生间的各种交往进行，也可以通过网络、广播、电视、录音、录像等远距离教学手段开展。教学作为一种活动、一个过程，是共性与多样性的统一。

【拓展阅读7.1】

教学与相关概念的关系

教学与教育这两个概念的关系，是一种部分与整体的关系。教育包括教学，教学只是学校进行教育的一个基本途径。除教学外，学校还通过课外活动、生产劳动、社会活动等途径向学生进行教育。

教学与智育两者既有联系，又有区别。作为教育的一个组成部分的智育，即向学生传授系统的科学文化知识和发展学生的智力，主要是通过教学进行的。但不能把两者等同。一方面，教学也是德育、美育、体育、劳动技术教育的途径；另一方面，智育也需要通过课外活动等才能全面实现，把教学等同于智育将阻碍全面发挥教学的作用。

教学还与学生在教学中的自学相紧密联系。教学由教与学两方面组成，其中，学既包括学生在教师的直接教授下的学习，也包括学生为配合教师上课而进行的预习、独立作业等自学活动，而教学的目的就是要不断提高学生的自学能力，达到能独立自主地自学。但是教学与学生在教学之外独立进行的自学有严格的区别，后者是学生独立自主进行的学习，根本不同于教学中的预习、复习和作业。教学不包括这种学生自主进行的自学。

（二）教学的意义

教学是学校教育中最基本的活动，不仅是智育的主要途径，也是德育、体育、美育等的基本途径。教学在学校工作中居于十分重要的地位。学校要卓有成效地实现培养目标、造就合格人才，就必须以教学为主，并围绕教学这个中心安排其他工作，建立学校的正常秩序。教学有以下几个重要作用：

1. 教学是促进学生发展最有效的形式

教学是专门组织起来进行知识传授的活动，它使个体的认识突破时空局限及个体直接经验的局限，扩大了人的认识范围，加快了认识的速度。通过教学能有效地将人类积累起来的科学文化知识转化为学生个人的精神财富，有力地促进他们的身心发展，使青少年学生的个体发展能在较短时期内达到人类发展的一般水平，从而保证社会的延续和发展。

2. 教学是实现教育目的的基本途径

教学为个人全面发展提供科学的基础和实践。第一，学生获取知识的途径是多种多样的，但教学是学生获取知识的一条最基本、最有效的捷径，也是影响学生个性全面发展最基本的活动，是其他途径不能替代的。第二，使个体的身心发展建立在科学的基础上，结合科学知识的传授和学习，在一个统一的过程中实现德、智、体、美诸方面的和谐发展。

3. 教学是学校教育的中心工作

学校必须以教学为主，这是学校和社会其他部门根本的区别。学校是培养人的地方，经常的、大量的基本实践活动应该是培养人的活动。在学校内部来说，培养人是通过多方面的工作来进行的，但是，教学工作是学校经常的、大量的基本工作，它占的时间最多，内容最丰富。学生的身心发展基本上是通过教学工作来实现的。学校培养人才质量的好坏，在很大程度上取决于教学水平的高低。教学处于学校教育的中心地位，是教育学的一条基本原理。这在新中国成立以后的教育中有过正反两方面的经验和教训，以教学为中心，学校教育就不断发展和不断繁荣。否则，学校教育就会遭受挫折。因此，只有围绕教学这一中心工作全面、妥善地安排学校的各项工作，才能把学校办好。

（三）教学的任务

从教育目的看，教学的任务主要表现为四方面：促进学生思想品德的形成和发展；促进学生智力的形成和发展；促进学生身体素质的形成和发展；促进学生审美情感和审美能力的形成和发展。

从心理发展的角度看，一方面，教学的任务表现为促进学生认知智慧的发展，包括使学生掌握一定的知识，形成一定的技能，发展一定的能力；另一方面，教学在促进学生的认知发展的同时，也在促进学生的情感智慧的发展，情感智慧包括"情绪自觉""情绪管理""将情绪导向正途""情绪判读能力"和"人际关系"。[①]认知智慧是非常重要的，而情感智慧对于人事业的成功和生活的幸福则更为重要。

---

① [美] 高曼. EQ[M]. 张美惠，译. 时报出版公司，1996：311-312.

从我国中小学教育的一般理解看，过去人们主张教学的基本作用是"使学生掌握基础知识和形成基本技能"，这简称为"双基"。从20世纪80年代起，人们比较强调"发展基本能力"，继而又开始强调"促进个性健康发展"。这样，教学的作用总括起来有以下四点：

1. 引导学生掌握系统的科学文化基础知识和基本技能

教学的首要任务是引导学生掌握系统的科学文化基础知识和基本技能，教学的其他任务都是在引导学生掌握知识和技能的过程中和基础上实现的。中学教育是在小学教育的基础上，为学生进一步接受高一级教育和整个人生打基础的阶段，中学教学必须重视向学生传授基础知识和基本技能。

所谓知识，是人们在认识世界和改造世界的过程中所获得的经验，是人类在长期的实践过程中取得的关于客观世界的认识成果，是关于客观世界的经验的概括和总结。科学的知识反映了客观世界的本质和规律，是人们关于客观世界的正确认识。教学所要传递的基础知识，是指构成各门科学的基本事实、相应的基本概念、原理和公式及其系统。它是组成一门学科知识的基本结构，揭示了学科研究对象的本质及发生变化的规律性，是进一步学习和研究该学科的基础。

所谓技能，是指通过练习形成的能够运用所掌握的知识解决问题，完成实际任务的能力。教学所要形成的基本技能，则是指各门学科中要掌握复杂技能所必须具备的最主要、最常用的起始性技能，如语文和外语的阅读、写作技能；数学的运算技能，理、化、生学科的实验技能等。技能通过反复练习，可以发展成技巧。一般来说，知识的掌握是形成技能、技巧的基础，而技能、技巧的形成又有助于进一步理解和掌握知识。

教学的重要任务是将贮存在书本或其他信息载体中的物化知识作为学生认识的客体，经过有指导的学习活动，将人类总体的知识转化为学生个体的内在的知识结构。在普通中学中，教学必须把现代自然科学和社会科学中的基础知识和基本技能系统地传授给学生，其具体指标是：能促进学生德、智、体、美等全面发展，使他们具有一个现代人所应具有的素质；能为他们参加现代生产劳动、政治、文化、生活创造必要的条件；能为他们进一步学习各种专门知识和从事科学研究、进行创造发明奠定初步的基础。

2. 发展学生的智力、体力，培养学生的创造才能

发展学生的智力、体力，培养学生的创造才能，既是顺利、高质量地进行教学的重要条件，也是培养全面发展人才的基本要求。

所谓智力，一般指人的认识能力，即认识客观事物的基本能力，是认识活动中表现出来的那些稳定的心理特征。它主要包括注意力、观察力、记忆力、想象力和思维力，其中思维力是智力的核心。体力，主要指身体的正常发育成长与身体各个器官的活动能力。学生的创造才能主要指他们运用已有的知识和智能去探索、发现和掌握未知晓的知识的能力。它是学生个人的求知欲望、进取心和首创精神、意志力与自我实现信心的综合体现。

教学不仅要使学生掌握知识，而且要发展以思维为核心的认识能力；不仅发展学生智力，而且要发展学生的体力，注意教学卫生，保护学生视力，增强学生体质，养成自觉锻炼的习惯，有规律、有节律地学习与生活。特别是要通过发展性教学，启发诱导学生进行推理、证明、探索和发现，教会学生学习，培养学生独立学习和分析、解决问题的能力，从而培养学

生的创造才能，以适应科学技术发展的时代要求。

3. 培养学生高尚的审美情趣，养成良好的思想品德和行为习惯

高尚的审美情趣、良好的思想品德和行为习惯，是青少年健康成长的需要，也是教学的重要任务。

世界观是对世界的总的看法和态度。青少年正处在品德、审美情趣和世界观急速发展和逐步形成的重要时期，教学在使学生形成科学的世界观、培养良好的道德品质和审美情趣方面起着重要作用。除专门的德育课和美育课外，学生在教学中进行的学习和交往，也是他们在生活中认识世界和进行社会交往的组成部分。学生在掌握自然科学、社会科学知识和学习实际中，将提高自己的道德修养和审美情趣；他们在班级的集体活动中，将依据一定的规范和要求来调节自己的思想和行为。教师应自觉地结合各科教学的特点，挖掘渗透其中的思想内容，对学生进行思想品德教育，为其健康成长奠定良好的基础。

4. 关注学生个性发展

现代教学关注学生个性的发展。关注学生个性发展，就是要协调好学生知识、智力、兴趣、情感、意志、性格等各方面的因素。从心理发展的角度看，一方面，教学的作用表现为促进学生认知智慧的发展，包括使学生掌握一定知识，形成一定技能，发展一定能力；另一方面，教学在促进学生认知发展的同时，也在影响学生情感智慧的发展。情感智慧涉及人的需要、兴趣、动机、情感、理想、信念等个性心理倾向和注意力、意志力、气质、性格等个性心理品质。认知智慧是非常重要的，而情感智慧对于人工作的成功和生活的幸福更重要。为此，通过教学，不仅要引导学生的智力活动，还要注意促进学生情感智慧的发展，培养学生良好的个性心理品质，如发展学生的主体能动性、塑造学生坚强的意志、发展学生的自我情绪管理能力等。

上述四项基本任务是相互联系、相互促进的，其中传授和学习基础知识和基本技能是基础，发展智能是核心，发展体力是保证，思想品德教育是方向，而个性的全面发展是理想目标。尽管这一理想目标未必能实现，或者说实现的程度会因人而异，但它始终是我们教育努力发展的方向，并贯穿于教学的全过程。

二、教学过程

（一）教学过程的性质

教学过程，是教师教授过程与学生学习过程相互作用而形成的一个十分复杂的动态性复合体。为了正确地安排和指导学校里的教学过程，必须明确地认识和阐明教学过程的发展逻辑，阐明教学过程的时间结构，找出教学过程的各个组成部分即各个环节特有的职能。历代教育家对这一问题，做了大量的分析和探究，取得了许多认识成果。

早在我国春秋时期，孔子的教育思想中便含有教学过程理论的萌芽。他关于学习过程的主张，可以概括为学、思、行。主张"多见""多闻"，学思结合；提倡"躬行"，学以致用，言行相符。荀子则主张"闻、见、知、行"。儒家思孟学派把孔子的思想加以继承和发展，在

《中庸》中明确提出了"博学之、审问之、慎思之、明辨之、笃行之"的学习过程理论。

在西方，早在古罗马时期，昆体良就比较明确地提出三个递进的学习阶段：模仿；接受理论的指导；练习。到了近代，西方关于教学过程的研究更加活跃。夸美纽斯（J. A. Comenius）以感觉论为基础，指出一切知识都从感官开始，主张教学必须与自然的规律、与儿童天赋的自然力相适应，并认为，教学要从观察到理解、记忆，从感知事物到文字概念，学生的学习过程应"先去动用他们的感觉（因为这一点最容易）然后去运用记忆，再去运用理解，最后才去运用判断"。[1]

赫尔巴特第一个按照心理活动的规律来分析教学过程，明确提出应该根据受教育者心理活动的规律去规定教学过程。他认为教学必须使教师在传授新教材时能在学生的心灵里唤起一系列已有观念。他把教学过程分为明了、联想、系统和方法四个阶段，对实际教学过程做了比较正确的描绘，重视系统知识与技能的传授和教师在教学中的领导作用，但忽略了学生的主动性和能动性，严重脱离社会生活实际，把课堂教学变成了千篇一律的僵化格式。

杜威作为进步教育运动的领袖，反对以赫尔巴特为代表的传统教育。在教学过程问题上，首先提出了反思思维的概念和理论，主张教学过程实质上包含着学生认识发展过程，继而提出了学习过程的五个阶段：从情境中发现疑难；从疑难中提出问题；做出解决问题的各种假设；推断哪一种假设能解决问题；经过检验来修正假设、获得结论。这一过程结构被人们概括为：疑难、问题、假设、验证和结论。

20世纪上半叶，苏联教育学家凯洛夫在总结了国外历史经验的基础上，强调教学过程要发挥教师的主导作用，应以知识、技能和熟练技巧的体系去武装学生，在此基础上，他提出了感知、理解、巩固、运用四个教学阶段。但他仅从哲学认识论的角度去揭示教学过程，而忽视了心理成分的研究；只强调掌握知识而不注意分析儿童的智力发展；只看到教师的主导作用，而忽视了儿童这一认识主体的作用。

20世纪80年代以来，我国教育学界对"教学过程"进行了长期的研究，提出了许多"教学过程的阶段"的见解。其中影响比较大的是：在教师指导下学生掌握知识的活动是教学过程中最基本的活动，学生掌握知识的基本过程由六个阶段构成，它们是：引起求知欲、感知教材、理解教材、巩固知识、运用知识、检查知识、技能和技巧。[2]

从古至今，特别是近代以来，许多教育家和心理学家纷纷对教学过程问题进行了深入研究，提出了各具特色的见解和主张。

【拓展阅读7.2】

我国当前对教学过程性质的认识

1. 教学过程是一种特殊的认识过程。教学归根到底是引导学生掌握人类积累起来的科学文化知识，而学生掌握科学文化知识实质上就是能动地认识世界。学生的智力、体力的发展和品德的形成，都离不开知识的掌握，都要受认识规律的制约。

2. 教学过程是促进学生发展的过程。教学过程的根本目的在于培养人，促进学生德智体全面发展。认识过程只是一种心理活动，它不包括学生的发展。学生智能和品德的发展虽然在认识过程中实现，但发展高于认识。新的科技革命，要求教学由获取知识、技能为主的认识过程转变为促进学生发展的过程。

---

[1] 夸美纽斯. 大教学论[M]. 人民教育出版社, 1984: 122.
[2] 王道俊, 王汉澜. 教育学[M]. 人民教育出版社, 1989: 201-209.

3. 教学过程既是认识过程，也是促进学生身心发展的过程。教学不仅要向学生传授知识、技能，同时还要发展学生的智力、体力，形成社会主义品德和科学世界观基础。两者相辅相成、缺一不可。忽视传授知识、技能，发展就缺乏坚实的基础；忽视德智体的发展，传授知识、技能就失去了方向、动力。

4. 教学过程是具有多质性的过程。教学过程是以认识为基础的知、情、意、行的统一培养和发展的过程；是以智育为关键的德智体全面培养和发展的过程；是个性全面培养和发展的过程。如果仅仅用哲学认识论这根绳子把教学过程紧紧捆住，限制在认识过程的狭小胡同里，就很难找到有价值的规律。

5. 教学过程是一个多层次的过程。从小学到大学的教学全过程；一门课程的教学过程；一章（一单元）的教学过程；一节或一课时的教学过程。不同层次的教学过程应有区别，不能混为一谈。

上述材料表明，认识教学过程关键在于：弄清教学过程的性质，弄清认识过程和发展过程的相互关系。下面是我国当前对教学过程的认识：

1. 教学过程是一种特殊的认识过程

教学过程主要是引导学生掌握人类长期积累起来的科学文化知识的过程，学生循序渐进地学习和运用知识的认识活动是始终贯彻于教学过程的主要活动。学生是有意识的能动主体，教材所包含的知识及其所反映的客观事物是他们的认识客体，他们只有在掌握知识和运用知识、包括联系实际和进行社会交往的能动的活动中，才能使自身获得发展、提高。所以，教学过程要受认识论的一般规律所制约，要注意调动学生的学习主动性、积极性，遵循"从生动的直观到抽象的思维，并从抽象的思维到实践"，这个认识真理、认识客观实在的辩证的途径。这是社会主义国家教育界运用马克思主义认识论指导教学并经过实践检验而得出的一个正确的结论，不应有所忽视。

但是，教学过程又是一种特殊的认识过程，即它是学生个体的认识过程，具有不同于人类总体认识的显著特点：间接性，主要以掌握人类长期积累起来的科学文化知识为中介，间接地认识现实世界；引导性，需要在富有知识的教师引导下进行认识，而不能独立完成；简捷性，走的是一条认识的捷径，是一种科学文化知识的再生产。正如马克思所说，"再生产科学所必要的劳动时间，同最初生产科学所需要的劳动时间是无法相比的，例如学生在一小时内就能学会二项式定理"。这些特点是教学必须注意的。

教学过程只有既遵循认识论的一般规律，又充分注意学生认识的特点，才能组织和进行得科学而有成效。

2. 教学过程也是促进学生身心发展的过程

教学过程主要是按一定的认识（即学习）任务和内容，依据认识论的规律和学生认识特点而组织、进行的逐步掌握和运用知识的活动过程，它本身不是学生的身心发展过程。两者有根本的区别，这是十分明确的。但是，学生是处在迅速发展时期的青少年，进行教学的目的就是要促进青少年学生智、德、美、体充分发展，成长为符合社会需要的人。实际上，教学过程强有力地影响着学生的发展过程。两者之间有着内在的必然的联系。从教学过程上看，现代教学不仅要适应学生的发展，而且要尽最大可能来促进学生的发展，才能达到现代教育所要求的高效率、高水平。所以，促进学生发展也是教学过程的一个重要特性。

在教学论史上，认识到教学过程也是促进学生发展的过程是一个重大的进步。教学的对象是正在发展中的、有主观能动性的青少年，因而教学要看对象，要注意学生发展，要有发展性。古代教学就很少注意儿童发展，甚至一味压抑学生的个性，方法简单、效率很低。后来慢慢积累经验，有所改变。到了近代，在实践中才逐渐明确教学要适应学生的身心发展，注意量力、直观、循序渐进和启发诱导等，从而逐步提高了教学质量。但是，教学仅仅适应学生发展，那么学生的身心发展只能在接受知识的过程中自发和自然地进行，缓慢而水平不高。所以，随着社会的进步，这种单纯适应发展的教学便日益落后而需要改革。第二次世界大战后，生产与科技的迅猛发展，要求在教学过程中能自觉地促进学生的身心发展，培养出体力、智能、创造才能、个性都得到充分发展的人才。

今天，教学理论与实践的发展，促使人们重新认识教学的特性，帮助人们进一步认识了教学与发展的关系：一方面，教学要引导学生的发展，使人类的精神财富顺利地转化为学生的身心发展，逐步提高发展水平，使学生在德、智、体、美等方面都得到一定的发展，成为社会需要的优质人才；另一方面，教学又要遵循学生的发展规律，适应学生发展的水平，并注意使教学走在学生发展的前面，激发学生在自身发展中的主动性、积极性，引导学生善于运用自己的智慧、能力、胆识与意志，创造性地进行学习，以最有效的方式促进学生的发展。现代教学应当是一种发展性教学，能够有效促进学生发展的教学。

综上所述，教学过程是一种特殊的认识过程，也是一个促进学生身心发展的过程。在教学过程中，教师有目的、有计划地引导学生能动地进行认识活动，自觉地调节自己的志趣和情感，循序渐进地掌握文化科学基础知识和基本技能，以促进学生智力、体力和社会主义品德、审美情趣的发展，并为学生奠定科学世界观的基础。

（二）教学过程的基本阶段

在教师引导下的学生掌握知识的活动是教学过程中最基本的活动。而学生掌握知识又是按一个课题（或单元）、一个课题周而复始地进行的。学生学习每一个课题都需经历一个掌握知识的过程。阐述这种周期性的学生掌握知识过程阶段的规律性，对教学具有普遍的指导意义。

学生掌握知识、技能的过程，一般包括以下几个阶段：

1. 引起求知欲

学生掌握知识是从哪个阶段开始的？有人认为从感知开始的。不错，对事物的认识始于感知。但怎样才能使学生积极投入感知活动呢？无疑，教学应该从诱发和激起求知欲开始。

教学史上，许多教育家把引起求知欲的工作作为教学的起始阶段，或称准备、导入，或称困难、问题、引起学习诱因等。尽管各人所提的命名不同，然而都有一个共同点，就是要引起求知欲，要做好准备，包括物质的、心理的、组织的和方法的准备。其中，主要是心理的准备，即引起学生的求知欲，使他们明确学习的课题、任务和要求。

学生学习的积极性及其活动，产生于对知识的需要与追求。有经验的教师在教学起始，总是善于向学生提出问题来引起学生求知的需要。一般来说，只有当学生面临问题、困境、渴求新知和寻找答案，并获得突破时，他们才能产生积极的学习活动。

例如，有位教师在教《蝉》这课时，他考虑到学生对蝉比较熟悉，但了解得又并不清楚。

为了引导学生积极地学习这课，他向学生提出了一系列有趣的问题：蝉是夏天的歌唱家，它的嗓子在哪里？它歌唱是为了呼唤同伴，还是怕热或爱热？人家说蝉是餐风吸露的，它吃的究竟是什么东西？人家看到蝉是从地下钻出来的，它又是怎样钻到地里去的呢？蝉对人类是有益的还是有害的，该保护还是该捕杀？同学们对这些问题并不了解，纷纷要求教师回答。

在这种情况下，学生认识上便产生了知与不知的矛盾，出现了求知的内在动力，主动地看书、感知实物、听教师讲解，开展积极的认识活动，去寻求正确的答案、科学的结论。

引起学生求知欲的方法很多：可以对学生提出引人思考的问题；可以讲述有趣的故事；可以演示引人注目、给人新知的直观材料；可以指出将学的新知识的重要价值，等等。究竟用什么方法，应当根据教学任务和内容的需要以及学生的实际来选择。还要注意，学生求知的动机是随年龄的增长而变化的。小学低年级学生，主要靠教学活动本身的有趣因素所引起的直接兴趣，吸引和推动他们学习；小学高年级和初中学生，除了靠他们对知识的兴趣外，他们对掌握知识、增长自己才干的渴望和荣誉感也鼓舞他们去努力学习；高中学生能够逐步提高对学习的责任感，有抱负的青年学生力图掌握有价值的科学知识，对自己能独立攻克学习难关、获取新知感到乐趣和安慰，他们把学习与个人前途、职业、理想联系起来，从中吸取巨大的力量。引起求知欲是为了引导学生去积极学习和运用知识，所以这个阶段不宜费时过多。当学生的求知欲被激发出来后，应立即引导他们积极投入学习，并在教学过程中不断强化他们的求知欲。

2. 感知教材

教材是一种系统的书本知识，是他人的实践经验。学生只有凭借自己的生活经验或有关的感性知识才能理解书本知识。要知道，学生理解书本知识的过程，是一个感性认识和理性认识相结合的过程，如果学生有了必要的感性知识，形成了清晰的表象，那么他们理解书本知识就比较容易。否则，学生对所学概念难免感到抽象、疑惑，甚至一知半解、囫囵吞枣。为了使学生掌握书本上的抽象概念，首先有必要引导学生掌握好感性知识。

为了使学生获得对事物的清晰表象，要注意指导学生进行周密的观察，并在观察活动中培养他们的观察力。

3. 理解教材

理解教材是教学过程的中心环节。理解教学材料就是要领会书本上的理性知识，从而达到对客观事物本质及规律的认识。理解教学材料是在学生获得感性知识的基础上，在教师的指导下，经过学生自己的思维加工而实现的，思维是认识活动的核心要素。理解教学材料，就是要启发学生，引导学生开展积极的思维活动。

在教学过程中，要实现感性知识到理性知识的上升，关键就是要使学生开展积极的思维活动。为此，教师工作的重心通常放在提示学生思路、引导学生自己探索、教给学生思维的方法、培养学生的思维能力等方面。在学生的认识活动中，除了思维这一核心要素之外，还有观察、记忆、想象等要素的参与。所以，在教学过程中对学生观察力、记忆力、想象力的培养也是不可忽视的。

4. 巩固知识

巩固知识经验，是指学生把所学的知识经验，牢固地保存在记忆中。学生以学习书本知识、接受间接经验为主,如不及时巩固强化,就会遗忘,不利于对后续知识经验的学习理解,也难以做到学以致用。

在教学过程中,教师不仅要向学生提出必要的记忆要求,而且要指导学生记忆的方法。尤其要注意将巩固知识经验与死记硬背区分开来,帮助学生认识和掌握记忆的基本规律,帮助学生认清机械记忆和理解记忆的特点和作用,着重培养学生理解记忆的能力,帮助学生掌握或形成适合自己的记忆方法。此外,通过适当和有效的复习和练习,也可达到巩固知识经验的目的。

5. 运用知识

将所学知识经验加以运用,是帮助学生加深对书本知识的理解、形成分析问题和解决问题能力的关键环节,尤其是在培养学生的独立性和创造性方面,有着重要的作用。

在教学过程中,教师引导学生运用知识的形式是多种多样的,有练习作业、实验、实习等,另外,还可以与生产劳动、社会实践等活动联系起来,相互配合、相互促进。其中,练习作业是最经常的一种运用知识经验的形式,但一定要注意练习作业的内容、类型、方式,努力避免一味地简单重复和机械模仿的无效与低效练习,力求练习作业的灵活多样性和创造性,提高其训练价值。

6. 检查知识、技能和技巧

教学效果检查、测量和评价,是保证教学过程良性循环,争取理想教学效果的重要环节。教学作为一个特殊系统,要保证教学目标的有效达成,就必须通过信息反馈,实现对教学过程的有效控制。而教学效果的检查、测量和评价是获取反馈信息的重要来源,它包括检查、测量与评价两个方面。教学效果的检查和测量,是对教学过程及其结果进行事实信息的收集和判断,而教学效果的评价是对教学过程及其结果的价值判断,前者是后者的基础和前提。教师在教学过程中,一般可以通过观察、提问、家庭访问、检查书面作业、评阅单元测验和试卷等方式,还可以采用专门的测量方法,来了解学生的知识掌握、智力水平、学习态度等方面的情况,获得有关的反馈信息、及时调控教学过程。在教学过程中,教师还应注意引导学生学会自我检查、自我测量和自我评价,促使学生自觉调控学习过程,强化学习动机,增强学习能力,从而保证教学取得更好的效果。

学生掌握知识的基本阶段对组织进行教学过程具有普遍的指导意义,但是运用时要注意:根据具体情况灵活运用,注意阶段之间的内在联系不要割裂,每个阶段的功能都是整个教学过程中不可缺少的因素。

(三) 教学过程的基本规律

教学过程的规律表现在哪些方面?掌握教学过程规律对教学工作有何意义?教学过程是一个有规律的过程。教学过程的规律主要表现在教师引导下学生掌握知识过程的阶段上和教学过程内部一些因素之间的必然联系上。这些规律在教学过程中经常存在、反复出现,并显示出它的重要作用。弄清这些教学过程的规律有助于阐明教学的基本原理,能够指导我们比较科学地进行教学活动,提高教学的效率和质量。

1. 间接经验和直接经验相统一的规律

直接经验是学生通过亲自活动、探索获得的经验。间接经验是他人的认识成果，主要指人类在长期认识过程中积累并整理而成的书本知识，此外还包括以各种现代技术形式表现的知识与信息。两者之间的必然联系：学生认识的主要任务是学习间接经验。学习间接经验必须以学生个人的直接经验为基础，防止忽视系统知识传授或直接经验积累的偏向。

2. 掌握知识和发展智力相统一的规律

智力的发展依赖于知识的掌握，知识的掌握又依赖于智力的发展。引导学生自觉地掌握知识和运用知识才能有效地发展他们的智力，防止单纯抓知识教学或只重能力发展的片面性。

3. 掌握知识和提高思想相统一的规律

学生思想的提高以知识为基础。引导学生对所学知识产生积极的态度才能使他们的思想得到提高。学生思想的提高又推动他们积极地学习知识。

学生掌握了知识并不一定能够提高思想，因为由知识转化为思想还有一个态度问题、情感问题，如果学生对所学的知识只是听听而已、态度消极、漠然置之，那么他们掌握的知识很难转化为他们的观点，因此要使教学中传授的知识能给学生以深刻的思想影响，不仅要使学生深刻领悟知识，而且要善于引导和激发学生对所学知识的社会意义产生积极的态度，在思想深处产生共鸣，受到熏陶与感染，形成自己的善恶观念、爱憎情感和价值追求。只有引导学生以积极的态度和情感吸取知识，科学知识中所蕴含的思想观点才能转化为学生自己的观点、信念，才能真正提高他们的思想修养。

4. 智力活动与非智力活动相统一的规律

非智力活动主要是指在认知事物、掌握知识过程中的兴趣、情感、意志和性格等心理因素的活动。智力活动主要指认识事物、掌握知识进行的观察、思维、记忆和想象等心理因素。智力活动依赖于非智力活动，并积极作用于智力活动。按教学需要调节学生的非智力活动才能有成效地进行智力活动，完成教学教务。

5. 教师主导作用与学生主动性的必然联系

发挥教师的主导作用是学生简捷有效地学习知识、发展身心的必要条件。调动学生的学习主动性是教师有效教学的一个主要因素，防止忽视学生积极性和忽视教师主导作用的偏向。

第二节 教学原则和教学方法

一、教学原则的含义与特征

教学原则是根据一定的教育教学目的及任务、反映教学规律而提出的指导教学工作的基本要求和原理。它贯彻于教学过程的各个方面，是指导教学工作有效进行的指导性原理及基本行为准则。教学原则在教学活动中的正确与灵活运用，对提高教学质量及教学效率起到重要的保障性作用。

教学原则具有两个基本的特征。一是实践性，教学原则的提出某种程度上来自于教学经验的积累，也就是通过教学实践总结出的基本原理。另外，教学原则的目的是为了更好地指导教学实践活动的开展，它对教学活动的各个方面起着指导和调控的作用，为教师提供有效开展教学活动的依据。因此，科学的教学原则在教学实践中灵活有效地运用，对教学活动的有效顺利地开展，对提高教学活动的质量和效率都有着积极的作用。二是客观性，教学原则是在认识教育客观规律的基础上提出的指导人们教学实践活动开展的行为准则，揭示了教育现象之间本质的、必然的联系，不以人的意志而转移，具有一定的客观性。

二、常用的教学原则

（一）直观性原则

直观性原则指教师根据教学活动的需要，在教学中通过让学生直接感知学习对象、形象地描述教学内容或指导学生直接观察所学事物，使学生形成基本的表象认识，为学习理论知识奠定基础。

在教学中贯彻直观性教学原则，有以下基本要求：根据教学的目的、任务以及学生情况，加强直观教学的目的性及针对性，恰当地选择直观手段。直观性原则的具体手段包括实物直观、模像直观和语言直观。实物直观就是通过观看实物进行的，直接将对象呈现在学生面前；模像直观是运用各种手段对实物的模拟；语言直观是教师运用自己的语言、借助学生已有的知识经验进行描述，引起学生的感性认识，以此达到直观的效果。教师在运用直观手段进行教学时应当注意指导，通过提问等方式鼓励学生细致深入地观察，培养学生的观察能力和锻炼学生的思维能力。

（二）启发性原则

启发性原则是指教师在教学中充分调动学生学习的积极性和自觉性，激发学生的创造性思维，使学生能够主动地学习，以达到对所学知识的理解和掌握。这一原则将教学活动中教师的主导地位和学生的主体地位统一起来，充分发展了学生的创造能力。

在教学活动中贯彻启发性原则，有以下基本要求：激发学生的积极思维能力。教师通过创设一定的情景引起学生独立思考，发展其思维能力，明确学生的主体地位。教师要在真正研究和了解学生的学习需要的基础上，实施的启发才可能是有针对性的和有效的。启发所选择的问题应当选择具有一定难度，需要学生进行比较复杂的思维活动，这样才会引起学生主动思考的积极性。建立民主平等的师生关系，只有当学生真正感受到教师将自己当作人格上与之完全平等的人，他们的学习自觉性才可能真正地调动起来。

（三）循序渐进原则

循序渐进原则是指教学活动应当结合学生身心发展规律以及学科的课程体系持续、连贯、系统地进行，以使学生系统地掌握基础知识及技能。

在教学活动中贯彻循序渐进原则，有以下基本要求：按照教科书的顺序进行教学。教师要认真学习和研究课程标准和教科书，充分了解和掌握课程的逻辑以及对学生的要求，这是教学系统性的根本保证。教学必须由近及远、由浅入深、由简到繁。教师要认真研究学生，针对他们在学习过程中的认识需要和特点开展教学。根据具体情况适时进行调整。在实际教学中，不同地区、学校、学生的情况有较大差异，教师在基本服从大纲顺序的前提下，要善于从实际出发，适当地调整教学的速度或是内容。

（四）巩固性原则

巩固性原则是指在教学中要不断地安排和进行专门的复习，使学生在理解的基础上对所学的知识牢固地掌握和保存，并能够灵活地运用。巩固性原则的意义不仅在于强化旧知识，也有助于学习新知识。

在教学活动中贯彻巩固性原则，有以下基本要求：教师要使学生在理解知识的基础上进行巩固。教师应当首先保证学生学懂学会，才有可能获得巩固的良好效果。使用多种方法进行巩固。除了常见的书面作业以外，教师还应当利用各种不同的方法帮助学生巩固所学知识，例如开展实践活动，通过理论联系实际帮助学生更加深刻地记忆知识。教给学生巩固知识的方法，培养学生的记忆能力。注重检查学生的巩固作业，并且进行科学的评定。

（五）因材施教原则

因材施教原则是指教师在教学活动中从学生的实际情况出发，根据不同学生的个别差异，采取不同的教育教学方法，使每个学生都能取得最大程度的发展。

在教学活动中贯彻因材施教原则，有以下基本要求：充分了解学生。教师要深入地研究每一位学生的特点，学生之间存在的差异。教师应当允许学生存在不同方面、不同水平的差异，并且针对每一个学生的具体条件帮助他获得最适宜的个性发展。把因材施教与统一要求结合起来，在严格按照教育目的、课程标准以及教科书的要求的基础上，根据不同学生的特点进行教学活动。

三、教学方法

教学方法是教师和学生为了实现共同的教学目标，完成共同的教学任务，在教学过程中运用的方式与手段的总称。

（一）我国中小学常用的教学方法

1. 以语言传递信息为主的教学方法

（1）讲授法。讲授法是中小学各科教学中运用得最为普遍的一种教学方法。讲授法是指教师通过简明、生动的口头语言向学生传授科学知识文化、发展学生智力和思维能力的教学方法。运用讲授法的基本要求是：第一，教师对所讲授的内容必须十分熟悉，在了解学生基础知识与经验的基础上，合理安排讲授的内容与结构；第二，讲授应注意培养学生的学科思维能力；第三，讲授应具有启发性，引导学生主动思考；第四，讲授要讲究语言艺术。语言要生动形象、富有感染力，清晰、准确、简练、条理清楚、通俗易懂，尽可能音量、语速要适度，语调要抑扬顿挫，适应学生的心理节奏。

讲授法的优点：教师容易控制教学进程，能够使学生在较短时间内获得大量系统的科学知识。但是，讲授法也有一定的局限性，学生在学习中比较被动，学生学习的主动性、积极性不易发挥，学生的个别差异无法照顾到，教师重视个人讲授容易忽视学生的智能与思维能力的开发与培养，容易忽视学生的求知欲望和探索精神的培养。

（2）谈话法。谈话法是教师根据学生已有经验，提出问题，引导学生进行思考，通过师生间口头问答获取知识的一种教学方法。运用谈话法的基本要求是：第一，问题的主题要能与学生的实际水平相结合，问题明确，难度适宜，具有较高的启发性；第二，有充分的谈话计划，有较为灵活的谈话方法；第三，谈话的对象必须面向全体学生；第四，教师要做好谈话的总结环节。

谈话法的优点：有利于调动学生学习的积极性，引导学生主动思考，同时，还能够较好地培养学生的口头表达能力。但是谈话法也存在一定的缺陷，例如花费的时间较多，对教师的知识水平的要求也相对较高。

（3）讨论法。讨论法是在教师的指导下，学生以全班或小组为单位，围绕教材中的主要问题，表达各自的想法，通过相互间的讨论获得知识的一种教学方法。运用讨论法的基本要求是：第一，明确讨论的题目，讨论的问题要具有吸引力。开展讨论活动前教师应提出讨论题目和讨论的具体要求，指导学生收集阅读有关资料或进行调查研究，认真写好发言提纲。第二，讨论过程中，教师要善于启发引导学生自由发表意见。讨论要围绕中心，联系实际，让每个学生都有发言机会。第三，讨论结束时，教师要及时进行总结，概括讨论的情况，使学生获得正确的观点和系统的知识。

讨论法的优点：主要是可以吸引全体学生都参加，可以培养学生间相互合作的精神，更大程度地激发学生的学习兴趣，提高学生学习的独立性。缺陷是：针对的学生需要有一定的知识积淀，因此讨论法通常在高年级学生或成人教学中采用。

（4）读书指导法。读书指导法是教师指导学生通过阅读教科书或参考书，以获得知识、巩固知识，通过培养学生良好的阅读习惯以及自学能力的一种教学方法。运用读书指导法的基本要求是：第一，教师要指导学生有目的地读书，有自己的读书计划，防止无的放矢，泛泛而读；第二，教师要引导学生在阅读的过程中不断思考，使学生领会书的内涵实质；第三，教师要教会学生读书的方法，让学生学会使用工具书，在读书的过程中养成记笔记的好习惯。

读书指导法的优点：可以培养学习较好的自学能力，拓宽学生的知识面。缺陷在于教师监督起来相对困难，因此教师要做好对学生读书情况适当的检查工作，及时加以指导和帮助。

2. 以直观感知为主的教学方法

（1）演示法。演示法是教师在课堂上通过展示各种实物、直观教具或进行示范性实验，让学生通过观察获得感性认识的教学方法。演示法是一种辅助性教学方法，通常要和讲授法、谈话法等教学方法结合使用。运用演示法的基本要求是：第一，演示的目的以及对象要明确；第二，演示的内容及现象要明显且容易观察，使学生可以形成正确的概念；第三，演示结束后教师要指导学生将观察到的事物与要求学习的知识相联系，得出最后的学习总结。

（2）参观法。参观法是指根据教学的需要，在教学条件允许的情况下，教师组织或指导学生到校外实地进行观察、调查、研究和学习，从而获得新知识或巩固已学知识的教学方法。运用参观法的基本要求是：第一，教师要做好组织学生参观学习的计划以及一些应急的措施，紧紧围绕教学内容进行参观；第二，参观学习中，教师要指导学生做好相关资料的收集，做好记录，参观结束后，整理参观笔记，写出书面参观报告，将感性认识升华为理性知识。

3. 以实际训练为主的教学方法

（1）练习法。练习法是学生在教师的指导下，通过课堂或是课堂作业，对所学习的知识进行练习的过程，以此巩固学生所学知识的教学方法。运用练习法的基本要求是：第一，要明确练习的目的，选择适当的练习材料，把握练习的难度；第二，教师要注意对学生加以指导，让学生掌握科学的学习方法；第三，练习的方式应该尽量多样化；第四，教师要做好练习的检查工作，客观评定学生的练习成绩，以此激发学生进一步学习的动力和兴趣。

（2）实验法。实验法是指在教师的指导下，使用一定的教学仪器和设备，让学生们在动手实践的过程中观察发现事物的变化，以此获得知识经验的教学方法。运用实验法的基本要求是：第一，教师要对实验的开展做好提前的准备工作，例如编写实验计划、准备好实验仪器设备、将学生分组等；第二，在实验开展的过程中，教师要注意加强对学生的指导与监督，保证实验进行的安全，让学生按照实验计划逐一进行实验；第三，教师要做好实验活动的总结以及检查工作。

（二）国内外新兴教学方法介绍

1. 发现式教学法

发现式教学法亦称假设法和探究法，是指教师在学生学习概念和原理时，不将学习的内容直接提供给学生，而是向学生提供一种问题情境，或是给学生一些事实（例）和问题，让学生积极思考，独立探究，自行发现并掌握相应的原理和结论的一种方法。即在教师的启发下，使学生自觉地、主动地探索科学知识和解决问题的方法及步骤，研究客观事物的属性，发现事物发展的起因和事物的内部联系，从中找出规律，形成自己的概念。教师扮演学习促进者的角色，引导学生对这种情境发问并自己搜集证据，让学生从中有所发现。这种方法有利于激发学生的智力潜力，有利于培养学生自我激励的内在动机，有利于学生获得解决问题的能力、探索的技巧，有利于增强学生的责任心，同时，发现学习的结果有利于学生记忆的保持。

发现式教学可以分为四个阶段进行：第一阶段：创设问题的情境，使学生在这种情境中产生疑惑或是矛盾，提出要求解决或必须解决的问题。第二阶段：促使学生利用教师所提供的某些材料、所提出的问题，提出解答的假设。第三阶段：学生从理论上或实践上检验自己的假设。第四阶段：根据实验获得的一定材料或结果，在仔细评价的基础上得出结论。

2. 学导式教学法

学导式教学法就是在教师指导下，学生进行自学、自练的一种方法。它把学生在教学过程中的认知活动视为教学活动的主体，让学生用自己的智慧主动地去获取知识，发展各自的智能，从而达到在充分发挥学生主动性的基础上渗入教师的正确引导，使教学双方各尽其能，各得其所。学导式教学法既是一种教学法，同时也体现出一种教学组织模式，是一种充分重视教学过程中"学"的因素的教学。在充分发挥学生主动性的基础上,教师采用各种教学手段创造条件、积极引导,为使学生主动探索、开发智力、发展体能,成为学习的真正的主人。

学导式教学法的教学过程包括:第一阶段:教师对教学内容进行适当提示。导入新课,提出本次课的目的与任务,激发学生学习的积极性。第二阶段:学生开展自学。课前预习、课上自学、自练,学生通过反复练习,掌握重点,发现难点,为自学和教学提供依据。第三阶段:教师进行解疑。由学生自提问题,通过练习与相互讨论或教师辅导进行答疑。第四阶段:教师重点讲解、示范、解析教材的重点、难点。第五阶段:在教师的指导下,学生在课堂上反复练习,课后坚持练习运用,力求掌握知识技能。第六阶段:学生进行自我评价和相互评价掌握"三基"情况,教师也可对学生进行评价,同时提出课外练习和下一次课进行预习的要求。以上的自学、精讲、演练是主要环节,而提示、解疑、小结是辅助环节,各环节的程序应自然流畅,环环相扣。

3. 六课型教学法

六课型教学法,即将现行教材分成若干教学单元,每单元均按"自学课→启发课→复习课→作业课→改错课→小结课"六种前后紧密联系的课型进行教学,旨在从学生的学情出发,培养学生的自学能力。

(1)自学课(自学)。

学生在教师指导下,运用科学的思维方法和学习心理规律以及有关学习手段,在已有知识技能的基础上,自觉主动地通过读书学习、做作业等方式获取新知识和新技能的过程。自学的基本程序是:布置自学提纲;自学指导谈话;根据需要组织学生进行现场观察、实验和社会调查;学生自学,教师巡视;做练习参考题,加深对教材的理解。自学课是教学的基础课型,对于完成教学任务,培养自学能力具有决定性意义。因此,要舍得在自学课上下工夫。

(2)启发课(启发)。

启发课包括精讲、典型实验、基本技能的讲解和演示等。教师从学生实际出发,突出并围绕单元教学重点,讲清自学课上没有弄懂的共同性问题,同时沟通新旧知识之间的联系,以便引导学生全面深刻地理解教材内容,培养学生的能力,发展学生的智力。

(3)复习课(复习)。

学生在教师引导下,对所学知识进行独立复习,以加深理解,巩固记忆,使知识系统化、概括化,为灵活运用知识进一步做准备。复习课教学步骤:布置复习提纲,进行复习指导谈话;学生复习并写笔记;教师个别指点,解决共同性问题;若干学生讲解复习笔记并对其进行评论。

(4)作业课(作业)。

作业课的目的在于指导学生独立地将所学知识灵活地运用于实际,以形成新的技能、技巧,促进学生能力和智力的发展。对于进一步激发学生的学习积极性和深化所学知识也有重要意义。对作业课教学的基本要求是:要有科学性、代表性;进行作业指导谈话;学生独立作业时,教师巡回辅导;注意技能的综合化。

(5)改错课(改错)。

在改错课上,教师引导学生分析作业错误的原因,改正错误,从而掌握正确的作业方法。学科不同,改错的方法也不同。例如,数学改错课可包括以下几个步骤:教师进行改错指导谈话；学生互改作业；学生演示并讲解作业，其他学生与之对比，并进行讨论；重做自己做错或改错了的题目；学生根据自己的不足在教师的指导下制订课外自学计划；教师对以上作业评分。

（6）小结课（小结）。

在小结课上，学生在教师指导下，通过复习和练习，独立思考，使所学知识系统化、概括化，使所学技能综合化、熟练化，并在此基础上，进一步提高自学能力。小结课教学应注意：布置小结提纲并进行指导谈话；学生根据提纲作独立小结；教师小结前，让学生讲述自己的小结内容；小结后进行测验。

实行六课型单元教学法，学生的全部学习活动都置于教师指导和控制之下在课堂上进行。教师工作能从学生实际学习水平出发，因而能做到因材施教，并发挥教师的主导作用。这种教学法有利于学生积极地学习书本知识，形成技能、技巧，以及将知识系统化、技能技巧综合化；有利于发展学生的智力，培养学生的能力；有利于减轻学生负担，促进学生的全面发展。

4. 范例教学法

范例教学法是指教师在教学中选择真正基础的本质的知识作为教学内容，通过"范例"内容的讲授，使学生达到举一反三掌握同一类知识的规律的方法。运用此法的目的在于促使学生独立学习，而不是要学生复述式地掌握知识，要使学生所学的知识迁移到其他方面，进一步发展所学的知识，以改变学生的思维方法和行动的能力。范例教学可以分四个阶段：第一阶段：范例地学习"个"，即通过范例的、典型的、具体的单个实例来说明事物的特征。第二阶段：范例地学习"类"，在第一步学习的基础上进行归纳、推断，认识这一类事物的特征。第三阶段：范例地掌握规律和范畴，要求在前面学习的基础上，进一步归纳事物发展的规律性。第四阶段：范例地获得关于世界关系和切身经验的知识，使学生不仅了解客观世界，也认识自己，提高行为的自觉性。

（三）关于学生学习方式的变革

1. 自主学习

自主学习是指以学生作为学习的主体，通过学生独立的分析、探索、实践、质疑、创造等方法来实现学习目标、掌握学习内容的教学方法。

自主学习的实施：第一，明确学习的目标以及内容。教师首先应该指导学生明确他们这个阶段的学习内容以及相关的要求，学生必须指导自己需要学什么，应该到达什么标准以及如何达到这些标准。第二，激发学生的学习兴趣，教师要使学生形成强烈的学习动机，增加学习的兴趣，使学生愿学和乐学。第三，学生自主学习教材内容。学生开始根据目标的要求对教材内容开展自主学习，另外，在结束自学后，要求学生们开展一定的自我检查，分析在学习过程中的难点以及自己对内容的掌握程度。第四，教师讲解、巩固练习。教师要通过学生提问、讨论等方式，了解学生的自学情况，重点对学生学习中存在的问题进行解答、讲解，并且进行一系列的练习巩固。

2. 合作学习

合作学习是指学生为了完成共同的任务，以生生互动为主要特征，促进学生之间的合作，达到共同的学习目标的一种教学方式。合作学习鼓励学生为集体的利益而共同工作，在完成共同任务的过程中实现自己的理想。

合作学习的实施：第一，明确学习内容和目标。教师需要选择适合学生共同学习的内容，并且让学生们了解需要达到的目标要求，有必要的话，教师需要为学生准备好相关的学习材料。第二，进行合理的学生分组。合作学习通常需要通过分组来完成，教师需要首先确定学习小组的规模，通常以3～6人的异质小组为适宜，教师根据各个小组的不同情况，分配不同类型和难点的学习任务。第三，学生开展合作学习。教师在学生开展合作学习的过程中，需要为学生创设一定的学习情境，不断鼓励学生之间的合作，并且在这个过程中，教师要不断地给予指导。第四，学习效果总结及评价。教师要把握好学生开展合作学习后的总体情况，针对重点、难点内容进行总结及升华，对学生们在学习过程中的表现给予一定的评价，旨在鼓励学生下阶段更加主动地开展学习。

3. 探究学习

探究学习是指学生在主动参与的前提下，根据自己的猜想或假设，在科学理论指导下，运用科学的方法对问题进行探究，在探究过程中获得创新实践能力，自主构建知识体系的一种教学方式。

探究学习的实施：第一，提出明确的问题。教师要引导学生明确将要解决的问题，让学生清楚为什么要去探究这个问题，能做哪些方面的探究。第二，形成假设。教师应当指导学生形成预测或假设，找准中心问题开展研究。第三，检验求证。学生们要制订好探究该问题的方案，并且对相关人员进行分工，通过各种途径收集数据资料，对相关资料进行筛选、归类、统计、分析和比较，不断加深对问题的了解与认知。第四，得出和解释结论。学生们要表达出自己在探究学习过程中所形成的见解，证实与之前的预测和假设是否吻合。第五，交流与应用。学生要将探究学习得到的结果与其他同学分享交流，在社会实践中尽量去运用，加深自己对该问题的理解。

（四）教学方法改革与发展趋势

1. 重视开发学生的智能

现代教学不仅重视知识的传授，而且更重视开发学生的智能，促进学生全面发展。在这一教学思想的指导下，现代教学方法改革十分重视引导学生积极探索新事物、努力发现问题和解决问题，重视培养学生的观察力、分析综合力和创造力。美国布鲁纳的"发现教学法"就是这样，它要求教师善于引导学生去"发现""探究"或"解决"问题，让学生开动脑筋获取知识，像科学家发现真理那样，去"发现事物的发展起因和事物的内部联系，从中找出规律，形成自己的概念"。国内外推行的"问题教学法"也要求发挥学生的独立性，使他们在理解知识的基础上，掌握科学的思维方法和创造性活动的经验、特点和程序，以达到开发智能的目的。日本学者川上正光认为："知识，百科全书可以代替，但是，思考出一个新方案、新观点，除了智能因素外，是任何东西也代替不了的。"这种很有见地的观点不仅为许多学者所接受，而且直接影响着现代教学理论的研究和现代教学方法的改革。

2. 重视学习方法的研究

对教学活动过程的重要意义，苏霍姆林斯基说："在小学面临的许多任务中，首要的任务是教会学生学习。"阿尔温·托夫勒也认为:"明天的学校不仅要教给学生信息,还要教给学生学习方法。"在现代教学方法改革过程中,对学法的研究已经受到高度的重视。以我国为例,从事学法研究的学术团体相继成立,进行学法实验的中小学校越来越多。"授人以鱼,只供一饭之需;教人以渔,终生受用无穷",这句至理名言正在成为当代教学方法改革的座右铭。"教是为了不教","让学生学会学习",已经逐步成为教育界同仁的一种共识。近些年来,国内外创造和实施了许多学习方法,这些方法不仅使学生较好地掌握教学内容,而且使他们在学习中发挥主动性和创造性,自觉地培养自己的能力。

3. 重视非智力因素的作用

当代心理学、教育学理论研究说明,智力因素与非智力因素之间在教学过程中紧密联系、相互作用。非智力因素主要包括理想、情感、意志、性格、气质等,这些因素虽然不直接参与学生的认知和学习活动过程,难于改变学生的智力水平,但它们是学生智力活动的精神支柱和学习过程的动力系统,因而可以调节教学活动,使之顺利地进行,并极大地影响学生智力水平的发挥。"皮格马利翁效应"已经说明师生之间良好的情感对学生学习成绩巨大的促进作用,此外,坚韧的意志力、积极的情绪体验、优良的个性品质也都是学生学习的重要条件。保加利亚心理学家洛扎洛夫的"暗示教学法",就是让学生的情绪处于轻松愉快或无意识状态下去学习和掌握知识的。我国近年来创造的"问题情境诱导教学法",也是通过创设问题的情境,诱发学生积极的情绪和情感,使他们自觉主动地学习并获得良好效果的一种方法。还有"非智力因素教学法",更是在激发兴趣、陶冶情操、培养意志和性格的过程中,使学生的智力水平得到迅速提高的有效方法之一。

4. 重视调动学生的积极性

教学过程是促进学生认识发展的过程,也是学生对教学形式和内容进行感知、记忆、思维、想象等一系列加工处理,在头脑中建立暂时神经联系,形成一定经验的过程。在这一过程中,学生是主体,如果学生对教学内容缺乏兴趣,没有学习动机,学习目的不明确,注意力不集中,就很难接受有关的知识信息,形成暂时联系系统和经验。"知之者不如好之者,好之者不如乐之者"(《论语·雍也》),此话是很有道理的。因此,现代教学方法改革充分认识到学生在教学过程中主体地位的作用,并努力发挥学生的主观能动性,调动他们学习的积极性。例如,美国心理学家布鲁纳的"发现教学法",我国教育界创造的"愤悱情境教学法""问题引导法""设疑教学法""引言激兴法"等都反对学生呆读死记,特别注意在教学中启发学生树立明确的学习目的,培养浓厚的学习兴趣,激发强烈的求知欲望,使学生的大脑处于积极的思维状态,主动地去发现问题、解决问题,达到掌握知识、形成能力、启迪创造性的目的。

5. 应用心理科学的研究成果

传统教学方法改革重视教学经验的总结和哲学思想的指导,现代教学方法改革在重视教学经验总结和接受哲学思想指导的同时,特别注意应用心理科学的研究成果。人们不难看出,当代许多有效的教学方法都是由心理学家研究提出并付诸实施的。这类教学方法的实验和改革既是对心理科学理论的丰富和发展,也是心理科学理论在教育上的应用。更引人注目的是,当代关于儿童心理学和教育心理学的大量研究成果,为教学方法改革提供了科学依据,使教学方法改革摆脱了主观性和盲目性，朝着遵循儿童和教育心理发展规律的方向不断前进。例如，根据桑代克的学习理论，有人提出了"刺激—反应学习法"；根据脑科学的研究成果，有人提出了"暗示右脑法"和"大脑两半球并用学习法"；根据"感觉相互作用"的规律，有人提出了"音乐感染教学法""原型启发法"和"类比迁移法"等。这些都是心理学研究成果在教学方法改革中的成功应用。还有洛扎洛夫用心理学所揭示的人的"下意识心理活动"规律，创造了提高记忆效率的"暗示教学法"；沙塔洛夫利用心理学的"完型"理论，创造了优化教学效果的"纲要信号图示法"等，这类教学方法实际上就是教育心理学的一项重要的研究成果。总之，由于当代教学方法改革注意应用心理科学的研究成果，使新的教学方法不仅具有很强的科学性，还具有广泛的推广和应用价值。

6. 注意以"三论"作指导

信息论、控制论和系统论虽然源于电子工业技术和管理科学，但由于其高度的抽象概括性和广泛的适应性特征，对许多学科的理论研究和实践活动都具有指导意义和巨大的影响作用。现代教学论不仅把它们作为理论基础之一，而且把它们作为方法论体系的重要组成部分。按照"三论"的观点，教学过程是由主体、客体、方法、信息等要素组成的一个完整的系统，在这个系统中，主体和客体之间由信息进行沟通，而各种信息活动又可以施之一定的方法、方式加以调节和控制，以获得最佳的沟通效果。这种观点已经为教育理论界许多人所接受，因而被广泛地应用于教学方法改革过程之中。如美国斯金纳首创的以控制论为基础的"程序教学法"，德国瓦根舍因推出的以系统论为基础的"范例教学法"，美国布鲁纳提出的以结构系统理论为基础的"发现教学法"等，不仅被广泛地应用于教学过程，而且在此基础上，人们又根据"三论"的原理使之得到进一步的发展和完善。此外，国内外教育工作者提出并实施的"阅读教学法""系统复习法""反馈调节学习法""结构学习法""信息网络教学法""五轮次反馈复现教学法"等，也都是以"三论"为指导思想而创造的富有成效的教学方法。由此可见"三论"对教学方法改革的巨大作用。

7. 在教学手段上，注意使用现代科技设备

传统教学以语言、文字为传递信息的主要媒介，因此，在很长时期内，黑板和粉笔成为教学活动的主要手段。随着教学方法的改革，图表、绘画、标本、模型等静态直观教具得到广泛的应用。20世纪50年代以来，幻灯、广播、录音、电影等设备又被许多学校和教师应用于教学。但是，在当今科学技术迅速发展和知识信息量猛增的形势下，上述教学手段已经不能完全适应现代教学的要求，只有采用更加科学、更加现代化的技术设备来服务教学，才能有效地提高教学质量，完成培养人才的任务。现代教学方法改革的一个明显特点，就是教学设备越来越先进，教学手段的现代化水平越来越高，程序教学机、电子计算机、电影、电视录像、卫星传播、激光视盘、立体电视以及其他多功能、多媒体的现代化科学技术设备在教学中被越来越多地使用。这些现代化科技设备作为教学手段运用于教学方法改革过程，不仅使得教学内容更加生动、形象、系统，更富有吸引力、直观性和科学性，而且使学生的多种分析器官协调活动，智力得到充分开发。利用现代化科技设备进行教学，还可以使多种教学方法有机地结合起来，教师选择最优的教法进行教，学生选择最优的学法进行学，师生的积极性得到充分调动，从而获得最优的教学效果。

第三节　教学组织形式与基本环节

要完成教学任务，实现预定的教学目标，不仅要遵循一定的教学原则，采用一定的教学方法，还要有一定的教学组织结构形式。与此同时，教学工作通常还需遵循基本的教学环节。

一、教学组织形式概述

教学组织形式是指为完成特定的教学任务，教师和学生按一定要求组合起来进行活动的结构。

教学组织形式在不同的历史时期并不是固定不变的。随着社会政治、经济、科学文化的发展及对培养人才要求的不断提高，教学组织形式也不断发展和改进。

在教学史上先后出现的影响较大的教学组织形式有个别教学制、班级授课制、分组教学制、道尔顿制和文纳特卡制等。

（一）个别教学制

个别教学是指教师在同一时间内，以特定的内容，面向一个或几个学生进行教学的一种教学组织形式。它在人类历史上出现最早，形式灵活。当教师在对某个学生进行教学指导的时候，其他学生就根据教师布置的学习任务进行自主学习。采用个别教学组织形式进行教学的学校（包括班级）里的学生入学时间不统一，入学时的程度不同，入学后的学习进度安排不统一，学习年限没有统一明确的规定。古希腊罗马时期的各级各类学校、中世纪的大多数教会学校和宫廷学校，一般都采用个别教学这种教学组织形式。我国宋朝以前的各级官学和私学也都采用这种教学组织形式。个别教学是漫长的奴隶社会和封建社会中主要的教学组织形式。这种教学组织形式办学规模小、速度慢、效率低，但能较好地适应个别差异。17世纪以后随着班级授课制在世界范围的普遍采用，个别教学逐渐就成为了教学的非主要组织形式。

（二）班级授课制

班级授课制是指将一定数量的学生按照他们的年龄和知识程度的不同编成固定人数的班级，根据课表和作息时间表的安排，由教师有计划地面向全班学生进行集体授课的一种教学组织形式。

班级授课制是产生于西方。随着工业社会的发展，社会需要大批掌握初等文化，能熟练、安全操作机器，从而提高劳动生产率的工人，原有的个别教学组织形式不能满足这一社会需要，于是出现了班级授课制。班级授课制萌芽于16世纪西欧的一些国家，兴起于17世纪乌克兰兄弟会学校，后经过捷克大教育家夸美纽斯的总结、改进、提炼与理论升华，初步形成了班级授课制。

17世纪，捷克教育家夸美纽斯在其《大教学论》中提出了班级授课制。班级授课制即把一定数量的学生，按其年龄、知识程度编成固定的班级，根据课程表和作息时间表安排教师有计划地向全班学生集体进行教学的一种教学组织形式。19世纪中期，班级授课制成为西方学校主要的教学组织形式。我国最早采用班级授课制是在1862年创办的京师同文馆,并在1904年的癸卯学制中以法令的形式确定下来。

(三) 分组教学

分组教学是指按学生的能力或学习成绩将他们分为水平不同的组进行教学的教学组织形式。分组教学产生于19世纪末20世纪初,它一方面克服了班级授课制容易忽视学生个体差异的弊端;另一方面克服了个别教学效率不高的不足。

分组教学的教学组织形式有两种类型:外部分组和内部分组。外部分组是指打乱传统的按年龄编班的做法,而按学生的能力或学习成绩编班。如目前很多学校普遍实行的重点班(卓越班、火箭班)和普通班(潜力班)以及某些学校设置的特长班(艺体班)等即属于外部分组。内部分组是指在一个班级内按照学生的能力水平的不同分为几个组,然后分别进行教学的教学组织形式。分组教学的组织过程大致是这样的:首先,全班统一教学,经过一段时间后,进行会诊测验,根据测验结果,把学生分为甲、乙、丙、丁四个组。甲组学自学补充教材,乙组学生上附加课,丙、丁两组由不同教师给他们复习基础知识。三至四周以后,对甲、乙组进行附加测验,丙、丁组进行复习测验,测验后各组再一起统一进行新课的教学。一个单元之后再进行分组,这样循环往复直到学期结束。作业分组的课堂座次可以这样安排。[1](见图 7.1)

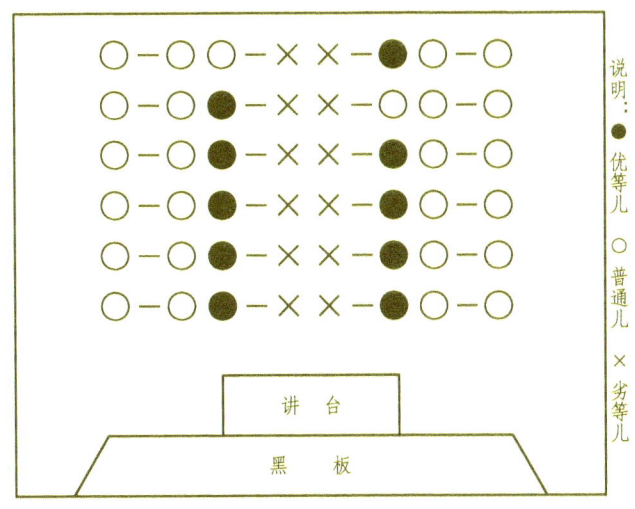

图 7.1 作业分组学生座次表

这样分组的好处是可以保证一部分学生能够掌握基本知识,达到基本教学要求,而优等学生又能扩大知识面,使之能力得到充分的发展。缺点是经常分合,增加了师生的负担,加深了个人竞争,打断了教学连续性,不但影响教学,也影响师生关系。

(四) 道尔顿制

道尔顿制也称"道尔顿计划"(Dalton Plan)。它是美国教育家帕克赫斯特(H. Parkhurst,

---

[1] 其出发点是让优生与差生结成对子,让优生帮助差生,培养学生互帮互助的精神。而且让差生坐在教室的中间,容易使他们的注意力更加集中(于明. 课堂教学的组织形式与方法[M]. 国际文化出版公司, 1997: 28-30.)。

1887—1973）1920年在马萨诸塞州的道尔顿市公立学校创立的，其后在纽约市的道尔顿学校实施。帕克赫斯特试图对当时流行的以知识传授为核心的班级教学模式和以学生经验发展为核心的教学模式进行调和，以确立一种新的教学模式。道尔顿制有两个特点：一是将班级教学组织改为个别化教学组织；二是将以教师讲授为主的教学方法改为以学生自学研究为主的教学方法。道尔顿制的实施必须要有三个条件。①

第一，"作业安排"。作业安排是道尔顿制的核心环节。其具体做法是：通盘规划各门学科的教学内容，确定每学年、每学期、每个月应该教授的内容；以月为单位，将教材组织成为每一学科、每一月的工作；将一门学科、一个月的教学内容按周加以分配，指定每周应学习的具体任务，称为"周课"；将每周的工作按日加以分配，这是作业安排的最小单位，称为"单元"。教师安排学生的学习任务之后，学生根据自己的意愿接受一个月的学习任务，并与教师签订学习契约，称为"工约"。学生签订了"工约"之后，就自己确定步调进行学习。待完成任务并经检查合格之后，再接受下一个月的"工约"。一个月的学习"工约"所规定的是具体学习任务，而不是学习时间。学生学习不受时间限制，可以提前完成，也可以推迟完成，但必须完成所规定的课程才被准予毕业。

第二，"实验室"，即学生的作业室。实验室一般按学科设置，各学科有各自的实验室，实验室中配备本学科学习所需要的各类参考书目、实验器材、模型、标本等。实验室兼有自修室、图书室、教室的作用。每个学科实验室有一两位教师指导学生。实验室定时开放。在开放时间内，学生可自由出入实验室学习研究，遇有疑难可自己查阅参考书或询问同学和教师。如果学生所提问题较多、内容较集中，教师则预定时间召集学生一起作集体解答。此外，按照各学科内容的要求，每星期规定一次或数次集体讲授。除本学科的学生外，其他学科学生亦可自由出席。

第三，"成绩记录"。为了保证学生学习的成效和进度，道尔顿制要求对学生的学习成绩进行记录。成绩记录表格分为四种：第一种是教师实验室记录表，由实验室教师记录在该实验室学习的每一个学生的学习进度，以掌握该教师所教学科和所有学生的进度情况。第二种是学生作业记录表（学生工约表），当学生离开实验室时，教师检查学生的学习结果，将其学习进度登记入表，该表由学生自己保管。第三种是年级表，记录一个年级中每一个学生完成每周工作的总的进度情况。第四种表格则记录学生的出席情况。"成绩记录"是一种评价学生学习的手段，旨在保证完成学习任务的质量和进度。

（五）文纳特卡制

文纳特卡制又称"文纳特卡计划"（Winnetka Plan），其产生与道尔顿制的产生有相同的背景。它是美国教育家华虚朋（C. W. Washburne，1889—1968）在道尔顿制的基础上，经多方面修改而创立的一种个别教学模式。文纳特卡制和道尔顿制有共同的出发点，即使教育能"真正适应儿童的个别差异"，但文纳特卡制比道尔顿制更彻底地打破了班级教学组织，倡导不分年级的教学组织，儿童可以根据自己的意愿自由选择教师进行学习。

1919年，华虚朋在美国伊利诺斯州芝加哥郊外文纳特卡镇的公立学校推行一种个别教学

---

① 张华. 课程与教学论[M]. 上海教育出版社，2000：311-312.

计划，被称为"文纳特卡制"。文纳特卡制确定了四个目标：第一，为儿童创造优美快乐的生活；第二，充分发展儿童的个性；第三，促进儿童个体的社会化；第四，培养儿童生活必需的知识和技能。为了实现这些目标，文纳特卡制把课程分为两个部分：第一部分被称为"公共必修学科"。它是为了培养儿童将来生活所必需的知识和技能，是所有儿童必修的。例如，阅读、拼字、习字、写作、计算等，它属于"学科课程"，要求学生在个别教学中熟练掌握。第二部分是"活动课程"。开设此课程的目的是为了培养儿童的个人能力和社会意识。它是所有课程中最活跃和最有生命力的部分，一般包括团体活动和创造性表现活动。例如，剪纸、积木、黏土制作、缝纫、木工、烹饪、组织自治会、开办小商店等。

在实施文纳特卡制时，要做好三个步骤的准备：一是教师或教师团体应该确立个别训练的特殊标准，规定儿童掌握什么和掌握到什么程度。二是教师应该编制出一些诊断测验，以便检查儿童的学习结果。整个测验应该分成几个小的部分，以便测出儿童在某一阶段学习的结果，并了解儿童需要什么样的帮助。三是教师应该编写能让儿童自我学习和自我纠正的教材，以便每个儿童按照自己的速度前进。在以上三个步骤中，第三个步骤是教师感到最困难的，但对文纳特卡制的实施来说却是至关重要的。

文纳特卡制是一种更为彻底的个别教学模式。它试图纠正班级教学模式的弊端，以适应学生的个别差异，培养学生学习的自主性、自觉性、责任感和自我教育能力等。

（六）设计教学法

设计教学法就是主张废除班级授课制和教科书，打破传统的学科界限，在教师的指导下，由学生自己决定学习目的和内容，在自己设计、自己负责的单元活动中获得有关的知识和能力。这是一种实用主义的教学制度，由杜威的学生克伯屈所创。它强调教学的任务在于利用环境引起学生的学习动机，帮助学生选择活动所需要的教材等。由于教学目的的不同，设计活动分创作、问题研究、技能训练等，其一般程序为：决定目的、制订计划、实施、评价。

（七）开放教学

第二次世界大战期间，由于战乱，破坏了正规教育的进行，故20世纪30年代初在英国出现了开放教学这种教学组织形式。20世纪60至70年代，开放教学流行于美国，主要在幼儿学校和初等学校实行。它强调尊重儿童的天性、兴趣和需要，强调儿童的自然发展，不拘传统教学的结构，没有固定教学计划、教材和教室，不同年龄、不同程度的儿童聚集在一起，根据各自的爱好选择各种学习活动。开放教学依据的是资产阶级"进步教育"的理论。

（八）协作教学

20世纪50年代初，美、英等国为了解决提高教学质量与中、小学师资不足的矛盾，提出的一种教学组织形式——协作教学。它由教师、实验教学人员、视听教学人员和图书资料人员组成教学小组，共同研究拟订教学计划，然后分工合作，协力完成教学计划。协作教学试图能同时发挥教师的集体力量和个人专长，并能充分利用图书、仪器等教学设备。

二、教学的基本组织形式——班级授课制

（一）班级授课制的基本特征

班级授课有固定的授课对象、授课内容、授课时间和授课地点。具体说来，其特征表现为以下几个方面：

第一，把学生按照年龄和知识水平编成固定的班级，即同一个教学班学生的年龄和程度大致相同，并且人数固定。教师按课程表上排定的时间，同时对整个班集体进行同样内容的教学。夸美纽斯这样形容这种教学组织形式："总而言之，一个面包师搓一次生面，热一次火灶，就可以做出许多面包，一个砖匠一次可以烧许多砖，一个印刷匠用一套活字可以印出成千上万的书籍，所以，一个教师一次也应该能教一大群学生，毫无不便之处。"[①]接着，他进一步阐释，教师的嘴就是一个源泉，从那里可以发出知识的溪流，学生的注意如同一个水槽，知识的溪流，由教师嘴里流向学生头脑里。[②]

第二，有统一和固定的教学内容，教师按规定的教学计划、课程标准和教科书进行教学。

第三，把教学内容以及实现这种内容的教学手段、方法和展开的教学活动，按学科和学年分成许多小的部分，这些小部分份量不大，大致平衡，彼此连续而又相对完整，每一小部分的内容和教学活动，就叫作"一课"。

第四，把每一课规定在统一而固定的单位时间里进行。单位时间可以是 50 分钟、45 分钟或是 30 分钟，但都是统一的和固定的。课与课之间有一定的间歇和休息。从各学科而言，可能是单科独进，也可能是多科并进，轮流交替。

（二）班级授课制的优越性

第一，教师作用主导性强。它能保证教师发挥主导作用，首先是教师系统讲授，而且在这个基础上直接指导学生学习的全过程。

第二，学生规模大。它能大规模地面向全体学生进行教学，一位教师能同时教许多学生，而且使全体学生共同前进。

第三，学生所获知识系统性高。它把教学内容及活动加以有计划的安排，特别通过课的体系能保证学习活动循序渐进，并使学生获得系统的科学知识，扎扎实实，有条不紊。

第四，学生能共同进步。学生彼此之间由于共同目的和共同活动结集在一起，可以互相观摩、启发、切磋、砥砺。

第五，学生能全面发展。它在实现教学任务上比较全面，从而有利于学生多方面的发展。它不仅能较全面地保证学生获得系统的知识、技能和技巧，同时也能保证对学生经常的思想政治影响，启发学生思维、想象能力以及学习热情等。

（三）班级授课制的局限性

第一，限制了学生的独立性。学生的主体地位或独立性受到一定的限制，教学活动多由教师直接做主。

[①][②] 夸美纽斯. 大教学论[M]. 傅任敢, 译. 人民教育出版社, 1984: 139、140.

第二，限制了学生的实践操作机会。实践性不强，学生动手机会少。

第三，限制了学生创造性的发挥。学生的探索性、创造性不易发挥，主要接受现成的知识成果。

第四，难以照顾学生的个别差异。强调的是统一，齐步走，难以照顾学生的个别差异。

第五，形式僵化不灵活。不能容纳和适应更多种的教学内容和方法，因为它的一切都固定化、形式化、灵活性有限。

第六，缺乏真正的集体性。每个学生独自完成学习任务。教师虽然向许多学生同样施教，而每个学生以自己独特的方式去掌握。每个学生分别对教师负责，他们即学生与学生之间并无分工合作，彼此不承担任何责任，无必然的依存关系。

班级授课制虽经一个多世纪的怀疑、非难乃至猛烈的抨击，可仍然是当今世界范围内学校教育的基本组织形式，这绝不是偶然的。班级授课制是一个历史时代的产物，只要它赖以存在和发挥作用的条件还存在，它就不会消失，人为地强行否定是不行的，历史反复证明这一点。不过虽然不能抛弃或完全否定，但毕竟需要改革，这也不是偶然的。既然班级授课制是一个历史时代的产物，那么，时代前进了，许多条件变化了，它也不能固定不变。

（四）班级授课制的两种变式——现场教学与复式教学

1. 现场教学

根据一定教学任务，组织学生到工厂、农村等自然或社会现实活动等场所中通过观察、调查或实际操作进行教学的一种教学组织形式。根据现场教学的目的和任务的不同，可以将现场教学分为两大类型。一种是根据学习某种学科知识的需要，组织学生到有关现场进行教学。有些学科知识，只在理论上对学生进行解释，学生很难清晰透彻地理解，但到现场看一看，增强感性认识，则更真实地理解知识，并且能增强学生解决实际问题的能力。另一种是由于学生为了从事某种实践活动，需要到现场学习有关的知识和技能。这常见于一些与生产劳动密切联系的教学，如劳动技术教育、汽车修理等。

1958年，中国为了贯彻教育与生产劳动相结合的教育工作方针，曾广泛地采用现场教学这种教学组织形式。现场教学作为现代教学组织的辅助形式，它能在某种程度上弥补课堂教学的不足。可以使抽象理论直观化；可以增强教学的趣味性，使教学更为生动、丰富；可以使学生在轻松、愉快的环境下掌握知识、技能的同时，感受自然、社会，丰富学生的情感空间；可以增强学生动手操作的能力。

2. 复式教学

"复式教学"是由一位教师，在同一间教室里、同一课时内，用不同的教材分别对两个或两个以上的年级进行教学是一种教学组织形式。由于一位教师不能同时对几个年级的学生说话，必须逐个年级按照一定的顺序依次进行，而没有进行直接教学的年级，也不能没事做，白白浪费时间。于是这部分学生就会安排、布置一些作业，在教师组织其他年级进行直接教学活动的时候，他们就独立完成作业，也就是复式教学的课堂一般由"直接教育"与"独立作业"也即是"动"与"静"两部分组成，各年级依次轮换进行（见表7.1）。

表 7.1　两个年级学习新教材的复式教学的教学路线

时间分配（分）	低年级教学内容安排	高年级教学内容安排
0～5	静：独立作业。准备直接教学	动：直接教学。讲解有关准备学习新教材的作业
6～20、25	动：直接教学。学生准备接受新教材；讲解新教材；制定课内和家庭的独立作业	静：独立作业。书面完成有关学习新教材的作业，为了复习旧课阅读课文
21、26～35、40	静：独立作业。继续进行独立作业，以巩固讲过的教材	动：直接教学。检查学生的独立作业；讲述新教材；制定家庭作业和课内独立作业
36、41～40、45	动：直接教学。检查学生的独立作业；复习家庭作业	静：独立作业。继续完成巩固已讲述的教材的作业

复式教学起源于德国在 1852 年制定的"单极学制"。日本明治维新以后，也在农村小学里进行复式教学，并于 1892 年颁布令文，全国推行。

我国的复式教学是从日本引入的。留学日本弘文师范学校的无锡人士侯鸿鉴在 1902 年回国后，编著了《单级教学实施法》一书，并于 1903 年在无锡设单级小学堂，即单班复式小学。1914 年，民国政府教育部下文规定"满二百户以上者，设单级小学"。此后，复式教学在全国开始推行，到了 20 世纪 30 年代，复式小学已遍及全国广大农村，20 世纪 50 年代达到顶峰。在此之后，随着教育普及程度的提高，复式教学才逐渐式微。20 世纪末，尤其是 21 世纪初以来，学龄儿童逐渐减少，农村小学的设点、编班发生了新的变化，复式教学又逐渐增多了。

复式教学尽管存在教师教学任务繁重、课堂组织技能要求高、不同年级学生容易相互干扰以及直接教学时间少等不足，但复式教学如果组织得当也存在下列有利因素：有利于培养学生独立获取知识的能力；有利于培养学生的自控能力和注意力，养成专心学习的良好习惯；有利于培养学生自觉遵守纪律、自控能力和学生骨干的组织力量；有利于因材施教。

三、课的类型和结构

课的类型可以从两个维度划分，一是以使用的主要方法可以划分为观察课、讲授课、讨论课、实验课等。一是以一堂课所完整任务的多少分为"单一课"和"综合课"。一节课如果主要完成一种教学任务的课就是"单一课"。一节课里要完成的主要任务有两个或两个以上，这种课就叫做"综合课"。单一课又可以根据所完成的主要任务的不同而分为传授新知识的"新授课"、巩固知识的"复习课"、培养技能技巧的"练习课"或"实验课"以及检查知识、技能的"测验课"或"考试课"等。不同类型的课具有不同的结构。

（一）综合课的结构

综合课是小学和中学低年级经常采用的上课类型，一方面是因为这些年级学习内容比较简单，不需要一节课都用于某一项单一的任务；另一方面对小学生和中学低年级的学生来说，在一堂课内把几个任务和活动混合起来进行，有利于维持学生的注意。一般认为，其结构的组成部分如下：

1. 组织教学

这是保证教学工作正常而有秩序地进行的基本条件，其任务是稳定学生情绪、安定课堂秩序、集中学生的注意力。任何一堂课都是从组织教学开始的，而且它贯穿课的始终。教师从上课一开始就应迅速安定学生的情绪，使学生集中注意并通过各种方式来创造一种良好的教学气氛。此外，还应善于机智地处理好课堂上发生的各种意外问题，及时排除干扰，以保证每堂课能按计划有秩序地进行。

2. 检查复习

在学习新教材前，教师先通过检查作业、口头提问、表演、简单的书面练习等方式，检查学生对前面所学教材的掌握情况，并使学生在知识技能上做好学习新教材的准备。检查复习的内容，可以是上一课已学过的，也可以是以前学过而与将要学习的新教材有联系的内容。这种检查通常是抽查，只需扼要地进行，以免花费过多的时间。

3. 讲授新教材

这是课的主要组成部分。讲授新教材时教师首先要注意新课题的导入，设法引起学生学习的兴趣和求知欲望。讲授中要贯彻有关教学原则，灵活地选择和运用各种教学方法。特别是要注意启发、引导学生积极思维，并教给他们思考的方法；要注意突出重点，抓住关键，化难为易。

4. 巩固新教材

在学习新教材告一段落后，留出时间立即检查学生的掌握情况，及时解决存在的问题，做到所学内容当堂消化，初步巩固。可采用复述、归纳、提问、练习等方法进行，要尽量突出教材重点，防止简单地重复学过的东西。

5. 布置作业

布置课外作业是一节课的结束，是课堂教学的延续和补充，目的在于使学生进一步巩固所学的知识，并培养学生独立作业能力。布置作业时，教师要提出明确的要求，作业的内容和形式，要根据本学科的特点，力求灵活多样，习题要有代表性，分量要适当。对难度较大的作业，要有适当的提示。

（二）单一课的结构

1. 新授课

这是一种基本的授课类型，课的组成部分通常是：组织教学；导入新课并揭示课题意义；教授新教材；概括小结本课重点；布置作业。这类课的结构尽管看似同综合课很相像，但两者是有明显差别的，此类课大部分时间应用于讲授新教材。

2. 练习课、实验课

这种类型的课主要是使学生在已经获得知识的基础上，形成技能技巧。课的组成部分一般为：组织教学；说明练习或实习的目的要求；讲解示范、分析例题或说明有关方法；学生进行练习或操作；教师小结，肯定成绩，指出注意点；布置课外作业。此类课大部分时间用于练习或操作。

3. 复习课

这类课多用于一个单元教材学完之后或期中、期末的复习。目的在于复习和巩固前一阶段所学的知识，使之系统化、概括化，帮助学生建立良好的知识结构。课的组成部分一般有：组织教学；说明复习的要求和重点；教师采用适当方法启发、引导学生进行复习（一般由点到面地进行，即先将比较重要的知识点进行逐个温习，然后对较大范围的知识进行概括、整理，把各知识点连成链）；教师小结，进一步明确教材重点、难点和内在联系；布置课外作业。复习是该类课的主要成分。

4. 测验课或考试课

一般是在学完一个大单元之后，或是在学期的期中、期末进行。课的组成部分为：组织教学；宣布目的要求和注意事项；进行口头检查、书面测验或实际操作测验；对检查做出小结、分析评定（往往在下一节课进行）。

以上所说的只是各种课型结构的一般情况，落实到每一节课，应结合不同阶段学生年龄特征、学习情况而具体安排。例如，有时候同一类型的课，由于采用的方法不同，课的组成部分也会不同。以传授新知识的课为例，运用讲授法和谈话法、发现法，在结构上就有明显的不同。因此，课的结构的安排是多种多样的，要灵活运用。如果把课的结构凝固化，就会导致教学上的呆板、形式化，既不利于教师发挥创造性，也会使学生厌烦。

四、教学工作的基本环节

教学工作由诸多相互联系的环节构成，其中有几个是必不可少的基本环节。任何一个基本环节与整体不协调，就会削弱教学工作整体的效果。从教师施教工作角度来说，教学的基本环节包括备课、上课、作业的布置与批改、课外辅导、学业成绩的检查与评定等。

（一）备课

备课是教师在课堂教学之前进行的教学准备与设计工作，即教师根据课程标准的要求和所授课程的特点，结合学生的具体情况，对教材内容做教学法上的处理，选择合适的传授方法，精心设计教学活动。备课是教学工作的起点和基础，是影响课堂教学质量高低的重要环节，也体现教师的课堂教学艺术。

教师备课必须做好三个方面的准备工作，写好三种计划。三个方面的准备工作，即钻研教材，了解学生，设计教法。三种计划，即学期（或学年）教学进度计划，单元（或课题）教学计划，课时教学计划（教案）。

（1）做好三个方面的准备工作。

备课分个人备课和集体备课两种。个人备课是教师自己学习掌握课程标准和教材的个别活动。集体备课是同年级同学科教师共同研究教材，统一教学要求，安排教学进度，分析和确定教材的重点、难点，研究教学方法等方面的活动。教师的备课以个人备课为主，集体备课必须在个人充分准备的基础上进行集体讨论和研究，使教师之间集思广益，互相学习，取长补短，共同成长。

教师个人备课必须做好如下三方面工作：

① 钻研教材：教材，从广义上说包括课程标准、教科书、教学参考资料、阅读资料、活动指导书、教学音像资料和教学图表等。从狭义上说，教材专指的就是教科书。教师要认真钻研教材，主要包括研究课程标准、教科书和阅读有关参考资料。教师钻研课程标准主要是弄清本课程的教学目标和任务，本课程教材体系和基本内容以及各部分的时间分配，还有教学法上的基本要求。钻研教科书就是要分析学科的基本结构、钻研教材的知识结构、把握教材的重点、难点。阅读有关教学参考资料是钻研教科书的重要补充，目的是为了扩大教师知识背景的广度，深化对教学内容的理解，充实和丰富教学内容，有利于教师站得高、看得远，突破教科书本身的局限和束缚，能游刃有余地驾驭教材。同时教师只有不断地充实自己，储备丰富知识，对教材才能钻得深，用得活，讲得才能深入浅出，得心应手，课堂上对学生提出的各种问题才能应付自如，从而增强自身的应变能力。

② 了解研究学生：了解研究学生，包括了解学生原有的知识技能的基础与水平；他们的认识特点、兴趣、需要与思想状况；学生的学习方法和习惯等。在此基础上，教师才能找到教学要求和学生知识、智力水平之间存在的矛盾，才能做出比较准确的预见。

③ 考虑教法：钻研教材和了解研究学生仅是"吃透两头"，还必须考虑如何把教科书的内容传授给学生，这就包括组织教材、选择教学方法、确定课的类型和结构等。教师在组织教材时，要按照课程大纲、教科书所规定的内容，并围绕教材重点，适当补充内容，合理、科学地对教材进行加工和处理，便于学生学习和掌握。在确定教学方法时，教师必须紧紧围绕每次课的教学任务、教材特点和学生的实际情况，选择最佳的教学方法。与此同时，教师还要确定课的类型，考虑如何安排每一节课的活动，如何开展教学活动等。此外，也要考虑学生的学法，包括预习、课堂学习活动和课外作业等。

（2）编制出三种教学计划。

教师在备课中，除要做三方面的准备工作外，还要写出三种教学计划，即学期（或学年）教学进度计划、课题（单元）计划和课时计划（教案）。

① 学期（或学年）教学进度计划：这种计划应在学期或学年开始之前制订，这是对一学期的教学工作所做的总的准备和制订的总计划。其内容包括：学生情况的简要分析，学期教学的总要求，根据课程大纲、教科书列出一学期教学内容的章节或课题，及它们之间的内在联系，各课题的教学时数及课时安排，需要用的教具，参观、实验等重要活动的安排，提出教学改革的设想等。一般用表格来表示。

② 课题（单元）计划：制订好学年或学期教学进度计划后，在上课前，教师对课程标准中一个较大的课题或教科书的一个单元要进行全盘考虑，并在此基础上制订出课题计划。其内容包括：课题名称、教学目标、课时划分、每一节课的教学任务与内容、课的类型与主要方法、必要的教具等。

③ 课时计划（教案）：课时计划又称教案，是教师实施教学活动的具体方案。课时计划是备课中最重要一环，也是与上课关系最直接的一环。编写教案时，教师可以把在备课中所考虑的多种教学活动的设想，经过进一步推敲，使之条理化、科学化，明确地体现于教案文字之中，教案能使教师的备课更加系统、准确和深刻。一个完整的教案应有下列内容：章节名称、教学目标、授课时数、授课方式、教学重难点、教学方法、教学准备、教学进程（步骤）、

板书设计、作业布置、教学反思等。教案编写时，应根据自己的实际经验和工作特点，可以有详有略。一般说来，新教师缺乏经验，需要写得详细些，老教师可以简略点；浅近的教材，可以简略点，难度较大的教材应详细些。写出教案后，还要熟悉教案，使教案的内容融化在自己的脑子里，做到讲课内容顺序不离教案，但基本上不看教案。熟悉教案时，通过想象，把自己带入实际课堂的情境之中。

总之，教师在备课过程中，把自己的专业知识、智能、品德、思想修养等潜在的教学能力，融化并变成每一节课的实际教学能力。因此，备课是形成教师教学能力的过程。

（二）上课

学校的中心工作是教学，保证教学质量的最基本的教学活动是上课。上课占据了教师和学生在校活动的绝大部分时间，是教师和学生最主要的活动。教师对教育方针的领会，对教学规律的认识，对课程标准、教材内容的理解和掌握，对教学原则、教学方法的贯彻和运用，教师的文化业务水平以及教师的修养等，都要集中在上课时体现和发挥出来，可见上课是实现教学任务的基本活动。

上课又是整个教学工作的中心环节。上课质量在很大程度上影响教学的质量。从一定意义上来说，教师的备课和学生的预习是师生上课的准备；备好课是上好课的先决条件，但教学的成败主要取决于上课的成败。家庭作业、课外辅导、课外活动等，这些都是课堂教学的延续和补充。一旦教师上课任务没有完成好，在基本问题上学生没有听懂学会，就必然要影响整个教学质量，因此教师要集中主要精力把课上好，把学生教好。

上好一节课的基本要求有以下几方面：

1. 目的明确

教学目的应该根据课程标准、教材内容和学生实际确定。教学目的明确首先是要有正确的教学目的。一般来说，一堂课的教学目的一般应该包含知识与技能、过程与方法以及情感、态度、价值观等方面的内容，而且三者是一个有机统一的整体。教学目的是一节课的灵魂，课堂上师生的活动都要紧紧地围绕教学目的进行，它的实现与否直接决定教学工作的成败。

2. 内容正确

要求教学内容要体现科学性和思想性的有机统一。在备课内容正确的基础上，上课过程中教师要抓住重点、难点和关键，根据学生的实际情况，深入浅出地把教学内容表达出来，使学生获得全面的发展。

3. 方法恰当

恰当合理的教学方法是根据教学目的、教学内容和学生实际情况选择确定的，是多种教学方法优化组合的结果。衡量一节课的教学方法运用得如何，主要看这种方法是否具有启发性，是否调动了学生学习的主动性和积极性，学生学习的效果是否高效。

4. 结构紧凑

教学要有严密的组织性，保证教学计划的顺利完成。在上课开始的时候要采取一定的教育措施安定学生的情绪，集中学生的注意力。上课过程中，什么时候讲、什么时候练、什么时候板书、什么时候提问都应该安排得合理恰当。时间紧凑，环环相扣，严密有序，做到以较少的时间和精力取得最大限度的教学效果。

以上四个指标是衡量一节课的标准。但一节课的好坏归根到底取决于教学效果，取决于学生学习的质量、学习效率如何。由于学生在一节课内学习的质量和效率比较难以测定，不过，在一般情况下往往用上面谈到的四个方面作为评价的主要指标。

教师在上完一节课后，应及时做教学分析，写出小结，以便在课后的作业、辅导中进一步了解学生知识掌握的情况，明了因果关系，并据此不断改进教学。

（三）作业的布置与批改

作业的布置与批改是教学工作的一个重要环节，它的效果和上课质量有着直接关系，如果上课环节没有抓好，就会影响学生作业的进行。作业的目的在于巩固、运用、消化所学的知识，以及使知识转化为技能、技巧。通过对作业内容的独立思考、作业时间的独立分配和安排以及对作业质量的自我检查等活动，可以使学生独立学习的能力得到很好的训练。

作业有课内作业和课外作业两种。课外作业按内容和形式又可分为：口头作业，如朗读、阅读、背诵、复述、答问、口头解释和分析等；书面作业，包括书面练习、书面答问、演算习题、作文、绘制图表等；实践活动作业，如实验、测量、各种技能的训练、社会调查等。

教师布置作业时，应该遵循以下要求：

第一，作业的内容，要符合课程标准和教科书的要求，并要有典型性与启发性。有助于学生巩固与加深所学的基础知识，形成相应的技能、技巧，发展学生的能力。

第二，作业的分量要适当，难易要适度。任课教师要按本门学科的教学要求安排作业分量，不能搞"题海战术"，加重学生身体与心理负担。作业的难度，一般应以中等水平的学生为准，对学习优秀和较差的学生，可以另外布置一些适应他们能力的作业。

第三，对布置的作业要提出明确要求，并规定完成时间。教师应经常性检查和批改学生的作业，并将结果及时反馈给学生。检查学生作业的目的，一是了解学生对所学知识理解、巩固的程度和实际运用知识的能力，以便发现教与学两方面的问题，及时改进教学。二是使学生及时得到教师对自己评价的反馈信息，这种信息会影响学生的自我评价，对学生的学习起促进作用。

批改作业的方式，有全批全改、重点批改、轮流批改、当面批改等。还可采取学生互相批改、教师检查与典型问题师生共同批改的方法，以培养学生发现问题、解决问题的能力。

教师批改作业时，应注意学生作业中错误的数量和性质，分析错误产生的原因，在评语中扼要地给学生指出，同时记录下来，作为课堂讲评或改进教学的依据。在评价学生完成作业的态度上，应尽量多运用激励性的语言，鼓励学生进步。

（四）课外辅导

课外辅导是课堂教学的一种补充形式，是使教学适应学生个别差异，贯彻因材施教原则的一个重要措施。

课外辅导一般分为集体辅导和个别辅导两种形式。集体辅导就是把一部分在学习上存在着共性问题的学生组织起来，予以辅导；个别辅导则是针对单个或少数几个学生的特殊情况予以辅导。课外辅导的对象既可能是后进生，也可以是特长生、优等生，实际工作中一般以前者为主。

要有效地开展课外辅导工作，教师必须在辅导前对学生的学习情况进行深入了解，确定应该辅导的对象和解决的问题，使辅导具有较强的针对性。同时，课外辅导要有侧重点，对优等生、差等生不能平均使用力量，在方法上也应有所区别。

（五）学业成绩的检查与评定

学业成绩的检查和评定是根据教学目的检测教学效果，对教学过程进行调节、控制，帮助教师改进教学，激励学生提高学业成绩的一个重要教学环节。从形式上看，学业成绩的检查方式主要有两种：考查和考试。

1. 考查

考查是一种非正规的、经常进行的学业检查和评估方式，具有很强的针对性。方式主要有以下几种。

（1）日常观察。

日常观察是考查学生学习水平的重要方式之一。这种方法尤其能帮助教师比较真实地了解学生的学习态度、学习习惯、兴趣、爱好、意志品质和认知能力等情况，从而使教师对学生的了解和认识更为全面、深入。

（2）课堂提问。

这是课堂教学中经常使用的考查方法。借助这种方法，教师能直接了解学生对所学内容的理解和巩固程度，有利于及时调控教学进程。而且，这种方法也能起到使学生集中注意、活跃思维的作用。

（3）检查作业。

通过及时检查和分析学生的作业情况，教师能获得学生学习状况的许多信息，如学生对知识的理解程度、思维方法等。而且，这种形式对于培养学生良好的学习习惯也有重要作用。

（4）书面测验。

这种在较小范围内利用少量时间随堂进行的书面测验，也是常用的成绩考查方式。这种方式比较侧重于检查学生对知识的理解和巩固程度，也能起到复习和整理知识，以及督促学生及时复习、消化、巩固知识的作用。

（5）实际操作测验。

如实验、操作、设计和制作物品等能力，一般需要通过实践活动来检查。

这些方式各有特点，教师要综合运用，认真做好记录，作为平时成绩。

2. 考试

考试是一种正规的、阶段性的对学生学业成绩进行检查、评估的方式，具有总结性、全面性、系统性的特点。考试的主要目的：一是比较全面、系统地检查和评价学生对知识、技能的掌握情况；二是了解和检查教学效果，诊断问题，总结经验，改进教学。考试一般有笔试、口试和实际操作等形式。笔试又有开卷和闭卷两种方式。在教学实践中，应注意笔试、口试、操作考试相结合，开卷、闭卷相结合，既考知识，又考能力，既考理解，又考应用。

为保证考试的成功进行,应在端正指导思想的前提下搞好命题和施考工作。

(六)学习方法指导[①]

1. 学习方法指导的概念

学习方法指导是指教师通过一定的途径对学生进行学习方法(包括学习的态度、原则、程序、途径、手段、技能等)的传授、诱导、诊治,使学生掌握科学的学习方法并运用到学习之中,逐步形成较强的自学能力的过程。

学法指导体现了教学思想的转变,是以学生为主体这一现代教育观念的体现。学习方法的知识,是学生知识体系的重要组成部分,也是能力结构的重要组成部分。学法指导是素质教育的重要组成部分。我们正处在科技迅猛发展的时代,新的科技知识在成倍地增长。人们只有具备获取新知识和新能力的自学能力,不断更新头脑中的知识结构,才能促进社会的发展。因此,世界各国为了培养开拓型、创造型的人才,都在进行教育教学改革,都在注意培养学生的学习能力。

2. 学习方法指导的基本模式

(1)课程式。

课程式指在中学起始年级(初一、高一)开设学习方法课或学习指导课,由教师向学生系统传授一般学习方法的模式。这种模式是我国学法指导的一种典型模式,国外也有。这种模式的优点是能够引起学生对学习方法的高度重视,有利于学生比较系统地形成学习观点、增强学习动力、掌握学习方法。但也有不足:一是容易和各门学科的学习脱节,方法不够具体,学生不能很好地将一般学习方法灵活迁移到各科学习中去;二是往往容易陷入"讲授—听讲"的窠臼中去,忽视技能训练,不能达到真正掌握学习方法的目的。

(2)讲座式。

讲座式是不定期地举行学习方法讲座,请专家、教师、优秀学生介绍学习的方法和经验。这种讲座,有时在一个班的范围内举行,但大多是在一个年级或全校的范围内举行。这种形式的优点是:比较灵活,易于安排,一次讲一个专题,针对性比较强。但不足之处是:往往不系统,不易落实训练,因此效果不明显。如果能经常地举行,一次一个专题,讲完后能通过其他方式配合进行训练,或组织讨论,则效果会更好些。

(3)规程式。

规程式是指把规定学习的程序、方法的材料(学习规程)印发给学生,以指导学生学习的一种模式。学习规程一般是作为学校进行常规教学管理的文件,同时也对学生学习起一定规范、导向作用。其内容一般包括计划、预习、上课、复习、作业、考试、课外学习等环节的基本要求。此外,像阅览室规则、实验室规则也带有一定的规范性、强制性,可以起到一定的指导作用,但如不抓紧,容易流于形式,关键是在平时的教学中,靠师生双方加以贯彻落实。

(4)渗透式。

渗透式,即教师在各科教学中,在传授学科知识的同时渗透各门学科的特殊学习方法。这种指导形式,它是历史最悠久、实施得也最普遍、最常见的一种形式。广大教师一般都能

[①] 刘合群.现代教学论新稿[M].武汉大学出版社,2004.

在教学中渗透一些学科的学习方法。凡在教学中取得良好效果的教师，都注意调动学生学习的积极性，教给学生学习方法。这种模式的优点是：能同各科知识的学习紧密结合，介绍的方法具体实用，易于反复训练，形成技能和习惯。由于得到的训练机会多、时间长，因而效果一般是最好的。但是如果教师不注意研究总结，则在指导上往往是不自觉、不系统的。

（5）交流式。

交流式，即以班队会、展览、出板报等形式，组织同学进行学习方法、学习经验的交流、讨论，展览笔记、作业等。这种模式，常常是班主任老师进行学习指导的主要形式。其特点是：以学生为核心，由学生来讲，往往符合学生的口味，学生听了别人的经验感到比较亲切、实用、可借鉴，对于激发学生的学习积极性、竞争意识、创造良好的班级学习气氛均有益处。但学生由于知识、经验的局限，对学习方法的总结不一定很系统、很科学，因此还需要老师给予一定的引导、归纳。

（6）诊治式。

诊治式是了解学生学习上的问题，有针对性地加以治疗的模式。它一般是由学校的教导处、年级组、班主任或科任教师对学生中的问题进行诊断，帮助学生分析问题的性质和产生的原因，然后给学生提出解决的对策、治疗周期。我国有许多中小学定期举行"学习门诊或咨询"，国外的学生辅导处也进行学习方法的咨询和辅导。这种方式针对性强，适宜于差生或某方面问题突出的学生。

上述六种模式，各有优点与局限，因此，学校在开展学法指导的工作中，应努力把六种模式结合起来，形成整体优势，构建学校学法指导系统。目前，较理想的是以"课程式+渗透式"作为学法指导的主渠道，而以其他不定期的形式作为辅助形式。

3. 学习方法指导的基本内容

（1）指导学生养成良好的学习习惯与心理状态。

如养成高度集中注意力，不为外物分心的习惯；养成心平气和、耐心学习、不畏困难的习惯；养成珍惜时间，不拖延、浪费时间的习惯。要指导学生预防与排除学习心理障碍。

（2）指导学生学会拟订学习计划。

让学生学会合理科学地安排和支配时间，每学期、每个月、每周、每天都必须有一个切实可行的学习计划，从而减少盲目性，提高学习的效率。

（3）指导学生掌握具体的学习方法。

如怎样课前预习、怎样课后复习、怎样课堂听讲、怎样单元小结、怎样记笔记、怎样做作业、怎样应考、怎样用好课本、怎样记忆、怎样观察、怎样阅读课文、怎样选用课外参考书、怎样积累资料等方法。

（4）指导学生掌握工具书与参考资料的方法。

如使用字典、手册、辞书、百科全书、地图、挂图，会在图书馆查图书目录、找参考资料，会利用书本上的索引、目次、附录、挂图等搜集参考资料。

（5）指导学生养成分析问题、解决问题的能力。

让学生学会寻找解决问题的思路与步骤；培养学生组织材料和发表材料的能力。

4. 常见一般学习方法

根据学习方法适用范围的大小，学生的学习方法可以分为一般学习方法和学科学习方法两个层面。一般的学习方法适用范围广，适用于各门学科的学习，包括最基本的学习原则、最一般的学习程序、最通用的学习方式和手段。学科学习方法是指适用范围小的方法，主要指适用于某一门学科、某一类知识的学习方法。考虑到学科学习方法太多太具体，这里仅介绍一般的学习方法。按照学习方法在活动中所发挥的功能，又可以把一般学习方法分为两大类：一是调节、控制学习活动的方法，如制订学习计划、选择学习方法、调节学习状态等。这是一类自我控制的方法（监控方法）。二是直接加工信息的方法，如阅读的方法、做笔记的方法、复习的方法等。这是一类具体处理信息的方法（执行方法）。

（1）自我控制的学习方法。

① 制订学习计划。

学习计划是在学习活动开始之前，他人或学习者自身对某一段时间内学习活动的设计和安排。学习计划有时也叫学习规划，或规划自己的学习。这种安排涉及到四个因素：学习目标、学习内容、时间分配、方法措施。这四个因素也是任何一份计划都应该包括的内容。学习活动本身有大有小，这里的大小是由学习任务的多少和学习时间的长短决定的。与此相适应，学习计划也有大小。大的如整个学习阶段的学习计划、一个学年的学习计划；小的如一天的安排、一节课的具体设计、一篇文章的阅读、一道数学题的解答。当然，还有一些介于两者中间的学习计划。

制订较大的计划的一般程序是：第一步，情况分析，包括自己的理想目标、自己的长处与不足、对自己有利的条件和不利的条件。明确这些情况是制订学习计划的前提条件。如果学生对自己的情况并不很清楚，可以向家长、老师、同学进行咨询。第二步，确定学习任务与内容，并进行时间安排，使两方面的情况相平衡，即任务量不能超出时间的可能性。第三步，制定完成学习任务的条件、策略方法和具体措施。

制订具体学习活动计划时的程序：第一，对学习任务与学习材料进行分析，包括数量多少、难度大小、材料性质等。第二，联系自己的特点，如学习风格，进行分析。当然，并非每一次学习时都要进行分析，只要回忆一下就可以了。此外，对是否充分具备与学习该材料有关的旧知识或经验进行分析。第三，选择学习该材料的学习策略。应该包括：花多少时间（时间安排）；在单位时间内学习多少（效率预期，如每小时阅读多少页）；达到怎样的目标或者结果（结果预期，如背诵下来等）；确定什么是适合我的学习程序和方式；选择什么辅助手段、工具，可以向谁寻求支持（资源管理的考虑）。这三步中，前两步是条件性的知识，主要是为第三步服务的。当然，学生有了一定的学习经验后，并不一定每次都要经过如此烦琐的分析。有经验的学生，这个决策过程是比较简单的；而缺少学习经验的学生，或者这个决策过程很长，或者盲目投入学习，凭习惯和惯用方法学习，不做科学的学习决策。

学习计划的表现形式主要有以下几种：第一，文章式，即把学习计划写成文章。内容包括：学习计划的名称、制订学习计划的指导思想、学习任务与内容、时间安排、措施与条件、学习计划的检查方法等。制订这种计划，需要考虑较多的因素，因而也需要比较长的时间。这种计划，是比较概括的，并不特别具体，具有一定的指导性。这种形式适合于大的学习计划，如学年和学期计划、总复习计划。第二，条条式，即按照学习任务，一条一条地罗列出来。它以学习任务为纲，每一条里包括学习任务的量、完成时间、注意事项。这种形式简单明了，适用范围广，但比较适合于中型的学习计划。第三，表格式，即以表格的形式规定学习的任务和内容。一般把每一天的时间分成若干段，如早上、上午、中午、下午、晚上，或者从几点到几点，然后规定每个时间单位的学习任务和内容。这种形式适合于时间、内容都比较稳定的情况，形式简单，一目了然，有助于形成学习习惯。学校的课表就是这种形式。第四，脑中计划式（脑中决策式），即在头脑中制订学习计划，并不写出来或者说出来。这种计划制订的时间比较短，属于快速决策，适合具体学习活动的计划。

②进行学习总结。

学习总结是学习者对学习活动进行的反思和评价。它是在学习活动过程完结之后的元认知监控。它的具体活动或者方法，包括检查、评价、修正补救。它与学习计划一样，也有大有小。大的如一个学期的总结，小的如一节课的总结。其内容一般包括学习结果检查与评价、学习过程的表现的评价、学习的成功与失败、学习过程中的表现的原因进行分析、提出改进和补救措施等内容。

学习总结在形式上有五种：第一，日记或周记。这种形式比较简单随意，可以经常写，适合于每天的学习总结。第二，文章式。这种形式比较复杂，要经过一番分析思考才能写好，它适合于比较大的学习总结。第三，图表式。这种形式是把学习的结果（如完成的数量、考试的分数、正确率、优秀率等）与学习的目标各种图表进行比较，就像工厂的生产进度图一样。这种形式很直观。如把历次考试的分数在坐标图上画成曲线，就可以看出自己的学习是属于什么类型了，是稳定型（稳定在高水平，还是低水平），还是不稳定型（有上升型、下降型、波动型）。第四，脑中总结式，即在头脑中进行学习总结。适合于具体的小的学习活动总结。第五，用一个笔记本作为"错题集"，把每次作业、考试中的错误集中起来，并进行错误原因分析。

学习总结的一般程序是：第一，平时注意收集关于自己学习活动情况的材料，对这些材料可以进行一些统计分析。这些材料如每次作业和考试、测验的情况、分数，老师的批语，平时记下来的学习心得等。没有具体的材料，学习总结就会很空泛。第二，根据学习总结的目的和要求，拟定学习总结的内容提纲，并根据对材料的分析，写出学习总结。在分析总结时，要注意两点：一是对自己学习结果的评价和原因的分析都要全面。学习结果不能光看考试成绩，还要对自己的学习能力、学习态度、思想品德等各方面的素质状况进行评价。只有进行全面的评价，才符合我们的学习目的和国家的教育方针，只看考试分数是不全面的。另外，对原因的分析也要全面，以往学生对学习成败的原因的分析往往过于简单，不能从多方面去进行分析。另外一点就是学习总结要具体，实事求是，对学习成绩，既不夸大也不缩小。对原因的分析，也不要千篇一律。尽管学习的规律是一样的，但每个人学习成败的原因可能是不一样的，有的可能是因为积极性的问题，有的可能是因为和教师的关系问题，有的可能是外部环境的影响。

小的学习总结程序可以这样进行：了解学习结果，回收关于学习结果的信息；明确学习的目标，联系目标预期，通过对比，进行检查；做出评价性的结论；归因分析；提出改进补救措施。

③学习环境的管理。

学习活动是在一定的环境中进行的。学习环境通过影响一个人的注意力、情绪、大脑的工作状态，而对学习效果产生影响。学习的环境，从范围上讲，可以分为家庭的学习环境、学校的学习环境、社会的学习环境；从具体的内容来讲，有物理的环境和人际关系环境。对这些环境，一般说来，我们受制于它们，受它们的影响。换句话说，我们不能凭自己的主观愿望随心所欲地去选择环境，正如马克思所说的我们只能在"既定的条件下"来活动。但是，人不是机器，可以发挥自己的主动性，在一定程度上改善、调节自己的环境。会改善、调节自己的学习环境，这也是一种很重要的学习能力，是自我控制的学习方法的重要内容。

物理学习环境的管理通常包括要在新鲜的空气、明亮的光线下学习，尽量避免噪音干扰，提高抗干扰能力，桌椅高度合适，形成正确坐姿以及禁止烟、酒等不良刺激等内容。

④学习资源的管理。

从广义上说，学习资源也是学习环境的一部分，但上面所说的学习环境只包括物理环境和人际环境，而其他影响学习的外部因素，如时间、学习载体、可以请教的人、学习工具手段等，它们是学习中要直接使用到的，和学习有更直接的关系，我们则称之为学习资源。如何有效地利用学习资源，也是元认知监控能力的部分。

（2）直接加工信息的学习方法。

直接加工信息的学习方法，即执行的学习方法，包括信息加工的各个环节，内容很多，这里只就阅读、做笔记、记忆、思考以及近期广泛被人们关注的研究性学习、自主学习等方面的方法进行介绍。

①阅读的方法。

学生的阅读一般分成两种：课内阅读和课外阅读。课内阅读是围绕课本进行的，课外阅读是在课外时间阅读课本以外的书籍报刊。学生以课内阅读为主，课外阅读为辅。课内阅读是为了学基础知识，课外阅读是为了拓宽知识面和加深知识。课内阅读是在教师的指导下进行的，课外阅读则是学生自主进行的。总之，两者各具特点又相辅相成。

根据阅读的理解程度或深度可以将阅读的方式分为精读和泛读。精读是要求深入理解的阅读，目的是达到完全的掌握。精读的内容适合于基础性知识、经典性著作（名著）和有研究价值的材料。学生对教材特别是对教材中的基本概念、原理，对有些思想性、科学性、艺术性特别强的课外读物，都应该采取精读的方式。泛读是广泛的、粗略了解式的阅读。其目的是通过广泛的阅读扩充知识面；搜集材料，检索相关信息，为深入研究做准备；娱乐欣赏和消遣，使业余时间比较充实、健康和有意义。泛读的程序更随意些。

根据阅读时是否发出声音可以把阅读分为朗读和默读。朗读是出声的阅读，眼、口、耳多种器官并用；默读是无声的阅读，且没有内部的发声活动。朗读是默读的基础，小学生一开始主要是朗读。大学生和成年人的阅读中朗读就很少了。朗读有它的好处：第一，朗读可以有抑扬顿挫，富于表情，能够比较好地反映和体现文章的思想感情，有利于加深对文章的理解。第二，朗读可以培养说话能力。朗读和说话都是运用口头语言，有共性。朗读主要是在课堂上阅读课文，或者在课外阅读一些值得欣赏的作品，如散文、诗歌。朗读时要注意吐字清楚，有抑扬顿挫，有感情地朗读。默读在整个阅读中占有比较大的比重。默读可以提高阅读速度，有利于增加阅读量。就一般读者而言，汉语朗读的速度是每分钟150~200个字，默读每分钟可达400~600个字。默读时要注意准确认读，同时保持一定的速度，不要来回重复看，还要加强对文章意义的理解。

根据阅读速度可以将阅读分为慢读与速读。慢读是字斟句酌，一次眼停看一个句子或看几个字。慢读主要适合于精读。速读往往被看成是一个人阅读能力强的标志，我们常常用一目十行来形容。据说，拿破仑每分钟能看 2 000 个单词，巴尔扎克半小时可以读完一本小说。现代社会信息激增，提高阅读速度已成为人们获取信息的主要手段。

② 做笔记的方法。

在书上做笔记包括画线、做符号、写简单的注解和批语，其目的是找出重点和关键，帮助理解。在书上做笔记有它的方便之处，可以围绕书上的内容做，省去了很多重复抄写的时间；画线主要画重点句、重点词语、关键词；做符号有表示名词术语、定义、重点、难点、疑问、赞同等意思的符号，每个人都可以建立自己的符号系统；写注解属于补充性的阐释、补充性材料和事例，帮助理解；写主题词是对一段文字的概括而写批语则是表述个人的看法、独特的见解和体会。

做课堂笔记一般记上课时间，学习的课题（标题），重要的概念、观点、公式、规则、句型、典型例题、事实材料和容易发生错误的知识点。此外，还要记老师补充的书上没有的内容，自己没有听懂的问题，自己的联想、体会、思想火花。当然，对不同的学科来说，所记的内容又有所不同。记好课堂笔记一般要注意以下几点：第一，处理好听课与做笔记的关系，以听为主，以记为辅。第二，形式上，以纲要式和图表式为主，这种形式层次清楚，语言简练，一目了然，便于记忆。大问题之间要空行，不要连成一片。第三，数量上，记多记少要根据实际情况来决定。第四，布局上，做笔记不能满篇都写，每页纸应该在左边或右边空出 1/3 的地方，以便复习时使用。在空白处，可以添上遗漏的内容，补充新的材料，列出提问或关键词，写心得体会。第五，速度上，应该尽量提高书写的速度。提高了速度，不仅有利于听讲，也可以多记些笔记。第六，语言上，对于教师精心设计、概括提炼的板书可以抄录；对于老师解释性的话，则尽可能迅速提炼成自己的话，用自己的语言记录，这有助于思维能力的培养。第七，使用上，课后要整理、复习和利用笔记，因为做笔记就是为了课后复习的方便，课后不去利用就失去了做笔记的意义。

读书笔记从使用的纸张的形式分，有笔记本式、卡片式、剪报式、活页式，这几种形式在携带、组合、使用上各有利弊。根据读者的加工程度，可分成摘录式的笔记和评注式的笔记，前者加工比较少，内容基本来自原书；后者加工比较多，读者记录了比较多的心得和自己的见解。一般来说，对客观性的知识资料，主要是摘录；对需要研究的思想观点和社会科学的东西，应该多加评注。

③ 理解与思维的方法。

思维的方式不同，类型不同，其思考的程序也就不同。如学生在接受知识的过程中的思维，同科学研究问题的思维过程就有区别。后者要经过提出假设、收集材料、反复酝酿的过程，而前者则不同。但思维也有共性，有一般程序，即发现问题和提出问题；收集和运用具体的材料；借助于思维的方法，对具体材料进行思维加工；然后得出结论并进行验证。

在进行思考的过程中，相应的有若干要求：第一，要多想问题，多问为什么，敢于质疑。问题是思维的起点，只有多提问题才能激起我们的思考。我们的家长常问孩子考了多少分，美国的家长常问孩子提了多少问题，这个区别对我们很有启发。在课堂上，学生只是被动接受，或者教师提问学生回答，学生自己主动提问的少。第二，思考是在感性材料的基础上进行的，因此，对学生而言，应该博学多闻，丰富自己的表象，占有大量具体的事实材料，只有这样才能进行深入全面的思考。对教师而言，就是要给学生提供典型的材料，在此基础上进行概括。第三，要用联系的、全面的、发展的观点分析问题。只有用联系的、全面的而不是孤立的、片面的观点看问题，才能把握事物的各个方面、各个因素以及它们的关系，才能对事物有正确的认识。同样，只有用发展的而不是静止的观点看问题，才能把握事物发展的来龙去脉，得出正确的结论。

在学习的过程中我们常常会用到很多组织策略，所谓组织策略，是把零散的知识按照一定的逻辑、类别、结构组织起来，形成一个完整的知识系统的方法。它在形成知识结构的过程中有独特的作用，它有助于对知识的深度理解和记忆，所以，在记忆中也常常用到。它是把书由厚读薄的方法。组织策略的具体方式有：画脑图，脑图又叫思维导图，其实际就是由一个中心向周围有层次地发散的图形，由词汇、简图、线条、编号等构成，并使用不同颜色的笔，使之鲜明多姿。列提纲，根据学习材料的层次逻辑关系，利用提出来的关键词、概念，通过数字序号标题或者大括号的形式列出来。图示法，用各种图形表示知识之间的关系和结构，有上下层次的网络图、关系图、纲要信号图等。

引导学生发展创造性思维的方法与策略有：拓宽问题；分解问题；追问；终止判断（终止评价），即对别人或者学生提出的主张不要急于下结论，尤其是否定性的结论，以促进观念数量的增长；列举事物的属性；列举事物的缺点；列举人们的主观愿望和希望；强迫形成联系；信息交合法或形态分析法；扩大，缩小；替代；重新排列组合；移植；组合；颠倒或者反向思维；类比和模拟（仿生学）；脑轰法等。

④ 复习与记忆的方法。

复习就是重复学习已学过的知识和技能。记忆是把所学过的知识牢固地保持在头脑中。复习与记忆在学生学习活动中起着十分重要的作用，它们有助于学生进一步加深对知识的理解，有助于学生牢固地掌握知识，还有助于学生把所学的知识结构化、系统化。

有效复习与记忆的策略主要有：及时复习与记忆，阅读与尝试回忆相结合，在理解的基础上进行记忆，多种感官并用，集中记忆与分散记忆相结合，系统化、结构化等。

记忆的方式有：提纲记忆法、图表记忆法、比较记忆法、归类记忆法、形象联想法、谐音记忆法、串字头记忆法、歌诀记忆法等。

第四节　教学设计

教学是实现教育目的、提高学生素质的最基本的途径，课堂教学是教学活动的主要方式，有效的课堂教学设计则是课堂教学成功的必要条件。有关研究也表明，一些教师由于不重视课前的设计工作，因而影响了课堂教学质量。所以，没有好的课堂教学设计就不会有好的课堂教学实践，没有教师对课堂教学的认真设计，课堂教学活动是难以顺利进行的。

一、课堂教学设计的含义、特点及功能

（一）课堂教学设计的含义

课堂教学是课堂有机构成诸因素相互联系、相互作用的动态系统。课堂教学设计就是运

用系统论的观点和方法，按照教学规律和教学对象的特点，设计教学目标，规划课堂教学全过程诸因素的相互联系和合理组合，确定实现教学目标的方法、步骤，为优化课堂教学效果而制订实施方案的系统的计划过程。

（二）课堂教学设计的特点

课堂教学设计有自身的特点，了解这些特点，有助于我们有效地进行课堂教学设计。第一，课堂教学设计是为课堂教学活动制订蓝图的过程。它规定了课堂教学的方向和大致进程，是师生教学活动的依据。第二，课堂教学设计的基本方法是系统方法。系统方法是把对象放在系统当中，从系统和要素、要素和要素之间的相互联系和相互作用的关系中综合地、精确地考察对象，以达到最佳化地处理问题的一种方法。课堂教学设计的一个特点就是运用系统方法，分析课堂教学系统中各因素的地位和作用，使各因素得到最紧密的、最佳的组合，优化课堂教学效果。第三，课堂教学设计既关心"教"，又关心"学"。课堂教学是教师和学生共同活动的过程，教与学是相互依存、对立统一的辩证关系。重教轻学，课堂教学缺乏学生的积极主动性，不能收到好的效果；反之，重学轻教也不能有好的教学质量。传统的课堂教学设计大多是建立在教师的主观经验和判断的基础上，只重视如何教而忽视学生如何学。而课堂教学设计要求有明确的教学目标，要了解学生实际，根据学生学习的特点来创造最佳的外部条件，以激发、促进学生的学习。也就是说，教师所做的一切都是为了学生的"学"，着眼于为学服务，为学生的发展创造有利条件。

（三）课堂教学设计的功能

课堂教学设计具有控制、激励、创造等功能。课堂教学设计的控制功能是指课堂教学设计对具体教学活动系统中的诸要素具有较强的控制作用，既控制活动的方向、速度、内容，又控制活动中主客体之间的动态关系。如课堂教学设计要确定明确的教学目标，教学目标是课堂教学的出发点和归宿，教学目标的确定就控制了课堂教学活动的方向。课堂教学设计的激励功能是指良好的课堂教学设计可以有效地激发师生的活动热情、兴趣，鼓励师生为实现目标而努力。因为课堂教学设计有明确的教学目标，它可以激发学生的学习动机，调动学生学习的积极性。同时，明确的教学目标能使教师加强责任感，激发工作热情，提高课堂教学效果。课堂教学设计的创造功能是指课堂教学设计有利于发挥教师的创造才能。俗话说，文无定体，教无定法。面对着千差万别的学生，课堂教学不可能有一套刻板的程式。课堂教学设计的过程，也就是教师在创造性地思考、深入钻研教材的基础上，根据不同的教学目标，不同学生的特点，创造性地设计教学实施方案，为成功进行教学绘制蓝图的过程，这也是教师发挥创造才能的过程。

二、课堂教学设计的过程和方法

课堂教学设计是一项系统设计，它必然依照一定的程序和步骤进行。完整的课堂教学设计主要包括以下几个环节：教学目标设计，根据学生已有水平确定教学起点设计，教学内容设计，教学方法和教学媒体选用设计，教学评价设计，课堂教学结构设计。上述几个环节是互相联系的。其中，教学目标的设计是课堂教学设计的起点，它对课堂教学的发展起着调整和控制作用，制约着课堂教学设计的方向。学生的已有水平是进行课堂教学的"内在条件"，在进行课堂教学设计时必须确定学习者的已有水平，确定向教学目标努力的起点，并据此设计相应的外部条件。这些外部条件包括教学内容的组织安排，教学方法和教学媒体的选用及课堂教学结构的安排等。这些外部条件的设计要与学习者的内在条件有机地配合起来，从而优化地达成教学目标。课堂教学设计是一项系统设计，在设计过程中，我们必须考虑课堂教学系统各要素以及整个过程中各环节之间的联系，只有这样，才能获得最好的方案。

（一）科学、合理地确定课堂教学目标

科学、合理地确定课堂教学目标是进行课堂教学设计时必须正确处理的首要问题。所谓教学目标是指教学活动的指向或预期的学习者行为改变的结果。这里所说的行为改变，包括知识、智力、情感、身体素质等各个方面。教学目标是课堂教学的出发点和归宿，对课堂教学活动起着调整和控制作用。现实表明，对课堂教学目标认识不清，没有看到它是进行教学活动首先应该明确而又必须全面贯彻的问题，是导致课堂教学质量低下的原因之一。所以课堂教学活动必须有明确的教学目标，课堂教学设计应从目标开始，我们必须重视教学目标的选定和准确的阐述。

传统教学存在的问题之一是对教学目标理解的片面化，教师提出的唯一目标就是使学生掌握知识和技能，其他目标则被忽视。课堂教学设计在目标的选定上应确立综合发展的观念，要考虑德、智、体、美、劳诸方面的要求。确定教学目标时既要有学生在认知领域应达成的项目，也要有从观察、学会、熟练应用等方面设计的学生在操作领域应达成的目标，还要有在情感领域体现学生的道德素质的目标。总之，应着眼于学生多方面素质的综合训练，同步培养，使之和谐一致地得到发展。

刘用彬对《义务教育课程标准实验教科书》（人教版）四年级下册第10-12页例4和例5的教学目标是这样设计的：[1]

掌握和整理含两级运算的算式的运算顺序及含有小括号的算式的运算顺序。

经历提出问题、分析问题与解决问题的过程，感受解决问题的策略与方法的多样性。

感受数学与生活的密切联系，体验数学活动的探索性与创造性，激发学生学习的兴趣。

选定教学目标是设计与实施教学的首要工作，而如何表述教学目标使之发生最大的效能也是一项很重要的工作。教学目标的传统表述，常以教师为本位，以较抽象、笼统的话语来表达。例如，"通过这堂课的教学，我们要培养学生发现、分析、解决问题的能力"。这样表述的教学目标不够明确，过分笼统含糊，难以观察、测量，很难肯定教学目标是否确实达成，因而教学目标对教学活动的指导作用往往流于空泛，没有发挥它应有的作用。那么一个规范的教学目标应怎样阐述呢？由于各门学科的具体内容不同，学生的年龄阶段不同，因而教学目标的具体阐述各不相同，但其基本要求是：应明确教学对象，如"小学六年级学生"；应说明通过教学后，学生应能做什么，即行为；应说明学生操作的对象，这一般是对所学课题内容的描述；应说明学生的行为在什么条件下产生；应规定评定学生行为的标准，例如"学生

---

[1] 杨淑萍. 新课程数学名师同步教学设计·小学四年级（下册）[M]. 山西教育出版社, 2010: 11.

利用配方法在二十分钟内，解出三道一元二次方程式题，达到百分之九十的正确"。这样表述的目标明确具体，切合实际，才能给教学提供具体的指导。当然，在实际运用中，并不需要机械地按照这样五个部分组成的形式编写教学目标。

殷智强对《义务教育课程标准实验教科书》（人教版）四年级下册第17-18页例1的教学目标是这样设计的：[①]

学会根据方向和距离两个条件确定物体的位置。

学会用不同的方式探索和思考问题，培养创造性解决问题的能力。

了解确定位置知识在生活中的应用，激发学习数学的兴趣。

按照上述方法表述的教学目标具有具体、明确、可观察和可测量的性质，有利于评价教学结果，但它本身也有缺点。在实际教学中，有许多作为目标的心理过程难以采用表示外显动作的术语来描绘，如情感领域内的行为目标很难表述，因为学生在这方面的行为变化难于观测，常常是内隐的，要具体描述情感目标，只有通过一些事实来说明。我们可以先用描述内部心理过程的术语来陈述概括的教学目标，然后用可观察的行为作为例子使这个目标具体化。例如，体育课教学的一个目标是"学生懂得参加体育锻炼的重要性"，具体的教学目标可从以下几个方面确定：学生能坚持参加体育锻炼（跑步、打球、游泳等）；学生积极报名参加年级、学校运动会的一些比赛项目，等等。这样既可以避免用表示内部心理过程的术语表述目标的笼统性和含糊性，也防止了教学目标的机械性和局限性。

在具体设计教学目标时，还应以单元或课时的教学内容为依据。首先要深入钻研本门课程的课程标准，理解和掌握国家对本门课程的基本要求；在此基础上具体分析某单元某课时的教学内容，注意从整体上分析把握。其次，用概括性术语列出单元或课时的综合性目标，然后用能引起具体行为的术语，列出一系列能反映具体学习结果的教学目标来解释每个综合性目标。

（二）根据学生已有水平确定教学起点设计

要进行课堂教学设计，还应该对学生有一个客观的、正确的评价。准确地把握学生的已有水平，是成功教学的十分重要的前提。因此了解学生已有的水平确定教学的起点是一切课堂教学设计必须重视的一项重要内容。

首先，要了解学生心理发展的一般特点。心理学研究表明，不同年龄阶段的学生表现出不同的心理发展水平及特征，表现出不同的学习能力和学习特点。以思维的发展为例，小学生以具体形象思维为主，初中生处于具体形象思维向抽象思维过渡的阶段，而高中生的抽象逻辑思维则有了很大发展。在进行课堂教学设计时对这些一般的特点必须加以考虑，这对于教学方法、媒体的选择十分重要。除了了解不同年龄阶段儿童发展的共同特征外，学生的个性特征包括气质、性格、能力等方面，教师也应了解。我们研究学生发展中的共性与个性两个方面，目的在于根据学生的特点确定教学目标，选择相应的教学方法和教学媒体，安排不同的课堂教学结构，也就是说安排适合于学生"内在条件"的外部条件。

除了了解学生的一般特点外我们还必须了解学生对某一单元或某一节课教学的准备状态，了解学生已有的知识背景，了解学生是否已具备学习新课题的条件，以便决定教学的起

[①] 杨淑萍. 新课程数学名师同步教学设计·小学四年级（下册）[M]. 山西教育出版社，2010：25.

点。很多学科特别是数学具有累积性及连续性的特点，学生必须学会简单的知识、技能，才能学习高深的知识、技能。例如，要教"两位数进位加法"，教师就必须明确学生是否已掌握了"一位数进位加法"和"两位数不进位加法"，如果学生已经掌握了这些知识，我们也就知道了该从哪开始进行教学。

了解学生对于某个单元某节课教学的具体准备状态，不能光凭教师的印象或直觉猜测，需要借助测验、谈话、观察等手段。如在教学之前给学生一个预试，如果学生不能解答某些题目，我们就可以清楚地看出学生的起点水平。也可以是在课堂上询问学生，如"有多少同学曾经用过显微镜"。通过测验、谈话等方式，我们就可以了解学生对某课题的准备状态，据此可以确定教学的起点。

（三）教学内容设计

教学目标和学生的起点水平确定之后，接下来就需要对实现目标的措施进行设计，教学内容的设计是其中的一个重要方面，有着重要意义。

教学内容的设计过程也就是教师认真钻研教科书，选择组织讲授内容的过程。教学内容集中体现在教科书中。但是，由于教科书的编排和编写要受到书面形式等诸多因素的制约，总是存在着一定的局限性，如往往偏于顾及知识的逻辑结构，难以更多顾及学生的认知结构。为达成教学目标，教师不可能原封不动的将教材搬给学生或不加指导的任凭学生自发学习，而要根据教学目标的要求，结合学生的实际水平，对教材进行科学的再加工，对教材进行取舍、补充、简化、重新选择有利于目标达成的材料。所选的材料要具有科学性、思想性、启发性，并有一定的深度和广度。根据教学目标选定了教学内容后，就需要对这些内容进行恰当的安排，使之既合乎学科知识本身内在的逻辑序列，又合乎学生认识发展的顺序，从而把教材的知识结构和学生的认知结构很好地结合起来。只有这样，才能使学生快速有效地掌握知识，顺利地达到目标。

教学内容可以按照演绎法和归纳法两种方法来组织。演绎法是指按从一般到特殊的顺序组织材料，即从概念或原理开始，导引至事实，然后至观察、应用及问题解决。采用此方法组织内容，可以先设计"先行组织者"。所谓"先行组织者"是先于新知识本身而呈现给学生的引导材料，它在概括与包容的水平上高于新知识，同时又能清晰地同学生原有认知结构相关联，是新旧知识发生联系的桥梁。"先行组织者"后按照从一般到特殊的顺序组织内容，采用逐步分化的过程，把范围较广的概念分解成范围较狭窄的概念，由抽象到具体穿插足够的材料和实例帮助学生掌握。在渐近分化的同时注意融会贯通，帮助学生形成完整的知识体系。按归纳法组织内容，即由事实、事物细节开始，导引至概念及原理的形成，而后至问题的解决。布鲁纳主张按此种方法来组织和呈现教材。他认为采取这样的学习过程是可取的：从各种事例归纳出一般法则，以掌握扎根于事实的结构，并用来解决新问题。在这种观点指导下，教材的组织是从特殊事例到一般原理，即先提供有助于形成概括结论的实例，然后概括出一般性的结论。当然，上述两种方法经常是结合在一起使用的，不可能只绝对地使用一种方法。

（四）教学方法和教学媒体的选用设计

教学方法和教学媒体两者是紧密关联的。一方面，无论哪一种教学方法都需要媒体的配合，教学方法具有物质性的特点。所谓教学方法的物质性也就是它对教学媒体的依赖性，这是不以人的意志为转移的。另一方面，媒体的使用必须贯穿一定的教学方法。教学方法和教学媒体是互为作用的，任何一方不恰当，均会影响课堂教学效果。

教学方法是指在教学过程中，教师和学生为完成教学任务所采用的手段和途径。古今中外积累起来的教学方法极为丰富多样，但任何具体的教学方法都有它的特点、功能和适用范围，没有任何一种方法是万能的。所谓"好的教学方法"实为在一定条件下的最适当的方法。教学方法的选择和运用要受到各种因素的制约，那么根据什么标准来选择教学方法呢？在具体选择方法时，要根据教学目标、教学内容的要求、教学媒体与学生的实际水平以及学校的环境和设备等具体情况来选择恰当的方法。不同的教学目标要求运用不同的方法，即便是同样的教学目标，学科性质不同，具体内容不同，所要求的教学方法往往也不一样。此外，教学方法的选用不能脱离学生的原有基础，而且要有利于调动学生学习的主动性。以上几条标准是一个整体，在选择教学方法时必须从实际出发，以整体性的观点全面综合地选择和合理地组合运用多种教学方法，提高课堂教学质量。

教学媒体是传递教学信息的工具，它直接沟通教与学两个方面，对课堂教学的效果影响很大。课堂教学设计中媒体的含义是广泛的，是包括语言、文字、粉笔和黑板等所谓传统媒体以及现代电子媒体在内的一切媒体。同教学方法一样，教学媒体种类繁多，如何选择教学媒体也是课堂教学设计的重要一环。具体说来，媒体选择的标准有以下几个方面：第一，教学媒体的使用必须服务于教学的整体目标。不同的教学媒体，其特点、功能各不相同，所实现的具体目标也不相同，应该根据具体的教学目标选择相应的教学媒体。如教学目标是让学生纠正某一动作技能的错误，最好的选择是录像；又如声乐学习中不同发声法的比较和模拟，则可以利用录音机。第二，要以教学对象、教学内容的特点为出发点。在选择教学媒体时，要始终把学生放在中心地位，使学生的积极性、主动性得以充分发挥。教学媒体还要适合于表现教学内容，如了解一静止事物，幻灯、图片常可获得满意效果；而学会一种体育动作，用录像、电影等手段比文字描述的效果更佳。第三，根据媒体的基本特性选择恰当的教学媒体。不同的教学媒体在传递教学信息时，其功能是不同的。在进行课堂教学设计时，一定要了解各种教学媒体的特点、功能及其局限性，选择恰当的教学媒体。关于教学媒体的研究已经说明，各种教学媒体各有所长，各有所短，不存在对所有教学情境都适用的或万能的教学媒体。我们要克服重此轻彼的倾向，要注意多媒体的组合运用，使之结构合理，配备恰当，发挥整体效益，以利于教学目标的实现。

（五）教学评价的设计

在一切系统中都存在着信息反馈，没有信息反馈，系统就无法实现有目的的最佳的运动。课堂教学作为一个动态系统，要有序地达到既定的教学目标，也必须在经常的调控中才能实现。教学评价就是对课堂教学系统实施调节与控制的必要手段和重要依据。

教学评价种类繁多，按评价功能分，可分为准备性评价、形成性评价和总结性评价。准备性评价指的是在具体的教学前实施的评价。通过准备性评价，可以了解学习的准备情况，教师可据此决定教学的起点。形成性评价是在教学过程中，为使活动效果更好而进行的评价。形成性评价的目的在于帮助教师更清楚地了解学生学习的进展情况，并根据这一反馈信息来调节教学活动。它贯穿于整个教学过程，如一个单元或课时结束时的小测验，即属于形成性评价。总结性评价指某项活动告一段落时为把握最终的活动成果而进行的评价。对于单元或课时的教学来说，主要是进行准备性评价和形成性评价，总结性评价一般在学期结束时进行。

教学评价是课堂教学必不可少的一个部分，它既是教学活动本身，又为教学活动提供反馈，在进行课堂教学设计时，要对这些评价做出适当的安排，预先做好准备。课堂教学设计中要进行的有关评价工作主要有：

1. 确定评价标准

教学评价是一个确定学生达到教学目标程度的综合过程，教学目标是评价的出发点和依据。课堂教学设计强调设定明确具体的教学目标，这也使教学评价有了一个明确具体的目标。

2. 根据教学目标选择评价手段

当教学目标确定后，则应选择和使用适当的评价手段。选择评价手段时应注意到各种评价手段都有其局限性，某种评价手段，对一些目标是合适的，而对另一些目标则有可能不适合了。如客观测验中的匹配题答案多，可同时考察许多相关事物的知识及理解能力，适用于考察人物与事件的关系、事件与时代及场所的关系、因果关系、知识的应用等评价目标；但不适用于对必须正确记忆的事实、原理以及更复杂的能力的评价。因此，我们要根据特定的教学目标，选择各种相应的评价手段，以求获得更综合和客观的反馈信息。

在课堂教学中，教师可以通过观察、课堂提问、练习、测验等手段及时了解学生的学习情况，获得反馈信息。教师在进行教学评价设计时，要围绕教学目标，对于所要提的问题、练习题、测试题进行精心的设计。教师可根据每节课的教学目标，精心编选一些诊断性测试题，包括判断题、填空题、匹配题、选择题等，供每节课结束前的小测验使用，通过测试获知学生达到教学目标的程度。一个单元结束时，可利用课内时间进行形成性测试，通过测试回收学生单元达标的信息，然后根据获得的反馈信息调整教学活动。

（六）课堂教学结构的设计

前文已谈过如何确定教学目标、分析和组织教学内容，以及教学方法和教学媒体的选择、教学评价的设计等，但归根结底都要回到具体的课堂教学结构上来。所谓课堂教学结构是教学系统诸要素在课堂教学中的组合形式，是课堂教学各个环节相互关系与联系的具体体现。课堂教学结构的设计也是课堂教学设计的重要一环。

现代认知学习理论认为，教学活动是一系列作用于学习者的外部活动，这些外部活动的进行是为了促进和激发学习的内部过程，所以课堂教学结构的设计必须符合学生学习的内在的规律，才能有效地促进学习。研究表明，学生按预期目标进行学习时的内化过程一般为：接受、期望、有关知识技能的回忆和检索、选择性知觉、语义编码、反应、强化、恢复和强化、恢复和组织。与这一内部过程相应的、能促进学生学习的外部教学活动为：引起注意；告诉学习者目标；刺激学生对先前学习的回忆；呈现有关学习内容；给予学习上的指导，促进学生学习内化；教师加强引诱行为，让学生实际操作；在学生的思考与练习的过程中及时提供反馈，告诉学生什么是对的，什么是错的，为什么是对的为什么是错的；检测学习效果，评定学习行为；提问总结，增强记忆与促进迁移。上述九个环节是理想的、完整的教学过程，但并不是每节课、每个教学目标都得有九个环节不可，不同的教学目标可以有不同的环节，一节课也可以只具备其中某几个环节。

课堂教学结构的设计，首先要根据具体的教学目标、教学对象及教学内容恰当地选择教学环节。在选取教学环节之后，要具体设计课堂教学各环节的组织，如采取何种手段引起学生注意，采取何种方法、运用何种媒体呈现有关内容等。在教学环节设计的基础上进行"总装"，使课堂教学结构中诸环节衔接自然，协调有序，使之从整体上形成最佳的组合，以保证整体功能大于各部分之和，保证教学目标的实现。

在进行课堂教学结构设计时必须注意具体问题具体分析。教学目标不同，学生特点不同，学科内容不同，具体的课堂教学结构的程式也就有所不同，一定要从实际出发，使课堂教学结构具有鲜明的针对性和有效的适应性。

三、课堂教学设计的一般要求

（一）系统性

如果把课堂教学设计活动的基本思想概括成一句话，那就是系统方法论。从系统科学的观点看，系统是由一定的相互联系、相互作用、相互依赖的要素组成的有机整体。所谓系统方法，是从系统的角度来分析和考虑问题，把研究对象当作一个系统来认识，作为一个系统来处理的方法。课堂教学即是一个由教师、学生、教学目标、教学内容、教学媒体和方法等因素构成的动态系统，是一个多任务、多层次、多要素的复杂系统，系统中的各因素相互联系、相互依赖、相互制约。系统性要求我们在进行课堂教学设计时，要把课堂教学看作一个系统，采用系统分析的方法去考察教学系统中的各个要素以及各要素相互联系的方式，要把对各个要素的研究放在整个课堂教学系统中进行，不要脱离系统的整体，去孤立地研究某个要素。例如，要把某单元某课时的教学内容放在整个教学的全过程上分析，处理好教材部分与整体的关系，同时还要注意教学内容与其他要素的相互联系、相互作用。只有有了系统的设计和分析，才可能取得良好的教学效果。

（二）最优化

最优化是课堂教学设计的最终目的。用系统观点来分析，课堂教学系统的优化，既有赖于各教学要素的优化，也有赖于各要素间的结合方式的优化，使之通过关联、渗透达到促进，从而使整体功能达到最优。最优化要求教师在进行课堂教学设计时要合理地确定教学系统内的结构要素，教学目标方面要具有全面性、适度性、可行性，教学内容要科学而系统，教学方法和教学媒体要科学地选择和应用，检测方案的制订要完整可靠，课堂教学结构要合理规划。但是要素的优化并不等于系统的优化，系统的整体功能不是各个要素功能的简单相加，而是通过各要素的协调、整合，重新产生一种新的功能。所以课堂教学设计必须从整体效益出发，恰当地考虑各要素在整个课堂结构中的地位和作用，优化各要素间的结合方式，使课堂教学效率和质量得到有效的提高。

(三) 灵活性

掌握课堂教学设计的基本指导思想，将使教师能以整体系统的目光来审度课堂教学问题，以理性的思维来设计每一教学步骤，这对于提高课堂教学效果来说是必要的保证。但是，课堂教学是丰富多彩、灵活多变的，所以课堂教学设计不应恪守某一种固定的格式，世间没有一个适用于任何情况的万能的课堂教学设计方案。马克思主义哲学断言，抽象的真理是没有的，真理总是具体的。列宁曾十分形象地写道：有人开了这么一种药方，或者定出这样的一种规则，声称它似乎适用于一切情况，这是荒谬绝伦的。每个人的肩膀上应该长着自己的脑袋，以便他能够在各种情况下进行考察分析。在课堂教学设计中反映真理的具体性这一方法论原则，要求针对教与学的具体情况灵活地设计。设计在特定情况下，从一定标准看是最好的方案。

第五节　课堂教学技能

一、导入技能[1]

新颖独特、富有创意的开场白——导入新课，会很快把学生的注意力吸引到课堂学习的情境中来，并能引起学生求知的欲望和激发出学习的兴趣，从而为接下来的进一步的学习做好充分的思想准备。著名特级教师于漪曾说："在课堂教学中要培养、激发学生的兴趣，首先应抓住导入新课的环节，一开始就把学生牢牢地吸引住。"所以，好的导入设计，可以起到先声夺人、引人入胜的作用，为整堂课的进行做好铺垫。

(一) 温故导入法

子曰："温故而知新，可以为师矣。"任何一个新问题的解决都是利用人们头脑中已有的知识和经验来完成的，各种新知识都是从旧知识中发展而来的，原有的知识和经验是任何学习活动开展的基础。所以，教师在带领学生进入新的课题、领略新知识的风光之前，不妨以学生原先所学为基础，通过对原先知识的回忆和引申来进入新课题。例如，有位老师教《芙蕖》时，就以旧导新，让学生对新课题产生似曾相识的感觉，学习起来毫不费力。这位老师是这样导课的：

师：同学们，我们在初中学过宋代作家周敦颐的一篇著名的有关莲花的文章，是哪一篇？

师：《爱莲说》是一篇广为传颂的散文，在这篇文章里，作者着重突出了莲花的什么特点？

师：莲花出淤泥而不染，濯清涟而不妖，象征着人高雅圣洁的品质，《爱莲说》是一篇托物言志的说理散文。今天我们要学习的新课也与莲花有关，不过，这是一篇说明荷花的用途、提倡人们种荷花的文艺性的说明文。

"温故知新"是教师常用的、比较便捷的导课方式。但是，使用过程中教师应该注意新旧

---

[1] 陈月茹. 课堂教学组织与管理[M]. 山东人民出版社，2010：122-128.

课题之间的及时过渡，因为课堂教学时间有限，教师如果在旧课题中长时间盘旋而不能适时地引出新课题，就会导致主次颠倒、喧宾夺主。因此，在温故导课的时候，教师头脑中必须清楚地认识到，"温故"只不过是一种手段，"知新"才是真正的目的。

（二）讨论导入法

上课就组织学生讨论，以启发学生的思维，集中学生的注意力。如有位政治教师教《人生观》一课，首先让学生讨论人生究竟意味着什么？它的奥秘何在？如何才能使自己的人生绽放出灿烂的光芒？在学生初步体会的基础上再导入新课，学生接受起来比较亲切、自然。

（三）摘录导入法

讲课前先让学生摘录课文中的重点词语、句子，然后过渡到全文的讲授，这样可使重点、难点突出。如讲授《谈骨气》，可先让学生摘录文中文天祥的"人生自古谁无死，留取丹心照汗青"等重点词句，在启发学生理解分析的基础上板书课题，导入新课，这样可以吸引学生注意力，加深理解。

（四）课题导入法

直接分析题目的含义，以此导入课文内容的学习。如语文课中的《多收了三五斗》，数学课中的正比例、反比例、近似数，物理课中的运动与静止等，均可采用这种导入法。

（五）游戏导入法

上课前先组织学生做游戏，再导入新授知识的学习。如有位英语教师上课，首先让学生按次序进行说写单词比赛，要求下一位同学说的单词第一个字母一定要和上一位同学说的单词最后一个字母相同。这样既帮助大家熟悉了单词，又锻炼了学生的思维敏锐力，还为新授单词打下了基础。

（六）衔接导入法

从教学知识整体结构出发，根据同一类型知识的顺序，承上启下，承前启后导入新课。如学《老山界》一文后再讲《草地晚餐》，教师可用下列语言导入新课："同学们，在《老山界》这一课里，我们领略了红军当年爬雪山的英雄气概，今天我们再来看一下红军过草地的壮举。"

（七）作用导入法

讲课前先把所要学的知识的作用介绍给学生，以激起学生的学习欲望。例如，讲圆柱体的体积、长方体的体积计算时，描述它们在实际生活中的应用，然后导入了新课。

（八）切入导入法

抓住要学内容的某一重点或难点，单刀直入，直插课文精彩部分。如讲《卖油翁》，可由文章中心——"熟能生巧"单刀直入。先让学生画圆，连叫三个同学都画不圆，然后教师拿起粉笔在黑板上画了一个很圆的圆圈，并问："同样画圆，为什么有的同学画不圆，我却画得很圆"，从而引入"熟能生巧"的中心议题。

（九）直接导入法

开头直接点出课题。如有位教师讲《玻璃》一课时，一上讲台就出示一块玻璃问学生："这是什么？"学生回答："玻璃。"教师板书课题"玻璃"，接着说："你知道玻璃的化学成分是什么吗？它是怎样制成的，现在我们就来学习有关玻璃的一些知识。"

（十）间接导入法

由相关的问题导入新知识的学习。如一位教师讲写作的素材问题，她先给学生一支没有墨水的钢笔，让他写出两句描写春天的句子。那位学生左划右划就是写不出字，着急地说："老师，钢笔里没水怎么写？""是啊！"那位教师点点头："钢笔里没水写不出字，我们没有素材也写不好文章。如何积累写作的素材呢？今天我们就来解决这个问题。"接下去讲课，学生注意力非常集中。

（十一）实验导入法

通过实验导入新课。如讲授物体的热胀冷缩原理时，可先给学生演示"喷泉"实验，即通过加热让壶里的水溢出来。然后再导入课文，学生兴趣浓厚，注意力增强。小学自然课、中学物理、化学、生物课多采用这种方法。

（十二）实践导入法

通过让学生亲自参加某项实践活动，来导入新课，如讲授摩擦力时，教师先拿出一个盛满米的玻璃瓶放在讲台上，并拿出两根筷子，看谁能巧用筷子把米瓶挪到桌子另一端。有的学生用筷子夹，也有的学生试用一根筷子插入米瓶当中，最后竟把米瓶提起来。这时教师问："为什么只用一只筷子能把米瓶提起来？原来摩擦力帮了大忙。什么是摩擦力呢？它有哪些作用和特点？现在我们就来学习这个问题。"这样导入，学生有亲身感受，学习起来注意力集中，记忆准确。

（十三）作业导入法

先根据新授课的内容和目标，布置一定的作业，以引起学生的注意，学生经过思考做不出来使学生产生压力感，他们急于听教师讲解。语文、数学等课都可采用这种方法。值得注意的是，作业形式设计可以多种多样，既可有笔答的，也可有口答的。

（十四）迂回导入法

先解决一些容易解决的问题，然后再触及教学的重点和难点。如《孔乙己》一文，开头的三段写的不是孔乙己，而是咸亨酒店，这是为什么？如果直接问学生，恐怕难以回答。如果教师用一段类似的小说描写，说明这是小说中的自然环境与社会环境描写，学生自然就能理解了。

（十五）兴趣导入法

以引发学生兴趣作为课堂教学的开头。如教《蜘蛛》一文时，教师首先设问："你们知道人类有史以来最早的丝织品是件什么东西吗？（稍停片刻）那是一副用蜘蛛丝织的手套，现在珍藏在法国巴黎博物馆。"这不禁使学生产生了浓厚兴趣。接下去学习《蜘蛛》一课，效果自然很好。

（十六）提问导入法

通过口头提问导入新课。如有的教师讲授《七根火柴》时，开始就向学生发问："火柴是很平常的、微不足道的，这篇小说为什么要以'火柴'为题呢？而且仅'七根'？本文通过微不足道的'七根火柴'表现了什么，反映了什么呢？"通过一连串的提问，把学生的兴趣和注意力吸引到教学内容上来，收到良好的效果。

（十七）情景导入法

讲课前，教师依据要讲的内容，先用生动的语言、丰富的表情、多变的动作，造成浓厚的情境氛围，激发学生的情感，把学生的思想感情带入课文所描写的情景中，引起学生的共鸣。如讲《周总理，你在哪里》，教师可先用悲戚的语调叙述周总理遗体被送往八宝山时，十里长安街人山人海、哭声动地的悲恸场面，将学生置于悲痛的氛围之中。

（十八）故事导入法

对身心发展不成熟的学生尤其是低年级学生来说，他们的认识水平大多停留在感性认识阶段，即便是能够理解抽象的教学内容，也必须经由感性认识的过渡。因此，教师在讲解新内容之前，可以用故事、传说的形式为学生的认识发展创设感性基础，架接起学生感性认识和理性认识的桥梁。由于故事、传说语言生动、形象活泼，富有一定的趣味性，比较符合低年级学生的年龄阶段和认知水平，所以，故事导课是低年级学生比较喜爱的导课方式。例如，一位老师在讲《从百草园到三味书屋》一文时是这样设计导入环节的：

同学们，我先给大家讲个故事，即长妈妈和寿镜吾老先生的故事。长妈妈是鲁迅童年时的保姆，虽然她不识字，但讲起"长毛"的故事却娓娓动听，鲁迅常常被她讲的故事迷住，长妈妈的故事对童年的鲁迅有一定影响。长妈妈爱鲁迅，总是想方设法满足童年鲁迅的要求。鲁迅到四十多岁以后，还记得童年时长妈妈讲的故事，而且还专门写了一篇文章《阿长和山海经》来纪念她。寿镜吾是鲁迅童年时的老师，他是个老秀才，几次落榜后，不愿再去应试，就自己开馆教书。他爱国，痛恨帝国主义。他待人和气，对学生严厉，教学认真。一次上课，老先生让学生对"对子"，鲁迅用心思考，对的正确。寿镜吾先生非常高兴，大大夸奖了一番，老先生对他的学生及鲁迅的爱心也给童年的鲁迅产生了深刻影响。

教师用这种与课题相关的故事导课能有效吸引学生注意力，使学生对鲁迅的童年生活有一定的感性认识和体验。

上述案例中，教师以与课题相关的故事开场，引发学生的好奇心，使他们产生探究课题的动机，然后带领学生循着故事中的问题去学习相关知识，找到解决故事中问题的答案，体验到学习的快乐和成功感。

（十九）布障导入法

在讲授新知识前有意设立小小的障碍，使学生产生"愤、悱"的心理状态，"心求通而不得，口欲言而不能"。如有位教师讲用配方法分解因式，先让学生用两种方法分解 x^6-1。

(1) x^6-1
$= (x^3)^2-1$
$= (x^3+1)(x^3-1)$
$= (x+1)(x^2-x+1)(x-1)(x^2+x+1)$

(2) $x^6-1=(x^2)^3-1$
$= (x^2-1)(x^4+x^2+1)$
$= (x+1)(x-1)(x^4+x^2+1)$

剔除相同的因式 $(x+1)(x-1)$，剩下的因式形式上不同。那么同一个因式用不同的方法为什么会得出不同的结果呢？还有没有办法使它们变得相同呢？适度的障碍自然能激发学生探求知识的欲望。

（二十）目的导入法

讲课前先把本课要完成的教学目标向同学说清楚，以取得学生的配合。目前采用的目标教学法大都采用这种方法导入新课。

（二十一）设疑解惑

古人云："学起于思，思源于疑。"疑问、矛盾、问题是思维的"启发剂"，它能使学生的求知欲由潜伏状态转入活跃状态。教师导课时可以精心设疑，把学生带入一种"愤、悱"状态，调动学生思维的积极性和主动性，激发学生强烈的求知欲，然后在师生的共同努力之下，探究课题，揭示答案，让学生体验到学习的乐趣。如教《花儿为什么这样红》，可设计如下导语："同学们，每到春天我们就会看到姹紫嫣红的桃花、芍药花，那么，这些花儿为什么呈现出红色呢？"接下去教《花儿为什么这样红》，自然能抓住学生的注意力。

（二十二）悬念导入法

悬念，即暂时悬而未决的问题，能够引起学生对课堂教学的兴趣，使学生产生一种欲求其明了的心理状态。教师要善于结合所讲内容，根据教学目标，把所要讲授的问题化为悬念，把学生的注意力引导到教学目标上来。如有位教师讲代数式的值，首先让学生比较 a 和-a 大小，大多数学生顺口答：a 大，因为 a 是正数，-a 是负数。教师首先肯定同学们的答案，并举出实例，当 a=2 时，a＞-a。但是接着教师把话锋一转："如果 a=0，也就是说 0 与-0 哪个大哪个小？"学生自然地想到二者相等，即 a=-a。接着教师又说："如果 a=-2，即-2 与 -(-2) 哪个大哪个小？"学生又自然地想到 a<-a。为什么 a 与-a 相比有时大有时小，有时又相等呢？教师先造成这样的悬念，接下去讲代数式的值，学生自然就会集中精力听讲了。

（二十三）铺路导入法

所谓铺路，即根据所学的内容，先回顾、复习学过的旧知识，并将此化作一个个的铺路石（也有的叫做架桥），然后过渡到所授知识的讲解上。如有的教师教"两步计算应用题"，先出示这样一道应用题：某班第一天栽树 50 棵，第二天比第一天多栽 20 棵，第二天栽树多少棵？两天共栽多少棵？这样导入，可分散难点，降低坡度，使学生容易接受新知识。

（二十四）比较导入法

所谓比较，就是根据新旧知识的联系点、相同点，采用类比的方法导入新课。有的可同类相比，如数学课教分式，可通过分数导入；教有理数的四则混合运算，可通过整数的四则混合运算导入。有的可正反对比，如物理课的左手定则与右手定则，化学课的合成与分解等。

（二十五）谜语导入法

上课前先让学生猜谜，再导入新课。如教《奇妙的"眼睛"》时，先让学生猜一个谜："上边毛，下边毛，中间有颗黑葡萄。"由谜底导入对"眼睛"的学习，过渡自然，学习兴趣浓厚。

（二十六）诗词导入法

我国是诗的国度。诗，可以兴，可以恨，可以怨。用诗歌来导入，可以增强讲课的韵味和吸引力。用诗词导入，可以引用古今中外现成的名诗、名句，也可以自己编写。

（二十七）归纳导入法

通过对所学知识的归纳总结导入新课。如有位教师教《游褒禅山记》一文时，先把课文中"其"等词的多种解法归纳在一起，写在黑板上，然后让学生自读课文，看本文中的"其"等词各作什么解释，复习课最适宜采用这种方法。

（二十八）观察导入法

教新知识前，先让学生观察有关的事物。如教长方形时，先让学生观察自己周围的东西哪些属于长方形。有的也可在课前观察，如讲授《中国石拱桥》时，可让学生提前观察学校附近有哪些石拱桥。小学自然课，中学生物课、物理课多采用这种方法导入。

（二十九）歌曲导入法

歌曲导入法可使学生心情愉快地投入学习，有利于发展人的智力。如教《人生观》一课前，教师可带领学生唱《篱笆·女人·狗》中的主题歌："人生是一条路……人生是一杯酒"，以帮助学生体味人生的深刻含义。教《葡萄沟》时，领学生唱一曲《吐鲁番的葡萄熟了》，也别有一番韵味。

（三十）图画导入法

通过图画导入新课，可以增强直观教学效果，激发学生的学习兴趣。如教《雨中登泰山》一文，可事先画一幅"登泰山"图，教学时以图作为"向导"，指导学生看书，对号入座，也可让学生自己画，激发学生的创造性思维。

（三十一）奇闻导入法

通过介绍人世间罕见的珍闻吸引学生的兴趣和注意力。如教《运动与静止》时，教师首先问学生："你们听说过用手抓子弹的事吗？"待学生凝神倾听后，教师便介绍起第二次世界大战时，一飞行员在2 000米高空飞行时，发现一个小虫在身边蠕动，伸手一抓，大吃一惊，原来是一颗正在飞行的子弹。这位飞行员为什么能用手抓住飞行的子弹呢？现在我们来学习《运动与静止》，通过本课的学习，你就可以弄明白其中的道理。接下去讲课，学生注意力自然就集中了。

（三十二）歌谣导入法

歌谣，特别是儿歌，是小学生喜闻乐见的一种艺术形式。课堂教学中有目的地引入一些儿歌，并加以诱导，可发展想象力和思维能力。如有位教师讲词语的正确搭配，开始时先念了一首儿歌："小槐树，结樱桃，杨柳上结辣椒；吹着敲，打着号，抬着大车拉大轿；木头沉了底，石头水上漂，你说可笑不可笑？"随着儿歌的结束，孩子们放声大笑，笑声中，已初步体会到正确搭配词语的要求。接下去讲课，效果当然好了。

二、讲授技能

（一）语言技术

《学记》中说："善歌者，使人继其声；善教者，使人继其志。其言约而达，微而臧，罕譬而喻，可谓继其志矣。"苏联教育家苏霍姆林斯基说过：教师的语言修养在极大程度上决定着学生在课堂上的效率。从上面的话语中，我们可以看出教学语言的重要性。

教学语言的表现形式主要有课堂口语，即口头表达；书面语言，即用书面文字表达，如板书、作业批语等；体态语言，即用示范性或示意性的动作来表达思想。教学语言表达的好坏将直接影响课堂教学讲授的效果。

1. 课堂语言的运用技术

课堂讲授要取得理想的效果，一定要注意把握好语音这一关。语音由音色、音量、音速和音调构成。最为理想的课堂讲授语言具有这样一些特征：音色优美、音量适中、音速恰当和音调自然。这四个因素中的音色来自天赋，是很难通过自身努力加以改变的，其他三个因素则是教师可以通过自己的不断实践和探索来达到基本要求，不断接近理想境界。

（1）掌握发音技巧。

学会正确的吸气，使用好发音的动力部分；正确调动自己的"共鸣腔"——胸腔、口腔、鼻腔、咽腔和脑腔，发挥它们的功能，使之畅通；正确使用舌、齿、唇，有意识地放大它们的使用幅度，以增强语言的表达效果。

（2）掌握语调技巧。

语调一般可分为高亢、沉郁、短促、平缓四种类型。一节课单独采用哪种都不好。如果整节课教师都用高亢或短促的语调，会导致学生精神紧张，引起烦躁。而如果整节课都用沉郁或平缓的语调，则会导致学生精神不振，感觉枯燥无味而昏昏欲睡。教师教学语言应做到：语调要高低相间、强弱相伴、长短相随，错落有致；富有音韵感，使学生感觉亲切、柔和、有"磁性"，这样的语调能强化教学语言内容的吸引力。

（3）掌握节奏技巧。

教学节奏的急缓快慢直接影响学生的思维活动，影响该节课的教学效果。教师讲课时语速很快，易导致学生思维长时间处于高度紧张状态，久而久之产生听觉疲劳，使一些学生跟不上教学进度而失去学习的兴趣。反之，如果教师讲课慢条斯理，缺乏节奏，让学生昏昏欲睡，难以集中心思学习。所以，教师应根据教学的语言内容以及学生在学习时的情绪状态，机智灵活地调整自己的语言节奏，做到快慢得当、急缓适宜，既不可滔滔不绝，不给学生以思考的时间；也不能慢吞吞，让人心急。

（4）掌握自控的技巧。

教师在教学中要善于控制自己的语言，能够意识到自己言语信息输出的情况，并及时准确地调控自己言语的速度、节奏和韵味等，做到有备而讲，让自己精讲、学生多讲。

（5）表达应注意逻辑性。

教学语言要做到逻辑严密，条理清晰。概念不明、判断不清、推理没有逻辑性，都会影响教师的教学质量和学生的听课效果。

（6）表达应具有教育性。

教师教学语言的教育性，可以是直接的，如使用一些肯定性、表扬性、鼓励性、督促性、指导性的语言（如"我相信你""你肯定行""你一定能成功"等），给学生积极、正面、健康的影响；也可以是间接的，如使用具有积极暗示、启发作用的教学语言，这种语言虽然表面上看不出其教育意义，但寓教育性于其中。

（7）要适当地运用幽默语言。

调查显示："学生欢迎富于幽默感的教师，而不喜欢表情冷漠呆板，语言寡淡无味的老师。"在课堂上恰当地运用幽默语言，能激发学生浓厚的学习兴趣，融洽师生关系，学生在轻松愉快的气氛之中，灵感伴随着智慧火花，和谐相生，进而达到"善歌者使人继其声，善教者使人继其志"的教学效果。

2. 体态语的运用技术

（1）面部表情。

面部表情是心灵、思想的显示屏幕。著名作家罗曼·罗兰说："面部表情是多少世纪培养成功的语言，是比嘴里讲的复杂千百倍的语言。"教师在课堂教学时，运用好面部表情语言，可以有效地调节课堂教学气氛，提高单位时间内的教学效果。教师要学会恰当地利用面部表情，有效地传递信息和形成良好的育人氛围。主要应做到：自然大方、温和适度、宽容大度。教师的微笑应成为一种内心世界豁达开朗的示范。它能使师生关系融洽、和谐，充分调动学生学习的积极性和主动性，使学习过程消除了紧张和呆板而变得轻松愉快、生动活泼。

（2）眼神视线。

在教师的面部表情中，眼神是最富有表现力的部分，也是一个人深层心理的一种自然表现。因为教师与学生最初的交流便是通过眼神进行的，双方眼神的接触导致课堂教学过程的开始和深入进行。在课堂教学中，教师的眼神应该是自信、充满活力的，而不应该是自卑、毫无生气的；应该是温和、亲切的，而不应该是冷淡、无动于衷的，更不应该是凶恶的。

在课堂教学活动中教师运用眼神的方法主要有三种：

① 环视法，即教师的视线有目的、有节奏地前后左右移动，把学生尽收眼底，以便观察全体学生的心理状态和情绪反应，也可满足学生希望得到教师注意的心理需求。一流的教师是用眼神组织课堂教学的，在上课开始时，或在讲重点内容前，都要作一番环视，起着"一言未发先有情"的作用。

② 注视法，对于做小动作的学生，教师可投射以严肃的目光注视他，以示制止。在学生回答问题时，教师可用信任的眼神期待他、鼓励他；如果发现确实有病容倦怠的学生，教师可示意他趴在桌上休息一会儿或派人送去校医务室。

③ 虚视法，教师眼睛似乎在盯住了什么，给学生一种定点透视的感觉，但老师实际上是"视而不见"。新教师初登讲台，常常有胆怯之感，眼睛不敢看学生，就可采用虚视法，视线飘落在三、四排桌，再适当辅之以环视法，这样学生就会觉得老师在看着自己从而达到维护正常教学秩序的目的。

此外，教师尤其应注意以下几种眼神的使用和反馈：第一，教师的眼神应该关注到全体学生，而不应该只是注视那些自己特别喜欢的学生。第二，在课堂上，学生的视线接触教师的面部时间一般应占讲课时间的 30%～60%。超过这一平均值，可以认为学生对讲课内容感兴趣，反之则表示不感兴趣。第三，学生几乎不看教师，表示思想可能"开了小差"。第四，如果学生目光闪烁不定，反映学生情绪不稳定或在下边干一些别的事情。如果学生瞪大眼睛，眼光特别亮，则表示对讲的内容极感兴趣。第五，人一般每分钟眨眼 5～8 次，学生在课堂上眨眼若超过这一平均值，微皱眉头，表示对老师讲的内容疑惑不解或有异议；低于这个平均值，则表示学生对教师或教师所讲的内容厌烦。

（3）手势语。

手势无声而有形，在课堂上，学生的视线总是停留在教师的眼和手的部位，而且是随着教师讲课中手势的指挥节奏来调整自己的思路的。因此，教师在教学中应恰当地运用各种手势，以增强有声语言的活泼性和感召力，使有声语言表达得更直观、具体、生动、形象。教师在运用手势语言辅助有声语言进行教学时，应该注意到以下两点：第一，手势语言运用要自然，以便让学生在关注教师自然手势的同时迅速地理解教师的教学目的；第二，运用手势辅助讲解，要适时、适度，做到少而精，使用过多会流于形式，适得其反，反而会分散学生听课的注意力。

（4）身姿语。

身姿语是人体躯干动作所传递的信息，主要包括站姿、步姿、稍息姿、坐姿。教师讲课时运用身姿语言应注意做到：第一，注意站姿。站姿，是教师身姿语中一个最为重要的组成部分，是最能体现教师的信心和风度的身姿。教师在讲台前站立一定要稳健、挺直，以向学生传递出健康有力、足可信赖的信息，而不应身靠讲台或黑板，有气无力，给学生以疲惫不堪、无精打采的感觉。第二，注意步姿。教师在整堂课中不应呆板地固定站在一个地方，而应该适当走动，但行走要快慢适中，走动太快，令学生感到紧张、慌乱；走动的频率也不能太高，频繁走动，会让学生应接不暇，分散学生听课的注意力，影响他们听课的效果。

（5）教态语。

教态语主要指教师的衣着打扮、仪表风度所传递的信息。教师的教态语应做到：活泼而不失端庄，华丽而不致庸俗，入时而不过于新潮，严肃而不过于拘谨，随和而不过于邋遢。例如，女教师上课时（包括在校园）不宜穿吊带裙，不宜佩带过多的饰品。

（二）设疑技术

设疑的技术要点如下：第一，抓住时机设疑。由于教学内容、教学方法、教学环境、学生身心等多方面原因，学生在课堂上不可能一直集中注意力，教师设疑必须从学生的实际出发寻找最佳点。例如，上课一开始设疑，能抓住学生注意力；在学生注意力分散时设疑，可使注意力回升；结课时设疑，可承上启下，形成另一个高潮。第二，在难点、重点、关键点处设疑。这样可以使学生带着问题学习，并能更好地掌握教材内容。

（三）运用对比的技术

对比是人们认识客观事物的一种科学方法。课堂教学中如能善用对比，就能够更好地提高课堂教学效果。对比的具体做法有：

1. 正误对比

将正确的与错误的加以对比，让学生明白对在哪里，错在何处，又该如何加以改正。在各科教学中，教师均可以把学生做错的问题写在黑板上，然后写出正确的答案供对比，使学生领会更深，掌握更好。

2. 正反对比

在学习正面的东西时，适当地引入一些相反的东西，以帮助学生准确地辨别两者的差别，更好地掌握所学知识。

3. 异同对比

异同对比即把两种事物的共性与差异进行比较，以使学生明白其间的区别与联系。

4. 综合对比

综合对比多用于阶段性总结，因其具有很强的概括性，能使学生对某单元或某知识块有一个总体的把握。

5. 新旧对比

旧知识是新知识学习的基础，讲授中恰当地将新旧知识进行比较，能收到一箭双雕之效。

6. 相似对比

讲授过程中，可将某些既有联系又有区别的相近似、易混淆的内容进行比较。

（四）创设情境的技术

教育家赞可夫说过："教学法一旦触及学生的精神需要，这种教学方法就能发挥高度有效的作用。"教学情境是师生共创生命体验、提高教学效果的有效手段。教师主要可采用以下两种方法创设情境：

1. 生动讲述法

讲述是课堂讲授中最基本的形式，因此教师生动的讲述也是创设教学情境的最基本的方法之一。生动讲述法要求教师以丰富的感情寓于形象化的叙述之中，以师情激生情。

2. 观察演示法

教师通过生动有趣的实验来吸引学生的注意力，围绕实验讲理论，得出生动直观的实验结果。如果再辅之以画龙点睛的讲解及条理清楚、层次分明、字迹工整的板书，效果就更好了，它会使学生置身于一个立体、直观的可视场景中，充分享受到上课的乐趣。

（五）"布白"的技术

课堂教学中的"布白"是指教师在鞭辟入里的讲授中，要给学生留有一点回味思考的余地，课不要"讲完""讲尽"，这就是课堂讲授中的"布白"。

课堂讲授中的"布白"艺术主要有以下几种方法：

1. 引而不发法

教师在课堂讲授时，讲到关键、要害处时，使课堂教学呈现"一触即发"之势，如同射箭一样，教师拉开弓，做出指点，让学生自己把箭射出去。

2. 点拨提示法

教师只在重点、关键处点拨一二，给学生以简单的提示，而把大量问题留给学生去思考。

3. 画龙点睛法

教师在帮助学生温习旧知、扫除障碍、做好铺垫、唤起联想的基础上，让学生自己找出重点，得出结论。如数学课上某一类题的解法，教师可通过一组或几组不同的例题，描述出大致的轮廓，而解题方法或规律，让学生自己去总结。

4. 蓄势推测法

为揭示某个问题的结论，教师旁征博引，讲出故事的部分或大部分内容，或者给出一定的条件，打出一连串的比喻，余下的部分让学生自己去分析、想象和推测。

5. 故意停顿法

在处理新课或解决疑难问题时，讲到一定程度，故意卖个关子，给学生留一小段时间，让学生默默地思考，在静思中孕育贯通的种子。

6. 存疑激思法

在某些问题的讲解中，教师故意留下一点不完全解决的问题，让学生动脑筋思索，或者当学生回答某个问题、提出某种设想后，教师不急于做出评价，不匆忙作出结论，而是再问一句："真是这样的吗？"然后留有一定时间，启发其再思考。

7. 余地生辉法

一堂课 45 分钟，教师切忌满堂灌，要在知识衔接处，或讲授高潮处，或提出问题之初，或结论得出之后，留有一定的时间让学生思考、回味，充分发挥学生思维想象创新能力，调动起学生的积极主动性。

三、提问技能

课堂提问是一种技巧，更是一种艺术，并且是教学中用得最多而又很难用精、很难用巧的艺术。有位教育家曾经说过："小学教师不精熟发问的艺术，他的教学是不容易成功的。"阅读教学全在于如何恰当地提问和巧妙引导学生作答。事实上，课堂提问是教师整个业务功底、全部教学经验的公开亮相，又是对参差不齐、瞬息万变的学情的驾驭。因此，在语文教学中重视课堂提问，掌握课堂提问的技巧，自然而然地成为提高教学质量的有效途径。

那么，如何精设巧问，才能使得思考不再是学生精神上的负担，而是一种身心上的欢乐和享受，关键问题在于教师应当注意课堂提问的度、量、衡。

（一）巩固型提问

巩固型提问是指教师在课堂教学中，为了使学生更好地掌握学过的知识而设计的一类提问。这类提问不仅可以帮助学生在理解知识的基础上牢固地掌握所学的知识，并且能持久地保持，在需要时准确无误地再现和运用，为学生的进一步学习和发展智力打好基础。

巩固知识的提问形式可分为以下几种形式：

1. 复述型提问

复述型提问是指教师在课堂教学中让学生用语言把现成的学习材料表述出来。例如，复述重要的概念、原理、方法，复述问题的条件和结论，复述解题过程，复述演示、实验的过程和结论，复述课堂小结等。这样，不仅有利于吸引学生的注意力，引导他们的思维活动，理顺知识结构，突出教学重点，还可以使学生对学习材料的感知更充实、更完整、更清晰。

五年制教材第三册有这样一道简单应用题：

有 12 根筷子，每 2 根是一双，一共有几双？

李老师为了易中求深，加强学生对简单应用题的结构和解题思路的认识，在列式计算之前提问学生：

这道题说了一件什么事情？给了哪些条件？要求什么问题？知道"有 12 根筷子，每 2 根是一双"这两个条件，可以解答什么问题？要求一共有几双筷子，需要知道什么条件？在算出 12÷2=6（双）以后，再提问学生。这个问题用了什么方法解答？为什么？12 表示什么？2 表示什么？6 表示什么？怎样检查作答？

2. 回忆型提问

回忆型提问是指教师让学生对已经学过的知识，如概念、原理、法则、方法等，进行再现和确认，从而巩固学生对基础知识和基本技能的掌握。这种提问常常被用来为学习课提供铺垫，有时通过知识的迁移作用，能够以旧引新，达到水到渠成的教学效果。

王老师在讲 My Dream 一文时，是这样对学生提出问题的。

Do you remember Tom's dream Lily's last term?
Does Tom dream to have a big house?
What about Lily's dream house?
Does Lily hope to have a big garden?
What's Tom's dream garden?
Are their dreams the same?
What is your dream?

通过上面的问题既可了解学生对以前课文熟悉程度、记忆情况，又为新课做铺垫。

3. 探究型提问

探究型提问是指教师让学生通过积极的思维活动，如比较、联想、推理等，自己去发现问题、分析问题，寻找知识的规律和解决问题的方法。这样，可以培养学生积极思考的习惯，激发创新意识。

在讲"9的乘法口诀"时，黄老师摒弃了让学生机械记忆的传统教学方法，引导学生去理解、探索、发现口诀的规律，效果颇佳。

她先让学生算出：9×1=9，9×2=18，9×3=27……9×9=81。然后问道："大家看看，这一系列算式中有没有什么规律？"一位学生说："算式中的被乘数都是9，乘数一个比一个多1，积一个比一个多9。"黄老师热情鼓励了他，然后又问："大家再看看算式中积的两位数之间，18，27，36……"结果引发了同学们探索和创造的激情："积的个位数和十位数相加都得9"，"几个9就比几个10少几"，等等。在黄老师的启发诱导下，同学们从"9的乘法口诀"中发现了七八条规律，个个学习兴致勃勃。

4. 理解型提问

理解型提问是指教师检查学生对知识技能的理解、掌握的程度。要求学生对材料加以解说、概述、辨析、排列和整理。这一提问应在学生达到一定的知识水平才能做到。因此在教学实验中，应注意阶段性地、台阶式地提问，使学生对渐渐加深与扩展的问题能得到逐步地解决。

5. 激励型提问

激励型提问是指教师通过激发学生的求知欲，从而形成学习的动力的提问。

在比例尺教学之前，先提出"给你一张地图，你能算出我们省的省会到北京的距离有多远吗？"教学最小公倍数之前，提问学生："谁能找到一个最小的数，它能同时被 12、18 整除?"再如,教学比例应用题,先提出"怎样测量学校旗杆的高度",从而激发学生学习的兴趣。

6. 诱导型提问

诱导型提问是指通过一系列提问,诱导学生发现知识的结论。

马老师在讲《五四运动和马克思主义的传播》这节课中,提出一个问题:"为庆祝新中国诞生,在开国大典鸣礼炮时,你们知道当时设置了多少门礼炮,齐鸣了多少响吗?"然后告诉学生:"是54门礼炮齐鸣了28响。设置54门礼炮是为了纪念五四运动,齐鸣28响是为了纪念中国共产党领导人民进行28年浴血奋战,终于取得了新民主主义革命的胜利。那么,为什么要在如此隆重的时刻来纪念五四运动?五四运动是怎样爆发的?为什么会爆发?它有什么重要意义?"马老师这样的提问会使学生兴趣盎然,从而在主动、轻松的心态中进行学习。

7. 例证型提问

例证型提问的目的是将学生学到的知识具体化。

"请你说出生活中形状是圆的物体有哪些?""球是圆的吗?""请你分别举出一个等式、不等式、算式、方程的例子,并说明理由。"这种设问特别适用于检验学生掌握概念的实际水平。

8. 深化型提问

深化型提问是指在学生得出知识的结论后,引导学生进一步深化对知识的理解。

郝老师在复习等腰三角形时,问:"什么样的三角形是等腰三角形?"这样的问题太容易,而且答案属于记忆性的,起不到深化知识的作用。如果换一个问法:"等腰三角形一边为4厘米,一边为6厘米,求第三边?"答案:第三边为4厘米或6厘米。"如果一边为4厘米,一边为10厘米,求第三边?"答案:第三边为10厘米。"为什么前一问是两个答案,后一问只一个答案?"

这紧接着的第三个问题,就是要求学生在等腰三角形的知识外,运用"三角形两边之和大于第三边"的知识来解答问题。像这样的深化性提问不但具有启发性,而且通过问题的变化,逐步推进,使学生对所学知识融会贯通。

9. 纠错型提问

纠错型提问的目的是把学生头脑中一些隐性的错误认识诱发出来,加以纠正。

"a^2与$2a$之间有什么关系?""甲比乙多了1/5,乙比甲少几分之几?""0.95小时等于多少分钟?""当正方体的棱长是6厘米时,它的表面积和体积是不是相等?为什么?"

纠错性提问适用于学习难度较大的知识,如进退位加减法、稍复杂的分数应用题;知识相似而产生泛化,如周长与面积,整除与除尽,正比例与反比例;或者数学概念含混不清等方面。

10. 技能技巧型提问

技能技巧型提问是指教师为了检验和提高学生对已学知识的熟悉程度。如小学课堂的口算练习,教师说算式,学生报得数等。复习提问要做到经常、及时。讲课中、讲课后都可以组织提问,巩固学生的知识。

(二) 技巧型提问

技巧型提问是指教师在课堂教学中,凭自己的经验,抓住教学内容与学生的心理,巧妙的给学生设计各种类型的提问，让学生在回答教师提问的过程中，更加全面、深刻地理解和掌握课堂知识。

技巧型提问可分为以下几种：

1. 设问型

设问是指教师精心设计问题提问学生，它的特点是将问题提出后，并不要求学生作答，而是自问自答，它能够引起学生的注意，造成学生的悬念感。设问常用于复习：复习中的设问，一般不是知识的简单重复，而是着眼于培养学生多向思维能力，以利于知识的巩固和提高。设问还常用于引入新课，其作用是设置悬念，以激发学生的学习兴趣、热情和求知欲，这种设问，往往是一节课的重点设计，与学生日常生活密切相关。

2. 追问型

追问是指教师把所传授的知识分解为一个个小问题，一环扣一环系统地提问学生。追问的特点是教师发问的语气较急促，问题与问题之间的间隙时间较短，能创设热烈气氛，训练学生的敏捷、灵活的思维品质。追问能使学生保持注意的稳定性，刺激其积极思考，有利于全面掌握知识的内在联系。

张老师在开始讲《一分试验田》一文时，为了检查学生自读课文的效果，特别设计了一组提问："谁种的这一分试验田？他为什么要种这一分试验田？他是怎样种这一分试验田的？他种这分试验田产了多少粮食？这一结果说明了什么？"

3. 疑问型

疑问是指由教师设置疑点，提出问题，使学生觉得难解，于是去认真推敲问题，提出观点、引用事例、组织答案。由于教学过程受诸多因素制约，学生的学习会留下疑点。每一节课留一点时间让同学们及时把问题提出来，教师进行有针对性的释疑，能使所传授的知识更为完善。回答疑问，可根据问题是否带有普遍性，考虑个别或当众作答。倘若学生的提问是你认为讲授清楚，或很简单的问题，也不要粗暴地拒绝回答，要营造一种亲切和谐的气氛，使学生有疑敢问，把疑难问题分散解决。

4. 互问型

互问型提问是指由学生提出问题、回答问题。互问是一种你来考考我、我来考考你的教学活动。有经验的教师常采用互问、互考激励学生的兴趣，调动学习积极性，收到良好的效果。互问可在局部也可在全班进行。要框定问题的范围，注意引导学生围绕教学重点去互问互答，切忌偏离教学内容讲题外话。出现"书壳"时，教师要及时做好"穿针引线"的工作，使互问顺利进行下去。

5. 顺问型

顺问型提问是指教师按照教材先后、由逻辑关系或学生认识事物的一般顺序，进行提问。王老师在讲《菜米》一文时，为了让学生认识作者紧紧围绕中心选择写作材料的方法，采用了顺着学生的思路在教材的点睛之处这样提问："为什么多收了三五斗，农民反而得不到好处？"帮助学生认识到旧中国的农民，受着封建地主、资本家和帝国主义三座大山的重重压榨和剥削，即使遇到好年景，也逃脱不了悲惨的命运，进而体会到作者选择写作材料，是紧紧围绕自己要表达的中心的。

顺问的特点是与教材的逻辑顺序合拍，顺应学生认识问题的一般规律，但它不能够形成奇峰突起的气势，激起学生思维活动的波澜，它比较适合逻辑性较强的教材内容。

6. 曲问型

曲问型提问是指教师不直接提出问题，而是先拐上一两个弯子，绕道迂回，即问在此而意在彼。用这种提问方法提问，使学生明确课题的具体目的和意义，学生的学习动机便由潜伏状态进入活动状态。

王老师在三角形全等判定定理的引入时提问："一块三角形状的玻璃，被折断成两块，要配一块同样大小的玻璃，要不要将两块都带去？如果只允许带一块，那么应该带哪一块？为什么？"由此引入三角形全等判定定理。

7. 比较型

比较型提问是指教师在所提的问题中，综合讲一些提供比较的内容，进行比较性提问，引发学生在比较中推出恰当的结论。

高老师在讲《泊船瓜州》一诗时，为了帮助学生认识王安石精心选词炼字的好处，高老师提出比较性问题："要把江南冬去春来的情景表达得生动形象，是用'春风又绿江南岸'好，还是用'春风又过江南岸'好？"这样在问题中引进一个与原诗大意相近的句子，就为学生提供了一个进行比较的条件，学生对"绿"与"过"加以比较认识，便能体会出王安石精心选词炼字的绝妙。比较提问的特点是：提问时，为要求学生理解的对象提供可作比较的事物，它能够打开学生的思路，帮助学生在比较异同的同时，认识事物，理解问题。比较型提问适合气氛不够活跃的课堂情境。

8. 急问型

急问型提问是指教师比较急促地发出一连串问题，促使学生争先恐后地抢答。

《称象》一课先阅读课文，为了检查学生自读课文的效果，黄老师急促地提出下面一组问题：课文中说谁很高兴，为什么？是怎样一头象，谁一边看一边议论？曹操提了一个什么问题？官员们想了什么办法？曹操儿子叫什么？他想出什么办法称象的重量？学习这篇课文你有什么体会？因学生经过了充分的准备，对课文内容比较熟悉，因此在课堂上容易呈现出一种踊跃抢答，热烈兴奋的气氛。

急问的特点是教师发问的较急促，问题与问题之间提出的间隙时间较短，它能够创设热烈的课堂气氛，节省教学时间，训练学生的敏捷、灵活的思维品质。但容易形成假象，学生匆忙应答而忽视思维，它比较适合浅显的教材内容和准备充分的学生。

9. 平问型

平问型提问是指教师平心静气地提出问题，引导学生思考。

教学《种子的力量》一文时，为了启发学生结合自己生活思考，在总结课文时，教师可以心平气和地这样提问：我们平时常见的植物种子发芽不觉得特别，可在作者笔下却给人以新鲜的感觉和深刻的启示，原因究竟在哪里？这个问题并不催促学生立即回答，学生有时间去回忆、比较，从而受到启发。

平问的特点是教师提出问题的语气比较舒缓，要求学生作答的时间也不匆忙，这种提问适合教学难度较大需要认真思考的问题。

10. 开拓型

开拓型提问可用于训练学生运用学到的基础知识及原理进行创造性的思维。具体可分为三种类型。第一，方法性提问。目的在于引导学生回顾获得知识的学习过程，教会他们总结和运用科学的思维方法，提高探取新知识的效率。第二，规律性提问。目的是启发学生将所学知识加以比较和整理归类，学会发现知识规律。第三，创造性提问。目的是培养学生创造性的思维能力，它的主要目标是发展学生的想象力。

（三）关节点提问

没有成功的提问就没有教学的艺术。精彩的提问可以使教师的课堂教学有声有色。因此，在课堂教学的提问中，教师要善于抓住关节点提问。

1. 兴趣点提问

所谓兴趣点，就是能够激发学生学习兴趣，促进学生思考理解的知识点。抓住兴趣点提问，可以激发学生的求知欲望，发挥非智力因素对教学的促进作用。

马老师在教授《药》一课时，在交代了写作背景后，就提问：课文的题目为什么用一个"药"字？有什么寓意？《药》这篇课文有明、暗两条线索，明线写的是什么？暗线写的是什么？瑜儿的坟上凭空添了一个"花环"，作者的用意何在？然后让学生带着问题自读课文。

马老师这样设计的提问，既能有效地激发学生的学习兴趣，又能教给他们一些学习方法。不用详细讲析，学生经过阅读和思考，就能理出课文的艺术结构，领会其内容，阅读能力也就会自然得到提高。

2. 抓住疑难点提问

抓住疑难点提问是指教师在课堂教学中，抓住知识的难点和学生的疑点设计的提问。这样的提问，既可化难为易，又可以打开学生思路。

马老师在讲授《祝福》一课时，对祥林嫂所受迫害的社会根源感到为难，为此，就告诉大家，评述下列问题，让大家议论。提出三个问题让大家思考：祥林嫂本来是一个什么样的人，在她的性格中有哪些良好的品性？祥林嫂一生中受到了哪些迫害和打击？这些迫害与打击的根源是什么？它使祥林嫂发生了怎样的变化？谁是杀害祥林嫂的凶手？

马老师的这些提问，就是"思路开导"，使学生对祥林嫂的生平遭遇以及谁是杀害她的凶手有了进一步的理解，从而解决了不知从何评述之难。

3. 抓住发散点提问

抓住发散点提问是指教师在教学中要充分发掘教材因素，抓住教材中最能引起发散思维的发散点设问，进行发散思维训练，这对引导学生深入理解课文内容，对培养学生的创造能力有重要的作用。

宋老师在教授《项链》一课时，为了加深学生对课文的理解，提出了这样一个问题：除了课文的这种结尾法外,你能想到另外比这更好的结尾法吗?你设想的这种结尾法和课文的结尾法相比哪种方法好?为什么?经过这样一问,学生的思维闸门打开了。宋老师设想了好几种结尾法,经过反复讨论比较,同学们明白了课文的情节到最后作者来这样一个意外的结尾,叫人感到惊奇(遗失了假项链,赔偿了真项链)。"谜底"不在小说中间揭晓即借佛来思节夫人在结尾处的几句话来点明:"唉!我可怜的玛蒂尔德!可是我那一挂是假的,至多值五百法郎!"

这样既有余味可寻,又升华了主题,使读者从结尾处回溯全文。这种结束之妙,远非其他任何结束之法可以相比。

4. 抓住关键点提问

抓住关键点提问是指教师在课堂教学中,对全篇课文的理解有着重要作用的地方,或学生不易理解的某些关键字句章节设计的提问。抓住这些内容提问,往往可以牵一发而动全身,对理解课文,体会感情有事半功倍的效果。

黄老师讲自然《浸润和不浸润》一课时是这样提问的。教师问:"鸡和鸭都是家禽,但鸡怕水,而鸭为什么不怕水呢?"学生围绕这个问题展开讨论,教师在这期间引导学生做一个白纸板和油纸板上分别滴一滴水的小实验,以打开思路促使讨论进一步深入,从而引发出浸润和不浸润的问题。

在课堂教学中,教师应注意,矛盾提问有时可以穿插一点小实验来打开学生思路,使讨论向纵深方向发展。由于讨论目的鲜明,学生思维比较活跃,同时也为教师能及时抓住学生的实际认知状况提供了机会,这就有效地保证对新内容的教学更有针对性。

5. 抓住变化点提问

抓住变化点提是时指教师在课堂教学中,根据内容的变化设计问题。

《草原》第一段写作者看到的草原美景和他的情感。但同样是面对草原,而先是想"高歌一曲",后来却又想"低吟一首"。对这种明显的情感变化,讲课时可提这样一个问题:把"高歌"和"低吟"两个抒情的句子前后交换一下位置是否可以?这样提问,使学生把景情和表达情感的方式紧紧融合在一起来考虑,得出这样的结果:

景色的整体:开阔——豪放——高歌。
景色的细部:柔美——沉醉——低吟。

这样不但深刻地理解了课文,体会了作者的思想感情,而且培养了学生用整体的、联系的观点思考问题的能力。

6. 抓住细节点提问

文章的细节,像藏在绿叶丛中的花朵,拨开绿叶,显露花朵,则会色彩纷呈,别开生面。因而,教师抓住细节点提问,不仅可以提高学生的学习兴趣,而且能细化学生的知识结构体系。

《别了,我爱的中国》一课,在写了作者看到帝国主义的军舰后,又写了"两岸是黄土和青草……","两岸"二字平平常常,深藏于字里行间。但就是这两个字,揭示了一个惊人的事实:帝国主义的军舰已经深入到我们祖国的内河江流之中了——因为只有在江河里,才能看到"两岸"。这样的提问不是深刻地揭示了文章的内容吗?不是让学生认识到这样看来似乎平常的细节描写，其实细心品味起来，是非常精彩的。

7. 抓住聚合点提问

抓住聚合点提问是指教师在课堂教学中，抓住集中反映课文的中心思想或者是大家关心的热点问题，围绕聚合点而设计的提问。教师可以抓住一点，提挈全文，保证教学的整体性。

8. 抓住模糊点提问

由于学生欣赏能力的限制，他们对课文内容的理解往往带有片面性。在课堂教学中，教师根据反馈信息准确地捕捉学生认识上的模糊点，提问引思，可以有效地引导学生正确理解课文内容。

9. 抓住"空白"点提问

空白点是指在教材中，对某些内容故意不写，或写得很略，在叙述描写上留有余地，制造"空白"。这些"空白"为学生提供了想象的空间和思考的余地。教师在教学时如能抓住"空白"点，巧妙地设问就能使学生借助教材中写到的内容来推测构想没有写到或写得简略的内容，把"空白"补充出来，加深理解。

（四）方法类型提问

课堂提问是教师教学最重要的手段之一，也是教学过程中必备的环节。它不但可以用来组织教学，反馈教学信息，而且对于培养学生的思维能力、创造精神大有益处。因此课堂提问的重要性是不言而喻的。但如何才能使学生积极思考、积极回答所提问题呢？下面介绍几种提问的方法。

1. 次序法

次序法是指教师根据教材的逻辑顺序，依次提出一系列的问题，语文课一般是按事件的发生发展，人物出现的顺序，论点论据提出的先后来提问。

小学语文第七册《李时珍》这一课，李老师根据课文中人物思想发展的过程设计了以下提问：① 李时珍是怎样一个人？为什么称他是一位伟大的医学家和药物学家？课文中介绍了哪些具体事例？② 那个时候，行医既然是受人鄙视的行业，为什么李时珍要立志行医？"立志"表现在哪里？③ 李时珍为什么要重新编写一部比较完善的药物书？《本草纲目》是一本什么书？李时珍是怎么编出来的？⑤ 李时珍为什么能编写出这样一部伟大的著作，流传世界？⑥ 全文可分几段？各段大意是什么？

次序法提问表现在数学应用题教学中，一般是先根据题中的某两个条件，或结合可求得一个或两个中间问题，启发学生根据题意提出恰当的问题，构成一个简单应用题，然后再逐步达到解题的目的，或由问题逆推所需条件，一步一步推到已知为止。这是教师在应用题教学中引导学生分析数量关系、探求解题途径常采用的综合法及分析法。

2. 铺垫法

铺垫法是指教师在讲新课之前设计一些准备性题目，铺路搭桥，有利于学生掌握系统知识，减少难度。

张老师在讲授异分母加减时，先出示准备题，通分 1/2、1/3、1/5，学生将三个分数通分以后，设计了提问：通分以后这几个分数的分数单位有什么变化？要将分数单位不同的分数化成分数单位相同的分数，怎么办？张老师这一提问，为学生主动寻求异分母分数加减法的计算方法提示了具体的思考方法，做好思维方面的铺垫，从而降低了难度。

3. 核心法

核心法是教师在课堂教学中为了突出教材重点内容而设计的提问，目的在于解决教学中的主要矛盾。它的作用是扣住教材内容中心，明确学习重点。学生根据这个重点，找到课文中的关键词语、句子或段落，加深理解，牢固掌握。这种提问，第一步先是提出导入性问题，通过一问一答，从而引出第二步——核心性提问。核心性提问一般一至二个。第三步是补充性提问，目的是为了更深地理解核心性提问的内容。如果通过恰当的核心性提问，学生能准确抓住重点，那么课堂上就不必再用补充性提问了。

刘老师在教《一张珍贵的照片》时，抓住关键性的词语，巧布"疑问阵"，熟练地运用核心法。

刘教师问："周总理来到小桂花家，小桂花的爹为什么要用'袖子'抹凳子？"学生思考片刻，纷纷举手，跃跃欲试。有的说："因为他一时找不到抹布。"也有的说："小桂花的爹知道来的是总理，太激动，太高兴了！没想到袖子不袖子，只是想尽快擦干净，好让总理坐下歇歇。"有的还能说出小桂花爹的行为，完全是一片真诚，表现出农民对总理的爱戴和崇敬。

这时，教师对学生的回答进行了归纳，但他并未因此止步，进而提出一个"又"字让学生分析讨论："小桂花的爹……用袖子把一条长凳'抹了又抹'，这句中的'又'能不能去掉？""不能。""为什么不能？"这一个"为什么"把讨论引向了深处，课堂气氛更为活跃。学生的发言是："去掉'又'字，意思全变了。'抹了抹'可以说是漫不经心，随随便便地擦一下，哪能擦干净！""有了'又'字，能表现小桂花的爹仔细地擦了一遍又一遍，把凳子擦得干干净净。"最后，教师饶有趣味地说："同学们说得对，不能小看一个字嘛，一字值千金。"

4. 对比法

对比法提问，是指将相互联系或容易混淆的概念加以对比而排定的提问，旨在使学生认识事物的相同点和不同点。

老师把《一件珍贵的衬衫》和《老山界》这两篇记叙文放在一起比较，就会发现这样的问题：在《一件珍贵的衬衫》中，记叙的六个因素——时间、地点、人物，事件的起因、经过和结果，样样俱全，交代得清清楚楚。而《老山界》只交待了地点、人物、事因、经过、结果五个要素。至于时间，只写了是某一天的下午和次日的大半天，到底是哪年、哪月、哪日，则未具体说明，这是为什么？这样一比较，问题就提出来了。

经过思考就会明白：记叙的六要素，原则上是记叙文必备的，但也是从实际出发的。某些要素如果是读者熟知的，不交代也绝不会引起误解的，也可省略。正因为长征是大家熟悉的事情，不说出具体的年月读者也会知道，因此《老山界》省略了年月的交代。

5. 引导法

知识在于积累，学生有了一定知识基础，又有探索新知的欲望，教师要善于引导学生"温故知新"，联系已学过的知识，引导学生到知识的海洋中遨游，加深对新知识的理解。教师还可针对学生易犯的错误，设计错例，进行分析讲评。

吕老师在讲"算术根"时，让学生在错误的辨析中学习这节课，这样提问引导：

师：同学们，大象和蚂蚁体重一样吗？

生：不一样。

师：我说一样重，不信，我们来算算：

设大象体重为 x，蚂蚁体重为 y，它们的体重之和为 $2s$，那么

$$x+y=2s \qquad (1)$$
$$x-2x=-y \qquad (2)$$

由（1）得：$x=2s-y$ （3）

（2）×（3），得 $x^2-2xs=y^2-2sy$，

两边同时加上 s^2，得 $(x-s)^2=(y-s)^2$

两边同时开方，得 $x-s=y-s$，所以 $x=y$。

这岂不是蚂蚁和大象一样重吗？为什么会造成这种情况？同学们感到非常奇怪，带着问题反复观察，一时也找不出原因。这时，教师趁势提出："大象与蚂蚁体重一样，这个问题就出在算术根上。今天我们就来研究算术根的问题。"

由于学生对这道题出现的奇怪现象迫切想知道应该怎样解决，注意力特别集中。这样引入后，学生对算术根的概念及其重要性终生难忘，以后碰到这类问题就再不敢马虎了。

6. 点睛法

点睛法是指教师根据课文的中心句即作者的点睛之笔设问。中心句，就是文章内容的总括，或是文章中心的揭示，它是作者点睛之笔？因此，根据课文中心句设问，不至离题太远。

秦老师在讲授《桂林山水》一课时，围绕中心句"桂林山水甲天下"，设计了这样的问题："桂林山水甲天下"这句话是什么意思？从这句话可以知道这篇文章写什么？为什么说桂林山水"甲天下"？这里的山和水各有什么特色？通过这几个问题的学习，学生能够准确把握桂林山水独特的美，深刻体会出字里行间所包含的思想感情，激发学生对祖国河山的热爱。

7. 寻究法

寻究法是指教师根据事情的结果，对事情的原因、经过进行寻究性设问，这样的提问有利于激发学生的兴趣。

张老师在讲应用题时设计了这样的提问：GH服装厂计划四月份做西服1 500套，前5天平均每天完成120套，余下的平均每天应做多少套，才能按时完成任务？

师：要求余下平均每天应做多少套，必须先求什么？

学生：先求还剩下要做的有多少套和剩的天数。

师：要求还剩下要做的套数，又须先求什么？

学生：先要求已经做的套数。

老师：已经做的套数怎样求？

学生：把前5天平均每天做的套数乘上已经做的天数。

师：剩下天数怎样求？

学生：总天数减去做了的天数。

探究式提问在复合应用题教学中已被普遍采用，尤为重要，它是从题中所求的问题出发，在教师暗示下，主要由学生自己根据题意，逐步探求一个个中间问题，从而达到解答应用题的目的。逆向启发式提问，对学生在思维上的要求更高，显然这对发展学生的思维，培养他们独立的解题能力起着十分重要的作用。

8. 破题法

破题法是指教师根据题目设计提问。题目是文章的眼睛，它或是记叙的主要内容，或是描写的主要对象，或是表达的中心思想，或是贯穿全文的线索。因此，根据题目设问，能达到以问促读的目的。

杨老师在教《小音乐家杨科》一文时，根据题目设以下问题：什么样的人才能被称为"音乐家"？杨科为什么被称为"小音乐家"？从课文的哪些地方可以看得出来？杨科的命运是怎样的？为什么他会是这样的命运？

教学中解决了这些问题，也就达到了这篇课文的教学目的。

9. 综合法

综合法就是抓住重点词句设问。重点词句是理解文章内容、体会文章思想感情的"窗口"。教师若能准确抓住重点词句，并进行适当的归纳综合，设计的问题，必能引导学生透彻理解课文内容，体会文章表达的思想感情，使"文"与"道"的教学融为一体。

吕老师在讲授《我的叔叔于勒》时，不按顺序提问：为什么于勒本来是全家的"恐怖"，后来却成为全家唯一希望？他到美洲先写了怎样的一封信？第二封信又说些什么？而是采用综合提问：于勒耗尽了家产，是个花花公子，为什么若瑟夫会对他流露出深切的同情？

学生要得到正确的结论，就必须在掌握全文思想内容的基础上，对比于勒前后的不同，分析他给菲力浦两封信所表达的思想，透过于勒在船上当水手时的服装、神情、动作以及他的那只手，看到他思想发生的变化，从而认识莫泊桑谴责的那个资本主义社会。在讨论这个问题的过程中，需要判断、推理、分析、综合，需要速读和"因文解道，因道悟文"的阅读本领。吕老师设计的这些提问不仅能使学生的思维能力受到多方面的锻炼，并能提高学生的自学能力。

10. 评论法

评论法是教师先不表态，把学生各种方法并列公布，提问学生评价，从而启发学生思维，得出正确结论。

当学生学习异分母分数加法计算方法后，了解到要先通分，因而要学生计算异分母分数减法"4/5-3/10"时，由于受思维定势的影响，出现了以下几种算式：

$$4/5-3/10=8/10-3/10=5/10=1/2$$

$$4/5-3/10，4/5=4×2/5×2-3/10=8/10-3/10=5/10=1/2$$

$$4/5-3/10=4×2/5×2-3/10=8/10-3/10=5/10=1/2$$

老师提问：这几道算式对不对？哪一道算法最简便？

学生通过讨论、分析、评论，既找到最简便的算法，且使学生掌握了计算异分母分数加减法的书写格式。

11. 连环法

连环法是指教师为了达到教学目的而精心设计的一系列环环相扣的问题。这几个问题形成一个整体，几个问题解决了，整个问题就解决了。

在讲授契诃夫的著名小说《变色龙》时，赵老师设计了一些环环相扣的问题引导学生思考、回答。

第一个问题：根据课文的叙述，你认为课文主人公警官奥楚蔑洛夫的基本性格是什么？在学生准确地回答是"善变"后，提出了第二个问题：从课文中你们知道他"变"的主要特点是什么？怎样表现出来？……

学生讨论回答：一是变得快（顷刻间他对狗的态度"变"了五次），二是变得蠢（他"变"的理由是愚蠢的，逻辑是荒谬的）。

接着可提出第三个问题：由此我们知道奥楚蔑洛夫是"变色龙"式的走狗，"变色龙"的色虽然变来变去，骨子里却隐藏着一个不变的性格内核，你们知道他这个性格内核是什么吗？

学生通过分析课文得出结论：奥楚蔑洛夫狗仗人势、媚上压下的奴才本性始终没有变。于是又提出了第四个问题：什么原因促使这个执法者一变再变，左变右变？学生都能很好地回答：这主要是将军的威势促使他一变再变。

为了提高学生对课文的理解程度，最后还可提出一个问题：奥楚蔑洛夫这样坏，为什么没人嘲笑他？而赫留金的手指被咬伤，是受害者，为什么反而遭到人们嘲笑？这个问题引起了学生的极大兴趣，应让学生反复讨论。

有的学生说：奥楚蔑洛夫是警官，有权有势，没人敢嘲笑他。

最后大多数学生认为，奥楚蔑洛夫出场时，"广场上一个人也没有"，狗咬了人后，"木柴厂四周很快聚了一群人，仿佛一下子从地底下钻出来的"，这些描写说明"那群人"是些穷极无聊的庸俗市民，他们没有正义感，所以不嘲笑执法者，反而嘲笑受害者，当时的社会就是那样一个畸形社会。

12. 消化法

消化法适用于讲授新课后，为了加深学生理解，在学生容易模糊处设问。

如学生掌握了长方形周长计算公式后，李老师提问：公式中"长+宽"是指长方形中的哪一部分？在计算长方形周长时，为什么要乘以2？这样提问，可以帮助学生更深刻地理解长方形周长计算公式。

13. 发散法

发散法提问具有如下特点：对于同一问题从不同角度去理解，会获得多种答案。

张教师教减法的意义时，提问学生"37-18"是什么意思？

生1：被减数是37，减数是18。

师：还有别的说法吗？

生2：总数是37，一部分是18，差是多少？另一部分是多少？

师鼓励说：还有什么说法呢？

生3：37比18多多少？

师：答得好。还可以怎么说？
生4：18比37少多少？
师：很会动脑筋，还有别的说法吗？
生5：37减18还剩多少？
师：对呀！再想一想还可以怎么说？
生6：比37少18的数是多少？
生7：已知两个加数的和是37，一个加数是18，另一个加数是多少？
生8：甲数是37，比乙数多18，乙数是多少？

14. 激趣法

激趣法是指在学习新知识之前，教师有意识地提出问题，激发学生学习兴趣，以创造生动愉快的教学情境，从而引导学生带着浓厚的学习兴趣去积极地思维，寻求新的知识。

艾老师在讲授"三角形的面积计算公式"前，要求学生把三角形放到方格上，通过数方格算出三角形的面积后，向学生提问：如果我们要计算一块三角地的面积时，是否可以把这块地放在方格纸上，或用一个个方格纸片去填满三角形的地呢？同学们听了之后，都笑了，齐说不能。艾老师立即询问学生：那怎样才能计算这块三角形地的面积呢？课堂气氛顿时活跃起来。这样就能使学生在轻松愉快的气氛中进入探求新知的阶段。

15. 重复法

由于所提问题在教学内容中处于重要地位，是关键之所在。因此当一个学生已经做出正确回答后，教师仍要继续提问若干学生，通过重复回答，起到突出、强调的作用，以形成深刻的印象。它的特点是用学生的重复回答来代替教师的强调。同时，由于教师对每个学生的回答暂不表示态度，有利于提高学生的辨别能力。

白老师教"比多比少应用题"时，在充分比较之后，提问：这一组题目有什么特点？学生回答："条件相同，问题不同。"然后教师继续点名，学生继续重复回答，连续进行几次，使学生形成统一的深刻印象。

16. 诱发法

诱发法提问的目的在于通过一个实验、一次演示、一个问题，激起学生的求知欲。

为了让学生细致全面审题，教师提出一个问题，看谁算的快？

$$3+6/7-(1/2+2/3+3/4+4/5)\times(5/8-62.5\times1/100)$$

有的学生按顺序计算，费了九牛二虎之力，还未得到结果。聪明的学生一观察，马上回答得数是0，这个问题有很大启发性，使学生深感做题前先审题的重要性。

17. 逆问法

逆问法是指从反面把问题倒过来提出，让学生利用事物之间相反相成的矛盾关系，以反推正。逆问的特点是以反推正，形成矛盾，它容易引起学生心理上的矛盾冲突，应将学生容易忽略的地方提出，以引起注意。

林老师在教"分数的基本性质"时，没有从正面讲为什么要"零除外"，而是从反面提出问题：括号中的"零除外"，可以不读，也可以不记，不就简练吗？你同意这种观点吗？这样提问给学生扩大了信息的反差，构成了矛盾情境，更能调动学生思维的积极性。

四、板书技能

板书是对教学内容的加工和提炼。作为一个设计合理的板书应该体现其精、美、严、实、新、活六个方面的特点。"精"即板书设计的语言文字精练，符号线条简洁明快，对课文具有概括归纳作用。"美"即从板书设计的内容到形式，不管是"对称美""错落美""新奇美"，还是其他美，都求完整、清楚、简练、明了、规则、协调，给人以愉快舒适之感。"严"既严格遵循课文本身的逻辑，又明白体现教师严密的教学思路。"实"既如实反映课文及文章意图，又要讲求实效，学生看起来易领会、易记录、易掌握。"新"即围绕教学目的，抓住重点，设计新奇巧妙的板书，能让人产生新鲜感，引起学生积极的认识倾向，形成学习的最佳心理状态。"活"即根据不同的篇章，不同的情况，灵活运用各种板书。

（一）摘录提纲法

教学板书是教材内容的集中反映，是教师依据一定的教学目的设计而成的服务于学生学习的书面语言。教学板书所反映的教材、课文大多有鲜明的中心句、段中主句或关键词句，因此可以采用"语句摘录"方法设计板书。所谓"摘录提纲法"，就是摘录教材中富有标志性的中心句、段中主句或关键词句而形成"提纲式板书"的方法。这种方法简便易行，但要基于教材自身内容的明确性、结构的条理性。

语文课《胡同文化》板书
北京城是块大豆腐。
胡同是大街的网络。
胡同文化是封闭的文化。
胡同在衰败、没落。

（二）概括归纳法

教学板书是教师钻研教材、概括课文的产物，是中小学教师创造性思维的结晶。教科书中的内容大多较为复杂，板书却要简洁精练。因此，我们常常使用"概括归纳法"设计板书。所谓"概括归纳法"，就是用简洁的语言抽象教材内容、归纳教材知识的方法。"概括归纳法"类似学术论文前"摘要"的写法，在归纳教材内容、知识的基础上，要进行抽象、升华、深化，这样的板书才有深度。这种板书设计方法，基于教师对教材的研究、分析及自身的概括能力。高度的概括能力，是抽象思维的良好品质，这种方法对培养学生的抽象思维能力也有较好作用（见图7.2）。

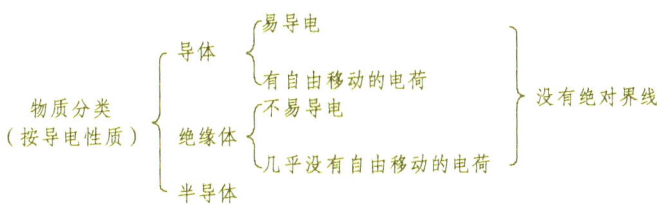

图 7.2

（三）图形示意法

教材是知识信息有意义有规律的排列组合，往往抽象而深刻，学生难以理解，中小学教师有责任帮助学生"解读"教材和理解课文。一个简单的方法就是用板书"图形示意"，即用符号、线条、图形，配以简要文字示意教材内容，变抽象为具体、变深奥为浅显。这种方法，基于教师对教材的认真钻研、高度概括、独到表达，反映了教师的兴趣爱好、个性特长、技艺技能及审美情趣（见图 7.3）。

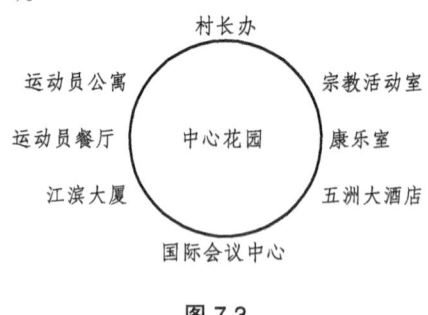

图 7.3

（四）板画赋形法

板画，又称简笔画、黑板画，是教师在课堂上以简练的线条，在较短的时间内高度概括勾勒出各种景物、事物、人物等形象的一种绘画。以板画（简笔画）为板书的方法，由于形象直观，也称"赋形法"或"描状法"。板画赋形法是中小学教师，特别是低年级教师常用的一种形象化的艺术教学方法。由于生动有趣，有利于集中学生注意力，激发学习兴趣，增强记忆效果，从而提高教学质量。赋形板画渗透了中小学教师的艺术情趣，有助于学生审美能力的形成和提高。

（五）表格解释法

表格是常见的教学板书形式，它可以服务于任何文章和教材章节的教学，还适用于一组文章和知识信息的比较。表格不仅适用于传统的文字式板书，而且适用于电化教学演示。许多青年教师都喜欢使用多媒体进行教学，表格式板书为之提供了较好的选择。表格式板书最大的特点是信息量大、条理清楚、简约明了，有整齐、对称、均匀、清晰、简洁之美（见表 7.2）。

表 7.2　语文《鸿门宴》表格式板书

情节＼人物	项羽	刘邦
宴前：气盛气短	年轻气盛、目空一切	惊慌失措、笼络人心
宴中：明争暗斗	刚愎自用、麻痹轻敌	随机应变、强自镇定
宴后：亦恼亦怒	妇人之仁、有敌不肃	化险为夷、有敌必肃

（六）比较对照法

比较是人们认识事物、分析事物的思维过程，是抽象思维的一种思维形式（见图 7.4）。

准确地讲，比较就是运用对比的手段确定事物异同关系的思维过程的方法。如果把这一对比方法运用到教学板书上，就叫比较式板书。比较能起到深化、强化的作用，可以收到"不言而喻"的艺术效果。比较有许多方法，从性质上分有求同法、求异法、纵比法、横比法、定性法、定量法、综合法、专题法；从内容上分有知识比较、中心比较、人物比较、结构比较、语言比较、情节比较、文体比较、作者比较、背景比较、手法比较、风格比较、情境比较等，用在总结、复习、单元教学上，效果更好。

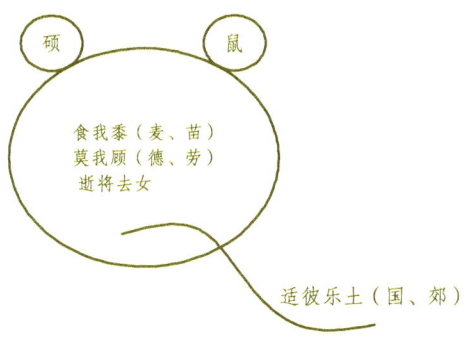

图 7.4　语文课《硕鼠》漫画式板书

（七）排列组合法

排列组合法是对教材中不同课义或内容的分类排列、综合叠加。从信息论上看，这是"信息的交合"。具体地说，教材、课文中不同信息的组合会产生不同的感知效果。接近的、相似的、闭合的、连续的、对比的、形态完善的组合，较易形成整体知觉。板书设计应力求在时间上、空间上、逻辑上组成一个有意义的、有规律的系统。方法上，有时序组合、地域组合、事理组合、对比组合、相似组合、接近组合等。

（八）夸张变形法

为了突出重点、难点，增强学习的趣味性和板书的表现力，教师可以运用变形、夸张的方法设计板书，以加深学生对教材内容的印象。这种方法用"漫画"的手法、儿童的思维，大胆设计创意，有强烈的艺术感染力和审美价值，深受学生喜欢。

总之，板书是教师利用黑板，运用文字、符号、图表辅助课堂教学最平凡、最基本的教学手段，它是中小学教师根据教学需要在黑板上表情达意、教书育人的黑板（书面）语言。李如密在《教学艺术论》中说："教学板书具有很强的示范性特点，好的板书对学生是一种艺术熏陶，起到潜移默化的作用。教师在板书时的字形字迹、书写笔顺、演算步骤、解题方法、制图技巧、板书态度与作风、习惯动作与语言等，往往成为学生模仿的对象，留下深刻入微的影响。"为了达成这一目的，顺利完成教学任务，教学板书不能随心所欲，需要教师精心设计。教学板书设计内容要做到科学化、形式要做到艺术化、手段要做到现代化。教学板书设计要锤炼语言、借用符号、运用线条、制作表格、创造图形、调配色彩。另外，在文字、内容、造型、结构、色彩、功能、风格、目的、态度等方面都要有严格的要求。教学板书设计可用摘录提纲法、概括归纳法、图形示意法、板画赋形法、表格解释法、比较对照法、排列组合法、夸张变形法等方法。只有这样，教学板书才能做到既有科学性、实用性，又有艺术性、审美性。

五、演示技能

演示一般指教师为了说明某个事实、过程等运用各种教学媒体提供感性材料的表演和示范操作，以及利用这些媒体指导学生进行观察、分析。因此，演示技能是教师根据教学内容特点和学生学习的需要，运用各种教学媒体把事物的形态、结构或变化过程等展示出来，指导学生理解和掌握知识、传递教学信息的行为方式。

(一) 实物、标本、模型的演示

为了使学生充分感知教学内容，了解有关事物的形态、构造等特点，教师常常把实物、标本、模型拿到课堂上来让学生观察。在演示时要注意以下问题：实物和标本有时个体较小，后边的同学往往看不清。这时就要准备多个实物或标本，分小组观看或个人观看。在实物和标本所表现出来的现象、结构上不清晰，内部活动难于观察时，都应当与挂图、黑板画、幻灯等直观教学手段相配合，引导学生的观察向深入发展。

模型演示中要注意，它的大小比例以及表示色等有时与实物是不同的，应向学生交代清楚，否则会造成误解，影响学生获得科学准确的知识。

(二) 挂图的演示

挂图是教学中最常用的直观教具，演示时要注意以下问题：上课前应把挂图背面朝外挂在挂图架或黑板的下沿上，需要时再反过来演示给学生观看，使用完毕再翻过去放回原处。

在演示挂图前，应当帮助学生做好观看挂图的心理准备，使之期待挂图的出现。出示挂图后，应对挂图加以说明，如与实物的比例关系、观察的方位及表示色等。对于挂图中细节的部分，不易被学生看清楚的地方，如没有局部放大图，教师应在黑板上画略图或使用辅助挂图等帮助讲解。

在对挂图讲解的过程中，要处理好讲解、演示、板书三者之间的关系，讲解、板书有主有从，确定好挂图与板书之间的位置，尽可能地缩短它们的距离。

(三) 幻灯、投影的演示

单张幻灯片的演示与挂图基本相同。投影片的种类较多，表现手法多样，课前要设计好每一个细节。成套幻灯片的演示应在课前编好解说词，最好用录音机或声画同步机录制下来。放映前简单说明课题内容、重点及要注意的问题，并留下思考题。放映中引导学生观看，重要内容可暂停放映，进行说明、谈话或提出问题等。放映后要及时总结或组织讨论，使学生所获得的感性认识上升到理性认识，巩固所学知识。

演示幻灯、投影必须在较暗的地方进行，室内应有遮光条件。但教室内长时间遮光会影响学生的视力，一般采取局部遮光的方法。幻灯、投影演示容易引起学生的疲劳，因此演示次数不能过于频繁，时间不宜过长。放映的画面质量应清晰，色彩鲜明协调。

（四）电影、电视的演示

电影、电视能为学生提供形象、生动、直观的感性材料，尤其是它们的活动性是其他教材所不能比拟的。进行电影、电视教学前，首先要做好准备，详细了解影片内容，计划课堂进度、内容的提示、必要的讲解以及思考题等。

利用电影、电视进行教学一般有两种形式：一是辅助课堂教学，这种方法是教师先讲解事实、概念或原理，然后用影片为学生理解概念或原理提供感性材料，促进学生认识的深化，结束后继续讲述新的知识。二是电影、电视教学课，这是一种较简单的方法，教师只要根据教学内容选好影片，放映前说明影片与教学内容之间的关系，布置观看中应思考的问题，就可放映。放映中需要提示的地方，电影不能暂停，只能及时指示说明，而电视录像可暂停、可倒放及逐格放映，有利于对学生的学习进行指导。这种方法主要用于扩大学生知识视野和复习巩固课，不仅适合于一个班的学生，还可以把几个班集中在一起上课。放映后教师要有结束语进行总结。

（五）课堂实验的演示

演示实验可分为课堂教学实验演示和实验课上指导演示两种。课堂教学实验演示从目的上，又可分为获取新知识的实验演示和巩固验证知识的实验演示；从演示的内容上看，可分为演示实验的全过程、实验的开始或实验的结果，即演示实验的片段。下面以课堂实验演示介绍实验演示的技能。

1. 传授新知识的实验演示

即通常所说的边讲解边演示。从逻辑上看，这是从特殊到一般的教学过程。对这种演示的要求是：在演示前，向学生说明他们不懂的仪器设备使用操作方法及注意事项。在实验中要努力引导学生观察实验的详细过程，注意实验的条件和产生的主要现象，使学生看懂实验。实验结束后，应启发学生试做结论，解释实验现象并把从个别实验现象中所得到的结论推广到一般或同类其他事物中去。最后让学生用文字或图表等形式把实验结果记录下来，以巩固所学知识。

2. 巩固知识的实验演示

是以验证和巩固知识为目的而进行的实验，即通常所说的先讲解后演示的方法。从逻辑上看，是由一般到特殊的教学过程。这种方法是：教师上课首先讲述或用各种直观教具辅助讲解新知识，学生从理论上有了解以后，再进行实验演示，以验证和巩固所学的知识。巩固知识的演示可采取以下三种方法：一是在演示前，教师向学生指出要做什么实验，然后引导学生运用刚学过的理论，预测将产生什么结果，道理何在，再开始实验。二是教师指出要做什么实验之后，不告诉实验结果，让学生在实验中细心观察，实验完毕时，让学生解释为什么会产生这种结果。三是实验之前，向学生说明打算做一个产生什么结果的实验，让学生讨论做这个实验需要什么条件，怎么样做才能产生预期的结果。实验后，也应让学生用文字或图表等形式把实验结果记录下来。

3. 实验片段的演示

在生物、化学、地理等学科中，有些实验需要较长的时间才能完成，在课堂上不能使学生看到实验的全过程。这样在课堂上只能演示实验的一个片段。其方法是：

演示实验的结果：在实验前应首先介绍前一段的实验情况，并用挂图、黑板画、电视录像帮助说明。如果课前的实验有学生参加，让学生在课上做实验报告，会收到更好的效果。

演示实验的开始：教师在讲授了某一方面的知识以后，为了验证知识的正确性，或使学生获得感性的认识，教师进行实验演示。但是，这个实验结果在课后一段时间才能观察到，这时教师只能演示实验的开始，实验的结果让学生课后去观察。对于学生的课后观察应拟订详细的计划，并且计划中要避免结论性，以防个别学生不能进行观察而估计出结论，不利于学生的学习。

六、强化技能

学生学习是为了获得或者避免某种"东西"时，则这种东西就成为他学习的强化物。不同的学生可以有不同的学习强化物。课堂强化就是增强学生某种课堂行为重复出现的可能性的过程。任何行为一旦重复就有可能被强化。课堂强化或对学生课堂理想行为的强化，是教师教学的一项重要技术。正确掌握和运用课堂强化技术，可以提高教学的成效。

（一）课堂强化的基本策略

课堂强化的基本策略表现为两种不同的方式，即积极强化和消极强化。

1. 积极强化

当教师使用奖赏性刺激物激起学生某种行为动力时采取的强化就是积极强化。奖赏可以是有形的或物质的奖赏，也可以是无形的或精神的奖赏，如分数、自由活动时间、奖品、欣赏、表扬或荣誉等。有时，学生认为是奖赏的东西，教师可能并不理解，因而无意中强化了学生的不良行为。所以，当学生的不良行为屡屡发生时，教师就要设法找到无意中呈现的强化物。

2. 消极强化

消极强化是指教师通过取消不愉快的刺激物来激起学生的某种行为动力时采取的强化。这些刺激物都是学生企图避免的，如课后留下来或惩罚的威胁等。学生如果表现好，教师就会取消不愉快的刺激物，学生就可以摆脱不愉快的境况，如只有准备妥当后才准坐下，完成作业后才能休息，解题正确才能有自由活动等。在使用消极强化时学生处于控制状态，只要他们表现好，就可以避免或消除消极的境况。需要指出的是，教师不能把消极强化与惩罚混为一谈，对学生来说，强化不管是积极的还是消极的，都是一种奖赏，都是为了增加积极行为反应的概率，而惩罚是不能选择的，是为了抑制消极行为反应发生的概率。

积极强化和消极强化都是激起和增强学生行为的有力手段。如果教师掌握了课堂强化的正确方法，学生的不良行为就会大大减少，理想行为就会显著增加。

（二）常用的课堂强化技术

强化的方式很多，教师可以在教学中运用如赞扬、激励的语言，称赞、期望的目光与眼神，赞美的手势，会心的微笑，以及利用面部表情、体态和活动等方式，为学生创设学习的最佳环境，增强情感的感染力，强化学生的学习情绪。课堂中常用的强化技术主要有言语强化、非言语强化、替代强化、延迟强化、局部强化以及符号强化（代币制）等。每一种课堂强化的效果，因学生个性、年级水平、学习行为和教师特点等因素的不同而有所不同。

1. 言语强化

当教师在学生做出行为和反应后给予学生某种积极的语言评价就属于言语强化。它是教师用语言评论的方式，如表扬、鼓励、批评，对学生的反应或行为作出判断和表明态度，或引导学生相互鼓励来强化学习效果的行为。言语强化有口头语言强化和书面语言强化两种形式。

口头语言强化是教师对学生在课堂上的反应和表现以口头语言的形式作出针对性的肯定、表扬或批评，以达到强化的目的。例如，当学生在课堂上正确回答提问时，教师赞许地说："很好，学习就应该这样，勤于思考，把知识活用。"几句话就把学生的心里说得热乎乎的。不仅使回答问题的学生享受到成功的喜悦，得到心理上的满足，而且也为其他学生指出了发展的方向，具有较大的激励作用。教师常用的表扬性口语可以是："非常好""太棒了""这是一个非常好的想法""回答得很有见地""进步真快"，等等。批评是指教师对学生的学习行为或结果进行否定性评价。批评不可滥用，但必要的批评，切实的指正也是教育不可缺少的手段。批评要注意方式和方法，使学生在心理上、感情上容易接受。

书面语言强化是教师通过书面文字形式给予学生反馈，对学生的学习行为产生强化作用的一种方式，在学生的作业反馈中经常运用。然而，许多教师在给予学生的作业反馈中，往往只是用"好""很好""差""很差"之类的词语做出评论。教师要注意，不能过多地使用这些简略的强化物，否则就会失去强化的作用。

还有，如果教师对所有的学生都使用言语强化，那么言语强化的作用将很快降低。因此，教师不宜过多地单一地使用言语强化，只有经常改变强化的方式，才能使强化保持意义。

言语强化还有一种容易忽略的方式，就是采纳学生的想法。采纳学生的想法，可以向学生表明他们的说话是重要的，可以提高学生的参与水平。如当学生上课时在应用、比较、归纳、扩充等方面提出自己的见解时，教师就可以采用这一技术。

2. 非言语强化

当教师运用某种非言语因素的身体动作、表情和姿势等传递一种信息，对学生的某种行为表现表示赞赏和肯定时，这种强化就是非言语强化。这些非言语的动作，可以是目光接触、点头微笑、靠近学生、体态放松或做出某种积极的姿态。教师可以通过体态语言和学生进行非常默契的信息交流，一个会意的微笑，一种关注的目光，都可以把教师的情感正确地传达给课堂里的每一个学生。

在课堂中，教师要善于运用非言语强化，因为它有时比言语强化的作用更大。例如，当教师提供的言语信息与非言语信息不一致时，学生会倾向于接受非言语信息。常用的非言语强化有以下几种方式：

（1）面部表情。

明显的面部表情通常是有目的的，用来传递信息或掩盖真实的情感。这些表情由面部的肌肉运动构成，如皱额表示沉思，提眉表示惊讶等。不随意的面部表情，通常发生在表现强烈情绪的时候，如恐惧、愤怒、高兴、惊奇等。在学习情境中，这些表情常常是一闪而过，或很快掩盖其他表情。然而有时，教师需要运用这些表情传递一种信息给学生，如运用生气的表情来控制有错误行为的学生。

当课堂上有学生做出有违课堂纪律的事情时，当学生就某一问题进行热烈辩论时，当学生在准备回答问题时，教师可以以沉默的方式旁观，有时也能形成一种强有力的课堂强化与控制手段，起到"此地无声胜有声"的作用。

（2）眼神的运用。

眼神的运用也许是最有意义的非言语强化方式。因为，教师的目光和视线可以是移动的，不可捉摸的，既可以传递怨恨、害怕、内疚等，也可以表达支持、信任和友爱，甚至还可以打开、延长或关闭教师的课堂交流。当发现某一同学不专心或搞小动作时，教师可通过注视，提醒他注意。当学生做某一动作练习时，你的注视则表示对他的关注或鼓励。

教师还可以运用目光和视线接触来控制课堂中的相互作用。当教师需要学生说话时，通过与学生的目光直接接触，来表示鼓励和期待。教师也可以通过目光接触来判断学生是否回答问题、是否完成作业、是否认真听讲等。

凝视也可以用来改变学生的课堂行为。教师可以将凝视与沉默一起使用，能有效地引起正在做小动作或注意力不集中的学生的注意。在课堂教学中，如果教师总是低着头或仰视天花板，不与学生发生目光接触，那么课堂交流的效果将受到严重的影响。

（3）体态语强化。

头、手、臂和其他身体部位组成的体态是广泛的非言语交流通道。

常用的体态语有：

站立的姿势——紧张的体态往往表示封闭和不安全；舒展的四肢则表示开放和友好。教师的身体方向（正面朝向）也可以交流信息，直接面对学生暗示教师喜欢学生或交流中很有安全感。

手势——如拍手、鼓掌、举手、竖大拇指等，对学生的表现给予强烈的鼓励和支持；轻轻地摇摇手、打一个暂停手势等，表示对学生的违纪行为给予制止、警告。

点头或摇头——对学生的表现给予肯定或否定。学生回答问题时，教师赞成他们的行为或见解，可以通过赞许的点头给予肯定表示支持，反之则摇头表示否定。认真练习的学生或成功地完成某项任务的学生，往往期待教师远远地给予一个点头赞许，开小差的学生则需要教师一个摇头予以提醒注意。

接触——教师有意识地走到学生身边，或站立观察其活动，或与之谈话，倾听意见，参加讨论。当学生有好的见解或某个动作完成得比较成功时，教师轻轻地拍拍他的肩，或摸摸他的头，表示赞赏，可以起到关心、鼓舞的作用。不过，这种强化与学生的年龄有关，低年级学生可能是适合且必要的，但对小学高年级和中学生就不太合适了。

交谈时点头可以起到强化作用，轻扣黑板可以突出重点，敲击讲台可以引起学生注意。体态语虽然能传递某种信息，但教师应注意不可滥用，因为用得过多会使学生分不清主次，或者只注意体态本身,而忽略了教师想要传递的信息。

(4)服饰语强化。

服饰语也是一种典型的非言语强化方式。它承载了社会风气、历史条件及人的精神风貌等方面的信息,更是个人的性格气质特征与审美能力的重要而直接的表现形式。通过服饰,可以了解一个人,也可以让人了解自己。不过,教师的服饰除了反映个人的审美情趣外,还必须受到社会正统文化的规范,受到学生心理发展水平等因素的制约。所以,教师的职业服饰宜整洁、美观、大方。

3. 替代强化

人们通过观察向他人学习。在观察到他人的行为受到强化而又向往得到这种强化的时候,人们就会采取与他人同样的行为。这种强化就是替代强化。例如,A同学因某种行为受到老师表扬,而B同学也想受到同样的表扬,于是就模仿A同学受到表扬的行为。有效地使用替代强化的例子是很多的,如教师说"我喜欢张同学发言前先举手""刘同学的理科成绩很优秀"以及"范同学的作业总是全对"等之类,都是运用了替代强化的技术。替代强化的效果类似于我们所说的榜样的作用。一般说来,替代强化对低年级的同学更有影响,但只要教师认真挑选强化物,即使对高年级的同学,这一技术也同样有效。替代强化能够起作用,是因为理想的行为已被仿效而不需要再教了。如果强化物选择和运用得恰当,那么替代强化就可以用来教会新的行为,激励已有行为,增强或削弱、抑制不良行为。

4. 延迟强化

一般而言,教师会对学生的理想行为表现予以及时强化,但有时对学生前一段时期的行为也可以进行强化。这种强化不但可能,而且有时效果还特别好。这种对以前行为的强化就是延迟强化。教师通过延迟强化向学生表明,有些行为不应忘记,而且仍然还很重要;同时,也向学生表明了教师对学生早先的良好行为是非常重视的。

5. 局部强化

如果学生的行为表现只能部分地认可,教师就可以采用局部强化,即只强化教师认可的那部分行为以及相应的欲望,激励学生继续完全实现理想的行为和欲望。例如,一个学生在黑板前解错了一道题,你就可以或者强化他解题的思路是对的,或者强化他的大胆是好的。又如一个学生提出了一个与讨论无关但很有趣的想法,教师也可以运用局部强化。局部强化是激励那些腼腆和能力较差的学生积极参与课堂活动的有效技术。

6. 符号强化(代币制方法)

符号强化又称标志强化。教师可以用一些醒目的符号、色彩的对比等来强化教学活动。例如,学生在黑板上演算、书写后,教师用彩色粉笔在黑板上打钩,或者再写上评语"好"。或用数字、字母、彩色的图形等来强化学生的学习结果。例如,给完成习题全对的学生贴一个红五星,给作业整洁的学生贴一个三角星,给能用浮板打腿的同学游泳帽上写"5",而给会蛙泳的同学游泳帽上写上"1",等等。

符号强化尤其适用于小学生,"代币制"方法就是非常成功的例子。教师可以使用这种方法使学生表现出教师期望的良好行为。这些行为既可以是学科行为,也可以是一般的课堂行为。所谓代币，可以是五角星、小卡片、游戏币等类似的东西，这些代币积累一段时间就可以"购买"或"兑换"奖励。奖励可以是自由活动、少做作业、食品、实物、荣誉称号、游戏、课外读物等，或者学生想要而又合理的任何东西。教师也可以给学生提供一些奖励清单，学生可以根据自己获得的代币的多少，来"选购"自己想要的奖励。一般情况下，获得的代币少，可供选择的奖励就差一些，而获得的代币多，则可供选择的奖励就更诱人一些。这样，学生就会更加努力，争取更多的代币来兑换更好的奖励。使用代币制等类似的课堂强化方法，长处就在于它使所有学生都自觉或不自觉地接受强化，这种强化在小学和初中课堂教学中的运用效果都非常成功。

由此看来，可用的强化技术很多，在课堂教学中教师要根据具体情况来选择相应的课堂强化手段。每一种强化方法，只要运用恰当，都可以获得良好的效果。

七、结课技能

完整且效果突出的课堂教学，不仅需要引人入胜的导课，需要内容充实、形式多样的教学活动的展开，而且需要恰到好处、画龙点睛的结课。现代课堂教学非常重视导课的作用，而对结课环节却关注不多。事实上，结课是整个教学过程极为重要的一个环节。在这个环节里，教师不但要对课堂所学知识进行梳理、定型、概括、深化，对课堂教学情况做出恰当的总结和评价，还要对后续的教学内容适当关照，为以后的课堂教学做好铺垫。

从心理学角度看，课堂教学进入结尾阶段，正是学生精力最感疲倦、注意力最易分散、效率最为低下的时段。这时，最需要在结课环节中介入有效的刺激，以便保持学生学习兴趣的连续性。如果把教学比作文章的写作，那么，好的开头与结尾对文章思想的表达具有同等重要的价值。

明代人谢榛在《四溟诗话》中云："起句当如爆竹，骤响易彻；结句当如撞钟，清音有余。"也就是说，文章的开头要响亮，如爆竹炸开，使人为之一振；文章的结尾要有韵味，如同钟鸣，余音绕梁。课堂教学也当如此，在开始环节要精心设计，激发学生兴趣使之达到最优的思维状态，在结尾处要精心收束，既强化当前认知，又引发学生的深入思考，让学生带着意犹未尽的感觉离开教室。一堂课如果结尾草率或随意，则会使整节课的效果大打折扣。

教师经常运用、效果比较理想的结课方式主要有以下几种：

（一）归纳式

归纳式结课，指的是教师用简洁准确的语言，引导学生对课堂所学知识进行提纲挈领的回忆、分析、总结，是最常用的一种结课方法。它重视学生对知识的条理化和系统化，意在通过教师的引导，让学生由博返约，纲举目张，牢固地掌握所学知识。归纳主要由教师引导，由学生完成，教师在必要的时候加以补充和完善。苏联教育家达尼洛夫和叶希波夫认为："通过总结学生在课上所学习的主要事实和基本思想来结束一节课是很有好处的。"例如，一位教师在讲授《桂林山水》一课，收尾时采用归纳结尾的方式，引导学生以准确、简练的语言对所学内容概括、总结。一方面，培养了学生的概括、总结能力；另一方面，加深了学生对学习内容的理解，使学生对课文的主要内容有更明确的认识与体悟，提高了课堂教学效果。

师问:"这篇课文重点写的是什么?"

生答:"桂林山、水的特点。"

然后教师让学生归纳总结:"通过课文学习,你们认为作者通过描写桂林山水,表达了怎样的思想感情?"

生1答:"表达热爱桂林山、水的感情。"

生2答:"作者通过描写桂林山、水的美景,抒发对祖国山河的热爱之情。"

这种言简意赅的归纳,用时不多,却提纲挈领地回顾了课堂所学,加深了学生的印象,使学生对课文内容、思想感情、写作特点等有了更深刻的理解和认识,同时,在教师引导下学生掌握了知识学习的方法和思路,知道如何突破课文的重点和难点,促进了学生自主学习能力的生成。

(二)延伸式

延伸式结课,即一节课结束时,教师引导学生联系课内外所学和生活实际展开丰富的想象,强化对知识的理解和感悟。一节课结束了,不代表学生学习过程的完结,而是新的学习过程的开始。教师要把结课作为引导学生联系课堂内外的桥梁,使学生能有机地联系课堂知识和社会生活,使所学知识和能力在课外得到运用、延伸、扩展和深化,使学生能学以致用,真正形成运用课堂知识解决问题的能力。

例如,有位老师教《蝙蝠和雷达》,结课时就设计了延伸式题目,强化学生的知识运用能力和创造性思维能力。老师问:"人们从蝙蝠身上得到什么启示,发明了什么?你还知道人们从什么地方得到了启示,发明了什么?"学生积极开动脑筋,回顾生活中的科技常识,老师趁着学生兴趣正浓,又提出一个问题:"你从什么地方得到启示,觉得可以发明什么?"要求学生积极开展科技小发明、小创造活动,鼓励学生去探索课本以外的知识。

(三)升华式

古人云:"文以载道",优美的文章表达了作者深刻的思想感情和价值观念。因此,教师可运用优美、激情的语言结课,引导学生体悟作者的情感,激发学生的审美意识,陶冶他们的品德,树立正确的价值观念,使学生学习知识的过程真正成为情感、态度、价值观共同发展的过程。

例如,有位老师教《趵突泉》一课,讲读课文完成后总结说:"趵突泉真是美丽极了,所以它吸引了历代文人墨客乃至帝王将相前往参观。清朝的乾隆皇帝观赏趵突泉后留下'天下第一泉'的墨迹,朱镕基也曾经来趵突泉参观。可是,现在的趵突泉已经没有我们课文上所描写的那样美丽了。因为《趵突泉》这篇课文是老舍在1932年写的,至今已经过去70多年了,济南的经济迅速发展,人口也急速增长,由于过量开采地下水,地下水位不断降低,美丽的趵突泉经常不能喷涌,有的小泉眼甚至干涸了,真是可惜呀。济南市政府一再倡导节水保泉、关爱家园,但人们的节水环保意识还没有真正地建立起来。我们作为新一代的社会接班人,必须从小树立环保意识,要知道,祖国的大好河山需要我们爱护,身边的一草一木也需要我们保护,我们要从自我做起,带动身边的人共同行动,把我们美丽的家园建设得更加美好。"

（四）悬念式

科学哲学家波普尔说："科学知识的增长永远始于问题，终于问题——越来越深化的问题，越来越触发新问题。"为了引发学生进一步的认识兴趣，教师可以通过设置悬念的方式来结束当堂教学。这种结课方式看似课堂教学的结束，实则是课堂教学的发展和延伸。教师设置的悬念，让学生沉浸在"欲知后事如何，且听下回分解"的认知冲动之中，激发起学生强烈的探索欲望，留下无尽的探索空间，给人意犹未尽的感受。如同叶圣陶所说："结尾是文章完了的地方，但结尾最忌的却是真个完了。"所以，结课时应该机智巧妙地设置悬念，激发学生的探究兴趣和学习热情，让学生处于满心疑问、急于求解的状态，进而巧妙地引导学生进入课外阅读或下一步教学内容，最终获得问题的答案，达到柳暗花明、豁然开朗的境地。这样，既能加深学生对新课的理解，培养学生的想象力，又能将学生引入到课外学习领域，扩展学生的知识面，还能让学生获得自我成就感，培养学生的学习兴趣。

例如，一位物理老师讲授彩色原理时，因为下节课要讲"彩色图像信号的组成及其波形图"，结课时他提出：同学们是否注意到，一般电视台在播放节目前会先送一组彩色信号，它由八种颜色组成，从左到右依次是白、黄、青、绿、紫、红、蓝、黑，这被称为标准彩色信号。那么，大家是否知道标准彩色信号的作用是什么？彩色信号的顺序是否可以变化呢？这些问题留给同学们思考，我们也将通过下一步的学习进行解答。这样的结课方式，使学生产生了急切寻求答案的冲动，具有探索意识的学生会在课外主动地寻找答案，为下一步的学习做好铺垫。

（五）讨论式

在讲课结束前，教师可围绕课堂教学内容提出学生感兴趣的问题，引导学生讨论。一方面，可以加深学生对教学内容的认识和理解；另一方面，可以拓展学生的思路，有利于培养学生的创新意识和创造性思维。另外，学生在唇枪舌剑、针锋相对的讨论和辩解中还达到了语言训练的目的。

例如，一位老师在教《凡卡》一课时，临近教学结束时引导学生讨论：凡卡给爷爷的信发出后命运将会如何？学生积极思考，踊跃发言，教师进一步设问："爷爷能收到凡卡的信吗？为什么？凡卡能跑回去吗？为什么？假如爷爷把他接到乡下，就能摆脱苦难的命运吗？为什么？"一系列问题使学生积极思考、踊跃发言，课堂气氛非常热烈，不断有学生突破常规和经验的禁锢，提出新奇的想法和见解。

（六）游戏式

由于学生的注意力保持时间有限，教学结束前学生的注意力最难集中，教学效果也最不理想，教师如果此时还喋喋不休地重复教学内容，则容易使学生感到机械乏味。因此，教师不妨针对学生好奇、好动、攀比心理强等特点，设计一些学生感兴趣的游戏、表演、竞赛等活动，以便通过活动加深学生对教学内容的认识和理解。例如，同样是朗读课文或识记生字，如果让学生采用小组竞赛或男女生比赛的方式，学生则会为了集体荣誉而抖擞精神，全神贯注地完成任务。

（七）抒情式

抒情式结课，是指教师在教学接近尾声时，用充满激情的语言或警示语扣动学生心弦，触动学生心灵，使其内心情绪跟随教师的语言跌宕起伏，产生强烈的心理共鸣，从而收到发人深省的教学效果。

例如，有位老师教《卖火柴的小女孩》一课，临近结尾时说："卖火柴的小女孩走了，带着美好的梦幻，离开了那充满饥饿、寒冷、寂寞、冷酷的世界，永远、永远地离开了那令人憎恶的穷人地狱。她那黄瘦的小脸，蹒跚的步伐，蜷缩的背影，为什么不能引起当时人们的同情呢？她对光明的向往，对温暖的企盼，对幸福的渴求，难道就不能引起我们今天的警醒？今天，我们生活在社会主义社会里，过着没有寒冷、没有饥饿、充满幸福和甜蜜的生活，我们有什么理由不好好珍惜，不好好学习呢？"教师这些抒情的语言，将学生的思绪引入到自身境况与小女孩的对比之中，让学生强烈地感受到自身所享受的优越条件，怀抱着对小女孩的同情和对自身条件的珍惜意识，结束了一节课的学习。

上文所提只是一些经典、常用的结课方法。事实上，结课是一门艺术，它没有固定不变的方法和模式，教师可以根据教学内容的特点和自己的特长，灵活发挥，只要运用得当，结课便会对整个教学产生"画龙点睛"的作用。

八、组织管理技能

组织教学是指在课堂教学中教师集中学生的注意，维持教学秩序，建立和谐的教学环境，引导学生学习，协调各种教学因素，实现预定的教学目标的过程。具体而言，组织教学主要表现为教师对课堂的有效管理，是为学生参与课堂活动营造有利环境的过程。重视课堂管理、学会课堂管理，对有效提高课堂教学质量具有十分重要的意义。

组织教学是一种教学艺术，组织教学的方法是多种多样的，教师应根据课堂教学实际加以选择，灵活运用。下面介绍十六种常用的方法。

（一）形象感染法

教师走上讲台时，神情要亲切、庄重、肃穆，站定后要扫视整个课堂，以安定学生的情绪，吸引学生的注意力，使学生把注意从原来的注意对象迅速转移到教师身上来，自觉地投入教学活动。

（二）目标引导法

讲课开始时，教师可简要地肯定学生的表现，提出本次学习要求，运用语言的感召力，激发学生的情感，促其产生努力达到目标的学习欲望和兴趣，从而调动自己的有意注意。

（三）趣味激发法

教师讲课时，如有较多学生注意力不集中，可适当穿插讲一些表面看来跟教学无关（但内含学习目的、学习态度、学习方法等方面的启示）而学生十分感兴趣的事，使学生精神振奋，产生良好的心境，从而引发其对学习的浓厚兴趣。

（四）提问点拨法

当某些学生注意力不集中时，教师可提出问题让他们回答，促使他们转移注意对象，把注意力转移到学习活动上来。学生答题不够理想时，不要急于批评，可稍加点拨，鼓励他们动脑筋思考或用心听老师和同学讲。这样引发他们的兴趣，使其保持注意的稳定性，积极投入学习的活动。

（五）指名表演法

此法类似"提问点拨法"教师指名让注意力不集中的学生表演，并在适当时机轻声对表演学生进行教育和帮助，要求他们回位后用心听讲。这种方法具有中等强度的刺激，可对学生大脑皮层起一定作用，能促使学生在一定时间内保持高度集中的注意力。

（六）表扬示范法

教师可根据教学的需要，突出地表扬某个学生，以引起大家的注意。

（七）鼓励扩展法

教师提出一些要求，鼓励学生争取做到。同时表扬某些做得好的学生、小组，号召大家都那样做，扩展开来（有些学生不打算那样做，但在教师先行鼓励、肯定的前提下，就会按教师的要求做，低年级学生尤其是如此）。这种方法可使学生产生一种愉快的心境，这种积极心境可以成为学生的内驱力，增强学习效果。

（八）暗示纠正法

教师发现个别学生不听讲，不要停下讲解而提出批评，可用眼色、手势或其他办法适当暗示，使学生按照教师的暗示，自觉地调整自己。这样，既可引导个别同学集中注意力学习，又可避免影响课堂良好的气氛。

（九）停顿吸引法

教师在发现个别学生不守纪律时，可采取突然停止讲课的说法（或突然改变声音、语调等），使学生感到意外，以吸引大家的注意力。

（十）比赛促进法

在学生学习情绪不佳时，可根据教学内容，开展费时不多的比赛活动，以调动学生的学习积极性，使学生的有意注意力高度集中，从而使被不良情绪干扰的教学活动得以顺利进行，提高教学效果。

（十一）休整法

低年级课堂教学中，如果大部分学生精神疲劳，可以进行课间休整；或让学生闭目养神两三分钟，可做课间操，或唱一支歌，或做小游戏，使学生紧张的神经松弛一下。经过休整，学生可以恢复精力，提高学习效率。

（十二）转移法

低年级学生容易疲劳，精神不易集中。教师可以让他们做些相关的别的事情，如背诵有关歌谣等，转移一下注意力，缓解精神疲劳，然后再继续上课，可以收到较好的教学效果。

（十三）幽默法

幽默法就是用幽默的语言提示学生，应该专心学习，不能精神溜号。例如，一位教师正在上课，突然有一只喜鹊在窗外叽叽喳喳地叫，当时，许多小朋友的目光被喜鹊吸引，影响了上课。这位教师不仅没有训斥学生，反而幽默地说："刚才大家上课很认真，把喜鹊都感动了，它高兴地说：'多好的小朋友啊，上课真专心啊！'"经老师这么一说，学生们意识到刚才精神溜号不对，很快地集中精力学习。

（十四）嫁接法

嫁接法就是把与课堂教学无关的偶发事件引到课堂教学上来，犹如植物嫁接。如一位教师正在讲课，一只燕子飞进教室，绕了一圈又从进来的那个窗户飞出去了。燕子闯进教室，分散了同学们的注意。这时，教师没有批评学生，而是提出了一个问题："谁能说说刚才燕子飞行的路线像我们学过的哪个数字？"同学们立刻回答说像"6"，学生的注意力很快地被引导到学习上来。

（十五）分身法

有时上课出现突发事件，如同桌或前后桌学生吵架，影响课堂秩序。遇到这种情况，教师如果停下来批评学生，就会影响全班学生学习。教师为了既能正常教学，又能处理偶发事件，可以采用分身法：布置一两道紧密配合本节教学的思考题让学生思考，或者布置几道作业题让学生做。这样，教师既能完成课堂教学任务，又能处理偶发事件，不至于顾此失彼。

（十六）巡视指导法

巡视是组织教学的有利时机，教师应抓住这一时机进行个别的、通常是低声的表扬和批评。对上课认真、开动脑筋、积极讨论、抓紧时间的小组和学生进行表扬。对上课开小差、不动脑筋、浪费时间的小组和学生进行批评。这样的批评对正常的教学影响最小，又比较有效。

九、说课技能

说课是指教师运用口头语言表达的形式，以教育教学理论为依据，针对所教内容的教学设计与实践，面对评说者（教师或专家、领导）述说授课的教学目标、教学设计思路、教学效果及其理论依据的教学研究活动。一般要求教师在 15 分钟左右的时间里，将一节课的教学设计思路、教学过程及教学内容用简要准确的语言表述出来。说课最显著的特点是要求教师不仅说出"怎样教"，而且更重要的是说出"为什么这样教"，还要揭示出"为什么这样教"的理论和实践依据。所以，说课不仅能体现出一位教师的教学基本功水平，而且还能体现出教师的现代教学理论水平，因此，说课是近年来在教师教育中广泛开展的一种教学研究活动。

根据说课性质不同，说课可分为三种类型。一是示范性说课。其目的是帮助教师认识说课规律、掌握说课的方法和步骤。一般是由素质好的优秀教师向缺乏说课经验的新教师做示范性说课。这种类型的说课是提高教师说课技能的重要形式。二是研究性说课。即是教师针对某一课题的教学方法、教学手段、学习方法等进行研究讨论，共同探索优化教学的方法途径。这种类型的说课，常常以集体备课的形式，先由一位教师事先准备好讲稿，说后大家评议修改。研究性说课有助于形成浓厚的研究气氛，能充分体现说课作为教研活动的特点，是大幅度提高教师业务素质和研究能力的有效途径。三是评比性说课。评比性说课的主要目的是评价教师的说课水平，以及教学基本功。这种类型的说课非常注重说课的艺术性，注重教师各项技能的发挥。

说课的主要内容可概括为以下几个方面。

（一）说教材——重在对教材的分析和处理

1. 说教材的地位和作用

教师要读懂教材，了解本知识点在整个教材中的地位，以及与其他章节的联系，也就是学生在学习这个知识点之前已经学习了哪些相关的知识和技能；在今后的学习中，哪些知识和技能的学习要以这个知识点为基础或与该知识点有关；这个知识点在生活和生产实际中有哪些应用；这个知识点的学习对于学生掌握科学方法和培养学生的能力、情感、态度、价值观有哪些作用。要根据课程标准（教学大纲）和学生实际，确定该部分内容是否是教学的重点、教学的难点，这样才能说清楚本知识点在整个教材中的地位和作用。

2. 说教学目的

说教学目的是指说本课题的教学目的和要求。教学目的是教学的出发点和归宿，也是检查教学效果的标准和尺度。说教学目的要说得正确、具体、全面，并切合实际。所谓"正确"是指要根据课程标准（教学大纲）和教材的要求来说，要结合教材在教材体系中所占的地位来说。所谓"具体"是指在知识与技能、过程与方法、情感态度与价值观等方面，明确规定出具体指标，便于在教学实践中实施和课后评价，切忌把教学目的说得空洞、抽象。所谓"全面"是指在知识与技能、过程与方法、情感态度与价值观等方面不要有缺漏。

3. 教学重点与难点的确立

所谓重点是指能起到提纲挈领、举一反三的知识点；难点则是因生而异、因校而异的知识点。确立依据：课程标准的具体要求；学生实际和社会实际；教材的逻辑结构和教学体系。

4. 对教材的处理

处理教材内容要突出一个"精"字。充分利用教材中的文字、图表及课后习题，使学生最大限度地提取有效信息，更好地理解基础知识，提高各项能力。

（二）说教法——教学有法，教无定法，贵在得法

1. 指导思想

第一，以激发学生学习动机为主线，充分动用现代化的教学手段和提问、讨论等多种形式，激发学生的学习兴趣，调动学生的非智力因素。第二，以知识结构为基础，如将战争的过程划分为两个阶段、用示意图进行讲解，这样就把教师的认知结构轻松地转化为学生的认知结构。第三，以思维训练为中心，通过提问、讨论，达到使学生多种器官协调合作、多项信息综合反馈的作用，充分发挥学生的主体作用。

2. 确定的依据

（1）采用的教学方法。

现在的说课比赛多采用现代教学手段，比赛中尽量采用录像、投影仪等多媒体相关技术。依据将教材中的重要信息加工成声、情、形的动态信息。许多一线教师利用软件制作高质量的演示文稿，并插入大量的图片、照片，辅以声音视像，制作出动画效果。

（2）预计所达到的效果。

能吸引学生的注意力，调动其积极性和主动性。通过多媒体能更好地设置一些富有启发性的问题，尽可能地给学生动脑、动口的机会，启发其思考问题和解决问题的能力，培养学生的参与意识、主体意识、创新意识和能力，形成一种"以学生参与为标志，以启迪学生思维，培养学生创新能力为核心"的参与性开放性创新教学模式。

教学方法的基本问题就是如何选择的问题，因此，说教法实际上就是说教法的选择。教师面对众多的教学方法，哪些方法对自己当前的教学情境来说是最恰当的，这些方法又如何有机地结合在一起。这既是理论问题，又是实践问题，更是艺术问题。其艺术性表现在教师的整个教学法体系中，根据具体的教学目的和任务、教材内容的特点、学生的年龄特征和教师的特点进行综合分析，以启发式教学为统帅，把多种教学法有机地结合起来，创造性地加以运用，达到最佳组合。

（三）说学法

说学法的内容较多，但主要是说出如何通过学法指导，既要求学生学会，又要求学生会学。德国教育家第斯多惠说过："一个差的教师只会奉送真理；而好的教师则教给学生发现真理。"只要学生学会了如何学习，学生即可自己去发现真理，这也就达到了叶圣陶先生所说"教是为了不教"的境界。具体地讲，说学法就是要说出本课题教学中要教给或强化学生哪些学习方法，并说出其理论依据，除展示所设计的练习外，还要说清楚训练的意图。说学法要基于学情说清三个方面：一要分析学生在教学过程中可能出现哪些障碍及原因；二要说清在教学过程中指导学生掌握何种学习方法；三要根据学生年龄特点和认知规律，说清准备创设何种教学环境和条件，来保证学生在课堂教学内有效地进行学习。

（四）说教学程序（教学步骤）

教学程序的科学设计对优化课堂教学结构具有重要的指导意义。说教学程序就是说出教

学过程的整体安排。要求说出课题如何导入，新课怎样展开等；要求说出教学过程中师生互动活动和必要的调控措施；体现教学方法，重、难点的解决，以及各项教学目的的实现等。应注意说教学程序不是宣读教案，更不应变为课堂教学的浓缩，应省略具体的细节而着重说清教学过程的基本思路及其理论依据。

我们知道，教学过程的基本环节包括以下几个部分：铺设引入阶段，是在传授新知识之前，为教学做准备工作的阶段，包括复习旧知识、展示教学目标、创设问题情境等，是为学习铺路搭桥的环节；学习新知识阶段；巩固知识阶段；反馈调控阶段；总结归纳阶段。所以，对于教学程序设计也相应地有几种不同的设计思路。

1. 讲授型教学程序设计

可按铺垫引入，展示目标；启发诱导，探求新知；变式练习，反馈矫正；形成测试，评价回授；归纳小结，深化目标，这五个步骤进行教学。这种教学程序的主要特点是教师启发诱导，学生研究探索，并将目标导向、评价回授贯穿于教学过程中，使过去那种"老师讲、学生听"的注入式教学方法大为改观。

2. 自学型教学程序设计

可按诊断学习，铺垫引入；出示提纲，引导自学；提问精讲，释疑解惑；形成训练，证明评价回授；归纳小结，发展深化，这五个步骤进行教学。这种自学型教学过程通过提纲向学生指明了具体的学习目标，便于学生自学，易被学生接受，并通过释疑解惑、评价回授、归纳小结等多个环节以保证自学的顺利进行。

3. 科学探究型教学程序设计

可按创设问题情境，提出问题；猜想与假说；制订计划与设计实验；教学实验与搜集证据；分析与论证，得出结论；评估；交流与合作，这七个步骤进行教学。这种教学过程：通过创设问题情境，启发学生独立思考，互相研究后提出问题；引导学生对问题的解决方案提出科学猜想与假说；指导学生制订验证猜想与假说的计划；学生按照设计的方案进行研究和搜集证据，对证据进行分析与论证，得出结论；教师组织学生交流得出结论并进行评价。

（五）说课后小结

小结并不是仅仅简单地概括本节内容，而是重在把本课知识纳入已有的知识系统之中，加强知识之间的内在联系，并上升到一定的理论高度，另外，最好提出一些带思考性、启发性的问题，承上启下，为今后的教学打下基础。

（六）说板书设计

第一，如何突出章节整体结构和内在联系。
第二，如何突出重点和难点。
第三，如何具有条理，并易解。

（七）说效果

课前说课内容只包括前四个部分，而课后说课不仅要将一节课的教学设计、教学过程及教学内容说出来，而且要结合讲课过程的实际说教学执行情况（在后面"课后反思"部分还要特别涉及这方面的内容），就是说教得怎么样的问题，即对说与操作的结果核测、总结和评价，找出存在的问题，运用教育教学理论提出改进措施，进而改进教学，提高说课水平，优化课堂教学。

说效果的具体内容有如下几点。

1. 说落实

说"落实"，即说教什么、怎么教和为什么这样教的内容在实际操作中的效度，也是说者的自我检验。说课实践证明，课说得再好，即使完美无缺，但在实际操作中，却总难尽如人意，所以这就必须经过实践检验后加以改进。说出"说"与实际操作之间存在的差距，同时说课要说出哪些设想符合客观实际需要、行之有效，其原因何在；哪些设想与客观实际不符合，其原因又如何，并对此提出及时地调整与补救。

2. 说成败

说"成败"，即说实际操作后反馈获得的经验和教训。具体地说，就是进行实际操作后，总结效果，并反过来站在理论的高度上说出成败得失及其原因。

3. 说改进

说"改进"，即说经实际操作后的修改意见。说的内容经受了操作实践的验证，又通过科学的总结与评价，使说者明口、明理、明心，获得新的启迪，得出自我完善的新设想，从而推动教师素质的进一步完善和提高。

第六节 教学评价

教学评价是根据教育目的和教学评价标准，对一节课中教与学活动过程和效果所进行的价值判断。教学评价在中小学有两个层面的理解："一是包括学校教学管理在内的教学工作评价；二是教师教学（主要是课堂教学）的评价。"[1]教学评价的主要内容为教学结果，教师的教学行为，学生的学习行为。在新课程改革的大背景下，教学评价的主要目标之一是在评价功能上，充分发挥评价的教育功能，通过教学评价教师得到更好的专业发展，通过教学评价，注重激发学生学习的主动积极性，从而提高教育教学质量，使每个学生个性得到全面的发展。教学评价不仅要关注学生掌握知识和技能的情况，而且要关注学生在过程与方法、情感态度、价值观等三方面的发展情况。因此，应建立促进教师发展和促进学生全面发展的教学评价体系，评价体系由日常教育、教学评价、校内学业考试和毕业考试三个方面构成。

构成课堂教学的基本要素是由教师、学生、教学内容、教学方法、教学反馈等。教学是

---

[1] 陈玉琨. 教育评价学[M]. 人民教育出版社, 1999: 185.

教师教和学生学的互动的交往活动，这是由教学实践反复检验的行之有效的教学活动的基本组织形式。具体的课堂教学评价的主要内容和要求包括以下几个方面构成：课堂教学的目标；教学内容、教学任务；教学媒体、教学方法和手段；教学组织形式和结构；教师的教学素质；课堂教学的效果。教学评价是一项技术性很强的系统工程，只有科学地按照一定程序实施教学评价，才能保证评价质量和结果的可靠性与有效性。对评价程序的划分问题，目前尚有不同的观点。有的学者认为教学评价可以划分为四个阶段：信息输入、信息处理、原因分析、确认报告。也有学者划分为五个阶段：确定评价目标、收集核实资料、处理资料、分析资料形成判断、作出决策。还有观点认为教学评价应划分为计划、过程、结果三个阶段。在日常教学工作中，教学评价的方式具体表现为测验、征答、观察提问、作业检查、听课和评课等形式。

一、教学评价的特点

在新课程改革的背景下，教学评价凸显出以下的特点：评价的目标方面，强调促进教育的发展、学校的发展、教师的成长、学生的成长；评价的过程中，重视被评价对象的自评方法的应用、自评与他评相结合；评价的方法上，特别重视定性评价与定量评价的有机结合；在评价的内容上，除了重视立体评价外，还关注全面的评价；在对待评价结果上，重视全面的解释和慎重的处理以彰显评价与被评价双方的和谐关系；在评价的手段上，强调客观科技与智能化的处理；在评价的价值取向上，注重个性、差异性与共性。

二、教学评价的功能

教学评价的功能是指教学评价活动所具有的能引起评价对象正向变化的作用和能力。教学评价的功能通过教学评价活动作用于评价对象而体现出来。教学功能的内容取决于评价活动的结构及评价运行的机制。因此，作为教育管理本身一个不可缺少的部分，教学评价在教育管理的过程中起着十分重要的作用，虽然我国开展教育评价活动的时间并不长，但实践已经证明教育评价对于提高教学质量，促进教育改革的深化具有重要作用，具体功能可以归纳如下：

（一）导向功能

导向功能是教学评价的重要功能之一。根据国家教育方针，以及课程计划规定的学校培养目标；各科课程标准规定的教学目的、任务、内容，是教学评价的基本依据。教学是通过教师的教和学生的学组成的具体活动实现的。在教学评价过程中，应该将师生的教学活动分解成若干部分，并制定出相应评价标准与权重分值。根据制定的标准判定师生的活动是否偏离了正确的教学轨道，偏离了国家的教育方针和具体教学目标；是否全面完成各科课程标准规定的目的和任务，从而保证教学工作始终沿着正确的方向进行。教学评价有利于各级各类学校端正教学指导思想和办学方向。传统的教育评价观只注重知识掌握的维度，片面追求量化评价，评价结果单一片面，轻视了知识以外的其他有价值东西；新课程背景下，现代教学评价则强调将富有个性的人本身的各个方面作为评价对象,包括知识技能、思维能力、创造力、兴趣、爱好、情感、态度、意志、品格等方面,并通过评价实现受教育者全面和富有个性的发展。

(二) 鉴别和选择功能

教学评价可以了解任课教师教学的效果、教学风格、教学水平、主要优点与存在的问题,通过对教师的教学评价以对教师进行考察和鉴别。一方面,不仅有助于学校和教育行政领导决定教师的聘用和晋升,更有助于在了解教师状况的基础上,安排教师针对性的培训与提高。另一方面,教学评价能对学生在知识掌握和能力发展上的程度加以区别。从而分出层次,有利于因材施教,为学生选择课程、指导学生选择职业提供依据,为筛选、分配、使用人才提供一定参考。同时,也是向学生家长、社会有关部门报告和阐释学生学习状况的主要依据,因此教学评价具有鉴别和选择功能。

(三) 反馈功能

通过有效的教学评价,一个目标是能使任课教师和学生了解教学过程的结果,及时地向师生双方提供反馈信息,而教学评价的反馈信息在教学中具有重要的调节作用。通过反馈教学评价信息来调节教学行为,才有可能达到一定的教学管理目标。任课教师获得评价的反馈信息,能及时对自己的教学工作进行调整,能使教师了解自己的教学方法和教学过程、教学组织中的某些不足之处,从教学评价反馈信息诊断出学生在学习上存在的问题与困难所在,有益于教师进行有效指导;教学评价反馈信息可使教师明确教学目标的和实现程度,明确教学活动中所采取的形式和方法是否有利于促进教学目标的实现,从而为改进教学提供依据。学生获得反馈信息,能加深对自己当前学习状况的了解,确定适合自己的学习目标,从而调整自己的学习方法。此外,教学评价反馈信息还能起到激发学生学习动机的作用。有关研究表明,经常对学生进行记录成绩的测验,并加以适当的评定,可以有效地激发并调动学生的学习兴趣,推动课堂学习。

(四) 咨询决策功能

有效而科学的教学评价是教学管理工作决策的重要基础。学校管理层只有对教学工作有了全面和准确地了解,才能作出正确的决策。例如,1981年美国教育部组织了一次历经18个月的教育评价活动。在评价后,明确指出:由于学校课程平淡,学生学习时间短,鼓励学生学习的措施减少,教学质量下降,培养出越来越多的庸才。对教学工作的这个评价结果,在美国引起了强烈反响,有50个州对学校教学进行了决策,采取了以下措施:提高教学要求,延长学生学习时间,改革课程设置、教学内容和方法,有计划地培训教师,提高教师水平。教学决策实践表明,任何科学的教学决策都是建立在教学评价提供的具有说服力的评价结果基础上的。

(五) 强化功能

如果教师评价时对学生总是进行批评、指责,甚至讽刺学生、挖苦学生、体罚学生等否定性评价，不仅容易造成了师生间的对立，而且严重地伤害了学生的自尊心和自信心，使学生产生焦虑、恐惧等不良情绪和自卑感，影响了学生学习的主动积极性和学习动力。现代教学评价倡导激发学生的自信心、学习的积极性和主动精神，对学生的学习能发挥很大的促进作用。校内学业考试本质上是教学考试，这种考试服从、服务于教学的需要，包括期中、期末考试及各种章节、单元达标测试等。它是一种收集反馈信息的教学手段，出发点是通过了解学生掌握知识、运用知识及发展情意方面的情况，评估阶段性教学目标或任务的实施绩效，为下一阶段教学提供参考依据。此外，现代教学评价则注重形成性评价，这种评价是在教育过程中进行的，是针对学生学习中的成功因素和存在的问题，及时指出其优点、进步，或指出解决问题的思路，帮助学生进行自我调控、自我矫正和自我完善，促进教学目标的有效达成。因此，形成性评价是使教育过程成为按照教育目的方向有效运转并能够自我调控和纠正的系统。新课程在培养目标、课程标准、教学理念、学习方式、师生关系等各个方面都发生了许多重要的变革，期末评价与考试的内容必须做出相应的调整，主要是改变过去只注重考核知识与技能的状况，要高度重视对过去被忽视的重要方面如过程与方法、情感态度与价值观的评价，科学、全面、合理地确定期末评价与考试的内容。

教学评价可以调动教师教学工作的积极性，激起学生学习的内部动因，维持教学过程中师生适度的紧张状态，可以使教师和学生把注意力集中在教学任务的某些重要部分。实验证明，适时地、客观地对教师教学工作作出评价，可使教师明确教学中取得的成就和需要努力的方向，可促使教师进一步地研究教学内容、教学方法，以提高自己的教学水平。对于学生来说，教师的表扬、鼓励、学习成绩测验等，可以提高学习的积极性和学习效果。同时，评价能促进学生根据外部获得的经验，学会独立地评价自己的学习结果，即自我评价。自我评价有助于学生成绩的提高。

（六）竞争功能

新课程背景下，教学评价尽管倡导不排名次、不列等级，但教学评价结果的类比性是客观存在的事实。例如，通过教师教学技能的评比、优质课竞争比赛、最佳课比赛，教师的教学艺术、教学水平得以区分出来。如通过学生的学习成果评价，就能引起班主任之间、任课教师之间、学生之间、班级之间、学科之间的横向比较，从而了解到教师、学生、本班、本学科的优势和劣势，看到差距，认识到自己在总体中的相对地位，客观上能起到促进竞争的作用。

三、教学评价的分类

根据评价在教学活动中发挥作用的不同，可把教学评价分为诊断性评价、形成性评价和总结性评价三种类型。

（一）诊断性评价

诊断性评价是指在教学活动开始前，对评价对象的学习准备程度做出鉴定，以便采取相应措施使教学计划顺利、有效实施而进行的测定性评价。诊断性评价的实施时间，一般在一门课程开课之初、一个学期的开学之初、学年开始之初，或在教学过程中需要的时候。诊断性评价作用主要有：一方面，诊断性评价可以确定学生的学习准备程度。另一方面，诊断性评价有利于适当安置学生的学习及教学安排。诊断作用表现为教学评价能够诊断学生在学习和发展上存在的问题和困难。如同医生给病人看病一样，教学评价能够帮助教师发现学生的学习困难所在，找到学习困难的原因，从而为教师采取有效的补救措施提供有益信息。

（二）形成性评价

形成性评价是在教学过程中，为了调节和完善教学活动，保证教学目标得以实现而进行的确定学生学习成果的评价。形成性评价的主要目的是改进和完善教学过程，形成性评价主要是在教学和学习过程中进行，一般以学习内容的一个单元为评价对象采用及时的反馈和根据学生个体的差异进行有针对性的矫正。形成性评价相比较于其他两种评价类型，它测试的次数较频繁，概括的水平不高，关键在课程教学实施过程中依据评价所获得的信息及时调整和改善教育、教学过程、学习过程，或对未达到要求的学生及时地发现问题并予以有步骤地矫正，查缺补漏、提优补差，对已经对知识掌握好的学生进行提高。形成性评价一般要求做到：

第一，确定形成性学习单元的目标和内容，分析其包含要点和各要点的层次关系。

第二，实施形成性测试。测试包括所测单元的所有重点，测试进行后教师要及时分析结果，同学生一起改进、巩固教学。

第三，实施平行性测试。其目的是对学生所学知识加以复习巩固，确保掌握并为后期学习奠定基础。

（三）总结性评价

总结性评价是以预先设定的教学目标为基准，对评价对象达成目标的程度即教学效果做出评价。总结性评价注重考查学生掌握某门学科的整体程度，概括水平较高，测验内容范围较广，常在学期中或学期末进行，次数较少。总结性评价主要是在教学和学习后进行，是对教学和学习的全过程的检验。总结性评价表示距离最终目标的程度，并对学生进行必要的区分。一般在学期中和学期末进行，次数相对较少。它的测验内容和范围都要高于前两种评价的要求，概括的水平也要求较高，总结性评价的目的是鼓励学习中的竞争和优秀学生获得更大的进步。

四、教学评价的方法

以教为主的课堂教学过程中的形成性评价，一般包含两个方面：一是收集反应课堂教学效果的相关信息资料；二是根据信息资料所反映的教学状况做出及时反馈。以学为主的教学过程采用的是自主学习策略，即主要依靠学生的自主探索、自主发现，所以这种教学过程的形成性评价和以教为主的教学过程的形成性评价有很大的不同。通常它包括小组对个人的评价和学生个人的自我评价。评价内容主要围绕三个方面：自主学习能力；协作学习过程中做出的贡献；是否达到意义建构的要求。一般有以下具体教学评价方法：

（一）绝对评价法

绝对评价法是在被评价对象的集合以外确定一个客观标准，将评价对象与这一客观标准相比较，以判断其达到程度的评价方法。绝对评价设定评价对象以外的客观标准，考察教学目标是否达成，可以促使学生有的放矢，积极主动学习，并根据评价结果及时发现差距，调整自我学习状态，具有明显的教育教学意义。进行绝对评价时，每个人的成绩分数只与统一的、固定的客观标准进行比较，而与其他学生的成绩、分数无关，也即这种评价并不照顾评价对象的整体水平状况而提高或降低评价标准。以百分制为例，规定60分以上为及格，以下为不及格，如果大家都考到60分，那么全班同学都及格，如果无一人考到60分，则全班都不及格。绝对评价的缺点和运行机制上的困难之处在于：第一，绝对标准虽然是根据课程标准和教材所规定的客观要求制订的，但是试题是否真正反映和概括了课程标准和教材的基本内容，试题难度是否适中，试题编制是否摆脱命题者的主观偏好，这些都是很难确定的，所以绝对标准未必是客观的、统一的标准。这样，一方面分数很难说明真正的水平，60分未必就是及格，考到90分也未必是真正的优秀。不同的教师命题的同学科考试，其分数也同样缺乏可比性。第二，绝对标准强调统一的标准，对基础不同、条件不同的评价对象进行统一的评价，这和相对评价一样忽视了学生个性。

（二）相对评价法

相对评价法是从评价对象集合中选取一个或若干个对象作为基准，将余者与基准做比较，排出名次、比较优劣的评价方法。教学评价的相对评价法便于学生在相互比较中判断自己的位置，利于将成绩转化为标准分，激发同学之间竞争意识。由于相对评价法是在被评价对象的集合中选取一个或若干个作为基准，然后各个评价对象与基准进行比较，从而排列其名次优劣高低的一种评价方法。因此，在理论上，相对评价法是以建立在机遇规律基础上的正态分布原理为依据的，即用标准正态分布曲线来描绘学生的学习成绩。相对评价具有两大优点：第一，相对评价客观性强，能够将考试成绩的分数作为所属集体中的相对位置准确客观地表示出来；第二，相对评价完全可以避免由于教师之间判断标准不同而造成的过宽或过严的评价问题。

（三）个体内差异评价法

个体内差异评价是以评价对象自身状况为基准，对评价对象进行价值判断的评价方法。在这种方法中，评价对象只与自身状况进行比较，包括自身现在成绩同过去成绩的比较，以及自身不同侧面的比较（如将学业测验结果与智能测验结果相比较，根据两者的相关程度确定学生的努力程度等）。个体内差异评价法比较充分地照顾到学生的个性差异，对力图减轻评价对象的压力有积极的效果。但是，它只是使评价对象与自身状况进行比较，既不是按照一定客观标准进行评价，亦无评价对象间的相互衡量，容易导致评价的信度降低，学生自我满足，因此常与绝对评价、相对评价结合使用。

【案例 7.1】

2014 年 10 月 10 日，凯里市 X 小学一年级（2）班语文教师上公开课，课堂上教师按照课本内容进行有效的教学，首先复习上节课所学云母 ie, er……等一边教学生学习生字一边教学生学习组词，主要学习了"家，飞机，和，入"等在教学"有"时，该语文教师说："现在，我找个同学起立读一下。莫某某，你起来读，不要有不会读哈！"坐在后排的男生莫某某站起来，全班学生基本上都转身把视线投向莫某某，他努力了一下就是没有读出来。老师说："我知道你不会读，每天你妈妈都打了两次以上电话问我你为什么不会读和写拼音。"老师说完继续上课，没有让莫某某坐下，老师也多次把视线投向莫某某，应该不是忘记叫莫某某坐下，经过 23 分钟的教学进程，老师叫全班同学站立一起读本课儿歌，莫某某趁同学们坐下时也坐下，一直到下课。

从这个教学案例你对其中存在的教学评价有何想法？

五、教学评价原则

教学评价原则是指在进行评价时，评价者必须遵循的基本要求。课堂教学评价标准的确定是保证进行准确、全面、有效地进行评价的基础，也是使评价功能得以正常发挥的前提条件。教学评价原则是教学评价规律的反映，进行教学评价，就必须遵循教学评价的规律。为了使教学评价者能够比较清晰、自觉地遵循教学评价的一般规律，制定若干能够从不同侧面反映教学评价规律的教学评价原则，是十分必要的。确定课堂教学评价指标，应遵循以下原则：

（一）客观性原则

客观性原则是指在进行教学评价时，从测量的标准和方法到评价者所持有的态度，特别是最终的评价结果，都应该符合客观实际实事求是，不能主观臆断或参入个人情感。因为教学评价的目的在于给学生的学和教师的教以客观的价值判断以便进行及时的信息反馈，教学评价如果缺乏客观性就失去了意义，因而会导致教学决策的错误。例如，客观题是指给出的问题较为明确，答案唯一，可较为客观地评分的一类测验；而主观题是要求学生针对一些问题，用自己的语言写成较长的答案，并允许学生自由回答的一类测验题型。按照测验的目的和检测的特点，客观题和主观题有各自的优缺点。客观题的优点是试题多且取样广泛和系统，评分较为客观，能涵盖多数教学内容利于统计与评分；缺点是大多数客观试题是测量细节知识，实现反映对知识的组织与运用能力以及创新想法的考查有困难。主观题的优点是可测量文字表达能力、综合运用知识能力和分析评价能力；缺点是客观性差，评分较为主观，测题少且取样代表性差，评分困难且费时间。由于客观题和主观题各有优点和缺点，需要把两者结合起来使用，以弥补各自的缺点。所以，学业成绩测验一般都是把两种题型结合起来，对于教学评价来说就应该重视评价的客观性。

（二）整体性原则

整体性原则是指在进行教学评价时，要对组成教学活动的各方面做多角度，全方位的评价，而不能以点代面，一概而论。教学是具有复杂性以及教学任务具有多样化的特征，因此，教学质量应该从不同的侧面得到反映，教学质量表现为一个由多方面因素组成的综合体。在进行教学评价时，目的是为了反映真实的教学效果，应该把定性评价和定量评价结合起来，使定性评价和定量评价的结果相互参照与对比，以达到全面准确的判断评价客体的实际教学、教育效果。尽管如此，教学评价同时要把握好主与次，区分出轻与重，抓住主要的因素，明确决定教学质量的主导因素。任何事物都是质和量的有机统一，因此，要想对被评价事物做出全面、客观的评价，定性描述和定量评价必须同时使用，两者相互补充。新课程改革背景下，教学评价不仅重视传统的定量评价手段，如利用各种考试、测验成绩对学生做出相应的评价，更提倡定性描述的方法在评价中的价值和作用，如除了看学生的考试成绩外，还应该看学生的心理素质、道德素质、科学素质全面的素质发展情况。

（三）指导性原则

指导性原则是指在进行教学评价时，不能就事论事，而是要把评价和指导结合起来，要对评价的结果进行认真分析，从不同的角度找出因果关系，确认产生的原因，并通过及时的、具体的、启发性的信息反馈，使被评价者明确今后的努力方向。新课程背景下的教学评价则注重形成性评价，形成性评价是在教育、教学的过程中进行的评价，形成性评价是针对学生学习中的成功因素和存在的问题进行的评价，形成性评价能及时给教师、学生指出其优点或者近期的进步，也可以给评价对象指出解决问题的思路及方法，帮助教师进行教学调控，也帮助学生进行自我调控、自我教育、自我提高、自我矫正和自我完善，从而促进教学目标的实现。形成性评价是教育、教学过程的有机组成部分，通过实施形成性评价，教育信息能够得到及时的反馈，教育活动能够得到及时的调节和改进，最终目的是促进教育目的的实现，教育、教学质量的提高。可以说，形成性评价是使教育、教学过程成为按照教育目的方向有效运转并能够自我调控和纠正的主要教学评价方式，是值得重视的教学评价方式。

（四）科学性原则

科学性原则是指在进行教学评价时，要从教与学相统一的角度出发，以教学目标体系为依据，确定合理的统一的评价标准，认真编制、预试、修订评价工具，在此基础上，使用先进的测量手段和统计方法，依据科学的评价程序和方法，对获得的各种数据进行严格的处理，而不是依靠经验和直觉进行主观判断。教学评价的科学性原则要求进行教学评价时必须把握教育、教学与评价的客观规律，实事求是，持科学的评价方法以客观事实为依据从客观实际出发获取真实教学信息，依据科学的评价标准，对教育活动的过程和成果进行分析判断。有关评价主体不能凭主观独断，评价不仅要讲科学还要讲民主。贯彻教学评价的科学性原则，要做到确定的评价指标必须科学地符合评价的目的要求，更能反映被评对象的基本特征。教学评价标准确合理，评价者必须正确理解和把握各个维度的评价标准正确处理好各个权重，克服评价者主观随意性和感情因素的影响；评价方法的选择要与评价内容的性质相适应，多种方法相结合。只有做到这些，教学评价信息的搜集才能更为全面准确，教学评价结论才能更可靠更具有科学性、真实反映教学效果。

（五）发展性原则

教学评价目的是促进教学质量的提高，因此，教学评价应着眼于学生的学习进步和素质的发展，教学评价应着眼于教师的教学改进和专业能力的发展，调动师生的积极性，提高教学质量。发展性教师评价原则是人们基于对发展性评价规律的认识，对发展性评价活动的基本要求，或者说它是发展性评价活动所依据的根本法则和准则。发展性评价除了具备评价的科学性、导向性、客观性、教育性、可行性、量质性、民主性、改进性等原则外，有自己独特性教学评价原则，发展性评价将立足点放在教师专业发展和学生的未来成长两个主要方面，而不是为了通过评价确定选择、续聘、解聘、升降级、加减薪等奖惩。教学评价的根本目的已不再是为了奖惩教师和学生，而是为了促进教师和学生双方未来的发展与成长。

六、现代教学评价改革发展的趋势

在新课程的背景下，教学评价是为了促进学生个性的全面发展和弘扬学生人格的主动精神；教学评价范围扩展到德、智、体、美、劳、心理健康等诸多方面；由教师操作逐渐转移到让学生成为教学评价的积极参与者，通过学生的自我评价发展学生的评价能力师生的关系的和谐；现代教学评价改革发展的趋势多采用形成性评价，力求在教学评价的过程中及时发现问题；现代教学评价改革发展的趋势侧重导向、改进、调节和激励的教育功能转变；现代教学评价多采用定性与定量相结合的方法。在评价功能上，淡化评比与选拔，强调发挥评价促进课堂教学质量改进与提高的作用。在评价主体上，改变过去教师被动接受评价的局面，注重教师的自我评价，并将自评和他评有机结合起来。在评价内容上，既重视教师的教，又关心学生的学，课堂教学要促进学生在知识与技能、过程与方法、情感态度与价值观等几个方面和谐发展。在评价标准与要求上，体现灵活性与开放性，弘扬教师个人的教学风格，鼓励教师创造性地实施课程教学。在评价方法上，重视案例分析、课堂观察和成长记录袋等质性评价方法的应用。

【案例7.2】

一堂数学课，教师讲解完有关三角形的知识后，教师口述学习要求：现在拿出练习本，开始做练习题，一定要做到快、静、齐，老师看哪一位同学能得100分？题目是：设三角形三条边都为自然数，最大边长为11，问这样的三角形共有多少个？

（学生开始做练习，教师开始在教室内巡视指导。）

教学评价一：表扬第一小队、第三小队。

教学评价二：写慢一点，不要着急。

教学评价三：今天又没带铅笔吗？

教学评价四：大家要全力以赴。

教学评价五：你分心了。

想一想：上面的评价有哪些类型？有什么作用？

在上述的教学片断中，教师的学习要求即明确了联系的内容，同时用"快、静、齐"三个字维持了课堂纪律、培养好的学习习惯，又用"老师看哪一位同学能得100分"一句表达了教师对同学们的期待，增加了学生之间的竞争，激发了学生学习的兴趣，可谓一箭三雕，用简洁的语言表达出多重的教育意义。教学评价一属于"组间评价"，是小学课堂中最为普遍使用的一种评价方法，旨在通过群体的榜样示范来敦促和激励全体学生，对于受到表扬的同学这是一种奖励，有利于他们继续维持良好的表现；对于未受到表扬的同学这是一种提醒和竞争，帮助他们表现得更好。教学评价二、三和五属于"个别评价"，是教师根据学生在练习过程中出现的具体问题进行的针对性评价，语言更多的是关心的提示，而不是严厉的批评，让学生能感受到学生真诚的爱，更容易被学生所接受；教学评价四属于"整体性评价"，是对全班同学情感上的支持，是对学生学习态度的培养。这些评价更多的是强调学习方法、学习习惯和学习态度的培养，但并不代表教师没有注意到学生学习内容和学习技巧的指导，因为将这些运用在练习结束后的跟进评价中效果会更好。

思考题：

1. 教学有哪些任务，它们之间有什么关系？
2. 请谈谈你对教学过程性质的认识。
3. 教学过程的规律表现在哪些方面？掌握教学过程的规律对教学工作有何意义？
4. 怎样处理好教师主导作用与学生主动性的关系？
5. 常见的教学原则有哪些？
6. 谈一谈你对班级授课制优缺点的认识。
7. 教学设计的基本过程与方法有哪些？
8. 常见的课堂教学技能有哪些？
9. 怎样理解教育评价的功能？
10. 你认为目前中小学教学评价存在哪些问题？

第八章 德育与班级管理

本章提要：良好的品德是青少年学生健康成长的需要，是社会建设和发展的需要。教育者根据社会的要求和受教育者身心发展的规律，遵循德育的原则，采用适当的方法和途径对受教育者施加影响，促使受教育者个体良好的思想品德素质的形成。班级是学校的基层组织，是学生在校生活的基本单位。班主任是班级的组织者、教育者和指导者，班主任需要富有亲和力的人格素养、广博宽厚的人文素养、优良高超的能力素养。好的班主任能带出好班，班主任要积极进行班级管理，建设良好的班集体。

第一节 德 育

一、德育的概念

德育是教育者根据社会的要求和受教育者身心发展的规律，有目的、有计划、有组织地对受教育者施加影响，促使受教育者个体良好的思想品德素质形成的教育。广义的德育是思想教育、政治教育、道德教育和心理健康教育的总称。

二、德育的意义

我国学校的德育，是同智育、体育、美育、劳动技术教育相并列，是全面发展教育的一个重要组成部分，对于进行社会主义现代化建设，实现学校教育目的，促进学生健康成长，都具有重要的意义。

（一）德育是社会主义建设的需要

德育具有鲜明的政治性，通过培养具有一定社会意识形态的人才，通过传播一定的政治思想，制造一定舆论，为社会的政治经济服务。社会主义是我国的社会制度，社会主义建设包含了物质建设和精神建设，精神建设是社会主义建设的重要组成部分。我国要建设社会主义，首先要保证社会主义的制度和方向，保证社会的稳定发展，必须把社会主义德育放在学校工作的首位，向学生传播马列主义、毛泽东思想、邓小平理论等，使他们逐步树立社会主义道德观念，成为社会主义事业的建设者。

（二）德育是实现教育目的的需要

我国的教育目的是培养德智体全面发展的社会主义的建设者和接班人。德、智、体、美、劳的发展是辩证统一的，是相互联系、相互影响、相互制约，相互促进的。其中，德育是灵魂，为其他各育提供精神动力和价值方向，它们共同服务于教育目的，促进受教育者的全面发展和完善个性的形成。

（三）德育是青少年健康成长的需要

青少年学生正是品德、人生观、世界观形成和发展关键时期，良好的德育能促使他们形成良好的品德，为青少年学生全面发展打下良好的基础，从而促进青少年学生健康成长。

三、德育的主要内容

（一）爱国主义和国际主义教育

爱国主义是中华民族的光荣传统，是各族人民共同的精神支柱，是社会主义精神文明建设的重要组成部分。爱国主义是指人们对自己祖国的一种最深厚感情或热爱态度。爱国主义教育是培养青少年学生热爱自己祖国的教育，培养民族自尊心和自豪感。爱国主义教育不是狭隘的民族主义教育，它与国际主义教育紧密结合。

基本内容如下：

第一，培养学生热爱祖国的深厚感情。热爱国旗、国徽、国歌和首都；热爱家乡和祖国大好河山；热爱祖国的悠久历史和优秀文化传统。

第二，教育学生增强国家和民族的意识。教育学生牢记自己是中国人，具有中华民族的自豪感，维护民族团结和祖国的统一。

第三，教育学生发扬国际主义精神，维护世界和平。教育学生关心国际形势，学习和尊重其他文化，与各国人民和平友好、平等互利，为反对霸权主义、维护世界和平、争取人类进步。

（二）理想和传统教育

理想是建立在客观规律基础上的人们对未来事物或目标的想象及追求，反映一个人的生活目的和为之奋斗的目标。理想是经过奋斗可以实现的事物或目标的想象。理想有个人的、社会的及国家的发展理想，我国现阶段的理想是实现社会主义及中国梦。我国具有悠久的历史，拥有丰富的传统文化，许多仍然值得传承和学习。同时，我国青少年学生要学习老一辈的革命传统，这些对青少年学生的发展具有重要作用。

基本内容如下：

第一，教育学生树立远大的理想。要将个人理想与社会和国家发展的理想相结合。

第二，教育学生继承和发扬中华民族优秀文化传统及革命传统。

第三，教育学生将远大的理想与实际行动相结合。

（三）集体主义教育

集体主义教育是培养学生形成集体主义观念，形成在集体中生活和工作的行为及习惯的教育。

基本内容如下：

第一，培养学生具有集体主义思想及观念。使学生正确地认识个人、集体、国家之间的关系，形成集体主义的观点和情感。

第二，教育学生关心热爱集体。

第三，培养学生正确处理集体与个人利益的关系。

第四，学会与他人相处和共同做事。

（四）劳动教育

生产劳动是人类社会赖以生存和发展的基础，是人类最基本的社会实践活动。劳动教育是培养学生热爱劳动的观念及养成劳动习惯的教育。

基本内容如下：

第一，培养学生正确的劳动观念和劳动情感。

第二，培养学生劳动知识及劳动技能。

第三，形成良好的劳动习惯。

（五）纪律和法制教育

纪律和法制教育是用纪律和法律的知识教育学生，增强法制观念，养成自觉遵守纪律和法律行为的教育。

基本内容如下：

第一，培养学生纪律与法律的认识。

第二，养成遵守纪律与法律的行为及习惯。培养辨别是非能力，养成遵纪守法品德。

第三，培养民主思想和参与意识。

（六）辩证唯物主义世界观和人生观教育

世界观是人们对待世界及外部事物的认识与态度。人生观人们对待人生目的及生命意义的认识和态度。辩证唯物主义世界观和人生观教育是培养学生以辩证唯物主义和历史唯物主义的观点、方式看待问题，正确对待客观事物和人生。

基本内容如下：

第一，对学生进行辩证唯物主义和历史唯物主义基本观点教育。认识到"世界是物质的，物质是运动的，运动是有规律的，规律是可以被认识的"，懂得事物和社会发展的规律。

第二，树立正确的人生观和积极的人生追求。

第三，树立正确的价值观。如正确对待权力、地位、金钱，理想与现实的关系。

随着社会的发展，人们还提出生存教育、生活教育、生命教育、安全教育、心理健康教育等内容。

四、德育过程的基本规律

(一) 德育过程的含义

德育过程是教育者有目的、有计划、有组织地对受教育者施加的影响，促进受教育者在道德认知、情感、意志、行为能力等方面不断建构和提升，使其养成教育者所期望的品德的过程。

(二) 德育过程的基本规律

1. 学生思想品德的形成过程是知、情、意、行的培养过程

品德由道德认识、道德情感、道德意志、道德行为（简称知、情、意、行）四个基本因素构成。

知，即道德认识，是指人们对一定社会的道德关系及其理论、规范的理解和掌握。对是非、善恶、美丑的认识和评价，以及在此基础上形成的道德观念、信念和评价能力。学生思想品德的发展离不开认识，一定的品德总是以一定的品德认识为必要条件。

情，即道德情感，是指人们根据一定的道德标准，去判断和评价自己和别人的言行时所产生内心体验，如自豪、自尊、满意、爱好、憎恶、愉快、悲伤、同情、失望等。道德情感是产生品德行为的内部动力，是实现知行转化的催化剂。正确的道德情感可以成为思想品德发展的动力，能促进求知，坚持正确的行为方式。

意，即道德意志，是指人们在实现某种道德目的体现的自觉能动性，是一种自觉确定目标和自我控制的能力。人们为了实现自己的道德目标和理想，需要有坚强的意志，战胜困难，战胜自我，克服种种来自内外的障碍。

行，即道德行为，是人们在一定道德标准、认识和道德情感的支配下采取的行为。道德行为是衡量一个人思想道德水平的重要标志。看一个人品德如何，更重要的是看他的行为。道德行为不仅需要掌握良好的道德行为方式，更需要形成良好的道德行为习惯。

知、情、意、行几个方面是相互联系、相互制约、相互渗透、相互促进的。在道德行为和实践上产生一定的道德认识和道德情感，锻炼道德意志；道德认识又会影响和指导道德情感、道德意志和道德行为；道德情感会促进和影响道德认识的产生和道德行为的执行；道德意志影响道德行为的执行，等等。因此，德育要做到"晓之以理，动之以情，导之以行，持之以恒"，使四要素相辅相成，全面和谐地得到发展。

德育具有多种开端性。品德的四要素并不是均衡发展的，良好的道德认识并不代表有良好的道德情感、道德意志和道德行为，好的行为不一定有好的道德认识。当学生具有良好的道德认识，但没有良好的道德行为时，可以注重培养学生的道德行为。因此，在德育中应根据学生知、情、意、行的具体情况进行教育，促进知、情、意、行的和谐发展。

2. 德育过程是组织学生的活动和交往，对学生多方面教育影响的过程

学生的品德是在社会实践活动和交往中形成，又在社会实践活动和交往中表现出来。品德是社会道德的个体反映，个人品德只有在社会实践活动中，在与人的交往中形成。所以，活动和交往是促进外界思想品德教育的影响转化为学生自身品德的桥梁。而且个人品德也只有在社会

实践活动和交往中才能表现出来，考察一个人的品德，不仅需要"听其言"，更要"观其行"。

活动和交往存在不同的性质、内容和活动方式，对人的影响也不同。品德的形成是学生接受多方面教育影响的过程。学生在社会实践活动和交往中接受来自多方面的、广泛的教育影响，既有校内的、正式的影响，又有校外的、非正式的影响；既有积极影响，又有消极影响。德育过程是有组织、有目的、有计划地活动，是一种教育性活动和交往，学校德育应该在多方面教育影响中发挥主导作用。学校德育应该采用符合学生品德发展规律的多种方式，将多方面的教育影响统一到教育目的上来，从而形成家庭、学校和社会教育的合力，促使学生良好品德的形成和发展。

3. 德育过程是促使学生思想内部矛盾运动的过程

德育过程是将社会道德逐渐内化为个体品德的过程，德育过程的主要矛盾是教育者按社会要求，在思想道德上不断提出新的要求与学生原有思想道德水平之间的矛盾。教育者的影响是外部的，是外因，外因是变化的条件，而外部影响只有通过主体品德内部矛盾斗争才能发挥作用。个体品德在一定时期会形成一定的水平和结构，拥有自己的道德认识、道德情感、道德意志和道德行为结构，这是个体认识外部影响的重要根据，个体会以此对待和解决内外出现的矛盾，从而引起品德结构的某种变化，或形成新的品德结构，或对原有品德结构作某些调整，或使原有品德结构更加巩固和完善。

学生品德正是在不断产生和不断解决其主体品德内部矛盾斗争中形成发展的。因此，教育者全面分析学生的实际情况，找准矛盾，调动学生内在的积极因素，促进学生品德的不断发展。因此，德育过程也是教育和学生的自我教育统一的过程，"教是为了不教"。教育者要充分发挥受教育者的主观能动性，提高他们的自我教育能力，把教育与学生的自我教育结合起来。

4. 德育过程是一个长期的、反复的、不断前进的过程

学生的思想品德形成与发展是长期的、反复的、不断前进和提高的过程。

首先，德育过程是一个长期的过程。品德的形成，是从简单到复杂，从量变到质变的过程。俗话说"百年树人"，学生思想品德的形成发展，是知情意行不断在社会实践活动中逐步形成和发展的，每一个新品质的形成发展都经历了学生心理内部矛盾运动，须经过长期的、反复的教育和培养。

其次，德育过程是一个反复的、不断前进的过程。个体的品德形成与发展具有不稳定性，需要经历不断调整、多次反复，最后才形成稳定的品质。而且，个体生活在社会中，社会、家庭、学校影响的存在广泛性和多层次性，存在积极和消极的影响，使个体的思想品德受多种影响，出现起伏和反复。加上青少年学生思想品德还不稳定，更容易出现反复。因此，教育要做好长期的、反复的准备，积极促进学生思想品德的提高。

（三）品德发展的有关理论[①]

1. 皮亚杰的品德发展阶段论

依据精神分析学派的投射原理，采用对偶故事研究儿童的道德认知发展。皮亚杰把这一

[①] 姚本先. 心理学[M]. 高等教育出版社，2005：269.

过程划分为四个阶段。

（1）自我中心阶段（2~5岁）。

这一阶段的儿童开始接受外界的准则，但不顾准则的规定，按照自己的想象在执行规则。

（2）权威阶段（6~8岁）。

这一阶段又称他律阶段。这一阶段的儿童对外在权威表现出绝对尊敬和顺从的愿望。他们认为服从、听话就是好孩子，否则就是错的，是坏孩子。另外一个表现是对规则本身的尊敬和顺从，即把成人规定的准则，看成是固定不变的。这个阶段的儿童对行为的判断是根据客观的效果，而不考虑主观动机。

（3）可逆性阶段（8~10岁）。

这一阶段又称自律阶段。这一阶段的儿童已不把规则看成是不可改变的而把它看作是同伴间的共同约定，是可以改变的。他们已经认识到同伴间的社会关系，认识到应尊重共同约定的规则。对他们来说，规则已经具有一种保证相互行动、相互取予的可逆特征。

（4）公正阶段（10~12岁）。

儿童的公正观念或正义感是在可逆的道德观念上发展起来的。10岁以后，儿童在人与人的关系上，从权威性过渡到平等性。在这一阶段，儿童的道德观念倾向于主持公正、平等。

皮亚杰认为，儿童品德发展阶段的顺序是固定不变的，这些阶段不是绝对孤立的，而是一个连续发展的统一体。在从他律到自律发展的过程中，个体的认知能力和社会关系具有重大的影响。根据皮亚杰的看法，道德教育的目标就是使儿童达到自律道德，使他们认识到道德规范是在相互尊重和合作的基础上制定的。而要达到这一教育目标就必须注意培养同伴之间的合作，注意成人与儿童的关系不应是权威和服从的关系；在儿童犯错误时，要使他了解为什么这样做不好，以发展儿童的道德认识。

2. 柯尔伯格的品德发展理论

柯尔伯格是美国教育心理学家，用道德两难故事法研究人的道德发展。"海因兹偷药"最为有名：欧洲有个妇人患了特殊的癌症，生命垂危。医生认为只有一种药能救她，就是本城药剂师最近研制的一种新药。配制这种药成本为200元，但药剂师却索价2 000元。病人的丈夫海因兹到处借钱，最终才凑得1 000元。海因兹迫不得已，只好请求药剂师便宜一点卖给他，或者允许他赊账，但药剂师说："我研制这种药，正是为了赚钱。"海因兹走投无路，撬开了药店的门，为妻子偷了药。

针对海因兹偷药的行为，柯尔伯格向被试提出了一系列问题，如海因兹该不该偷药？为什么？假如海因兹不爱他的妻子，他是否应该去偷药？为什么？借以分析被试在回答问题时是如何进行推理的。柯尔伯格对10多个不同国家的被试进行研究，发现尽管种族、文化和社会规范等各方面都不相同，但人的道德判断随年龄发展而发展的趋势却是一致的，大致可分为三种水平，六个阶段。

水平一：前习俗水平。个体还没有内在的道德标准，而是取决于外在的要求。他们用来作为道德判断的基准取决于人物行为的具体结果及其与自身的利害关系。

阶段1：惩罚与服从为定向。对行为判断的主要依据是避免惩罚，服从权威。

阶段2：相对功利为定向。发展了交互的道义，认为知识满足需要的同时，也应让别人满足需要，了解了公平和平等交换。

水平二：习俗水平。个体能按照家庭、集体或国家的期望和要求去行事，认为这本身就是有价值的，而不大理会这些行为的直接后果。能够从社会成员的角度来思考道德问题，了解、认识社会行为规范，并遵守执行这些规范。

阶段3：以"好孩子"为定向。对正确行为判断的依据是在别人眼里是一个好人，行为良好动机的愿望是愿意服从那些固定化了的规则。

阶段4：遵从权威与维护社会秩序为定向。不仅关心对社会秩序的遵守，而且关心对秩序的维持、支持和论证。

水平三：后习俗水平。个体努力在脱离掌握原则的集团或个人的权威，并不把自己和这种集团视为一体，而是以普遍的道德原则和良心为行为的基本准则。想到人类的正义和个人的尊严，其道德判断超出世俗的法律与权威的标准。

阶段5：社会契约为定向。为所有人的幸福和保护所有人的权利而制定和遵守法律。

阶段6：以普遍的伦理原则为定向。信任普遍道德原则的有效性，个人要对这些原则承担义务。

柯尔伯格认为，0~9岁儿童属前世俗水平；9~15岁，多属习俗水平；16岁以后，一部分人向后习俗水平发展，但达到的人数很少。这种发展的顺序是由低级阶段依次向高级阶段发展的，这种顺序既不会超越，更不会逆转。

五、德育的原则、方法和途径

(一) 德育原则

德育原则是教育者进行德育必须遵循的基本要求，是根据德育目的和德育规律提出的指导德育工作的基本要求。

我国中小学德育原则包括以下几个方面：

1. 方向性原则

方向性原则是指进行德育时要具有一定的方向性，指导学生正确的发展方向。

贯彻这一原则的要求是：首先，教育者在德育工作中必须坚持社会主义的政治方向。其次，教育者在进行德育时必须结合社会现实，与学生日常实际生活结合起来。

2. 知行统一原则

知行统一原则是指进行德育时，既要进行系统的思想道德理论知识教育，又要对学生进行实践锻炼，把提高学生的道德认识和培养学生的道德行为习惯结合起来，培养言行一致的优良品质。

贯彻这一原则的要求是：首先，要培养学生健康的思想道德认识。掌握是非美丑的标准，以指导和评价自己及他人的言行。其次，组织学生参加各种社会实践活动，使其掌握良好的行为方式和形成良好的行为习惯。最后，教育者要以身作则、言行一致，发挥榜样示范作用，以良好的身教积极影响青少年学生。

3. 疏导与纪律约束相结合原则

疏导与纪律约束相结合原则是指教育者要充分调动学生的主动性和积极性，要提高学生认识，引导疏通，促进学生自发发展，同时辅以必要的纪律约束。

贯彻这一原则的要求是：首先，对学生"晓之以理"，通过讲清道理，疏通引导促进学生自觉发展。其次，要因势利导，寻找时机促进学生认识的改变与提高。最后，建立合理的规章制度。通过纪律约束，使外部约束和内部自觉相结合，培养学生良好的行为习惯。

4. 发扬积极因素，克服消极因素原则

发扬积极因素，克服消极因素原则是指教育者要发扬学生品德中的积极因素，促进学生积极方面的不断发展，并克服消极因素和转化为积极因素，促使学生积极发展。

贯彻这一原则的要求是：首先，要看学生优点，表扬为主。"好孩子是夸出来的"，表扬可以调动学生的积极性。因此，对待学生要以表扬为主，批评为辅。要一分为二地看学生，既要看到学生的缺点，更要看到优点。特别是对后进生，要寻找他们优点和长处。其次，因势利导，化消极因素为积极因素。每个人都存在优点和缺点，教育者首先要以优点来促进学生的发展。同时，在学生的缺点中寻找积极因素和可利用的东西，引导其向积极的方面发展。

5. 尊重学生与严格要求学生相结合原则

尊重信任与严格要求相结合的原则是指在德育过程中教育者对学生在尊重和信任的前提下，提出合理的要求和进行严格管理，是学生品德健康发展。苏联教育家马卡连柯说过："如果有人问我：我怎样能够以简单的公式概括我的教育经验的本质时，我就回答说：要尽量多地要求一个人，也要尽可能地尊重一个人。"教育者要教好学生，就必须将严格要求与尊重学生结合起来。

贯彻这一原则的要求是：首先，教育者必须尊重信任学生。教育者平等对待学生，尊重他们的人格，相信每个学生都是能进步和发展的。其次，在合理化的基础上提出严格要求。"严师出高徒"，教师要对学生提出严格要求，并且能对要求严格执行。当然，这些要求是合理的，是为学生所接受的，而不是强行的压制。

6. 因材施教原则

因材施教原则是指教育者对学生进行教育时，要根据学生的个性特征和实际情况，提出不同的要求和采取不同的教育方法，以达到良好的教育效果。

贯彻这一原则的基本要求：首先，教育者要全面深入地了解和研究学生。了解学生是教育学生的前提，每个学生由于家庭、成长经历、社会环境等原因，导致个性特征、思想观念等存在很大的不同，教育者必须了解学生的各种情况和产生原因，才能对症下药。苏联教育家苏赫姆林斯基就仔细观察和了解学生，详细地记载了许多学生情况和变化，使教育做到了有的放矢。其次，针对学生的个别差异进行教育。"一把钥匙开一把锁"，教育者要根据每个学生的不同情况采用不同的方法进行教育。最后，考虑学生的时代特点和年龄特征。

7. 教育的一致性和连贯性原则

教育的一致性和连贯性原则是指在德育过程中，教育者对各方面的教育影响进行组织和调节，使其协调一致，并且教育学生要有目的、有计划和循序渐进的开展进行。

贯彻这一原则的基本要求：首先，协调校内教育力量。教育者要协调学校内部的教师和工作人员等，积极配合、协调一致，对学生形成一致的教育影响。其次，协调社会和家庭，

形成教育合力。教育者首先要协调家庭教育，相互配合，对学生形成良好的一致影响。同时，学校要协调校外社会教育力量，使学校、家庭、社会形成教育合力。最后，加强德育的计划性、系统性和连贯性。制订明确的计划，保证每个阶段的良好衔接，使学生处于一贯的、良好教育之下。

（二）德育方法

德育方法是指教育者为实现德育目的所采取的方式和手段。

我国中小学常用的德育方法有：说理教育法、榜样示范法、实践锻炼法、情感陶冶法、自我教育法、品德评价法。

1. 说理教育法

说理教育法是教育者通过讲道理和启发引导，向学生传授正确的政治思想观点和道德规范，以提高学生道德认识和改变观点看法的一种方法。说理教育法的主要形式有讲解、报告、说话、对话、讨论等。

说理教育法是德育方法中最经常运用的一种方法。

说理教育法要取得良好效果，应注意以下几点：

（1）内容有针对性和真实性。

在对学生进行教育时必须针对学生的实际情况，针对问题做到有的放矢。说理的内容要真实可靠，使人信服，而不是虚假使人怀疑。

（2）民主平等，充满感情。

青少年学生渴望教师和家长平等对待自己，把自己当成成人看待，教育者要以民主平等的方式对学生进行教育，拉近教育的距离。同时要以情动人，善于用自己充沛的热情和坚定的信念去唤起孩子情感上的共鸣，从而达到良好的教育效果。

（3）讲究教育时机，注意交流方式。

适当的时机可以使教育的效果事半功倍，教育者要善于捕捉教育的时机，引起学生的情感共鸣，提高学生的认识。教育者要采用适当的交流方式，利用网络等新型交流方式，以青少年学生能接受的方式进行教育，效果更好。

2. 榜样示范法

榜样示范是教育者以模范人物的优良品质和模范行为来影响学生思想品德的教育方法。

运用榜样示范法应注意以下几点：

（1）选择好榜样。

要选择典型的榜样，选择不同的榜样人物，使学生学习榜样人物的不同优点。

（2）引导学生正确认识榜样人物。

引导学生一分为二地看待榜样人物，学习榜样人物的优点，正确看待榜样人物的缺点。引导学生对榜样进行分析，对照自己，找出差距，学习榜样的优良品质。

（3）实事求是地宣传榜样。

宣传榜样时要客观真实，而不是"高大全和假大空"，使学生能真正学习和模仿。

3. 实践锻炼法

实践锻炼法是指教育者组织学生在日常生活和社会活动中参加各种实际活动，以形成良好思想品德的教育方法。

实践锻炼法主要有练习、制定和执行制度、委托任务和组织活动等。

运用实践锻炼法应注意以下几点：对实践的目的和意义有充分的认识；有明确的目的和计划；有良好的监督和检查。

4. 情感陶冶法

情感陶冶法是教育者创设或利用具有教育意义的情境，对学生施以潜移默化的影响，培养学生良好品德的方法。陶冶教育的因素多种多样，主要的陶冶方法包括人格陶冶、环境陶冶和艺术陶冶三种。

运用情感陶冶法应注意以下几点：

（1）教育者要提高自身修养，注意人格修养。

教育者要以自己优良的品德、高尚的风格和良好的言行来感染学生，因此教育者要不断提高自己的人格修养，注意自己的一言一行。

（2）创设良好的教育情境。

教育者要善于创设良好的情境，营造良好的情感氛围，以此打动学生和促进学生发展。教育者要不断进行校园文化和班级文化建设，组织丰富多彩的活动，组织能深入学生心灵的活动，并引导学生积极参与环境的创设。

（3）引导学生欣赏艺术。

采用音乐、影视作品、美术作品、展览等多种艺术形式，组织学生参与和观看，使学生收到良好的熏陶和教育。

5. 自我教育法

自我教育法是学生在教育者指导下，受教育者自觉的提出目标和任务，进行品德修养的提高和行为转化的方法。

自我教育时应注意以下几点：

（1）激发学生自我教育的愿望。

教育者寻找学生存在的问题和内在矛盾，调动学生自己要提高和发展的愿望，变"要我学"为"我要学"，从而使学生自觉主动的进行自我教育。

（2）指导学生确定修养目标，明确自我教育的计划。

教育者指导学生制定恰当的修养目标和计划，使学生的发展具有明确的目的，具有可行的计划，从而避免学生制定过高或过低的目标与计划。

（3）指导学生进行自我监控和管理。

品德的提高是一个长期的过程，存在反复性，是一个意志锻炼的过程。教育者要指导学生对自己要自我监控、自我评价、自我激励，更好地管理自己，促进品德和自己的不断发展。

6. 品德评价法

品德评价法是教育者通过对学生思想品德的评价，肯定学生的优点，否定学生的缺点，从而促进积极发展的一种教育方法。

品德评价法主要有三种方式：一是奖励。有表扬、鼓励、奖赏等，是对学生行为积极方面的肯定。二是惩罚。有批评、处分等，是对学生行为消极方面的否定，使其克服消极行为。三是操行评定。是对一定时期内学生言行所做的比较全面的评价。

运用品德评价时应注意以下几点：

（1）以促进学生积极发展为目的。

评价是一种教育手段而不是教育目的，评价是为了促进学生积极地成长和发展，教育者要调动学生的积极因素，肯定正面为好。

（2）实行表扬奖励为主，批评为辅的指导思想。

表扬奖励可以调动学生积极因素的发展，促进学生自我要求的提高和良好言行的发展，教育者要坚持表扬奖励为主。但是，批评和惩戒也是必需的，批评和惩戒可以使学生认识自己的不良言行，从而改正。对学生批评惩罚时，要注意方法。既要解决认识问题，又要保护学生的自尊心，严禁体罚和变向体罚。

（3）要客观公正，实事求是。

评价学生时，要从实际出发，客观公正的进行评价，奖罚分明，坚决防止主观臆断，感情用事。

（三）德育途径

德育途径是指为实现德育目标，对学生进行思想品德教育的具体渠道。学校德育的途径主要有政治课与其他各科教学、班主任工作、共青团活动、课外校外活动、社会实践活动等。

1. 政治课与其他各科教学

（1）政治课。

政治课是学校开设对学生进行系统思想品德教育的主要学科。它起着其他学科所不能起到的独特作用，它能有目的、有计划、系统地向学生政治思想和共产主义的社会理想。

（2）其他各科教学。

其他各科教学也包含了大量的思想政治教育内容。文史类学科具有"文以载道"的特点，本身就具有丰富的思想内容，可以促进学生"求善"，可以传播中华民族优秀文化传统及一定的政治观点；自然科学虽然没有直接涉及社会的政治思想和道德等问题，但是自然学科使学生"求真"，使学生认识事物的客观规律。音体美等学科使学生"求美"，使学生受到良好的艺术熏陶，对美产生正确的追求，进而形成良好的品德；而且体育可以锻炼学生的意志等方面，对学生品德及素质的提高具有积极作用。

2. 班主任工作

班级是学校的基层组织，班级是学生学习和生活的小社会，班主任作为班级的教育者和组织者，对学生进行德育是其一项重要任务。班主任要协调各种教育力量，班主任采取多种形式，如主题班会、班级活动等对学生进行教育。而且，班主任的榜样作用本身就是对学生无言的教育。

3. 共青团活动

中国共青团是中国共产党的青年预备军，是学生自己的组织，是青少年学生学习的重要途径。共青团组织各种有益的活动，使学生学习良好的思想与传统。

4. 社会实践活动

社会实践活动是学生认识社会、了解国情的重要途径，使学生走出书本，开阔眼界，可以使学生密切联系群众，同时可以促进学生树立良好的劳动观点和实践观点。因此，教育者要组织多样化的社会实践活动，使学生从多方面认识社会。

5. 课外校外活动

课外、校外活动是整个教育体系中的一个有机组成部分，是进行全面发展教育的一条重要途径，也是学校实施德育的一条重要途径。课外校外活动是课堂教学活动的延伸与发展，更符合学生的个性特征与兴趣爱好，既能开拓学生视野，培养学生多项素质，又能促进学生的品德发展。

近年来，随着网络的发展，广大教师和教育工作者还利用了网络的途径对学生能够进行教育，充分使用网站、博客、QQ、微信等网络形式与学生沟通和进行教育。

第二节　班级管理

一、班级的概念

班级是学校的一个正式的基层组织，也是学生在校生活的基本单位。自从 17 世纪班级授课制诞生以来，班级就作为学校开展教育教学的基本单位沿用至今。

班级是一个有一定人数规模的学生集体，是学校行政根据一定的任务、按照一定的规章制度组织起来的有目标、有计划地执行管理、教育职能的群体。

二、班集体的形成过程

（一）班集体的概念

班级和班集体，是两个经常使用而又容易混淆的概念，应对它们之间的区别与联系加以探讨。班级，作为一种教学组织形式，是班集体形成的组织基础，班集体只有在班级这种形式的基础上才能逐步建设起来。但并不是每一个班级都是一个班集体，班集体有特定的内涵，需要经过大量的组织教育工作才能形成。

班集体是高级班级群体。它是经过以班主任为主的各种教育力量的教育培养和引导而形成的具有正确的奋斗方向，具有较强的核心与骨干力量，具有良好的纪律、舆论、班风，具有良好的人际关系的团结、友爱、积极向上的高层次的班级群体。

(二) 班集体的基本特征

1. 有明确的共同奋斗的目标

当班级成员具有明确的共同奋斗的目标和发展意向时,集体成员就会围绕目标开展活动、组织交往、在认识上、行动上和情感上保持高度协调,成员间相互依赖、相互合作,这是班集体形成的基础。

2. 有坚强的班级领导核心

一个班由几十个学生组成,只有形成了核心并使之发挥作用,才能成为一个积极向上、充满活力的集体。选拔和培养班干部是班集体建设的重要内容,班主任工作开展的好坏,很大程度上要看班干部能力的强弱和作用发挥得如何,因此班集体核心的形成、班干部的选拔与培养在班级建设中起着至关重要的作用。

3. 有积极健康的班集体规范

班集体中大家共同认可的行为准则和规章制度,既是培养成员集体意识的教育手段,也是实现班集体共同目标的根本保证。集体的规则和制度,既可以是明文规定的,也可以是成员间共同认可的无形的"班级习俗"。

4. 有良好的人际关系

人际关系是指人与人交往过程中形成的比较稳定的心理关系。教师与学生之间、学生与学生之间,由于生活在同一个集体之中,为了完成共同的教育任务,需要进行不同层次、不同性质上的人际交往,班集体中的教育活动都是以人际交往的形式进行信息沟通的,所以,建立良好的人际关系是班集体建设和发展的需要,也是班集体成熟的主要标志。班集体中和谐、融洽的人际关系,是形成团结向上具有凝聚力的纽带,是发展学生积极个性的有效手段,是提高学校教育、教学质量的基础。

三、班级管理的概念与目标

(一) 班级管理的概念

班级管理(也称班级经营),是一种有目的的管理活动,这一活动的根本目的是实现教育目标,使学生得到充分、全面的发展;其管理对象是班级中的各种管理资源,包括人、财、物、时间、空间、信息,而主要是对学生的管理;其管理手段主要有计划、组织、协调和控制。班级管理是一种组织活动过程,它体现了教师与学生之间的双向活动,是一种互动的关系。概括地说,班级管理是班主任按照学校计划和教育目标的要求,充分利用和调动学生班级内外的力量,进行班级教育任务的计划、组织、指导、协调等活动。[1]

(二) 班级管理的目标

确定班级管理的目标,不仅要依据国家的教育方针,明确国家规定的教育目的,还要从

---

[1] 鲁洁. 教育学[M]. 河海大学出版社,1990:276-277.

班级的实际出发，将社会的要求与班级的实际和学生的身心发展特点结合起来，并遵循教育与管理活动的规律，以保证班级管理的目标的有效性和可行性。

班级管理是实现组织目标的手段，实现班级全体学生的全面发展是其最终目标。同时，建立完善的班级组织——班集体，既是班级管理的直接目标，又是实现班级管理最终目标的手段。

一般而言，班级管理的具体目标一般由两部分组成：一是班级教育工作目标，即班级教育教学工作应达到的水平和规格；二是班级管理工作目标，即为保证实现班级教育教学目标而对班级组织的效能与效益提出的质量要求。

四、班级管理的内容与方法

（一）班级组织建设

班集体是学生学习、生活和成长的重要场所，班级管理是以班集体为基础展开的。因此建设培养良好的班集体是班级管理的核心工作，也是班主任工作成果的体现。班级组织建设要做的主要工作如下：

1. 班级组织的设计

班级组织建设的设计，主要依据两方面的因素：一是按照教育方针的要求；二是班级群体现有的发展水平。班级组织的设计还要遵循班级群体的客观发展规律、不同年龄阶段班级组织的发展特点。班主任在对班级周围的环境，学生家庭及宏观社会中潜在的教育因素及教育功能进行调查的基础上，在条件允许的范围内，充分发挥学生的主动性、积极性，在充分酝酿的基础上提出相对理想的班级组织模式。

2. 指导班级组织建设

班主任不仅是班级组织的设计者，而且是班级组织建设的指导者。班级组织在目标达成中，深受班主任指导风格和方式的影响。一般来说，在班级管理中存在三种风格类型的班主任：专制型、放任型、民主型。其中民主型的班主任是指导班级建设最理想的班主任。

民主型的班主任赞同自己与学生作为一个人是完全平等的。他们善于倾听学生的批评，并且积极地面向学生。在班级管理中，他们主要不是以直接的方式领导，而是间接的方式引导班级组织。他们管理的班级有规则，规则是在班主任的提议下学生自己制定的。学生通过讨论知道应当如何遵守规则，而且知道制定这些规则的目的不是为了监督和处罚，而是在班级中充分形成一个自觉维护规则的氛围，使每个学生都能把自己身上最美好的品质展示出来，体验成功和快乐。民主型的班主任既非专制，亦非放任，他们深知没有爱的规则是危险的，而没有规则的爱是无力的。他们在尊重和爱学生的同时，知道作为班主任所应担负的责任。民主型属于综合的指导，能够灵活地适应学生的个别差异，以此为基础引出学生的自发行为，促进班级同学的思想在合作中进行交流。学生在民主型班主任的指导下，行为较稳定，自主积极的行为较多。

3. 发挥好班集体的教育作用

建设和培养良好的班级组织，发挥好集体的教育作用，需要做好以下工作：第一，培养集体意识，使班集体中的全体成员能够自觉按照集体的目标信念、价值标准和行为规范要求自己，正确认识和处理个体与集体、个人与社会的关系，确立"个人归属集体、献身社会"

的道德和社会信念。第二，培养集体主义情感，引导学生在集体中友好合作、乐于助人、平等交往、相互团结，形成和发展热爱集体的荣誉感、自豪感、责任感等积极的情感体验。第三，培养学生具有组织和管理集体的能力和技能。第四，培养学生自觉遵守纪律的行为和习惯，勇于批判错误舆论，善于坚持正确意见，敏于接受新生事物，进取开拓的集体主义自觉能力。第五，培养学生的公民意识，使集体中每个成员都能自觉地意识到自己在集体中的地位，扮演好不同的成员角色，为适应未来的社会生活打好基础。

（二）班级日常管理

班级组织建设是班级管理的中心，它既是班级管理的起点也是终点。但是，要将一个班级群体最终建成一个愿景（目标）中的班集体，并不能只是树起班级愿景、建起组织机构、立起班级规范，而要让班级全体成员逐步地将愿景内化为自己的要求，使组织机构能够有序运作，培育起学生们的规范行为并加以维护，以便使班级最终成为愿景中的组织。这样一些工作是班主任每日、每时要做的。这是一些实务性的工作。例如，班级的一日常规活动、一周常规工作、个别教育、偶发事件的处理、即时的奖励与惩罚，等等。这些实务性工作构成了班级的日常管理，或者叫班级管理日常实务。如果说班级组织建设是给班级一个组织架构，那么班级日常管理就是使班级组织成为一个"有血有肉"的鲜活而丰满的组织。

（三）班级制度管理

没有制度就谈不上管理。班级管理制度是维护班级正常教育教学活动的保证，其内容主要有成文的制度和非成文制度两种。

1. 成文的制度

成文的制度是学校教育教学工作的基本规范要求，即常规管理制度。对于学生来说，最具体的常规管理制度就是学生守则、班规等。常规管理制度具有基础性、强制性、实际操作性等特点，每一个班级或每一个学生都必须遵守和服从，在班级建设中发挥着引导、评价、调节和指标作用，对班级建设起着重要的规范作用。

2. 非成文的制度

非成文的制度是指班级的传统、舆论、风气、习惯等，即是不成文的、约定俗成的非常规管理制度。非成文的制度是班级组织在形成过程中班级本身建立的规范，常常是班级个体的体现。成文的制度具有普遍的规范性和约束性，不成文的制度则具有个别性和针对性。班级组织的风气、传统等影响着不成文制度的实施和效果。

因此，班主任在班级组织发展过程中，除了要进行制度建设，还要重视班级成员合作意识的培养，做到相互体谅、彼此理解；要能够敏锐觉察到班级成员的活动状况，及时表扬先进，鼓励后进，要培养正确的舆论和良好的班风，努力营造一种健康和谐的人际关系。

（四）班级教学管理

教学是学校的中心工作，教学质量管理是班级教学管理的核心。课堂教学是促进班级组织与学生社会化发展的主要阵地，是一种集体的教学力量。班级教学管理的内容包括：明确班级教学管理的目标和任务；建立有效的班级教学秩序；建立班级教学管理指挥系统；指导学生学会学习。

（五）班级活动管理

班级活动是班级群体为了满足学生的发展需要，开展的体育、文艺、科技、调查等活动。其基本特点是：班级活动是一种交往活动；班级活动产生了共同遵循的行为准则与规范；班级在活动中分工合作，互相配合，责任依从；班级活动导致产生良好的健康的人际关系。

班级活动有极强的目的性和严格的要求，要求班主任加强对活动的管理和指导，确保达到应有的实效。

第三节 班主任工作

班主任是班级的组织者、教育者和指导者，在班级建设中行使着多种职能，扮演着多种角色。班主任工作就是通过组织班级成员参与各种活动，从而激发学生的成就感与成功感。班主任作为教育因素，对班集体和学生的影响表现为两个方面：一是以自身修养为基础，通过自己的价值观念、人品、学识、态度、行为习惯等潜移默化地感染学生；二是通过做好班级管理工作，使学生受到更多更好的教育。

一、班主任的概念

班主任是学校中全面负责一个班学生的思想、学习、健康和生活等工作的教师，担负着组织、管理、领导、教育一个班全体学生的重任，也是一个班中全体任课教师教学、教育工作的协调者。教育部《关于进一步加强中小学班主任工作的意见》指出，中小学班主任是中小学教师队伍的重要组成部分，是班级工作的组织者、班集体建设的指导者、中小学生健康成长的引领者，是中小学思想道德教育的骨干，是沟通家长和社区的桥梁，是实施素质教育的重要力量。这指明了班主任角色多重性的特征，明确了班主任角色的地位，也框定了班主任工作的主要任务。

二、班主任的角色

班主任的角色既体现了社会对班主任在人格、素养和能力等方面的要求，也是班主任将这些规范和要求内化为自我意识的态度和行为。班主任应具备以下四个方面的角色意识：

（一）班集体建设的组织者

一个积极向上、团结友爱、关系融洽的班集体，对学生的成长具有积极的促进作用。组织和培养好班集体,既是班主任工作的首要任务,也是班主任工作成果的重要体现。班主任不但要通过培养班集体来影响和教育每一个学生,而且要通过教育好每一个学生,营造和建设一个良好的班集体。同时,作为受学校委托,承担班级建设和发展责任的班主任,是班集体建设的设计者、组织者和实施者,无论是班集体目标的确定,还是班集体建设过程的组织,还是班级矛盾的化解,都离不开班主任的规划、组织和协调,这都需要班主任具有过硬的组织管理能力、卓越的教育智慧、丰富的教育经验和科学的教育方法。

因此,作为中小学班主任,应该明晰班集体建设的意义与任务,学习班集体建设的规律与原则,了解班集体建设的途径与方法,掌握班级管理的技能和艺术,积极投入班集体建设,努力将班集体建设成班风正、学风浓、积极向上、团结友爱的精神家园和生活乐园。

此外,班主任还应该积极主动地与学校的群团组织以及校外的社区等社会教育机构保持联系和沟通,充分发挥各类组织的教育功能,凝聚教育合力。

(二) 学生健康成长的引导者

班主任工作的根本目的是促进学生全面发展。在促进学生全面发展方面,班主任与其他教师的区别在于,班主任作为班集体的引导者、组织者和协调者而存在,这使得班主任的身份和角色具有特殊的意义。班主任不仅仅要承担具体科目的教学工作,还要承担学生的日常教育工作;不仅要做好学生的常规管理工作,还要投入自己的情感和态度,促进学生良好人格和积极情感、态度、价值观的形成。

在现代信息社会,面对社会影响的多样性和复杂性,班主任要做好影响学生成长的各类信息的引导和筛选工作,帮助学生形成科学的世界观和人生观。面对社会中存在的工具化和功利化的应试教育氛围,班主任要善于做好学生人文精神和人文气质的培育工作,引导学生正确合理地对待考试和竞争。班主任在引导学生掌握知识和技能的同时,要培养学生的创新精神和实践能力,形成积极的情感和态度,提升学生的生命质量,拓展学生的生命价值,引导学生做有责任心的公民,过有意义的生活。班主任要做好现代社会由家庭结构变化、社会变迁带来的学生心理健康的维护工作,及时化解学生在学习生活、人际交往和亲子关系中表现出的心理问题。还要针对流动儿童、留守儿童、单亲家庭以及其他特殊家庭儿童做好心理健康维护工作,促进儿童健康发展。因此,班主任要养成良好的沟通习惯,培养良好的沟通技能,更多地倾听,更富有热情,适时地对学生在学习、生活、交往等方面遇到的困惑和问题进行排解与化解,促进学生的健康成长。

(三) 引导学生人际交往的艺术家

学生的成长和发展是在交往中进行的,学生的交往具有特殊性。这种特殊性既包括交往对象的特殊性,也包括交往方式的特殊性,还包括交往空间的特殊性。交往对象的特殊性表现为,学生交往的对象主要是同学、老师和家长。这需要班主任引导学生发展健康友爱的同学友谊,构建尊师爱生的师生关系,形成民主和谐的亲子关系。要引导和帮助学生化解与同辈群体和伙伴的矛盾,要合理机智地调解好师生矛盾,因势利导地处理好亲子冲突。

学生交往方式的特殊性是指,学生的交往是教师指导下的交往。交往既是手段,又是目的。交往是手段，体现了学生的交往在学生品德形成、知识掌握和能力提高中的作用。交往是目的，强调交往本身所具有的价值和地位，即交往本身就是为了培养学生的交往能力。班主任应该从发展学生未来交往能力的角度，积极引导学生开展丰富多样的交往活动，帮助学生掌握和形成交往的技能和艺术。

学生人际交往空间的特殊性是指，学生的交往主要是在学校的学习和活动中进行的，这些活动包括日常学习活动、团队活动、文化体育活动、社会实践活动、班会活动、公益活动、课外兴趣活动等。这要求班主任要充分利用活动中的交往因素，认真规划、精心设计、周密组织，通过组织有效的活动发展学生友谊、增强集体凝聚力，培养学生的交往能力。

（四）整合教育力量的桥梁和纽带

班主任对学生的教育影响，除了要发挥自身的教育作用外，更重要的是通过整合教育力量，吸纳多方的教育影响，促进学生发展。学生进入学校后就同时受到学校、家庭与社会的影响，这三种教育力量方向一致，就会使力量大大增加，否则就可能相互抵消。班主任是沟通学校、家庭与社会三方面的桥梁。

班主任对学生的教育影响，除了要发挥自身的教育作用外，更重要的是通过整合教育力量，吸纳多方的教育影响，促进学生发展。对学生成长影响最大的教育力量来自于家庭、科任教师和社区。

在沟通家庭教育与学校教育方面，班主任要充分发挥引导者的角色，促进家庭教育与学校教育的连贯性和一致性。连贯性和一致性，就是强调学校教育和家庭教育应该在理念、目标和内容等方面保持一致。家庭对孩子的成长具有重要的意义。家庭的亲情氛围、父母的言行举止，对孩子都会产生深刻的影响，这些影响有些是积极的，有些是消极的。这要求班主任通过各种方式与家长进行沟通和交流，及时向家长传递孩子在学校的表现信息，适时帮助家长纠正不利于孩子成长的教育内容和教育方式，促进家校教育力量的整合。

班主任还要做好科任教师间的协调工作。作为一名特殊的任课教师，班主任不但要积极主动地配合各位科任教师做好教育教学工作，还要积极做好科任教师的协调工作。要虚心听取科任教师对班级管理的建议，要广泛了解科任教师提供的关于班级学生的信息，特别是要掌握和了解班级"问题学生"等需重点关注学生的信息，还要针对科任教师反映的班级管理表现出来的共性问题，采取有针对性的教育措施。

三、班主任的素养

班主任是教师，应该具有教师的基本素养。班主任又是班集体建设的组织者，是学生精神生活的引导者。因此，班主任应该具有比一般教师更高的素养。班主任的素养，是班主任在班级管理中表现出来的、为促进学生健康发展所具有的素质和能力，是班主任在思想道德素质、专业知识、管理能力、人文精神、身心健康等方面的综合素养。班主任的素养，既是教育和训练的结果，也是在长期的工作实践中历练和积淀的结果。班主任除了具备一般教师应具备的职业素养以外，还应该具有以下几个方面的素养：

（一）富有亲和力的人格素养

班主任的人格素养，是指凝聚在班主任身上的、在情感、意志、个性等方面表现出来的稳定的心理特征。这种稳定的心理特征不但有利于班主任与学生的交流和沟通，以实现班级管理目标，而且本身是一种重要的教育力量，潜移默化地促进学生积极人格的形成。班主任的人格素养包括情意素养和个性素养两个方面。

1. 情意素养

班主任的情意素养，是指班主任在对育人工作理解和认识的基础上形成的深厚的职业情感和职业信念，是推动班主任投入班集体建设、关心学生成长、引导学生健康发展的动力。健康的情意素养的形成，体现了班主任对自身工作的责任感和使命感的深刻认识与积极践行。班主任的情意素养主要包括班主任的职业情感和职业信念。班主任的职业情感是指班主任对自身工作在理智认识的基础上形成的情感体验，是在对班主任的价值、意义和作用的深刻认识基础上产生的使命感、光荣感和幸福感。具有积极职业情感的班主任，能在工作中体会到工作本身的快乐、愉快和幸福。班主任的职业信念，是班主任在对自身职业认识、实践和反思的基础上形成的有关自身工作的理性思考。职业信念中蕴涵着职业情感，同时，职业信念是在职业情感的基础上形成的，比职业情感更深刻、更持久。班主任具有了深刻的职业信念，才能够持久地作用于自身的日常生活和交往，才能够主动克服工作中的各种困难，积极投入班集体管理和建设中。因此，班主任的情意素养是班主任人格特征中最具有动力功能的组成部分，并集中体现为班主任对学生炙热而真挚的爱。

2. 个性素养

班主任的个性素养，是指班主任在工作中形成的、在需要、动机、兴趣、性格等方面表现出的稳定的心理特征。良好的个性修养不仅是班主任成功教育学生的重要手段，而且对自身业务水平的提高、教育艺术的磨炼以及教育技能的形成具有促进作用。班主任的个性素养也是塑造自身健康人格的润滑剂和催化剂。良好的个性素养表现在：能保持平静的情绪、顽强的意志；具有良好的工作动机、广泛的兴趣、积极的工作态度；健全的人格、豁达的心态、积极乐观的人生态度，以及良好的自我控制能力等方面。班主任具备良好的个性修养也是提高学生心理健康水平，促进学生全面和谐发展的重要条件。相反，一个个性素养欠佳、常发脾气、自我控制力差的班主任，容易给学生造成精神压力，使他们产生自卑、焦虑、悲观等消极心理，对学生身心健康发展产生不利影响。

（二）广博宽厚的人文素养

班主任的人文素养，是指班主任在广泛的人文知识和深入的教育实践基础上形成的关于人性、生命、教育和学生的思考和体悟，是凝聚在班主任身上的科学的教育思想和教育理念。班主任的人文素养也是班主任影响学生、感染学生的精神气质，包括扎实的人文知识和高尚的人文情怀两个方面。

1. 扎实的人文知识

具有一定的人文知识是现代公民和现代教师必须具备的基本素养，这一点对班主任更为重要。没有人文知识作依托，就像失去土壤和水分一样，人文精神便无从培养。因此，无论是从事文科教学的班主任还是从事理科教学的班主任，都应该具有较为扎实的人文学科知识。在扎实的人文知识的基础上进行深刻的反思和体验，以此为基础，形成并确立起对人性的关怀、对学生的关爱、对生命的关心等浓厚的人文精神和人文品质。

2. 高尚的人文情怀

班主任的人文情怀是班主任在言行举止等方面表现出来的内在精神和气质，是班主任知识、情感和能力的综合性外在表现。因此，班主任的人文情怀既是广泛阅读人文知识和深刻体悟的结果，也是班主任长期施教修养的结果。关爱与进取是班主任人文情怀的两个重要维度。关爱，是指班主任要爱一切学生，平等地对待每一个学生，与学生建立和谐民主的关系。具有关爱品质的班主任更关心学生的精神成长，更愿意与学生开展对话与交流，更容易走进学生的精神世界，更容易感化和影响学生。进取，指的是班主任的创造精神，强调班主任对自身工作的求真、求善、求美的执著精神，体现了班主任崇高的教育信仰、坚定的教育信念、丰富的精神世界和卓越的教育成就班主任高尚的人文情怀对学生具有榜样的作用和力量。

（三）优良高超的能力素养

班主任的能力素养就是指班主任在班级管理中形成和表现出来的，顺利实现班级管理目标的稳定的心理特征。班主任的能力素养是班主任综合素养中最突出的外在表现，是影响班主任工作成效的关键因素，主要包括敏锐的观察能力、有效的组织能力和灵活的教育机智。

1. 敏锐的观察能力

及时了解和把握学生在思想、心理、行为等方面的表现及原因，适时掌握班级管理过程中的基本动态，有效利用班级管理中的各类有利时机、克服班级管理中的不利因素，是班主任工作的重要目标。而实现这一教育目标，最关键的是班主任要有敏锐的观察能力。优秀的班主任总是一位敏锐的"观察家"，他们不仅勤于观察，而且目光敏锐，能从学生的一举一动、一言一行或是极微小的情绪变化上，感知学生的思想和心理状态，洞悉偶发事件的萌芽，及时采取针对性教育和防范措施。为此，班主任要及时走进学生的生活，获得关于学生的第一手资料，做到事事留心、时时注意、处处发现，全面了解学生的思想面貌、智力状况、健康状况、生活经历、个性特征、兴趣爱好等，以有利于制订切实可行的教育计划。

2. 有效的组织能力

班主任的组织管理能力是指班主任结合学生的实际，从培养学生德智体美劳全面发展的总体目标出发，适时地向班集体提出鲜明、生动、富有感召力的阶段性发展目标，以引导班级学生团结友爱、互帮互助，构建积极向上、富有凝聚力班集体的能力。班主任的组织管理能力既是服务于班级管理的，也是在班级管理中形成的，既包括组织活动的能力，也包括协调各种教育力量的能力，还包括培养学生自我教育的能力。班级管理的根本目的是引导学生养成自我教育和自我管理的习惯。自我教育能力的形成，是在班级的活动和交往中形成的。班级的活动和交往，孕育着深刻的教育因素，蕴涵着丰富的情感因素，这需要充分发挥班主任卓越的组织管理能力，精心设计、积极引导和耐心指导。

3. 灵活的教育机智

教育机智是班主任在处理班级突发事件和偶发事件中表现出来的智慧和品质，是班主任经验、知识和能力的结晶，也是班主任由新手成长为专家的重要标志。班主任在管理中，经常面对各种偶发事件，这些事件既有来自于学生群体的，也有来自于与学生发生各种联系的家长、教师和学校管理群体的；既涉及学生的学习，也涉及学生的常规管理和人际交往等；既出现在课堂中，也出现在课外、校外等领域。这些突发事件常常来得突然、对学生成长影响较大，需要班主任采取及时、迅速和有效的措施。班主任的教育机智，既需要教育理论的指导，也需要教育经验的总结，还需要实践性知识的引导，是班主任知识、情感、信念、经验等综合素质的体现。

【案例 8.1】

永远的痛[1]

每每看到四处游逛的孩子，我就不由地想起现已 17 岁的一个女孩子。打那孩子一巴掌时，她还不足 10 岁，那一巴掌却成了我永远的痛。

事出有因，但绝对可以肯定的是，在带着学业和家境的不如意去村小代课时，我的阅历和处事能力很有限。我教三年级的语文课，同时担任一个班的班主任。班里 38 个农村孩子并不如我想象中那般文静和安分。第一周班会课前，打报告的孩子就挤满半屋，反映最严重的一个问题是：丢东西现象严重。

这还了得，我带着初为人师的正义感"暗访"后，最后将疑点放在一个约 10 岁的女孩子身上。她的眼睛很亮，但怯怯的、不断绞动地手指和挪动地双脚表明了她内心的不安。在我严厉的目光下，她认错的态度极好，并交出了同学们的几支笔和一本字典。

但是第二天，她的母亲就气势汹汹的到学校找我，断然否认了女孩所做的一切。这实在令人尴尬和气愤。那女孩一言不发，只是睁着大眼睛使劲摇头，她母亲在办公室肆意叫嚷一番离开之后，有"铁证"在手的我气愤至极，抡起巴掌"啪"，很漫长的一刹那，那孩子惊恐、无助而又绝望的眼神永远定格在我的脑海中。

事后我曾静心地想：不管那孩子的母亲怎样，我当时的做法对那孩子的伤害有多么深？我很想和那孩子推心置腹地谈谈，但一直放不下"为师者"的架子。

一年后我就离开了生活了 18 年的村庄，上了大学，毕业后真正做了教师。在我接触很多良师益友的过程中，我的伤痛越来越深，但已没有弥补的机会了。那个女孩一度因"偷东西"的名声遭受同学们的冷遇，性格渐趋内向，上完小学后便退学了，跟着家人到处打小工，去新疆已两年有余，生活很苦。苦孩子的经历刺激着我的心，那一巴掌的痛也就不只在记忆中，更在心底，让我时刻记着不再鲁莽地对待任何一个孩子。

四、班主任工作的内容与方法

班主任工作是复杂而富于创造性的工作，班主任工作的艰巨性和复杂性，决定着班主任工作内容的广泛性和方法的多样性。要想成为一名优秀的班主任，必须做好以下几项工作。

---

[1] 倪翠坤. 永远的痛[J]. 人民教育，2001（12）.

（一）了解和研究学生

了解是教育的起点，了解和研究学生是做好班主任工作的前提和基础。《学记》说："知其心，然后能救其失也。"卢梭在《爱弥尔》一书中写道："你必须好好了解你的学生之后，才能对他说第一句话。"世界上没有两片完全相同的树叶，班级中没有完全一样的学生。教育心理学告诉我们：人的差异是绝对的，每个学生在认识、情感、意志、兴趣、需要等方面各有差别，班主任要做到对症下药，增强思想工作的针对性和实效性，必须仔细观察学生，认真了解学生，这是做好班主任工作的基础。

了解和研究学生是一项艰苦细致的工作，需要系统地、不间断地进行。有经验的班主任，往往在接手新班之前便借助学生的学籍卡、走访家长、有意识地接触个别学生、有重点地访问部分学生的原班主任或任课教师等途径着手了解学生，为班级工作的正常、有序开展打下良好的基础。班主任只有深入地了解学生、研究学生，才能指导得法、教育有效。

1. 了解和研究学生的内容

了解研究学生，包括两方面的内容：了解研究学生个人和学生集体。了解学生个人情况，主要包括学生个人在德、智、体、美、劳等方面的发展情况，学生的兴趣、爱好、特长、品质、性格等情况，以及学生的家庭状况和社会交往情况。具体包括：一般作息时间与生活习惯；集体观念如何，与哪些同学比较要好；学业状况怎样，包括学习的基础状况、对各门学科的看法、态度、学习目的、学习动机、学习方法和学习成绩以及智力发展水平等；成长经历情况，包括家庭状况、家庭成员、家长的工作单位、家庭的教育观念与教育方法、学生的社交状况等，在家里最听谁的话，与家里人的关系如何，每月零用钱及开支情况等；兴趣爱好情况，包括怎样安排课余生活，爱看哪些书刊，参加培训班的情况；属于何种气质类型（胆汁质、多血质、黏液质、抑郁质）；具体的性格特征；能否自觉遵守纪律，在公共场所有无文明习惯；思想政治状况，心目中崇敬的人；最尊敬的教师，最喜欢的教学方法，等等。[①]

了解学生集体是在了解学生个人情况的基础上进行的。它主要包括全班学生的年龄、性别、民族、家庭等一般情况；学生德、智、体、美、劳等方面发展的全貌，区分出具有一般发展水平和具有特殊才能的学生情况；本班的班风和传统等。具体包括：学生总人数，男、女生人数；学生家庭住址，家长职业状况；独生子女情况；学生家庭类型（三代同堂、三口之家、单亲等及其所占比例）；学生家庭条件、居住面积、人均家庭经济收入及平均生活费；学生身体健康状况，包括生理健康和心理健康两方面；少先队员、团员人数；班集体的兴趣、爱好；与兄弟班的关系；集体的是非观念，有无正确的集体舆论，等等。[②]

班主任了解和研究学生，既要以整个班级为背景来了解研究每个学生，又要在深入了解研究每个学生的基础上把握整个班级集体，做到既见树木，又见森林。

2. 了解和研究学生的方法

常用的了解和研究学生的方法主要有以下几种：

（1）资料分析。

资料分析不受时间、地点的限制就能使人获得比较系统而详细的信息，因此它是班主任

[①] [②] 上海教育学院教育科学研究室等. 中学班主任工作的原理与方法[M]. 上海教育出版社，1986：24-26.

初步了解班级和学生情况的最简易、最常用的方法。有关学生的书面资料很多，大致可以分为三类：一是学生档案资料，如学籍卡、历年的成绩和操行、体格检查表、有关奖惩的记载等；二是班级记录资料，如班级日志、班会和团支部会议记录等；三是学生个人写的资料，如作业、作文、日记和成长记录袋等。

通过资料分析，可以掌握学生德、智、体、美等方面的发展状况，了解学生的家庭状况、社会交往的情况，了解学生不同时期的思想道德认识、心理发展水平等。但这些资料记载的是学生的过去，班主任不能以此作为唯一了解和研究学生的依据，而是要与日常观察、谈话以及调查访问结合起来，以期对学生做出全面、客观、公正的评价。

（2）日常观察。

观察是了解和研究学生的重要手段，观察要在自然状态下有目的、有计划地进行。在对学生的日常观察中，班主任首先要选好合适的观测点，要让观察对象在毫无干扰的情况下，表现出最自然、最真实的一面，以获得较为真实客观的材料。其次要细心、敏感、警觉，真正做到明察秋毫，如一个活泼开朗、个性张扬的孩子为何突然变得沉默，某个遵守纪律、循规蹈矩的学生为何迟到，上课一贯神情专注的孩子为何心神不宁，等等。班主任要善于捕捉学生身上发生的这些细微变化，来触摸学生的心灵世界，熟悉学生的心理需求，关注学生的心理动态。最后，班主任要想了解学生，就必须首先走进学生，善于通过学生的学习、劳动、课外活动和课余生活等，全面而真实地观察学生的行为、举止、言论等各方面的表现，去粗取精、去伪存真，最后做出客观而公正的评价。

（3）谈话。

谈话法是班主任了解和研究学生的基本方法。班主任与学生谈话的方式很多，大体上可分为个别谈话、集体谈话和对话三种。不论采取何种谈话方式，为了提高谈话的效果，班主任都需做好以下三方面工作。

首先，精心做好谈话前的准备工作。在谈话前，班主任要明确谈话的目的、内容、方式、时间、环境，初步了解谈话对象的情况。

其次，耐心细致地把握谈话进程。在谈话过程中，班主任要做到以下几点：第一，要讲究谈话的艺术。班主任要把握谈话的时机，注意发挥学生的主体性，引导学生敞开思想，知无不言。第二，要注意创设良好的谈话环境，特别是良好的心理氛围。比如可采用讲故事、谈体会的方式，自由发言的漫谈式，围绕某一话题的讨论式等，对学生的态度要亲切、自然、真诚，切忌使用同一个模式，板着同样的面孔，用同一种教训的腔调，否则容易使学生感到紧张、压抑、拘束、乏味，从而失去与学生坦诚交流的机会。第三，要学会倾听。倾听是深入学生内心世界的有效方法，班主任要耐心地、安静地倾听学生讲话，不要有不耐烦的情绪，不武断地作评价，不随便地插话，不经常打断孩子的思路，让孩子畅所欲言。第四，要保证谈话的教育性。教育性是教学的客观必然性，谈话的内容应能增进学生的知识，富有教育意义。

最后，用心做好谈话后的总结工作。学生是发展中的人，他们的发展是一个长期的、反复的、不断提高的过程。因此，谈话后，班主任要做好谈话笔记，要把掌握的主要情况以及自己的看法或感受记录下来，积累起来，以便日后研究、对照。

（4）调查访问。

调查研究是深入了解和研究学生的一种间接方法。调查的对象主要是学生，此外，还可以是学生的家长、亲友、任课教师、前任教师和班主任以及其他相关人员。班主任可根据具体调查任务来确定调查对象。调查访问的方式很多,可以根据调查目的采用家访、家长会、座谈会、问卷调查以及访谈等形式获取学生的相关信息。调查的种类可分为综合调查和专题调查。综合调查是为了了解新形势下学生德、智、体、美各方面的发展情况,如身心发展变化的特点与规律、存在的优势与问题等,以便制订新时期班主任工作计划;专题调查是为了了解学生个人或集体中发生的某个问题,深入而全面地掌握有关情况,以便采取有效措施,正确处理。

总之,教育的目的是让每一个学生都得到发展。所以,班主任要在素质教育思想的指引下,以学生的发展为本,既要全面了解和研究学生,避免重智轻德、重智轻体的现象发生;又要了解和研究全体学生,避免"照顾两端、遗忘中间"的现象发生。要始终把了解和研究学生作为开展班主任工作的前提,以便在教育学生时因材施教、有的放矢。

【案例 8.2】

老师,你怎么不记得我?[①]

开学初的时候,在学校的安排下,我接手了一个五年级的新班。

经过最初的接触,我发现这个班的学生很有特点,他们做事有主见,有自己的思想,敢于表达不同见解。比如,他们会像朋友一样表扬我,夸我的课讲得精彩;他们也会坦率地说出对班级管理的意见。这让我很欣慰,因为我觉得班里每个学生都应是鲜活而有个性的。当然,我也感到了压力,这样一班学生对老师的要求肯定很高,我必须不断努力。

这不,我很快感觉到了学生对我的要求。一天晚上,我接到了一个电话。

"喂,是赵老师吗?我是你的学生,我叫苏小惠。你记起我了吗?"电话那头传来一个清脆、有力的女孩子的声音。

"记起来了。"我赶紧回答。我在撒谎,虽然这个名字我很熟悉,但却一下子跟人对不上号。

"我是杨梦的同桌,43号。你今天还问过我的名字,记起来了吗?"电话另一端显然听出了我的心虚,给了我一个台阶。

哦,老天,我总算是想起她是谁了!今天我的确是问过她的名字,真糊涂!

"赵老师,你知道吗?开学以来,你已经不止一次问过我的名字了。开学第四天上课间操时,你对我说:'你也是我班的吗?我怎么没见过你?'当时所有同学都笑了,你知道我多没面子吗?我想毕竟才刚开学,我就原谅了你。可是,今天你又问我叫什么名字,你知道我有多生气吗?你教我们到现在快一个月了,你还是记不住我的名字!"她激动的声音里含着几丝委屈和不满,虽然她的话有些不太礼貌,但我还是觉得很内疚。

也难怪她这么激动,要不是她打电话来,我可能还记不起她的名字。开学以来事情太多,班里确实还有很多我叫不出名字的学生。

怎么办呢?我想了半天才说:"真对不起,我明天郑重向你道歉,好吗?"

她却不依不饶地说:"老师,那你现在记住我了吗?"

"记住了,我保证再也忘不了。"

"我们大家都说你是个好老师。可是,你怎么总记不住我的名字呢?要是这样,我就每天晚上给你打电话,看你还记不记住我!"淘气的学生"威胁"我。

[①] 赵昭. 老师,你怎么不记得我? [J]. 人民教育,2004(5).

跟她打完电话，我久久不能平静。当了好几年班主任，还是第一次遇到这么爽直的学生，虽然是被学生责备，但我没有生气，仔细反思自己的行为，心里又惭愧，又难过。怎么能怪学生呢？的确是自己做错了事。

"明天向苏小惠道歉！"我郑重地在当天的工作日记中写下最后一句话。

第二天，我早早地来到班里，没想到苏小惠比我来得还早，看到我走进教室，她快步迎上来，大声问候道："老师好！"

多可爱的学生啊！那天上课前，我先是向学生们讲了这件事，然后给苏小惠深深地鞠了一躬。教室里，响起了热烈的掌声，我看到，苏小惠使劲地拍着手，在她甜甜的笑容里，我知道她已经原谅了我。

几个月过去了，苏小惠现在已经成为我的一员得力干将，再说起那晚的电话，她有些不好意思，一个劲儿地说自己太不礼貌。但我却非常感激她，因为那晚的电话，不仅让我记住了她的名字，还让我懂得了很多。

（二）组织和培养班集体

组织和培养班集体是班主任工作的中心环节。班集体不仅是教育的对象，而且是教育的巨大力量。班集体不是自发形成的，而是班主任精心组织与培养的结果。马卡连柯在长期的教育实践中总结了这一宝贵经验，他说："我自己从十七岁起就当教师，我曾长时间地想过：最好先把一个学生管理好、教育好，然后再教育第二个、第三个、第十个，当所有的学生都教育好了的时候，那就会有一个良好的集体了。可是，后来我得到一个结论：有时不应当跟个别学生谈话，而要向大家公开讲话，要采取这样的方式——使每个学生都不得不参加共同的活动。这样一来，我们就教育了集体，团结了集体，加强了集体，以后，集体自身就能成为很大的教育力量了。"[1] 班集体不是一个班几十名学生的简单组合，而是具有明确的奋斗目标、健全的组织系统、严格的规章制度与纪律、强有力的领导核心、正确的舆论和优良的作风与传统的有机体。班集体一旦形成，就会成为班主任开展工作的有力助手和教育学生的巨大力量。一般来说，要建立一个健全的优秀班集体，需要做好以下几方面工作。

1. 制定班级奋斗目标

制定班级奋斗目标是班主任组织培养班集体的重要手段。目标是一种黏合剂，它可以凝聚人心，指引前进方向。班级的奋斗目标是班集体在一定时期内设定的预期活动结果，是班集体的发展方向和动力。班级是全班师生共同生活的精神家园，班主任在制定班级奋斗目标时，既要结合本班学生的思想、学习和生活的实际全盘考虑，又要充分体现学生们的意志、愿望和要求，做到共同讨论、集体决策，使班级奋斗目标成为教育学生的手段。

按照实现目标要求的时间长短，班集体的目标一般分为近期目标、中期目标、长期目标。近期目标一般以两周为限，如搞好班级课堂纪律；中期目标一般以半学期为限，如成为优秀班集体；长期目标一般以一年为限，如使每一位学生在原有基础上有所进步、有所提高。

制定班集体目标要遵循由易到难、由近及远、循序渐进、逐步提高的原则，目标要明确具体、切实可行，具有方向性、针对性、可行性和鼓舞性，推动班集体不断向更高目标前进。

---

[1] [苏联]马卡连柯. 马卡连柯全集：5卷[M]. 刘长松，等，译. 人民教育出版社，1956：404.

2. 建立班级组织机构

建立班级组织机构是班主任搞好班级工作的第一步。班级组织机构一般由班委会、团委会两部分组成。班委会负责全班的日常工作，一般设班长、副班长、学习委员、生活委员、体育委员、文艺委员各一名；团委会主要负责班级的共青团工作，一般设团支书、组织委员、宣传委员各一名。

俗话说："火车跑得快，全靠车头带。"班干部就是班集体的火车头，是班主任开展各项工作的得力助手和主要依靠对象，是班集体成长的骨干力量，因此班主任要做好班干部的选拔与培养工作。具体来说，选拔班干部时要综合考虑以下因素：一是德才兼备、全面发展；二是关心集体，有一定的组织管理能力；三是情商发展比较好，在学生中有一定的影响力、感召力、凝聚力；四是有较强的自制力，严于律己、以身作则、率先垂范。但培养班干部不是先培养好了再使用，而是培养与使用相结合。班干部一旦确定，班主任就要从以下几方面着手培养：一是要严要求，树表率；二是要交任务，压担子；三是要引正路，教方法；四是要重尝试，讲激励。班主任在帮助班干部迅速成长的同时，还要善于发现和培养新的积极分子，不断壮大积极分子队伍，以巩固和发展班集体。

3. 完善班级管理制度

俗话说："没有规矩，不成方圆。"建立完善的班级管理制度是班主任搞好班级管理工作的重要保障。完备的班级管理制度就像一个班级的骨架，只有做得结实到位，才能撑起整个班级，实现"以法治班"，提高班级管理效率。班级管理制度大致分为以下四类：一是学生在校学习的常规制度，如学生守则、班级公约等；二是课堂纪律及评比制度，如考勤制度、竞技制度等；三是学生作息制度；四是清洁卫生制度。

制定严格规范的班级管理制度应做到以下几点：一是从班级的实际出发，简洁明确地告诉学生该做什么和不该做什么，使学生心中有衡量的标准，切忌脱离实际；二是保持班级管理制度的相对稳定性、权威性，切忌朝令夕改、一曝十寒，使学生无所适从，造成班级秩序混乱；三是逐步完善班级管理制度，在确保制度稳定性的前提下，切忌保守与僵化，阻滞班级工作的正常开展；四是处理好几种关系，如"收"与"放"的关系，"民主"与"纪律"的关系，"模糊"与"量化"的关系，"奖"与"惩"的关系等；五是提倡"班级建设，我的责任"，班级这个精神家园要靠学生自己来建设，不仅让学生参与讨论班级目标，而且让学生参与制定班级制度，参与谋断班级"大事"，参与实施班级管理，使人人都有参与班级管理的机会，个个都是班级建设的主人翁，从而使每个学生都能在班集体建设实践中得到锻炼、得到发展。

4. 有计划地开展集体活动

班集体是通过有计划地开展集体活动而逐步形成的，而丰富多彩的活动正是学生心灵成长的重要营养素。只有在为实现集体的共同目标而进行的活动中，全班学生才能充分交往，互相了解，加深友谊，为良好班集体的形成奠定情感基础。通过活动过程中的相互配合、分工合作，才能增强全体学生的集体荣誉感、工作责任感，帮助学生学会分享，学会合作，学会共同生活，学会正确地处理个人与他人、个人与集体、个人与社会的关系，加速学生个体的社会化发展进程。

集体活动的形式是多种多样的，如运动会、故事会、文艺演出、竞技比赛、远足旅游、参观访问、主题班会，等等。要想实现集体活动的教育功效最大化，班主任在组织集体活动时要注意以下几点：一是要根据新形势、新任务、新信息，因地制宜、因时制宜、因人制宜，选择好活动的主题与形式。因为新颖、鲜活的活动能满足学生的心理需要，诱发他们参与活动的欲望，并给他们留下深刻的印象。活动题材的选取是多方面的，可以从课标中选定，可以从本地资源中挖掘，可以从生活事件中提炼，可以从节日娱乐中捕捉，还可以从学科教学中选择等。二是要有目的、有计划、有组织地开展活动，做到心中有数、有的放矢。三是要做好活动前的组织、宣传、发动工作，使全体师生齐唱一首歌，共下一盘棋，还要尽量争取学校、家庭、社会力量的积极配合。四是要寓教于乐，把活动的思想性、知识性、趣味性有机结合起来，让学生在玩中学，玩中求进步。另外，开展活动还要尊重学生的意愿，把活动的指挥棒交给学生，充分发挥学生的自主性和创造性，让学生成为活动的真正主人。陶行知说："最好的教育是教学生自己做自己的先生。"只有尊重学生们的自主创造、自主发展的内心需求，尊重他们的意愿和选择，活动才能产生无限的魅力。

5. 培养正确的集体舆论和良好的班风

集体舆论就是班级中占优势的、为大多数人所赞同的言论和意见。正确的集体舆论对班级每个成员都是一种教育力量，也是学生自我教育的有效手段。它能够弘扬正气，抵御歪风，帮助学生识别是非、善恶、美丑，激发学生"班兴我荣，班衰我耻"的集体荣誉感和责任感，培养积极向上的良好班风，锻铸班级精神，促进学生健康成长。

正确的集体舆论是良好班风形成的基础和支撑力量。一个班级的集体舆论持久地发生作用，就形成了一种风气，这种风气被巩固和保持下来，成为自觉遵守的行为规范或习惯，就形成了班风。所以，班风是指一个班级具有自身特色的稳定的班集体作风，它是班级大多数成员的思想认识、情感意志、言论行动和精神状态的综合反映，是班级文化建设的核心和精髓所在。班风对学生的思想和行为的影响，往往比规章制度更具有约束力。可以说，形成正确的集体舆论和良好的班风是班集体形成的重要标志之一。但正确的舆论和良好的班风不可能自发形成，需要经过班主任长期不懈地教育和培养才能形成。

（三）组织好班会

班会是以班集体为单位，全班同学参加的，关于全体同学事务的班级会议。班会是班级管理的重要组成部分，也是影响学生发展的重要形式。班会一般有主题班会和常规班会两种类型。常规班会涉及全班性问题，主要是针对班级内已经开展或即将开展的活动进行讨论、交流、安排、总结等。主题班会是以设定的主题为中心，并围绕主题召开的班级会议。主题班会要求内容集中，形式新颖并富于变化，要尽量使全班学生都能够进入班会要求的角色，要经过较充分的准备，力求使班会形成很突出的效果并能在班会后得到延续。

班会对于帮助学生确立正确的思想和观念，对于实现班级管理目标，对于培养学生的自我教育能力都具有重要的价值。有时候一次成功的班会，常常使学生终生不忘，留有深刻的记忆。这是因为这种班会真正触及学生灵魂，真正为他们的成长注入了营养，真正激励和感染了学生。一次好的班会，也体现了班主任较高的教育素养和卓越的组织能力。组织好班会，应做好以下几个方面的工作：

1. 确定好班会主题，做好班会准备工作

确定好班会的主题是开好班会的前提。确定班会的主题一般有三个方面的依据：一是依据班级工作计划和班级阶段性工作目标。围绕班集体建设的目标和计划，通过班会进行总结、分析和部署。二是依据班级学生在学习、生活和行为规范方面存在的共性或典型问题。三是依据国家、地区或学校提出的关于学生发展和成长的特定形势和任务。

2. 充分发挥学生的参与意识，让学生成为班会的主人

在班会活动中，常见的问题是班主任用心良苦，在设计、组织，甚至布置班会的场地等许多方面都事必躬亲，结果班会的效果并不理想；有时看似热闹，实则收获甚微。究其原因就是忽视了学生的主动性和积极性。这要求班主任要充分了解学生的思想、需要和兴趣，在班会过程中要引导和支持学生大胆发言，积极讨论，甚至是鼓励学生就关键问题展开讨论。在此基础上，班主任适时点拨、引导和总结，以达到分享观点、达成共识的效果。

3. 创新班会形式和内容

班会的主要参加者是中小学生，他们具有不同于成人的心理特点和认识倾向。这就要求班主任要避免班会形式简单和内容狭窄，防止将班会开成训话会、任务安排会和读报会。要根据学生思维活跃、想象力丰富、富于热情的特点，创新班会的形式和内容，增强学生对班会的兴趣，让班会起到启迪智慧、激发情感、凝聚人心的作用。

（四）指导学生学会学习

21世纪是知识经济时代，知识经济需要高效学习的方法。21世纪的文盲不是那些没有知识的人，而是那些不会学习的人。指导学生学会学习是班主任工作的一项重要内容。许多班主任在班级管理中意识不到学习指导的重要性，或以学习要求代替学习指导，或习惯于"逼"学生完成学习任务，或只看分数不重能力，或只重视智力因素忽视非智力因素，这些都是班级教学管理的误区。其实，指导学生学会学习是提高学生学习成绩、提升学习效率、保障学校教育教学质量的关键。

指导学生学会学习可以从以下几方面入手。

1. 端正学习态度，让学生自动自发地学习

美国著名畅销书作者阿尔伯特·哈伯德在其著作《自动自发地工作》一书中写道："什么是自动自发？让我来告诉你吧！自动自发就是不用别人吩咐，不用别人要求，他就能主动而且出色地完成工作。"启发学生自动自发地学习，既是知识经济时代的要求，也是素质教育的目的，更是学生身心和谐发展的需要。作为班主任，应在日常班级管理工作中，采取多种方式和手段培养学生正确的学习动机、浓厚的学习兴趣、积极的学习情绪、坚韧的学习意志，变"依赖式学习"或"被迫式学习"为"自动上弦式学习"或"自觉主动式学习"。

2. 增强学习能力，让学生轻松高效地学习

传统的观念认为，遵守纪律是学生正常学习和提高成绩的保证。因此，历来很多班主任都在维护学生学习纪律上狠下工夫，如要求学生遵守学校制度，不迟到、不早退、不旷课；

要求学生遵守课堂纪律，认真听讲，按时完成学习任务，等等。其实，轻松高效的学习是提高学习效率的关键。但怎样才能减轻学生的课业负担，让学生投入到轻松愉快的学习中去呢？关键在于班主任和各科教师要注意培养和提高学生的学习能力，包括培养学生稳定的注意力、敏锐的观察力、高超的记忆力、敏捷的思维能力和丰富的想象力以及主动自觉的自学能力等。

3. 优化学习方法，让学生自由舒展地学习

正确的教育观念、强烈的学习欲望和科学的学习策略方法是大大提高学习效率的三大法宝。多年的教育实践也证明，学习成绩最好的学生并非是那些学习最用功的学生，而是那些摸索出一套最佳的学习方法，学习效率高的学生。因此，优化学生的学习方法和培养良好的学习习惯是提高学生学业成绩的一个重要条件。班主任要了解学生的学习心理规律，了解学生的学习方法和学习习惯，也可请学科专家做方法指导，或请学习状元介绍学习经验，有针对性地引导、帮助学业不良者排除学习能力障碍，使他们逐步掌握认知策略，改进学习方法，自由而舒展地学习。

（五）做好个别教育工作

集体教育与个别教育是相辅相成的。班主任在教育集体时，实际上也在教育学生个人；而他在对个别学生进行教育时，也要立足于班集体。个别教育是针对学生存在个别差异性而提出来的，做好个别教育工作对整个班集体的培养和教育至关重要。从学生的学习和品德状况来看，学生可以分为优等生、中等生、后进生三大类。因此，班主任在抓好集体教育的同时，还要根据学生个人的兴趣、能力、气质、性格、情感、需要和品德、知识等方面的差异，采用不同的教育方法，做好个别教育工作。具体从以下几个方面着手。

1. 做好优秀生的培养教育

优秀生一般指班级中德、智、体、美、劳各方面发展都较好的学生。他们德才兼备、品学兼优，有极强的自尊心和荣誉感，有较强的进取精神，有强烈的超群意识和竞争意识，在同学当中具有较高的威信和影响。但优秀学生也是发展中的人，他们身上也必定存在某些方面的缺点和不足，需要班主任给予指导和帮助。如骄傲自大、目中无人、爱面子、讲虚荣、嫉妒心较强、抗挫折能力低等。班主任要针对优秀生的特点，加强对他们的培养教育。一是要坚持全面的、发展的观点。既要肯定其长处，又要看到其不足；要扬其所长，补其所短；避免"月晕效应"中"一俊遮百丑"的现象。二是要坚持高标准、严要求。鼓响重锤，使其严于律己、防微杜渐、百尺竿头，更进一步；但要注意把握标准与要求的尺度，以免损伤学生的自尊与自信。三是要加强对优秀学生的指导与教育，培养其正确的竞争意识，避免产生"木桶原理"中的"短板"现象。

2. 做好后进生的转化教育

后进是与先进相对而言的，后进者有后来进步之意。以我国的教育目的及培养目标作为标尺，后进生是指那些在品学方面都达不到培养目标所提出的阶段性要求的学生。这类学生在班上虽然人数不多，但破坏性很强，影响面很广，不可小看。做好后进生的转化教育，在班主任的个别教育工作中具有特别重要的意义。

一般来说，后进生具有以下特点。

一是道德观念出现偏差。后进生由于道德上的无知和道德观念出现偏差，导致生活中很多不道德行为的出现。如把尊重老师看成是"逢迎""拍马"，把向老师反映情况说成是"出卖同学"，把顶撞老师和不遵守纪律当成是"勇敢"，把互相包庇缺点和错误当成是"讲义气"，等等。由于后进生辨别是非能力差，是非观模糊，缺乏独立的道德评价能力和必要的社会知识经验，对社会上的某些言论和行为的好坏、善恶等无法做出正确的认识和评价，出现随意模仿、盲目跟风，甚至颠倒是非，导致信仰危机。

二是情绪急躁，自控能力差。俗话说："无知者无畏"。后进生由于知识经验少，文化修养差，情绪多处于不稳定状态，易怒、善变，且思维简单，江湖义气重，容易脑子一热，不顾一切，做出害人害己，无法挽回的事情。

三是意志品质薄弱。意志力是人们克服障碍，调节自己行为与思想感情的精神动力。由于后进生是非观模糊、意志力弱、自制力差，容易受外界不良诱因的影响而经常或反复做出违背公德和违反纪律的行为。

四是行为习惯不良。后进生多存在着迟到早退、抄袭别人作业、考试作弊、小偷小摸、投机取巧等不良的行为习惯。由于他们的意志力薄弱，已经养成的这些不良习惯，改正起来非常困难，即使改正了，也容易旧病复发。

五是自尊心变态。后进生和正常学生一样有强烈的自尊心，但由于学业不良、品德缺陷，经常受到老师的批评与惩罚，因自尊心得不到满足而自卑，甚至自暴自弃、盲目自大、心理逆反，有时故意捣乱以引人注意，或明知故犯，表现出一种变态的自尊。

六是进取心枯萎。后进生和其他学生一样渴望获得好成绩，但由于多种原因导致学习成绩较差，加上老师的冷落和过多的否定评价，致使他们失去学习的兴趣，进而导致学习动机的泯灭和进取心的枯萎，甚至视学校如囹圄，视学习为畏途，视老师如寇仇，破罐子破摔，辍学、逃学等。

俗话说："浪子回头金不换"。那么，如何做好后进生的教育转化工作呢？具体说来，做好后进生的教育转化工作需要从以下几方面着手。

（1）分析后进生形成原因，对症下药。

后进生形成的原因是多种多样的，既有家庭、社会、学校的因素，也有自身的原因。后进生的问题也是错综复杂的，而且后进生的心理状态十分复杂，存在着许多矛盾，如强烈的自尊心得不到尊重、极强的好胜心却不能取胜、要求进步但意志薄弱等。作为班主任应能透过现象看本质，摸清后进生后进的表现和程度，分析后进生形成的原因和问题的症结，有的放矢，对症下药，顺利完成转化。

（2）真诚热爱关心他们，树立信心。

教师的灵魂在师德，师德的灵魂在于教师对学生的爱。"爱满天下"是当年陶行知先生倡导过的一句座右铭。他曾告诫对学生滥施惩罚的人说："你的鞭子下有瓦特，你的冷眼中有牛顿，你的讥笑中有爱迪生。"教育实践表明，爱是转化后进生的基础和首要条件。一般来说，后进生大多是被爱遗忘的人，他们成长在批评、指责、打骂的环境中，受人歧视，遭人嫌弃，缺乏自尊、自信，性格往往变得粗野孤僻。因此，班主任应树立正确的学生观，关心每一个学生，尤其关心后进生的成长，用博大的胸怀包容他们，真诚地热爱关心他们，用教育代替厌弃，用亲近代替疏远，用信任代替怀疑，用关心代替怨恨，用引导代替训斥，用提醒代替讥讽，用鼓励代替责骂，融化他们心头的坚冰，打开他们的心灵之门，抚平他们心灵的创伤，使其重塑自我、重拾自信。

（3）善于利用迁移规律，培养兴趣。

后进生往往是学习和品德的"双差生"，班主任应首先以爱的教育为主线，以情感教育为突破口，加强对后进生的思想品德教育，使其逐步学会爱老师、爱父母、爱同学、爱他人，进而感恩老师、感恩父母、感恩社会。其次要通过后进生身上表现出的消极面看到其潜在的积极因素，透过屡犯错误的现象看到其中进步的苗头，找出潜藏在他们心灵深处的闪光点，利用积极因素克服消极因素，促使其不断进步。最后要根据他们的爱好和特长，遵循长善救失的原则，利用迁移的规律，培养其学习的兴趣，增强其学习的能力，促使其不断完善和发展。

（4）耐心细致培养教育，永不言弃。

十年树木，百年树人。培养人是一项长期的、复杂的工作，学生知识的积累、智力的发展、能力的形成、道德品质的培养、世界观的确立，所有这些都是日积月累的结果，"立竿见影"是不可能的，"揠苗助长"更是错误的。把一个人培养成为能够独立生活，能够服务社会，能够为人类作出贡献的合格人才，不是一朝一夕之功。青少年正值成长期，思想、行为都不成熟。后进生的转变，不能幻想"毕其功于一役。"作为班主任应有足够的耐心，要有打持久战的精神准备，要反复抓、抓反复，坚持教育的连续性，悉心诱导、耐心转化，持之以恒，永不言弃。要坚信没有真正的后进生，只要扭曲的心灵能得到矫正，身心潜能得到发挥，每个后进生都能成为好学生。

总之，后进生的教育转化工作，没有现成的模式，没有固定的方法，需要班主任根据学生的实际情况，进行长期的、艰苦的、创造性的工作，才能收到事半功倍的效果。

3. 做好中等生的促进教育

中等生是指那些在品学方面基本上达到培养目标所提出的阶段性要求的学生。他们虽然是学生中的绝大多数，但由于学业和品德表现平常，优点和缺点都不太明显，使班主任对其关注不够。因此，在班主任照顾两端、忽视中间的教育情境下，心理状态非常复杂，大多缺乏自信，心理失落，甘居中游，随大流。班主任应充分发挥班级舆论的作用，挖掘中等生身上潜藏的积极因素，克服其从众心理，帮助他们树立信心、鼓足勇气、迎难而上、争当上游。

（六）协调和统一各方面的教育影响

一个人的成长和发展是学校、家庭和社会三者综合作用的结果。班主任要想做好班级工作，不仅需要学校领导、同事以及任课教师的支持与配合，而且需要家庭、社会有关人士的通力合作。班主任应协调和统一各方面的教育影响，形成教育合力，具体应从以下两方面着手。

1. 统一校内教育影响

为利于班级工作的开展，班主任首先应统一学校领导的教育影响。尊重领导，支持并配合领导的工作，自觉地将本班的工作置于领导严格的监督之下，主动争取学校领导的关心、指导与帮助。其次应统一班级任课教师的影响。要经常与本班任课教师取得联系，针对学生存在的问题，加强沟通，达成共识；要在任课教师和学生之间发挥桥梁中介作用，不仅邀请任课教师参与本班工作，而且注重协调任课教师之间、任课教师与学生之间的关系。最后应统一本班班委会、团委会以及共青团、少先队的教育影响。要经常与班干部沟通思想，交换意见，充分发挥共青团、少先队的先锋模范作用，使全体学生相互配合、互相协调、齐心协力，为组建良好的班集体、形成良好的班风而努力。

2. 争取校外支持配合

班主任是联系学校、家庭和社会的活的环节和纽带。一方面，他通过家访、家长会、家长学校、家长档案、电话、网络等形式，向家长宣传国家的教育目的和学校的培养目标，传递正确的教育观念和科学的教育方法，广泛听取家长的意见和建议，使家庭教育与学校教育配合一致，发挥富有成效的综合教育作用；另一方面，因为社会教育的机构多，内容丰富，影响复杂，班主任要想充分利用社会中的各种教育力量，就必须及时了解当下的社会动态、舆论导向，指导学生如何面对复杂的社会环境、多变的社会生活，组织学生广泛接触社会、参与社会生活，最大限度地利用家庭、社区教育资源，建立三位一体的立体化的教育网络，形成教育合力，共同为学生的发展服务。

（七）做好学生操行评定

操行评定是班主任对学生一个学期（或一个学年）以来的思想品德、学习、劳动、文体活动以及社会工作等方面发展变化情况的评价。操行评定是班级管理的重要内容，也是班主任对学生进行思想品德教育的重要方法。操行评定一般采用评语方式，有的还要评定出优、良、中、差四个等级。

操行评定的根本目的在于教育学生，它对于班主任、学生及家长都具有十分重要的意义。它有助于班主任了解学生、教育学生，总结工作经验教训；有助于学生了解自己的思想品德表现、优点与不足，督促学生自我反思，扬长避短；有助于家长了解子女，更好地配合学校协调一致地教育子女。

班主任在对学生进行操行评定时，应注意以下几个问题。

一要全面。要坚持以全面的、发展的观点看待学生，既要看到学生的思想认识，又要看其态度和行为；既要看学生原有的基础，又要看其一个学期以来的发展变化情况；既要看学生的学习情况，又要看其思想品德、劳动、文体活动以及社会工作等情况。

二要客观。要坚持实事求是的原则，对学生的评价要客观、真实、准确。切实做到恰如其人，恰如其分，符合学生的年龄特点和个性特征。既不能无中生有，又不能夸大其词，更不要以个人的好恶主导评价。

三要一分为二。既要看到学生的优点与长处，又要看到学生的缺点与不足，切忌评语"一边倒"，好的天花乱坠，十全十美；"坏"的一无是处，无可救药。要让每一个学生都能看到自身的优点与希望，获得前进的信心与勇气；同时又能感到自身的不足，明确下一步努力的方向。

四要简明扼要。操行评语要简洁明快，干净利落，不繁杂冗长、拖泥带水。文字准确清晰，用词贴切恰当，内容全面概括，达到"一不走样，二不凌乱，三不啰唆"，即综合概括力要强，真正做到"片言可以明百意"，"言有尽而意无穷"。切忌空洞、抽象、一般化，严防用词不当，引起家长误解，伤害学生感情。

（八）做好班主任工作的计划与总结

班主任工作头绪多、任务重、难度大、牵涉面广、连续性强。为了保证班主任工作有计划、有步骤地进行，必须做好新学期班主任工作计划的制定工作。新学期班主任工作计划的制定必须依据上学期班主任工作总结，也必须根据本学期班主任工作计划的执行情况。由此可见，班主任工作的计划和总结是相辅相成、互为因果、有机统一的。

班主任工作计划按性质来划分，有综合计划和单项计划；按时间来划分，有周计划、月计划、学期计划、学年计划。但在通常情况下，班主任开展班级工作最常用的计划是学期工作计划和具体执行计划。学期工作计划比较完整，基本内容包括：班级基本情况和学生学习发展状况的分析；班级管理的目标、任务、内容、重点、难点及时间安排；完成管理目标采取的方法、手段；按周次或月次列出每周或每月工作要点和完成方式等。具体执行计划可以按周或月来制定，也可按活动来制定。具体内容包括：计划的目的要求，活动内容、形式和方法，时间安排，分工，完成的步骤和期限等。总之，班主任工作计划没有固定的格式，既可用文字叙述的形式，也可用表格形式，究竟采用何种形式，需依照实际情况而定。

班主任工作总结可分为全面总结和专题总结两种。全面总结是对班主任一学期或一学年的工作进行全面系统的分析和评价，专题总结是对班主任工作中的某一方面或某个问题进行分析和评价。为了做好班主任工作总结，需注意以下几方面：一要重视积累材料。"巧妇难为无米之炊"，班主任应通过写"班级工作日志""班主任日记"等形式把班级工作的情况、有关学生、老师和家长的反应以及自己的想法等记录下来；也要把学生、教师或家长参加活动的计划、总结以及个人的认识与体会保存下来，为我所用。二要实事求是，一分为二。既要总结成绩，又要指出失误；既要记述工作事实与过程，又要从理论上进行分析与研究，摸清取得成绩的根据和产生失误的原因，总结出规律性的经验教训，制定出切实可行的工作原则和方法，以进一步完善班主任工作。

五、班主任工作的艺术

班主任工作的艺术，是指班主任在对本职工作深刻认识的基础上、在长期的工作实践中形成的，凝聚着班主任的知识、能力和智慧，能有效感化和影响学生的技能和技巧。一位优秀的班主任一定是一位擅长交流、擅长感染、擅长转化的"教育艺术家"。

（一）交流沟通的艺术

1. 建立平等的沟通关系

沟通从本质上是一种"人—人"交流，这里的"人—人"关系是平等、对等关系。但班主任与学生之间特殊的角色关系，决定了他们事实上存在着非对等性关系，前者是教育者，后者是受教育者；前者是管理者，后者是被管理者。这种非对等性关系，决定了班主任和学生容易产生一种"先入为主"的角色意识。这种角色意识反映到班主任身上，就是以权威自居、高高在上；反映到学生身上，就是被动接受、"洗耳恭听"。在这样"先入为主"的角色意识支配下，沟通很难进行，班主任很难了解到学生的真实感受和想法，学生也很难心悦诚服地接受班主任的建议和要求。为此，确立平等的交流关系就十分必要。

首先，班主任要有尊重、宽容的交流态度。尊重的前提是理解，理解的前提是倾听，倾听的前提是善意和宽容。宽容和尊重是一种沟通的态度，也是一种沟通的基调。这要求班主任在沟通的语气上要平易近人、和蔼可亲；在场所的选择上，要安排一些情境化的、让学生感觉亲切自然的地点，如操场边、校园景观旁的石凳等，而避免将学生直接带到办公室，形成师生间"一坐一站"式的交流方式，这容易让学生产生明显的角色暗示和心理压力，影响学生的表达和交流。

其次，在沟通的方式上，应该以倾听为主。在沟通的过程中，班主任需要将自己的观点、建议，包括对学生缺点的分析表达出来，但更重要的是，要通过沟通了解学生的所思、所想、所盼；要通过沟通验证或否证班主任对学生平时行为表现的原因分析。班主任过多的说教，不但剥夺了学生表达的时间，也容易让学生产生抵触情绪，所谓"教师说得越多，学生听得越少"。因此，教师应以倾听为主，多引导学生自由地表达自己的想法、见解和观点。唯有此，才可以真正实现加深了解、促进发展的沟通效果。

2. 创新沟通的方式

班主任与学生沟通的根本目的是师生间增进了解，增加信任。要实现这种目的，就必须在传统单调的师生间一问一答的对话式交流方式以外，寻找更活泼有效的沟通方式。使用书面的交流方式。传统的面对面交谈的沟通方法尽管有一些积极效果，但也存在一些弊端。例如，有的学生畏于教师权威，不敢当面向教师吐露心声；有时教师难以控制自己的情绪，造成面谈交流失败。针对这些问题，不少教师探索出书面交流法，让自己真正了解学生，让学生深入了解教师。书面交流包括多种形式，可以是学生写"成长日记"，写"教师评语"，也可以是师生互传"小纸条"。如一位教师在学期结束时，鼓励班里每位学生给老师写一份评语。有学生写道："老师，我碰到不会做的题目，你会耐心地教我。"有学生则写："老师，你有时脾气急躁，生气时就板起面孔。"众多来自学生的评价，反映了学生对教师的真实看法，为教师完善班级管理提供了参考资源。[①]

使用"一对多"的沟通方式。传统的沟通方式是"一对一"，即一位教师与一位学生沟通。这种沟通方式具有很强的针对性，可以加深教师对学生的了解；这种沟通方式也具有一定的保密性，在沟通中，有利于学生向教师倾吐心声、表达内心感受。但这种沟通方式也有一定的弊端，比如，由于教师特殊的角色地位，让学生有畏惧感；学生在与教师交流中有时候不好意思说出自己的优点和成绩等。在"一对多"的交流中，创设了一种宽松的交流氛围，学生之间易于互相影响，互相启发，也利于学生之间互相补充，在这种自然宽松的氛围中，学生也容易在"不经意间"向教师传递同学的优点和成绩等信息，增加了教师对学生的了解。

3. 把握沟通的合理时机

"好雨知时节，当春乃发生。"班主任把握沟通的时机，是指班主任选择恰当的时间和机会，以有利于师生间开展心灵的对话和情感的交流。有时学生一时会产生某种要求，或受到某种外界的刺激；或由于某种情感发生变化，会使他们一时心理失去平衡，处于某种"饥渴"状态。这种心理的"饥渴"状态，是班主任开展沟通的好时机，一般有以下几种情况：

[①] 曾文婕，等. 新世纪我国小学班级管理方法开发的现状与展望[J]. 教育科学研究，2011（10）：42.

一是抓住关键期。所谓关键期，是指班主任与学生交流沟通，要选择一些重要的时间节点。学生发展和变化的时间节点既是偶然的，也是可预期的。学生在学校学习和生活期间，任何一个时间、任何一个地点发生的事件对学生都会产生影响，从这个意义上讲，学生的发展变化是不可预期的。所谓学生的发展是可预期的，是指在学校生活中，总有一些重要的时间段与学生的某些变化相联系，比如开学之初、考试之前、表彰和处罚一些学生时、学校内一些定期的活动当中或之后……在这些时候，学生容易出现各种各样的变化，班主任若能抓住时机，及时开展相应的沟通交流活动，容易起到较好的效果。

二是抓住关键点。所谓关键点，是指学生在学习和生活中，由于各种原因在心理、情感和行为等方面表现出的特殊状态。教师利用好这种特殊状态，可以很好地影响和转化学生。这些关键点包括：学生取得成绩、受到鼓舞的兴奋点；学生遭遇挫折、经受打击的波折点；学生对新鲜、新奇事物产生好奇的兴趣点；学生思想和行为产生积极或消极变化的转折点等。教师抓住这些关键点，适时进行交流和沟通，也容易产生较好的效果。

（二）感染陶冶的艺术

感染陶冶的艺术，是指班主任通过各种方式，对学生的情感实施积极的影响，培育学生的积极人格、塑造学生良好行为的教育艺术。

1. 以情育情

感染陶冶的基本特征是潜移默化，最有效的潜移默化是积极的班级氛围和班主任良好的人格对学生的影响。这两种影响方式的共同特征是"以情育情"，即强调班集体积极的情绪和情感对学生的感染和影响。

（1）重视班级环境对学生情感的影响。

班级环境包括班级的人际环境和物质环境。班级的人际环境主要指良好的班级氛围，包括融洽的师生关系和友爱的同学关系。师生关系和同学关系处于和谐友爱之中，就会使学生产生情感上的满足和心理上的依恋，就会帮助学生建立起友爱、关心、同情、移情等积极的情绪体验。这种积极的情绪体验，不仅包括诸如来自教师的关爱、同学的关心等接受式体验，还包括关爱别人、体谅别人等付出式情绪体验。作为班主任，除了要建设和培育好班集体，还要通过积极主动的行为，促进积极班级氛围的形成，使学生生活在爱的关系中。从情感上受到感染，比如班主任用亲切的态度对待学生，用美好的语言评价学生，用愉悦的情绪感染学生等。

班级的物质环境除了包括教室的环境布置、物品的摆放等显性环境外，还包括由这些显性物质环境所衍生的班级文化和班级氛围。显性的物质环境之所以具有情感教育作用，关键在于班主任创新的思考和设计。如班级开设"小天使之家"生态角，里面安排一列学生们喜爱的小植物和各种树叶标本等，营造关爱自然的班级文化。

（2）班主任良好人格对学生的感化作用。

班主任良好的人格和积极的心态，就好像一个巨大的心理磁场，无时无刻不对学生的心理和情感产生积极的影响。中小学生具有较强的向师性，教师在他们的心目中不但是伦理的榜样，也是精神的领袖和品格的楷模。相对于一般教师，班主任在学生心中的影响力更为深刻，对学生的影响更为持久。班主任的魅力、品格和性情倾向，常常让学生产生信赖、依恋和景仰之情。"教师一眸关怀的眼神、一个喜爱的抚摸、一簇满意的笑容、一句期望的话语等，诸如此类的积极情感的给予，会为学生营造家的温馨空间，满足学生的安全需要，给学生带来安定、快乐、惬意、舒心、优雅和清新的感受。"[①]学生这种景仰之情一旦产生，就会产生共鸣效应和模仿效应，并自觉地在自己的行为中践行。这要求班主任加强自身的个性修养，提升自己的人格魅力，为学生积极情感的形成提供支持和帮助。

2. 以行育情

组织和安排丰富多样的活动，及时强化学生的良好行为，也是培育学生积极情感的有效方式。

（1）挖掘班级活动中的情感教育因素。

组织和安排丰富多样的活动，不仅能丰富学生的精神生活和情感世界，也可以从多方面感染和影响学生。比如学生从班集体的活动中感受到团结友爱的氛围，在师生合作中体验到师爱的温暖，在文体活动中体会美感的享受和青春的活力，在社会交往活动中体会人格的尊严和人际关怀的情意，在公益活动中感受到公共精神的温暖，在处理各种矛盾和冲突中感受到理智感和道德感的力量。

（2）发挥榜样对学生的陶冶作用。

对学生的良好行为予以及时的强化，有利于帮助学生形成积极愉快的情绪体验，有利于巩固和强化良好的行为方式和行为习惯。对学生积极行为的强化一般有两种方式：直接强化和替代性强化。直接强化，就是针对学生的某一个良好的行为进行及时的鼓励、肯定或者奖励，让学生获得愉快的体验和成功的乐趣。所谓替代性强化，按照心理学家班杜拉的观点，就是当学生观察到别人因某一个良好的行为产生愉快和积极的结果后，自身受到强化。而替代性强化的关键是要选好榜样，班主任可以选择各个时段、各个领域、各个年龄、各种身份的人物作为学生模仿和学习的榜样，但在班集体教育中，班主任和班级同学是最重要的榜样。

班主任作为学校委托的班级组织负责人，具有天然的可信赖性，如果班主任能够合理地运用这一影响力，并在人格、品行和行为方式等方面给学生以感染和影响，则不但强化了学生对班主任的信赖感，也容易对学生的态度和情感产生积极的影响。同学作为学生班集体生活中的"重要他人"，其榜样的教育价值在于，同学之间年龄、经历、生活环境和面临着的任务与困难具有相似性，同学榜样更可信、更具有说服力。班主任充分利用同学中的榜样实施情感教育，可以起到更加积极的效果和作用。

（三）行为转化的艺术

不少班主任都将"行为转化"的对象局限于问题学生。这样的观点有一定的道理，因为问题学生更多地在学习成绩、品德心理等方面表现不良，并给班级管理带来不良影响。这样的观点也有一定的片面性。除了问题学生需要行为转化以外，那些在班主任看来是优等生或中等生也需要行为转化。因为，优等生或中等生虽然在总体上要比问题学生更遵守纪律、学习习惯更好，但他们身上也常常出现各种各样的问题，有些问题发生在学校，有些问题发生在家庭和社会，有些问题表现得很隐蔽，有些问题甚至表现得很严重。

[①] 徐志刚，朱小曼. 情感培育：在小学生心中播下道德的种子[J]. 中国教育学刊，2011（6）：65.

因此，这里"行为转化"的对象就不再专属于"问题学生"，而是指班集体中所有在行为方面存在问题的学生，这里的"问题"，是指班级学生在日常生活中表现出的不良行为，既包括偶然表现出的不良行为，也包括经常表现出的不良行为。

1. 对偶发不良行为的转化

所谓偶发不良行为，就是指一贯表现良好的学生偶尔表现出的不良行为。对于这类行为，从程度上分，有较为严重的问题行为和一般问题行为；从引发问题行为的原因上分，有激情引发的问题行为和学生内在品德和素质结构特征引发的问题行为。

首先，对于严重的问题行为和一般的问题行为要区别对待。对于那些严重违反纪律，给他人带来严重伤害或给集体带来不良影响的行为，要及时制止，避免事态进一步恶化。对于一般的问题行为，尤其是那些暂时对别人不构成伤害、不会产生严重消极后果的行为，教师可以采用"冷处理"的方式。冷处理的方式有两个优点，一是避免过早介入而激化矛盾；二是冷处理后，有利于学生自我反思、自我分析。

其次，对于激情引发的不良行为和学生内在素质结构引发的不良行为要区别对待。偶发性不良行为大部分由激情引发。这些学生平时表现一贯良好，但在特定的情境下，会突然出现与平时行为方式不一致的不良表现，如由于同学、老师和父母误解产生的委屈，由于其他同学的语言和行为刺激等。对于这类行为，一般经过积极引导，帮助学生化解激情状态，就可以有效带领学生走出不良行为及其带来的影响。因品德和素质结构引发的不良行为是指，由于学生在认识、性格等方面固有的缺陷引起的不良行为，而这类缺陷在平时学校生活中没有表现出来。教育者应该对这类行为足够重视，特别是对于少数所谓的"优等生"而言，由于他们平时在学习等方面的一贯良好表现，容易遮盖这些不良倾向，如果教师不能及时发现和纠正，长此以往，会产生更为严重的不良后果。对于这类问题，关键是要通过深入的沟通、细致的观察，以及与家长的交流，对学生品德和素质结构的内在原因分析清楚，有针对性地采取教育措施。

2. 对经常性不良行为的转化

经常性不良行为，是指学生在学习和生活中经常出现的违纪行为，或者严重的道德过错，甚至是轻微的违法行为。这类学生常常被称为"问题学生"，并常常给教师和同学产生不好的印象，让家长和班主任感到焦虑。对于这类学生而言，长期的不良行为，以及师生对他们的不良印象相互作用，互相强化，使得转化他们十分困难。为此，班主任重点要做好以下几个方面的工作：

首先，要用积极的情绪和态度对待他们。这种积极的情绪和态度，不是转化他们的权宜之计，而是对他们深刻认识基础上的一种发自内心的情绪状态。虽然他们经常出现不良行为，甚至还会产生严重的消极后果，但这并不能成为教育者厌恶他们、歧视他们的理由。对于他们而言，问题行为的产生是多样的，由家庭教育失范、家庭环境影响、外部环境诱导等多种因素所致。作为未成年人，他们自制力弱，分辨能力差，在诸多因素作用下，他们"不自觉地"出现了习惯性不良行为。从这个意义上讲，他们是需要教师帮助的"不幸者"。此外，每一个学生都具有自己的优势和优点，都具有无限发展的可能性与潜能，任何教育者都不能无视这些优势的存在，而对孩子的未来失望。从这个意义上讲，转化差生的首要方式是，要对学生抱有信心、持有希望、坚守信念。

其次，要积极分析不良行为产生的原因。学生产生不良行为的原因是多方面的，教育者对原因的深入分析，是转化他们的关键。对他们的了解，不仅要分析学生自身的原因，还要分析家庭和社会的影响；不仅要分析生理原因，还要分析心理特征；不仅要分析表面原因，还要分析不良行为的发生机制。如对于因家庭教育方式不当造成的行为，要加强与家长的交流与沟通；对于因自身认识造成的行为，教育者应通过各种方式引导学生确立积极的态度和观点。

最后，因势利导，正面教育与严格要求相结合。对于"问题学生"的转化教育，切忌使用压服、训斥的教育方式，更不能采用粗暴的惩罚教育。粗暴的惩罚教育，不但容易让学生产生对立与抵触情绪，还错失了让学生反思和剖析的机会，贻误了教育的时机。对于经常出现问题行为的学生，班主任不仅要有信心，更要有耐心，要深入细致地对他们的表现和行为进行分析，要立足于疏导，以情感人、以理服人，不断提高学生的自我认识，促其自我反省，帮其自我调控。同时，教育者应该针对学生经常发生的错误，向他们不断提出经过努力可以达到的教育要求，甚至可以与他们"签订违规协议"，一旦违反，即对他们予以适当的批评和惩罚；还要针对他们的优点和成绩及时抓住时机，给予鼓励、支持和引导，促其良好行为的保持。

思考题：

1. 了解德育的意义和内容。
2. 理解德育过程的规律。
3. 德育的原则有哪些？
4. 回顾中学时代老师用过的德育方法，你认为该如何使用这些方法？
5. 结合实际，如何根据德育过程的规律对学生进行教育。
6. 对于班级管理的内容，除了本章介绍的几种外，你觉得还有哪些工作属于班级管理的范畴？
7. 班集体的特征有哪些？如何组织和培养班集体？
8. 班主任的角色有哪些？
9. 什么是班主任的素养？作为中小学班主任应具有哪些素养？
10. 班主任应做好哪些常规工作？
11. 作为班主任，应如何提高自己的工作艺术？

参考文献

[1] James M Banner, Jr, Harold C Cannon. 现代教师与学生必备的素质[M]. 北京：中国轻工业出版社，2000.
[2] 蔡慧琴，饶玲，叶存洪. 有效课堂教学策略[M]. 重庆：重庆大学出版社，2008.
[3] 陈玉琨. 教育评价学[M]. 北京：人民教育出版社，1999.
[4] 陈月茹. 课堂教学组织与管理[M]. 济南：山东人民出版社，2010.
[5] 崔石挺. 复式教学[M]. 济南：山东教育出版社，1984.
[6] 崔允漷. 有效教学[M]. 上海：华东师范大学出版社，2009.
[7] 丁锦宏. 教育学[M]. 南京：南京大学出版社，2004.
[8] 冯建军. 当代教育原理[M]. 南京：南京师范大学出版社，2009.
[9] 高曼. EQ[M]. 张美惠，译. 台北：时报出版公司，1996.
[10] 贺乐凡. 中小学教育管理[M]. 上海：华东师范大学出版社，2000.
[11] 扈中平，李方，张俊洪. 现代教育学[M]. 北京：高等教育出版社，2006.
[12] 黄崴. 教育法学[M]. 北京：高等教育出版社，2007.
[13] 贾玉霞，姬建锋，李峰. 教育学[M]. 西安：陕西人民出版社，2011.
[14] 教育部师范教育司. 教师专业化的理论与实践[M]. 北京：人民教育出版社，2003.
[15] 夸美纽斯. 大教学论[M]. 北京：人民教育出版社，1984.
[16] 劳凯声. 教育法学[M]. 沈阳：辽宁大学出版社，2000.
[17] 李秉德. 教学论[M]. 北京：人民教育出版社，1991.
[18] 李经天，王小兰. 教师教学技能训练教程[M]. 武汉：华中科技大学出版社，2012.
[19] 李克东. 教师职业技能训练教程[M]. 北京：北京师范大学出版社，1994.
[20] 李晓燕. 教育法学[M]. 北京：高等教育出版社，2001.
[21] 李学农. 班级管理[M]. 北京：高等教育出版社，2011.
[22] 李云会. 教学技能修炼策略[M]. 吉林：东北师范大学出版社，2010.
[23] 梁杏，赖新元. 教师课堂教学的十大技能（修订版）[M]. 吉林：吉林大学出版社，2010.
[24] 林永惠，路玉才. 教育学[M]. 天津：南开大学出版社，2013.
[25] 罗玉莲，等. 教育学原理[M]. 北京：教育科学出版社，2010.
[26] 彭小明，郑东辉. 课堂教学技能训练[M]. 北京：高等教育出版社，2012.
[27] 全国十二所重点师范大学联合编写. 教育学基础[M]. 北京：教育科学出版社，2002.
[28] 沈剑平. 美国本科毕业生的实习教师能力评定条目[J]. 外国教育动态，198（5）.
[29] 孙冬梅. 复式教学新论[M]. 兰州：兰州大学出版社，2011.
[30] 王策三. 教学论稿[M]. 北京：人民教育出版社，1985.

[31] 王道俊，王汉澜. 教育学[M]. 北京：人民教育出版社，1989.

[32] 王彦才，等. 教育学[M]. 北京：北京师范大学出版社，2010.

[33] 吴效锋. 新课程怎样教：教学艺术与实践[M]. 沈阳：沈阳出版社，2003.

[34] 夏之莲. 外国教育发展史料选粹：上[M]. 北京：北京师范大学出版社，1999.

[35] 萧枫. 世界教育大讲堂[M]. 沈阳：辽海出版社，2011.

[36] 徐书业. 教育学：原理与应用[M]. 上海：华东师范大学出版社，2010.

[37] 叶澜. 教师角色与教师发展新探[M]. 北京：教育科学出版社，2001.

[38] 余文森，王晞. 教育学[M]. 北京：北京大学出版社，2009.

[39] 袁贵仁. 加强和改革教师教育 大力提高我国教师专业化水平[J]. 人民教育，2001（9）.

[40] 袁振国. 当代教育学[M]. 北京：教育科学出版社，2003.

[41] 张乐天. 教育学（新编本）[M]. 北京：高等教育出版社，2007.

[42] 郑肇桢. 教师教育[M]. 香港：香港中文大学出版社，1987.

[43] 编辑部. 中国大百科全书·教育[M]. 北京：中国大百科全书出版社，1985.

[44] 中央教科所比较教育研究室. 简明国际教育百科全书·教学（下）[M]. 北京：教育科学出版社，1990.

[45] 周欢. 中国教育立法略论[J]. 社科纵横，2013，28.

[46] 朱成良. 通古今教育之变 推进社会进步的教育制度述评[M]. 苏州：苏州大学出版社，2012.